U0022244

# 政 治 學 概 論


張 金 鑑 著

學歷：美國士丹福 (Stanford) 大學政治學系
學士、政治研究所碩士

經歷：國立政治大學教授先後兼政治學系主任
、政治研究所主任、公共行政研究所主
任、財政部簡派專門委員及高等考試典
試委員等職
立法院立法委員、教育部學術審議委員
、中華學術院行政管理研究所理事長、
國立中興大學兼任教授



三 民 書 局 印 行

網路書店位址 http://www.sanmin.com.tw

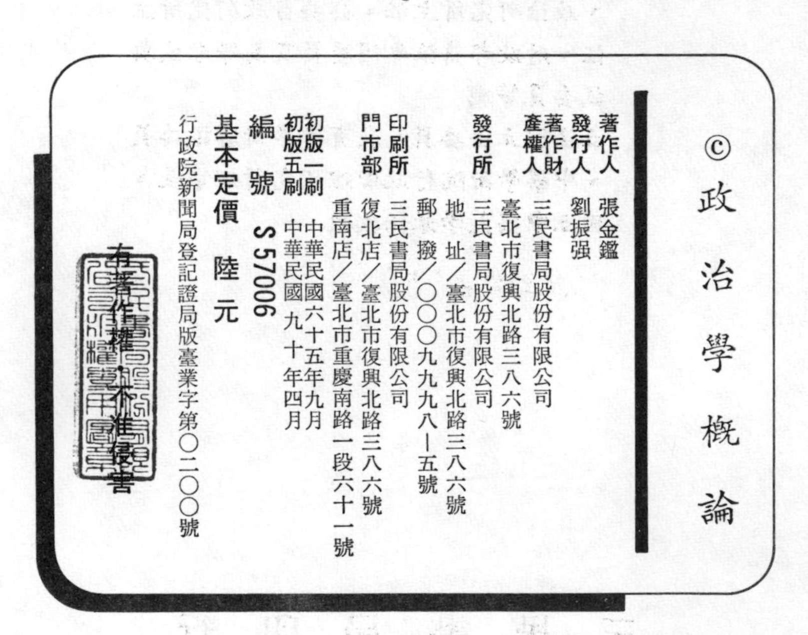


© 政治學概論

著作人 張金鑑
發行人 劉振强
著作財產權人 三民書局股份有限公司
臺北市復興北路三八六號
發行所 三民書局股份有限公司
地址／臺北市復興北路三八六號
郵撥／〇〇〇九九九八－五號
印刷所 三民書局股份有限公司
門市部 復北店／臺北市復興北路三八六號
重南店／臺北市重慶南路一段六十一號
初版一刷 中華民國六十五年九月
初版五刷 中華民國九十年四月
編號 S 57006
基本定價 陸元
行政院新聞局登記證局版臺業字第〇二〇〇號




ISBN 957-14-0200-1（平裝）

# 序　言

政治學研究的內容，是修齊治平的道理和人群關係的法則。換言之，就是研究為何在互助合作的方式下，以群策群力謀求個人的及公共的問題的解決，使大家都能過民生樂利、富強康睦、自由平等的幸福生活。政治的內涵，具體言之，不外四端：一曰政在養民。政治的內容是經濟。政治是達經濟目的的方法，在福國利民，使民生順遂，富強康樂。二曰政者正也。政治是規範性的，在使人各守其分，各盡其責，敬業樂群，互助合作，共存共榮。三曰政者刑也。政治在運用國家的權力及政府權威興功除弊，制暴安良，以維持社會的和平安寧及個人的權利義務。四曰政者衆也。政治是管理衆人之事，使公衆事務，納於規制，有條理，有系統，萬物各得其所，事無不治，庶績咸熙。

人是政治動物，一生都在政治環境中生活着。政治與人生的關係，有如影之隨形，無法擺脫。因之，人們對政治應有深切的認識與瞭解，期能作適當而有效的利用與應付，俾以充實生活內容，增進人生效率。政治的進步，建築在健全合理及有建設性的批評與改革上。而此批評與改革的由來，則在於先對政治學術有適當研究與辨解，始能作真知灼見的指引及高瞻遠矚的領導。政治是綜合性的在指導國家與社會走向正當的途徑與目標，有似船的舵手與航海的指南針，故應於政治的事象中，尋求法則與經驗，期以知過去、明現在、御將來。所以主人翁地位的國民和管理公務的公僕，都不可不具有政治學的知識與素養。

著者有鑒於政治學的重要與需要，乃不揣棉薄，謹就平昔所習與所知，寫成這本『政治學概論』，以應時需。本書寫作旨趣，在以簡要的筆墨與篇幅，闡述政治學的系統知識，使之普遍化，大衆化。為此，方能以引起國民參加政治活動的興趣，並提高國民參政的知識與能力，並充實公僕治事的認識與力量，藉收『主權在民』、『為政在人』的實效。本書事實與理論並重；中外事理兼搜並蓄。舉凡政治學有關制度與學說，莫不一一引述，論其得失。

本書內容，共分為六編，三十二章，約計三十萬言。第一編為緒論，綜釋政治學的涵義、地位、方法及其歷史的發展。第二編為國家論，分述國家的性質、要素、主權、起源、發展、功能、類型及國與國的關係。第三編為政府論，在論述政體、憲法、權力、政府、組織、公共行政及公務人員。第四編為人民論，在論述人民在國家的地位，權利與義務。第五編為政黨政治論，在論述政黨的組成、種類、演進、功能、黨治類型及其改造。第六編為政治治道論，在論述政治治亂的關鍵及其理則。

本書全稿寫成，三民書局劉總經理振强，要求交由該局印行，列為大專學校政治學教本及高考、特考、普考之參考用書。著者以其信譽卓著，銷行有方，乃欣然接受自認本書內容充實，立論平正，體系完整，足為治政治學的正確指引及津梁，嘉惠士子，促進學術，當不無貢獻。

政治學的範圍既廣，內容亦繁，著者心餘力絀，勉力成書，未必合乎理想，錯誤所在，自所難免，尚望海內外賢達，不吝珠玉，惠予指教，俾於再版時，加以補正。

中州古稀教授張金鑑序於台北明誠齋

中華民國六十五年九月廿八日教師節

# 政治學概論 目次

# 第一篇　緒　論

## 第一章　政治學的概念

### 第一節　政治的意義

政治，乃指社會生活中的一種「管理衆人之事」的活動和現象。但是政治活動和現象是十分錯綜複雜的，千變萬化，觀察不易，定義難作。以致各派的學者對政治的界說或意義，便有各種不同的說法，特扼要加以引述及批評；最後就個人的淺見，試作「政治的意義」的解說。

**(一) 理性主義者的政治觀**

在中國方面，儒家的孔子與孟子，最能代表此派的說法。儒家主張人治，認爲倫理與政治不可分，以致於將倫理的原則應用到政治上面去，因而主張政治乃是道德的問題，以身作則的領導作用或表率行爲。所以說：「政者，正也，子帥以正，熟敢不正」？又說：「其身正不令而行，其身不正，雖令不從」，「苟正其身矣，於從政夫何有？不能正其身，如正人何」？又說：「君子之德風，小人之德草，草上之風必偃」。顯然的，這種政治的理想，乃是一種「作之君，作之師」的政治，儒家認爲：統治者，就是人民的師保，故統治者，應重視「身教」，要以身作則地做到「正」的地步。

在西洋方面，古代希臘的蘇格拉底（Socrates）、柏拉圖（Plato）、亞里斯多德（Aristotle），最可代表。在他們的觀念中，政治與倫理是一體之兩面，一物之二象，相因而生，相需而成的。柏氏的「理想國」(Republic)，乃是一「公道或正義之國」(State of Justice)。而所謂「公道」(Justice)乃是給每人以其應得的東西，(Justice in the giving to each what is proper to him)。蘇格拉底曾說：「公道乃是靈魂的至德」(Virtue or excellence)，因此，他認爲：只有公道的人，才能得到好生活，才可以得到快樂；不公道者，則否。柏拉圖以爲公道乃是每個人去作他自己的事，而不爲好管閒事之人。人類最高的生活，就是公道或正義的生活；公道是個人的道德，也是國家的道德。簡而言之，柏拉圖的公道，就是「各守本分」之謂。因此，治者智，衞者勇，生產者勤，乃能形成一合理的關係，這與孔子的「正名」，實有異曲同工之妙。在亞里斯多德的眼光中，國家能表現最高之善(the supreme good)，而國家又是人民道德生活上的一種精神結合，因此，國家的繼續存在，就是想使大家得到更好的生活。復次，亞里斯多德認爲政治乃是「中庸之道」或「中的金律」(Golden mean)，因此，執中才是美德，而合理的國家，也應採取混合政體，使民主、君主、貴族的三種精神，可以互相調和。這與我國儒家以爲禮治爲中庸原則在政治中的應用，也有類似的意義。最後，應順便一提者，就是：在柏拉圖的心目中，一個「理想國」，自然地應以哲學家爲國王的(Philosopher-king)。因爲哲學家有極發達的理知作用，他能愛好「眞善美」的本身，並能了解它、追求它，並以之以實現國家的眞善美爲職能。因而，他說：「除非國王是哲學家，或哲學家是國王，國家是不會完善的，我們絕不能達到理想的國家」。不但如此，由於哲學家能思辨何者是「好」？何者是「惡」？因此，柏拉圖進一步地說：「直到哲學家作了國王，或世界的國王皆有哲學的精神與能力時，國家才可以不發生罪惡了。」

降至近代，德國的黑格爾(Hegel)、費希特(Fichet)，康德(Immanuel Kant)，他們也持這一派的說法。他們均認爲：：國家是萬能的、絕對的、神聖的，無錯誤的。因此，「國家就是倫理精神的實現」，「國家是完全的理性」，「國家自己是一個絕對的確定的目的」。「國家是一個民族意志的最具體而完全的表現，它是一個大家有統一精神的道德體（moral unity）」。個人自由，只有借國家才能實現，國家本身就是目的，就是超人。

理性主義的政治觀，視政治與倫理是不分的，以上所說，看來好像很對，其實不然，政治的目的，在追求良好完善的生活，及解決民生問題。而道德規範只是解決這生活問題的一種手段與工具，理性主義者把手段看成目的實是一大錯誤。應知「倉廩實而後知禮義，衣食足而後知榮辱」。「貧窮生邪念，飢寒起盜心」。希望餓着肚子的人民，從容論道，是不可能的。管子曰：「政治所興在順民心，順之之道，莫爲利之」。政治的眞正意義，在爲人民謀利，解決生活問題。

### （二）權勢主義者的政治觀

在中國方面，法家最可代表此一派的說法。他們均認爲：政治就是集勢以勝衆，任法以齊民，因術以御群的事務。韓非說：「勢者勝衆之資也」。又說：「王也者勢力，王也者勢無敵也」。管子也說：「凡人君之所以爲君者，勢也」。又說：「法者所以一民保下也」。愼子佚文有言：「法者所以齊天下之動，至公大定之制」。

在西洋方面，十五世紀下半葉意大利的馬克維里(Nicolo Machiavelli)曾著「霸術論」(The Prince)一書，最爲此學派的代表。在他的看法，政治乃是用力量統治人，用權勢欺騙人之謂。因此，馬克維里認爲：政治的目的，就在保持及增加國家的權力，假如能達到這種目的，一切的手段都是對的，不論這些手段是否爲殘酷？背義？或不合法。因爲，在馬克維里的心目中，「人類總是壞的」(Men are in general bad)，而且「人性都是自私自利」的，這一思想與中國古代荀子的「性惡說」頗相類似。因此，他便主張「君子要像獅子一般的凶猛，狐狸一般的狡猾」。因爲狐狸狡猾有餘，而不能抵禦野狼，獅子氣力有餘，而不能避免陷阱，故一個最能成功的君王，一定要兼具這兩種野獸的能力才可。

共產主義的馬克斯（K. Marx）、列寧（Lenin）、及史大林（Stalin），可以說都是繼承馬克維里的這一派的政治思想，且變本加厲，作了更殘酷蠻橫的徹底運用，他們認爲「槍桿子出政權」，「一百個謊言造成一個眞理」，只認識力量與權勢，背信、殘殺、欺騙都是正當的。根本不講「公理」與「正義」。喪盡天良，唯力是視。他們相信政治就是力量與權術的無情與巧妙運用。

但是權勢主義者的政治觀，具有以下的缺點和錯誤。

1.要以權勢去欺騙人民、統治天下，在實際上是難以成功的。所謂馬上得天下，不能以馬上治天下。孟子所謂：「以力假仁者霸，霸必有大國。以德行仁者王，王不待大。……以力服人者，非心服也，力不贍也；以德服人者，中心悅而誠服也，如七十子之服孔子也」。今天，毛澤東在大陸的血腥統治與恐怖鎭壓，還是無法阻止「民心思漢」的傾向，及反共與反毛的革命運動。須知得天下有道，得其民，斯得天下矣，得其民有道，得其心，斯得民矣。「民之歸仁，猶水之就下，獸之走壙也」。以權勢不能得到人民的擁護與服從，除非搞通思想，使人民信服。

2.既認政治是「一種命令和服從之間的强制性關係」，及「人際關係中的權力現象」，那麼階級鬥爭，相互殘殺便成爲政治的正常「現象」。否認理性，權力是尙，强中自有强中手，自相殘殺，循環不已的鬥爭，乃勢所必然。今天的大陸，由於毛匪澤東高喊着「槍桿子出政權」，以致於「文鬥」、「武鬥」、「三反」、「五反」、「紅衞兵造反」、「文化大革命」，永不休止的在鬥爭，大陸上到處都是「鬥」、「批」、「改」、「整」一個恐怖與黑暗的社會。唯力是視的結果只有陷於自相殘殺，兵連禍結，同歸於盡。

3.統治者只講「霸道」，因而他們就想盡辦法用權謀之計達到其一人的最大利益，他們不顧到自己的道德義務以及人民的福利，完全傾全力於縱橫捭闔與鈎心鬥爭之中，使得政治社會烏煙瘴氣，統治者一旦「心勞日拙」，偶一思慮不周，就容易「禍起蕭牆」。自古至今，很少有個「權謀家」能維持長久的。當然，毛澤東的僞政權也不能例外。蘇格拉底說的好：「從長遠處觀之，奸徒和傻子是完全一致的」。這句警言，是權勢主義者的當頭棒喝。

4.權勢的政治觀違犯人性。人是政治動物，合群動物。必如此方能生存。任何人離開團體是無法生存的。如何合群？如何團結？實在於互助與合作。如何合作與互助，要依賴於「守分」與「和一」，專靠力量與權術決難成功。所以荀子曰：「人力不若牛，走不若馬。而牛馬爲人役者，何也？曰人能群，而牛馬不能群也。人何以能群？曰分。分何以能行？曰義。分以和之，義以一之。一則力多，力多故能勝物」。勝物才能解決生活問題。

### （三）功利主義者的政治觀

英國的休穆（Hume）、邊沁（Jeremy Bentham）、老彌勒（J. Mill）、小彌勒（J. S. Mill）可爲此派的代表。

邊沁是英國功利主義（Utilitarianism）的創始者。所謂「功利原則」，就是「當我們贊成與不贊成任何一種行爲的時候，完全看它的傾向是否可以增加或減少相關者的快樂」。「功利的意思，是可以產生相關者的好處、利益、愉快、完善、或幸福……或阻止相關者悲愁、痛苦、罪惡、或不快。如果相關者是某一個人，那就是那位個人的快樂」。因此，他說，「當一種社會的行爲，其增加社會幸福的傾向，大於其減少社會幸福的傾向時，那就是合於功利原則的行爲」。

彌勒 (J. S. Mill) 也說：「功利的標準，並非行爲者自己的最大快樂，而是全體的最大快樂」。

功利主義者以爲政治的目的，在謀求最大多數人的最大幸福。(the great happiness of the grea members) 這種說法，是很正當的，很有道理，但卻含有下列的錯誤：

1.所謂快樂與幸福，都偏重於物質方面的享受。若每個人都要盡情地去享受快樂與幸福。可能樂極生悲，致使享受與快樂變成了痛苦。而且人們的快樂，精神方面者亦很重要，不可偏重。況且若人人都醉心於快樂與享受。那麼，何人去從事生產呢？何人爲社會而犧牲呢？因此，過份的去强調物質享受，便會引來痛苦。

2.如何證明「快樂」是唯一有價值的東西？是唯一的「至善至美」呢？假設快樂是唯一有價值的東西，也是唯一的「好」時，我們又如何去計算呢？我們怎麼可以保證：行爲者個人的最大快樂與最大多數人的最大快樂能永久互相一致呢？假若不能，由於個人間的追求快樂與幸福的結果，必然的，便會產生了衝突，這不是又使社會「鷄犬不寧」嗎？

3.所謂追求最大的快樂，乃是以「個人主義」爲出發。因此，個人與個人之間便有了競爭，從而更產生「適者生存」與「優勝劣敗」，物競天擇的天演。弱肉强食，强者的幸福，建在弱者的痛苦之上。這是不公道的，違反正義的。

不過功利主義的政治觀亦有其不可磨滅的貢獻如下：

1.由於追求物質的享受，因之，社會乃能推陳出新進步不已，物質文明才能日新月異，精益求精的發達，使人類蒙受其利。

2.由於它們所要追求的最大多數人的最大幸福，必然地，一定的要先由個人開始，於是由於「個性」的發揮及「自我」的表現，促進人類社會不斷向上向前，知能日進，幸福日增。

總之，此一學派的說法，有其過，也有其功，大致言之，它們的看法是對的，但方法上則有問題。

**（四）法治主義者的政治觀**

這一派的思想，以英國的布萊克斯東（Blackstone），洛克（J. Locke），法國的孟德斯鳩(Baron de Montesquieu)，盧梭（Jean Jacques Rousseau）爲代表。

他們認爲：政治乃是一種法律的現象，也就是制法、守法、執法的一個過程。德人晉林芮克（G. Jellineck）、朗巴（G. Laband）均認爲國家乃一法律的人格，爲權利義務之主體，有獨立的人格，有表示意思及行動的能力。因此，國家便是一種法人。至於國家須以何人的意思爲自己的意思，必須由國法預先規定。只有國法所規定的人，對其所規定的事項，從其所規定的手續，發表意思之時，才可以視爲國家的意思，所以國家的意思是從國法的規定而發生的。英人的布萊克斯東（Blackstone）、法人的孟德斯鳩，均認爲，國家乃是一個統治的團體，它具有固有的統治權，居住其轄境者，均應受其支配與統治。

這一派的說法，看來還是似是而非的。不錯，政治不能沒有法律，但法律只是一種手段，一種工具，而非目的，因此，他們的觀點還是不圓滿的。

**（五）民生主義者的政治觀**

對政治是什麼的問題，以上四派的說法和答案，都是一偏之見，不能視爲完全。我以爲政治的意義爲何？應從民生主義的觀點來解說。

國父　孫中山先生曾經說過：「民生爲歷史的中心」，「民生爲社會進化的重心」，又說：「建設之首要在民生」。人類的進步既以「民生」爲中心，「求生存」便是人生進化的原動力，因此，凡是以最大的集體合作力量，爲社會作最大的服務，以增進人民的最大福利，來解決人民食、衣、住、行、育、樂的六大「民生問題」者，便謂之政治。

至於何謂「民生」？國父說過：「民生就是人民的生活、社會的生存、國民的生計、群衆的生命。」民生雖然包括了許多的方面，當然，還是以發展人性爲首要，這些人性中計有：個性、群性、理性三方面。因爲個性所要求的自由與平等，都要在群性之下才能發展，惟有在群性的環境下，個性所要求的種種才能由小的力量變成大的力量。而理性乃是各得其分，各得其所，各安其位之意，只有個性在群性之下發展，而均能符合理性的時候，政治便可解決民生的六大問題。

所謂民生問題的內容，實包括有六大項目：①「生存」(existence)，即個人及民族生命的維持，食、衣、住、行、育、樂問題的解決。國防、外交、警衞、消防、衞生等活動均屬之。②安全(Security)，政治不僅要使人民能够生存，同時也要保障人民的生存有保障，生活獲安全，要能「免於匱乏」(Free from want)，「免於恐懼」(Free from fear)的安全。今天，在共產主義下的人民，尤其是中國大陸的同胞，他們既在死亡線上掙扎，更缺少安全的保障，人人不知命在何時。③和平(Peace)，人民的生活有了保障之後，政府又要使人民過着安靜、昇平的生活，要使家庭和睦相處，敬業樂群，要使社會安寧，國內無戰爭，所謂「致中和，天地位，萬物育」便是政治的理想與極致，也是政府致力以赴的目標。④快樂(Happiness)，人民的生活有了安全與和平之後，政府也應設法使人民的精神和樂，身心愉快，使人民能身心平衡、手腦並用、文武合一、智德並進，這樣，才能適應社會的變動，才能做一個獨立自由的現代國家的國民。⑤享受(Enjoyment)，政治的目的，進一步地要使人民的生活有所享受，使生活水準提高，使人民走路時有汽車代步，住有美麗的房屋，吃要能吃的好，穿要穿的舒服，不獨要使人民有心理的康樂，也要使人民有身體的康樂，這些，可說都是民生主義下的一幅美麗的藍圖，在共產主義下的人民，便永遠不可能達到。⑥發展（Development），人民的生存，有了保障，能得到安寧、快樂與享受的生活之後，政府便要想辦法使人民各依其天賦盡情地去發展，諸如是學問上的繼續深造，事業上的日新又新，使「人盡其才」，「才盡其用」，社會繁榮，民生樂利。

總之，政治乃是國家與政府以最大的集體合作的努力與活動謀求人民的生存、安全、和平、快樂、享受與發展的種種服務和措施，期以增進人民的最大福利。如此才能盡人之性。人性包括個性、群性、理性三者。集體努力的得到，在於互助合作，共存共榮及守分盡己。茲為求明瞭起見，茲劃圖如下頁以指示政治活動的內容及其所遵循的方法。

## 第二節　政治學的涵義

政治的意義，在前節的敍述中，已有詳細的說明。政治的意義既明，則政治學的概念如何便容易解答了。

### （一）政治學的定義

首先講政治學的意義，所謂政治學，簡單的說，就是就「管理衆人之事」的政治現象加以考察、研究、分析而得出來的一種學問。申而言之，政治學就是就政治現象與事實(Phenomena and facts)作有組織，有計劃的研究，而獲致的有系統的知識（Systematic knowledges）和原理與法則之謂。所謂原理(Principles)，就是指一般的或公認的信念或眞理，足為政治行為或措施之普遍與正確指引者。所謂法

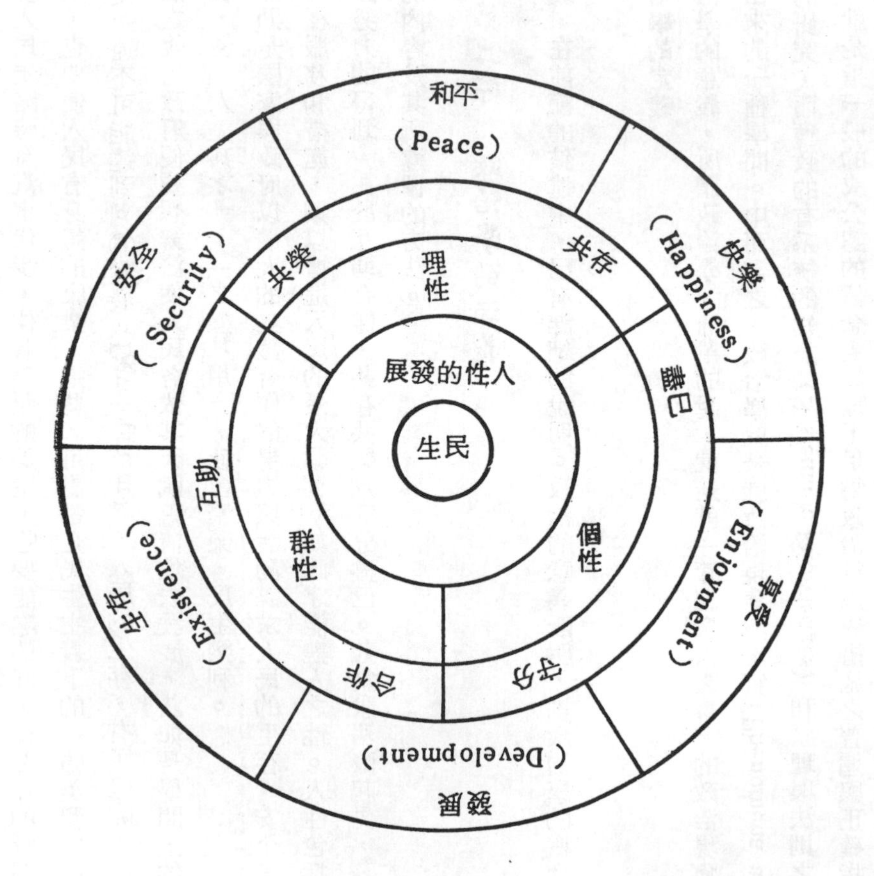
民生
人性的發展
理性
個性
群性
共存
共榮
盡己
互助
合作
分工
和平
(Peace)
快樂
(Happiness)
享受
(Enjoyment)
發展
(Development)
生存
(Existence)
安全
(Security)

則（law），就是指在一定的情形下足爲政治行爲或措施之正常規範者。所謂系統知識，就是科學（Science）。而所謂科學，乃是分類的、有系統與組織的知識體系之謂。而所謂科學的知識，通常，它具有左列四大特點：

1.政治學的知識，乃是方法的、工具的。政治學在就繁複駁雜的政治現象與事實中尋求得條理與秩序，進而成爲一般的原理與一定的法則，以爲推理、判斷及治事的工具。執簡以馭繁，據一以止亂，由已知以推未知，經濟而有效。

2.政治學的知識，乃是系統的、組織的。政治學雖在就政治現象與事實作分門別類的研究，然各部份仍然是相互關聯的成爲一整體，乃是一貫的，系統的。不是片斷的，枝節的，分析至於精微，綜合概於無疆。這是科學與常識的重大區別。

3.政治的科學知識，乃是實在的，客觀的。政治學的知識內容乃是客觀的事實，具體的事理，實在的準則，並非空洞的虛構，或幻想。他把握着實在，使實在抽象化，科學是實在的形式，實在是科學的內容。

4.政治的科學知識，乃是進步的，實用的。科學的動機和目的在認識環境、控制環境、利用環境，以增進人類社會的幸福，與時俱進，隨時擴張。政治學的目的在促進行政效率，恢宏政治功能，增進社會幸福，具有高度的實用價值，且精益求精，日新月異，不斷進步，繼續作向前向上的發展。

進而就政治的內容、方法與目的以言之，政治學，包含左列的要義：

1.合作之法：由於各種職業、地區、利益、意見等的不同，彼此之間就常會發生衝突、磨擦與糾紛，若任其發展下去，其結果將同歸於盡。因此，政治學就是在研究政治活動的過程中謀求互助合作，協同一致群策群力、同舟共濟使這些衝突矛盾趨於和諧一致，共同合作來解決民生的問題。

2.民生之則：政治的目的，既然在解決民生問題，則「致中和、天地位、萬物育」應是政治學的理想與極至。「不患寡，而患不均」「生衆、食寡、爲急用舒」亦是民生的要則。在共產主義之下，那些少數的階層人物，及共酋就有奢糜的享受，解決了生存與生活問題，而一般人民都過着牛馬般的生活，欲死不能，求生不得，人民的勞力的付出不能換回應有的代價，人民的生產也不能爲其所有。那少數無情的統治者，荼毒天下之肝腦，以供少數人之享受，敲剝天下之骨髓，以奉少數人之淫樂。這實在違犯民生的原則。共產主義的制度是新貴族政治，是新寡頭政治。政治學的要義在解決人民的生活問題。其解決之道，在本天下爲公，世界大同的理想與民同樂，與衆同享，以共有、共治、共樂、共存、互助、合作的法則，謀求民生的均、足、樂、利。

3.共守之理：道者，道路也，禮者，條理也，道理或理性，乃是人民所應共同遵守的法則。這法則就是各人應各得其所，各盡其能，各安其位，各守其份，各人站在各人的崗位上，去努力，去盡責以造成一個極其調和的社會有機體。這就是所謂絜矩之道：「所惡於上，勿以使下。所惡於下，勿以事上。所惡於前，勿以先後。所惡於後，勿以從前。所惡於前，勿以先後。所惡於右，勿以交於左。所惡於左，勿以交於右」。

4.進化之道：人類的社會與時代永遠是向前向上的，不斷的在進步。人民的生活水準，亦不斷的在提高，政治學在研究如何解決人民的生活問題，因此，它對歷史的進化之道便不能不去研究。創造發明，群力開發，永在向上的。因此，知能的擴大，盡己效忠，奮鬪進取，都是進化之道。我人決不能抱殘守缺，固步自封。準此，政治學乃是研究如何發展，如何進步的一門學問。

5.清明之治：政治要能上軌道，人民生活要能豐衣足食，必然的，要作到政治清明。清者，指不貪汚、不舞弊、系統清晰、簡要易行。明者指無黑暗，烏煙，清清白白，經得起考驗，見得起天地日月，「仰不愧於天，俯不愧於人」，正大光明，廉潔有恥。

總說一句，政治學就是就政策現象與事實，作有組織有計劃的研究而獲致的原理與法則和系統的知識。所包含的要義是合作之法、民生之則、共守之理、進化之道，與清明之治。

## (二) 政治學的內容

關於政治學的內容爲何？見仁見智，各有不同，早期的說法與最近的說法也不相同，今分述各家的看法如左：

(一)美國政治學家葛特爾（R. G. Gettell）在其所著：「政治學」（Political Science）一書中，就指出：政治學的內容應包括左列四大部分：

1.歷史部分：諸如政治制度的起源與發展；

2.理論部份：諸如國家基本觀念的哲學觀察。

3.敍述部分：諸如現行制度的分述與描述；

4.應用部分：諸如管理的實際方法與技術。

(二)一九四八年，國際政治協會在巴黎召開成立會議時，所提出的政治學內容如左：

1.政治理論：①政治理論；②政治思想史。

2.政治制度：①憲法；②中央政府；③地方政府；④公共行政；⑤政府在經濟與社會方面的功能；⑥比較政治制度。

3.政黨、社團與輿論：①政黨；②社團與結社；③公民參與政府和行政；④輿論。

4.國際關係：①國際政治；②國際組織與行政；③國際法。

㈢一九五七年，美國政治學協會在紐約舉行年會，所提出的看法：1.美國中央政府；2.比較政府；3.憲法；4.政黨；5.政治行爲；6.公共行政；7.州政府與地方政府；8.國際法與國際關係；9.政治理論。

㈣本人在「政治學概要」（三民書局印行）一書所包括的內容如左：

1.國家：申論國家的性質，國家的要素，國家與主權的關係，國家的起源與發展，及國家的類型。

2.政府：申論政府的性質及要素，政治制度的形態，中央政府與地方政府的組織、職權、運用，及其關係。

3.行政：申論行政的性質、歷史的發展、近世的趨勢，及行政組織的原則等。

4.人民：申論人民在國家中的地位，及其與國家政府間的權利義務關係，對基本民權的保障，與間接直接民權的行使範圍與方式亦論列之。

5.政黨：申論政黨的組成、功能、及發展，對政黨政治的類型，利弊得失及改造途徑亦檢討之。

6.民意：申論民意的性質，民意的發展，民意的行爲及民意形成的程序等。

政治學的內容本來是依各人的不同觀點與看法而顯有區異，加以近年來，由於行爲科學（Behavioral Science）的興起，更使政治學的內容有了新的演變。大致言之，傳統的政治學，第一、是由哲學的觀點作研討，所注重的問題，是國家的起源，政體的優劣以及理想國家的建立，而其出發點不外乎是正義、公理、自由、平等、安定、容忍和福利等價值觀念。第二、是由法律的觀點來觀察，所注重的是政府的組織及其所揭櫫的政策，所研究對象不外是對國家的憲法及一般法律加以分析與評判。第三、是由歷史的觀點作檢討，它所希望建立的是一個歷史上的因果關係，期能「溫故而知新」，「援古以御今」、「鑑往而察來」。

行為學派的政治學，對傳統學派的政治學表示不滿與反抗，其研究的途徑、對象、內容、技術都與前此的大不相同。就研究途徑言，它使用了「行為研究法」替代了「制度研究法」。以「政治行為」為研究與分析的基礎，而不是以「政治制度」為基礎。在研究的技術上，它使用一些比較客觀與科學的方法。諸如：調查法、訪問法、統計法、計量法、等級分析法（Scale Analysis），因素分析法（Factor Analysis），及價功分析法（Cost-effectiveness Analysis）等較為客觀、具體而準確的方法。不是傳統研究方法的主觀與抽象。在研究的內容上，由於行為學派着重於各科的滙合或科際整合觀，大量吸取心理學、社會學、人類學、生物學、統計學、歷史學、地理學、經濟學等有關的知識，使得研究的內容大為廣泛與深入。諸如：投票行為，政黨與壓力團體，行政行為，小團體的影響，政治人格、政府行為歷程（governmental process）等都是所致力的對象。

### （三）政治學的範圍

關於政治學的範圍問題，很顯然的有兩派不同的看法；一派主張廣濶範圍的研究，另一派則主張專精或窄狹範圍的研究。玆分述如次：

㈠廣濶範圍的研究。

在廣義的說法中，它們均主張政治學的範圍應予擴大，它們所持的觀點又有三種：

1.就「科際整合」（Interdisciplinary in tegration）的觀點看：

那傳統政治學派的研究範圍，是採用一種「孤立主義」的方法，也就是就政治而研究政治，不啻固步自封，坐井觀天，閉門造車，見樹不見林，知偏不知全。

其實社會現象，乃是一個有機的整體。各部門都是不能截然劃分清楚的，分科只是一種研究方便而已，實際上，它們都是相互交織的，息息相關的。研究政治學，既然是研究政治現象的科學，因為政治現象常涉及其他現象與其他的問題，如研究國家目的時，必然要涉及倫理學，研究到關、財稅政策時，必然地要涉及到經濟學，研究到「公意」時，必然要涉及心理學。因此，研究政治學時，便不能不注意到其他有關的科學，這些學科不論是與政治學相交或相切，只要有一點相互的關係，都要被應用到。

尤有進者，由於科際整合的被使用，因此，其他學科的專門術語常被假借於政治學的領域中，如生物學的「功能」(Function)、心理學的「刺激反應理論」(Stimulus-Response theory)、社會學的「團體」(group)、數學的「博奕論」(game theory)、經濟學的「巨量與微量的分析」(Macro-Micr Analysis) 等。這些名詞的廣泛被使用，充分說明政治學的範圍已比以前大的多了。

2.就「生態學」(Ecology)的觀點看：

過去研究政治，專從制度本身的結構(Structure)去觀察，只知研究政府及政黨的法定權力的分配和關係，組織及權責管轄體系。把政治事實看作是一種呆板的死東西，祇見其軀殼，而漠視其靈魂。殊不知研究各種制度時，應該注意到制度後面的背景及內在精神與功能如何？制度的表面和軀體的存在，端賴背後各種因素或功能的支持。所以要探求一個制度的眞實底蘊，就必須從其內在的因素與功能去認識、去體驗。惟有如此，對制度才能透闢的認識。任何一種制度祇是整個社會文化的一部份。須從整體的文化體系中瞭解某一制度。這種新的研究法，就是「生態研究法」(Ecological Approach)。

這猶如「撥霧看花」。當然，這撥霧的工夫，並不好做，但至少它可使我們警覺到霧的存在。對制度不能祇看其外表與軀殼，必須看其背後與底蘊及其精神與靈魂。

研究政治制度，不應只研究其外表與形式，更應該探索制度背後那些因素之間交互作用 (Interaction) 的不變模式，這些交互作用的素因是不限於制度本身的，凡是與制度相關連的因素皆應包括在內。諸如：經濟基礎、社會結構、溝通網道、意識型態、符號系統、文化模式等都應注意到。

**3.就「行爲主義」(Behavioralism) 的觀點看：**

政治學既然是研究政治現象的科學，而政治現象中，很多是牽涉到人類行爲的，如政黨、民意、投票、立法、決策等。

過去研究政治學，大都只從「法制」上去研究，因此，常常犯了劃地自限，坐井觀天的毛病。若純從法制而言，菲律賓的憲法和美國的憲法，實在伯仲之間，然若從「行爲」之面去觀察，兩國的政治實況則相去甚遠。又如只從「議事規則」去研究我國立法院的立法程序與表決，則決難窺其全貌。因爲中央政策委員會協調工作及立法委員間派系捭闔，均與法案的能否通過有着重大的影響，但却不見於「議事規則」之中。僅看國會立法程序中的一讀、二讀與三讀，是不够的。更須要把眼光移到會場之外，注意國會內部的各派系關係，利害背景、個人恩怨等，以及國會外各相關利益團體對國會立法所施用的影響或壓力。這些團體之間的交互作用，對一個政策的制定，遠較表面的討論表決重要得多多。班特萊 (Arthur F. Bentley) 氏曾將這套團體交互作用的觀念介紹到政治學上來，他的功勞是不可沒的。

我們研究政治學，不能僅從「法制」上去研究，還要從「行爲」方面去觀察，才不致有「盡信書」的流弊。就這麼一個角度來看，政治學的範圍是比以前擴大得多了。

㈡窄狹範圍的研究

窄狹範圍的研究論者，政治學所要研究的乃是其社會科學中有關的主要部份或核心部份，而不是成為彼此間常起爭執的領域，所以，適當的分工乃極為有利的事。他們辯稱：任何一個人同時研究每一樣事物是不可能的，所以分工是有利於人類事務的研究，這正如它有利於物質財富的生產，或任何其他複雜的人類工作一樣。「與其樣樣懂，不如一樣精」。他們更認為：使政治學困惱的一件事情，便是在設想中所採用的內容過於廣泛，而用於研究內容的資料時則又過於狹窄。因此，他們深信，要走出這一條死巷唯一的方法，便是應將政治學的範圍取其重點置於某種特殊人類的關係或制度之上，而不應置於某一特殊的制度上，如政府，國家或政黨。在他們這一派之中，有些學者，如聞名的卡特林 (George Catlin)、和拉斯威爾 (Harold Lasswell) 他們認為「權力」(Authority) 或「影響力」(Influence)，是值得着重的最有利之「人群關係」(Human Relations)。其他的人則贊同伊士頓 (David Easton) 所持的「社會價值權威分配論」為最佳的引導概念。總之，這一派人的說法，均主張政治學的範圍宜縮小，不應擴大，因為「人非萬能」，樣樣皆精是辦不到的。只要專心一意着重於某一核心或特質即夠了，不必浪費時間與精力去探討那些無多大相關的學科，以免流入「畫虎不成反類犬」之譏。

以上陳述了兩派的不同看法與說法，到目前為止，這兩派的爭執還不能見「鹿死誰手」之跡，這是因為這兩派的觀點，到目前為止沒有那一派的觀點已獲得普遍的接受之故。因此，在某一方面的觀點沒有被接受之前。政治學的範圍，在可見的將來可能仍將如目前一樣。

不過，照我的看法，以上兩派的觀點，似乎都是一偏之見，關於政治學的範圍問題，我們可用兩極化式的光譜 (Spectrum) 來描述之。其一為極大的研究 (Macro Study)，其二為極小的研究 (Micro

Study），政治學的範圍，不獨要「極大」，同時，也應「極小」，因為有了「極大」才能廣泛，有了「極小」，才可深入，因此，政治學的範圍，一方面要廣泛，一方面則要深入，在廣泛的範圍中提供充分的資料，在深入的領域裡精益求精。兩者兼備，分工合作，共同努力，對政治學才能有全盤的瞭解。此其一。

**（四）政治學的目的**

亞里斯多德曾經說過：「人是政治動物」。政治學既是研究政治現象的科學，而政治現象又每多涉及人類的行為，因此，政治學對於人民的日常生活是有着密切的關係。政治學，它是一門綜合性的科學，它在指導國家與社會走向正當的途徑，正如船的舵與航海的指南針一樣，它的功用是不可沒的。政治學，它能在錯綜複雜的政治現象中，尋求出法則、原理等教訓，使得我們能知過去，明現在，御將來。此其一。

「人是萬物之靈」，是有理性與良知的動物，具有人格尊嚴、人格價值，和自由意志的個性。政治學是在研究如何使人一方面在國家和政府的管理下過着有組織、有規範的社會生活，一方面在使人民能憑其自己的理性與良知去發展自己，成為政治的原動力，進而去控制國家、監督政府。政府對人一方面是一種沉重的負擔，但另一方面則亦是最大幸福與最大希望之所寄，政治學在研究，如何使個人與組織得到平衡，如何使國家權利不妨害到個人尊嚴，意義與目的十分重大。此其二。

國民生存在國家裡，自出生以至於死亡，無時無刻不在受政治的干涉和影響，國民生活在政治中，猶如人生活在空氣中，陽光下，不管人喜歡它也好，討厭它也好，它對人總是如影之隨形一樣，緊緊地追隨着，因此，無論如何，人總是不能擺脫它，人既離不開它，我們只好面對現實，進一步的去研究它、了解它、認識它，以至於運用它、控制它，使人類的生活更有意義，更有價值。因此、對於政治思想、政治制度，及政治問題便需要充分的去研究，政治學便是人類走向美滿幸福境界的一把鎖鑰。此其三。

在今日的民主政治時代，人人是主人翁，對於政治問題應能負起責任來，由自己來決定，由自己去判斷一切。旁培（Pope）曾說：『政府形式的爲優劣，讓愚人們去辯論吧！那治理得最好的就是最好的』。但是治理得好不好，要我們主人翁的國民去判斷去批評，以免受統治者的欺騙及官僚們的控制。要負起這種責任，便不可不研究政治學。此其四。

## 第三節 政治學的地位

### （一）研究的必要

基於左列諸理由，政治學確佔有重要地位，因而有切實研究的必要：

㈠政治對於人民的日常生活有極密切的關係，故對之應有深切的認識，以充實生活，并增進人生效率。因爲我們不當過盲目的生活，當由不知而行，行而後知，到知而後行。

㈡政治的進步，建築在健全合理及有建設性的批評上。而此批評的由來，則在於對政治先有認識與研究，以眞知灼見爲指導。

㈢政治是綜合性的，在指導社會走向正當的途徑與目的，猶船的舵與航海的指南針，故應於政治事實中，找到法則與教訓，以知過去，明現在，御將來。

### （二）政治學是科學麼？

對這個問題的答案可從贊成與反對兩方面觀察之。玆分舉其論點如次，而著者對這問題是站在贊成方面者。

㈠反對者——反對者認爲政治學不是科學，其所持的理由有三：一曰國家現象如此的繁亂複雜包羅萬象，雖用嚴格的科學方法以觀察之、研究之。二曰政治現象乃不定的、變化莫測的，既無秩序又乏繼續性，難以言科學。三曰政治乃是一種方法與技術而非科學。

㈡贊成者——贊成者認爲政治學是科學的，或可成爲科學的，其所持的理由有四：⑴因爲科學是對於某種現象，作有組織的觀察、實驗、研究而得的系統知識。依此定義，同樣適用於自然現象與社會現象，或政治事實中。⑵在自然科學中，如氣象（Meteorology）其研究對象並不十分確定，然仍不失爲科學。⑶政治學上亦有其確定性與一般性（Constancy及Uniformity），其意是說人類在同樣的原因下產生相同的行爲。⑷政治學是以實驗及歸納法研究而得的學問，并且是進步的。亞里斯多德在所著倫理學中認爲政治學乃高尙而主要的科學，并以科學方法研究希臘政治。他如布丹（Bodin）、浩布士（Hobbes）、孟德斯鳩（Montesquieu）、蒲萊士（Bryce）都是用科學方法研究政治學，而有重大的貢獻與成就。

## 第四節　政治學的方法

### （一）基本的修養

治學的基本修養與理想，要有創造的精神，并抱科學的態度。要能創造，一方面要勤學好問，多加研究，廣搜事實，以爲研究的資料；一方面要能批評審辨，加以分析整理，尋求新的法則與結論。因爲學而不思則罔，思而不學則殆，既學且思，才能有創造。科學態度，就是實事求是的客觀精神，亦即孔子所說的『毋必、毋意、毋故、毋我』；荀子所說的『無所私，無所蔽』。

## (二) 一般的原則

研究政治現象與事實，應遵守若干重要原則，方能成功。⑴要從人性上、人類心理上，觀察政治事實的最後動機與眞實原因。⑵要從全部的社會關係上，或環境烘托中，觀察政治現象，不可從孤立的觀點看政治。⑶研究政治要儘量的利用原始資料及直接觀察法。⑷最好能多用統計的與數學的方法分析政治事實。

## (三) 各種研究的方法

㈠實驗的研究法　實驗法卽在人爲的或控制的環境下，觀察某種政治現象或事實。反對者以爲⑴政治上不能以人爲的力量造成其所需欲的有利環境。⑵人不能若原子、元素置之政治家手中作屢次之試驗。⑶人之意志感情不若熱度、光度可以準確測量。其實政治上亦可用人力促成其所需欲的條件，如實驗縣的措施便是一例。況且近因心理學統計學的進步，及科學設備的發達，人的瞭解已較容易。至於在新法令新措施中，本過去經驗亦可以爲實驗。所謂實驗乃以過去的政治經驗，作爲改進制度的依據。

㈡有機的研究法　包括社會學及生物學的研究法。國家社會乃由個人所構成，在以個人的特性及進化法則以研究國家社會的特性與法則。孔德（Comte）有社會物理學與社會心理學的主張，斯賓塞（Spencer）把元首視如人的頭腦，以神經系統說明國家的各種組織。個人與國家雖可作相似的比較，但二者并非眞正相同，全體并不一定等於部份之和。故這方法應用亦自有其一定限制。

㈢法學的研究　其研究的着眼，在由公法上的內容及觀念上求得結論。認爲國家者乃法律的產物或法人。國家乃爲執行法律而設置的。政治學在研究法律的常態，國家并非一社會有機體。不過吾人須知國家的活動，除法律的作用外，尚有社會的、文化的等關係以促成之，固不能如此簡單視之。黑格爾

(Hegel) 在另一極端，以爲國家『僅是一道德的實在體』(Merely as a moral entity)。

(四)比較的研究法　亞里斯多德、孟德斯鳩、蒲萊士等即用比較的研究法。係就現存的及過去的政治制度與事實廣加搜集，將此材料加以整理、歸納、比較，以見其利弊優劣，找出何種制度最爲理想；在政治發展史中，何者爲促進政治進步的勢力與原因。由比較的研究中，雖可得出一般結論，但此結論未必能完全應用於另一事實或社會。況且比較的本身亦可能有錯誤，若欲以應用於其他社會情形自未必可靠。

(五)歷史的研究法　這亦可認之爲比較法的一種。不過特別注重過去的政治事實，認爲現在的政治制度乃由過去的演變發展而來的，欲知現在，必明過去，現在就是過去的累積。這是將進化論應用到政治現象。但其弊端在於：(1)每因主觀感情用事，所見未必眞切。(2)歷史事實未必可靠。

(六)觀察的研究法　實地考察各地的政治事實，先搜集充分可靠的材料，再加以辨別分析，從事實中求得結論。不過材料的觀察與搜集，要有系統，要有繼續性，要有一定範圍，才能得到比較滿意的結果。

(七)行爲研究法　近年來政治學者受行爲科學派的影響，試圖用自然科學的方法以研究政治學。其主旨在運用心理學、社會學、人類學及其他有關科學以計量法，生態法就人們的實際政治行爲加以觀察，搜集事實加以分析，藉以建立理論結構或政治法則。研究的對象是政治人的活動與行爲，而非法規與制度。

# 第二章　政治學的歷史發展

## 第一節　西洋政治學的歷史發展

### (一)希臘時代的政治學(754B. C.)

希臘時代的政治學說可分爲兩派，玆分述之：

A、理智派：又可名爲正統派或倫理派，代表人物爲蘇格拉底(Socrates)柏拉圖(Plato)及亞里斯多德(Aristotle)。其政治思想的要旨如左：

⑴蘇格拉底(Socrates 469—399B.C.)　蘇氏被稱爲西方聖人。他認爲人的天性是以社會及政治的生活爲主，國家幷非依個人意志而產生的，乃自然需要的必然產物；理性爲一切行爲的準則，由理性發展爲道德，道德爲一切權利的淵源，道德乃幸福的標準，道德生活卽是幸福快樂的生活，道德就是知識。最有知識的人也就是最有道德的人，所以他主張『哲聖之王』。

⑵柏拉圖(Plato 427—347 B.C.)　柏氏著理想國(The Republic)。他以爲政治的目的在維持正義，知識卽道德，正直無私的人，便是有知識有道德的人。正義、知識、道德三者是合而爲一體的。個人及國家的最高道德卽是正義。眞正的政治家是全智全能的人，主張以哲人爲王。理性卽正義，聰明卽正直，國家乃適應人類經濟需要而產生的，故主張分工。他把人分爲左列三種，其責任各有不同：

金質的人——富於理(Reason)——哲人階級——職在治國，有支配權，所發佈的命令就是法律。

銀質的人——富於氣（Spirit）——軍人階級——職在護國，維持秩序及執行命令與法律。

銅鐵質的人——富於慾（Appetite）——生產階級——職在生產物質，維持國家生活，及服從命令與法律。

⑶亞里斯多德（Aristotle 384—322 B.C.）　亞氏在所著政治學（The Politics）中，以爲國家是自然的創造，『國家優於個人和家庭』，『人類爲政治動物』，『政治的目的在謀求全體人民的幸福』，『政治社會是爲高尚的行爲而存在，不單是爲群衆生活而存在』。國家最終的目的在於道德的生活。眞正的法律，是脫掉情欲的理智。人類的責任在服從理智。治國之道在於公平與正義。

B、感情派：亦曰詭辯派或實際派，這一派的政治思想與主張，和正統派的看法恰好站在相反的地位。這派的代表人物有布特格拉氏（Protagaras）、高加氏（Gorgias）、蒲魯德高（Prodicus）等人。這一派的政治思想與主張，偏於個人主義，注重實際的事實，輕視抽象的道德原理，追求快樂，以快樂的生活便是道德的生活。蒲魯德高（Prodicus）說『人爲萬物之準則』，每個人的見解都是對的。克利克士（Collicles）說『强權卽公理』，一切法律都是無能的大多數人所造作的，用來壓迫少數强有力的人。統治者以詐術及所謂公平以欺人是最可恥的，其實不公平乃是天道。索謝馬秋（Throsymachue）說，世上最公道的人最吃虧，公正的人被政府多收稅，忠勤的人在政府得不到高厚的報酬卽爲明例。最大的罪人壞人偏享受着最大的幸福。

**（二）羅馬時代的政治學（753B.C.—476A.D.）**

羅馬時代的政治學說，可分爲歷史學派和法學派兩個系統。前者以鮑里貝士（Polybus）爲代表，後者以謝雪盧（Cicero）、孫尼加（Seneca）爲代表。

A、史學派：鮑里貝士著羅馬史，用歷史的態度與方法研究政治制度，追問其發生，尋求其演變。在政治史中他確認有政體循環的法則。君主政體腐敗而流為專制政治。專制政治再演變為貴族政治，貴族政治腐敗則成為寡頭政治，寡頭政治再變而為民主政治。民主政治腐敗則成為暴民政治。在暴民政治下又醞釀而產生君主政治。他主張政體的混合論，認為需把君主、貴族、民主三種政治混合配合，使之互相制衡，調和政體才能穩固。

B、法學派：

⑴謝雪盧（Cicero 106—43B.C.）　謝氏著共和論（The Republic）說歷史是時代的證人，是眞理的火把，是生命的記憶，是生活的導師，是往古的傳達人。國家是有機的生長物，政治制度不是一種智慧或勞動製造出來的，乃是多少時代的累積物，憲法是生長的，不是製造的。他認為國家權利的基礎建築在全體人民的同意上。一切的法律，都根據自然的原理，即正義與公道而來，政府不公正便是罪惡，便是弊害，便不應讓之存在。人性是平等的。

⑵孫尼加（Seneca 4？B.C.—65 A.D.）　孫氏著法律論（The Law）認為人類應順應自然而生活，道德和眞理的標準存在於自然中。順乎自然便是善，違反自然便是惡。人類平等，人性本善，制度的產生由於人性的敗壞。罪惡發生，由於人性敗壞，所以才有法律以拯救之。

## ㈢中古時期的政治學（476—1492）

中古時期的學術思想，殆全為經院學派或教父學派所獨佔。因之，當時的政治學說與思想亦只能於這一學派中尋見之。其中值得引述者有敖巴洛士（St. Ambrose）、奧古斯丁（St. Augustine）、阿魁納（St. T. Aquinas）三人，玆分述如後：

(1)敖巴洛士（St. Ambrose 340—397） 敖氏以爲支配人類行爲的法律分爲自然法與制定法兩種；前者存於人類天良或理性中，後者由文書制作規定之。在自然法下，人類一律平等，上帝的法律，就是存在於正直人良心中的天理，而人爲的或制定的法律爲不正直人而設立的，所以救濟自然法之窮。自由以精神爲標準，只要良心不昧，在眞理前都是自由的。政治是救濟人類罪惡的制度，統治者乃上帝的代表。人民爲上帝而服從政府。

(2)奧古斯丁（St. Augustine 354—430） 奧氏著有神都論一書，認爲政府不是自然的制度，是人類罪惡的結果。此人屈服於彼人，一半是懲罰罪惡，一半是救濟罪惡。國家的眞僞以正義爲標準，無正義不能認之爲眞正的國家。人類最高的目的，是與上帝結合，國家只是達到宗敎目的所用的手段。

(3)阿魁納（St. Aquinas 1227—1274） 阿氏的思想，主張使知識與信仰相調和，使哲學附屬於神學，即人神一致的哲學。他以爲法律乃統治者爲共同幸福而發佈的眞理的命令。政治社會起源於自然需要及理性動作，但最後權利來自上帝。『上帝以外無權利』，國家的目的在於『和平』與『統一』。自然是最應順從的。他認爲統治者權利宜定於一，所以主張實行君主政治。

**（四）現代時期的政治學（1493-）**

現代的政治學說大爲複雜，遠非前此的簡單情形可比。玆分數派申說如次：

A、法律學派：

(1)國際法學派 法國人布丹（J. Bodin 1530—1596）著共和六書，倡國家主權論，以爲主權是最高的不可分的，以爲國家乃是由演化而成的，國家爲最高級的組織；主張實行君主專制政體，國王猶如家長，應具最高權力。荷蘭人葛老秀士（H. Grotius 1583—1645）著和平與戰時法，認爲在自然的事物中及人類社會中，存在着永久不變的正義與道德，這就是法律的基礎。國家是自由人的完美組織，其目的在享受法律的保護，及增進公共幸福。主權的國家，爲國際間獨立自由的單位，乃國際交往的主體，且是唯一的主體，不似中古世紀可以以經濟宗敎等組織對外者。

(2)社會契約派　英人浩布士（T. Hobbes 1588—1679）著巨靈篇，認爲人類原始社會中的自然狀態爲醜惡的無政府狀態。自衞爲組織發生的動機。爲了自衞，人類乃以社會契約方式，成立政治團體。社會契約爲國家的起源。但國家及主權者，并非社會契約的一部份，經成立後的契約，不能撤銷。革命是不應該的，他認爲惡政府勝於無政府，暴君優於無君。故主張主權無上，天子至尊。

英人洛克（J. Locke 1632—1704）著政府論，他與浩布士的意見相反，認爲人類原始社會中自然狀態爲和平狀態。天賦人權，一律平等，生命財產與自由，爲天賦的人權，不可剝奪。國家的目的，在於保障個人的自然權利。他主張主權在民，主權屬於社會全體，政府的權利建築在被治者的同意上，革命權利是無限制的。他主張民主政治、資本主義及自由放任。

法人盧梭（J. J. Rousseau 1712—1778）著社會契約論，認爲人類天性是善良的，自然狀態是美麗的，天賦人權一律平等。由於社會契約成立政治社會，個人將其自然權利給予國家。人民總意表現爲國家主權，人民有革命權利，主張民主政治制度。

(3)法理派　法人孟德斯鳩（Montesquieu）著法意一書，認爲法律乃是理性的表現，主權的命令，因果的關係及國家的意志。他認爲政府是適應時代環境精神或關係而產生的，無絕對的優劣與價值，其適合於環境需要者爲優爲善，反之爲劣爲惡。如環境需要或關係發生變化則政府形式亦應隨之變化。他主張制衡原理。因爲『有權者必濫權』，『防止之道，在以權制權』。

英人布萊克斯東（W. Blackstone）著英國法律釋義，反對自然形態及社會契約說，認為國家乃是人類求得其最大利益時而努力所產生的自然結果。國家與政府具有最高的權利，即所謂主權。國家與政府的作用和目的在保障安全、自由及財產。他認為法律的主旨在規定權利與義務的關係。

B、倫理學派：政治學說中，倫理學派，早見於柏拉圖、亞里斯多德的著作中，認為政治與倫理是不可分的。政治學的目的，就在研究倫理的或道德的問題。國家的目的在增進個人的社會道德。法律就是理性的表現。此派的政治思想，在十八世紀末葉十九世紀初葉，又盛行於英國及德國。其代表人物在德國有黑格爾（Hegel）、康德（Kant）、費希特（Fichet），在英國有格林（Green）、布萊德里（Bradeley）、鮑桑魁（Bonsonquent）諸人。各人主張雖不盡同，然均認為政治就是道德的倫理的理性問題。

C、歷史學派：羅馬的鮑里貝士，即用歷史方法研究政治，布丹亦以為政治的研究須注重歷史的觀察。在十九世紀有不少的重要政治學者，便使用歷史的研究法。這派的人以為『經驗發現原理』。而哲學派則以為『理性發現原理』。歷史派的方法是比較的、歸納的、科學的、其性質是進化的、非革命的。塞威濟（Savigny）、梅因（H.Maine）為此派的代表人物。塞氏認為法律為國民意識的集體制作，幷滲透於其國民性及生活中，文明制度乃一國的歷史傳習及經驗的結晶體。梅氏以為現世的制度，皆根源於過去而來，有組織的政治社會，乃起源於古代父權的家庭。

D、社會學派：

(1)社會利益觀　功利主義者，如邊沁（Bentham）、彌勒（Mill）認為人都是趨幸福避痛苦的，用結果判斷行為價值的。國家起源於需要，其目的在求最大多數的最大幸福。國家的存在，基於功利或需要，并非由契約而產生。

⑵社會關係說　無政府主義者，及基爾特主義者，對於政治的看法，都可以說是站在社會關係的立場上，以為各人應自由選定其政府、法律、宗教的系統，不當受強制權力者的干涉，個人才是唯一眞實物，最高理想乃人類精神的完全自由；財產為贓物，政府乃罪犯。工團主義者，以為只有自助，才能使社會進步；統治與組織皆足以阻止進化，應提倡自由。自由結合，特別是工團組織可以代替國家。基爾特主義者，亦厭惡國家與政府，政府統制經濟是反民主的、官僚式的，工人的勞動組合，應代替國家，國家的活動，只能是消極的。

E、經濟學派：

⑴重商學派　重商學派 (Mercantilists) 從經濟的需要上觀察政治，主張建立強有力的政府及自給的國家，厲行政治上的干涉與統制主義。他們重視工商，輕視農業，主張在國外攫取殖民地以供推銷商品及獲取原料之用，認為商業是強國致富的正當途徑，注重出超，重視現金與白銀的流入國內。

⑵重農學派　重農學派 (Physiocratists) 可以說是對重商派的反動，以為商品的生產與分配，須遵守自然的法則，政府不應橫加干涉。土地才是財富的根源，農業才是眞生產的，商工業非生產的，國家的自給要靠生產品，不應靠金錢或貨幣。

⑶資本主義者——亞當·斯密斯 (Adam Smith) 所著原富論一書，可視為資本主義的正統典籍。他認為自私乃社會的動力，勞力為財富的源泉，主張分工，自由貿易，政府不應干涉經濟，政府權力應縮至最小限度，放任自由主義是最好的政治理想。

⑷社會主義者　資本主義的基本精神，是個人主義與自由競爭。然其結果，每引起經濟的不平與混

亂，於是乃有社會主義的興起，主張實行經濟的平等與政府統制政策。國家社會主義者，主張工商企業應歸國有國營，厲行政府統制，防止無政府無計劃的自由競爭。民主社會主義者，則主張以社會立法，勞動立法，高度的累進稅率等溫和手段，以平均社會財富，實現經濟平等與政治自由。而共產主義者，則主張以直接行動，用暴力推翻資本主義制度，實行無產階級專政，以極權的專制政治統制人民。

F、生物學派：這一派人的思想是從生物學的觀點去研究政治，最足以代表的人物是斯賓塞(Spencer)，他認爲國家乃是由於生物環境適應而成的有機體，國家乃進步的，其基本責任在防禦外部侵略，其次在保障個人權利，有競爭則有進步，行統制則必滯呆。强制性的軍事社會，應代以自願的合作的工業社會。

G、心理學派：這一派的學者，從民衆心理上觀察政治制度，以爲高級的組織，乃低級者演進的結果。或從人類的本能上及下意識因素上觀察政治，用社會心理學去分析社會行動的動機。鮑吉浩 (W. Bagehot) 著政理與物理 (Physics and Politics) 說習慣之積，促成團結，政治就是人類習慣及模仿行爲產生的結果。他認爲感情提示，乃政治活動的重要方法，變異與個性乃進步的要因；而習慣與模仿，乃促成團結的要素。陶特 (Tarde) 著社會法則 (Social Laws) 認爲個性發展與社會模仿乃社會生活的兩大重要法則。前者促進社會進化，後者維持社會安定。

總之，在古希臘城市國家時代，事務較簡，區域較小，家庭觀念尚佔地位，於是將政治與倫理合爲一體而研究之，以爲國家之目的，就在於道德上。在羅馬帝國時代，地廣人衆，中央對地方，政府對人民的統制均不能僅憑於道德，於是乃有法理學派的國家觀，但不能脫離於自然法，以天理爲法律的基礎，仍未能完全離開倫理觀念。中古時代的政治學，未能擺脫神權色彩。文藝復興後，人類思想解放，脫離神權及宗教的威權而反於人本主義。在經濟上發生商業革命，新大陸發現，國外貿易發達；在政治上現代民族國家逐漸形成，過去封建諸侯及行會勢力漸趨沒落，於是布丹的主權論乃應運而生，跟之而有專制政體。反對此說者，乃有社會契約派，功利主義派的民主政制思想。但民主革命的結果，又引起倫理派及歷史派的反動。經十八世紀，工業革命後，政治問題的解決，多着眼於經濟上，於是又有經濟學派的產生。

## 第二節　中國政治學的歷史發展

### (一) 太古時代人權主義的政治學

在太古時代，人們過着漁獵生活。漁獵的圖騰隊群爲社會的組織單位，這種單位，就是一個部落，也可以說是一個游動國家。禹會諸侯於塗山，執玉帛而至者萬國。這時候的一國，就是當時一個部落。太古的政治生活，行着原始的民主政治；亦卽人權主義的政治制度，其特色有四：一曰政治領袖由選擧而來。唐虞行揖讓，擧八元八凱可以爲例。禹之所以傳子，也是因爲『朝覲訟獄者不之益而之啓，曰吾君之子也；謳歌者不謳歌益而謳歌啓，曰吾君之子也。』二曰政治領袖以自己的才能與貢獻得人民的自然擁戴，后稷敎民稼穡，燧人敎人用火，有巢敎人架木而居，都是以才能得天下，非憑藉於武力。三曰統治者幷不脫離生產而自己成爲一特殊階級。四曰人民參政權的取得，係以自然人爲條件，幷不需要財產或知識作爲參政權的前提。

### (二) 殷商時代神權主義的政治學

考之史籍，殷商的社會生活，主要的尙是畜牧時代。自然現象如風雨陰晴等，對於經濟生活有絕對的威脅與影響，而其知識不能瞭解，力量不能控制，於是不得不懾服於自然威力之下，而產生神權主義的政治思想與制度。史稱『殷人尙鬼』、『殷人敬天』。書經曰『先王有服，恪遵天命……今不承於古，罔知天之斷命』；『天其永我，命於玆新邑』。（盤庚上）『在今後嗣王，誕淫厥佚，罔顧於天顯民祇』；『以爾多方大淫，圖之天命』。（周書多士）『玆予大享於先王，爾視其從予享之，作福作災，予亦不敢動用非德』；『我先后綏乃祖、乃父、乃祖乃父，乃耕棄汝，不救乃死。……乃祖乃父丕乃告我高祖曰，作丕刑于朕孫，迪高后，不乃崇除弗祥』。（盤庚篇）這些敬天尊祖的記載，卽足以證明當時所流行的神權主義的政治思想。在神權政治下，巫覡掌有重大的權力，而巫覡所主持的卜筮佔有重要地位。成湯時的伊尹，太甲時的保衡，太戊時代的伊涉，祖乙時的巫賢，武丁時代的甘盤，均能『格於皇天』。他們都是『絕地通天』的巫覡，在政治上是十分重要的。

### （三）西周時代宗法主義的政治學

西周是以土地分配爲基礎的封建社會，農業經濟在當時已佔有重要的地位。天神雖不敢忽視，然人事漸爲人所注意。天子祭天爲統一聯合的象徵，諸侯祭山川，代表控制土地的權力。家族的耕作，土地集中，重習慣，尙安全，藉宗法制度以維持其政治權力與統治利益。在宗法社會中，行嫡長承繼制，大宗率小宗，以維持土地的集中，而便於統治，並保持諸侯的地位。社會中分爲若干貴賤不同的等級，身份不能流通，等級服從，不能隕越。國家或天下，爲家族的聯合或擴大，以宗法治國事。

### （四）東周時代百家爭鳴的政治學

降至東周，宗法不足以維持社會，等級制度漸趨動搖。禮義蕩然，工商事業發達，不自由的農民成爲自由的地主，新興的商人亦見擡頭，政治問題，日趨繁難，於是提出解決方案與主張者，遂不一而足，百家爭鳴，異彩齊放。

⑴老莊的無政府主義　老子曰『絕聖棄智，民利百倍，絕仁棄義，無復慈孝』『佳兵不祥之器，物或惡之』『以智治國國之賊』『法令滋彰，盜賊多有』。莊子曰『天無爲以之淸，地無爲以之寧』。他們主張無爲而治，返於無名之樸，其政治理想爲『小國寡民』，『鄰國相望，雞犬相聞，老死不相往來』。他們反對一切强權，主張自由與自然。

⑵楊朱的爲我主義　楊朱的政治主張係爲我的個人主義，拔一毛而利天下不爲也。其言曰『古之人損一毫而利天下不與也，悉天下奉一身不取也。人人不損一毫，人人不利天下，天下治矣。』『智之所貴，存我爲貴，力之所賤，侵物爲賤』『名無實，實無名，名者僞而已矣。』『生民之不得休息，爲四事故：一爲壽，二爲名，三爲位，四爲貨。有此四者，畏鬼、畏人、畏威、畏刑，此之謂遁人也。不逆命何羨壽？不矜貴何羨名？不畏勢何羨位？不貪富何羨貨？此之謂順民也』。

⑶陳仲許行的並耕主義　據孟子所載，陳仲子『其爲人也，上不臣於王，下不治其家，中不索交諸侯，』『不居兄室，不食兄祿』；許行『無所事於王，欲使君臣並耕』。其徒數十人，皆衣褐，捆屨，織席以爲食。陳仲舍一切物質享樂，以自力勞動所得，換取生活的必需品。反對貴族的驕奢淫佚，不勞而獲，主張『賢者與民並耕而食』。

⑷孔丘的正名主義　孔丘爲要維持日趨動搖的宗法社會，所以提出正名主義。論語載：『衞君待子而爲政，子將奚先？』他說：『必也正名乎。』又說：『名不正則言不順，言不順則事不成』他主張『君君、臣臣、父父、子子』。所謂正名，就是維持禮治，克己復禮，導之以德，齊之以禮。他以爲『政者正也，子率以正，孰敢不正』。

(5)孟軻的王政主義　孟軻的政治主張是行王道，施仁政反對霸道。所以他說『仲尼之徒，無道桓文之事，』『以德行仁者王，以力假仁者霸，五霸、三王之罪人也。』他所謂王政就是『定于一』，並恢復井田制度，正經界，行世卿制祿之制。他仍然要以宗法倫理維持社會秩序，所謂『教以人倫，父子有親，夫婦有別，長幼有序，朋友有信』，主張發展經濟，以裕民生，所以說『五畝之宅，樹之以桑』『土地辟，田野治』。

(6)荀卿的禮義主義　荀卿的政治主張是禮義主義。他說『人何以能群？曰分。分何以能行？曰義。』『分以制義，義以生禮。』『禮起於何也？曰：人生有欲，欲而不得，則不能無求，求而無度量分界，則不能不爭，爭則亂禮，亂則窮。先王惡其亂也，故制禮義以分之』。

(7)墨翟的兼愛主義　墨翟的政治主張是兼愛主義。他以為天下之大害皆起於別相惡，故主張兼相愛。他說『天下禍篡怨恨其政以起者，以不相愛生也』。故主張愛無差等，兼相愛，交相利，『摩頂放踵而利天下為之』『愛人者人亦從而愛之，利人者人亦從而利之』。他主張志天，因為天必欲人之相愛相利。故曰天意者『兼相愛交相利』；反天意者『別相惡交相賊』。

(8)韓非的法治主義　韓非的政治思想，主張法治主義，反對人治主義。他以為人自有好惡，則私與怨所自生；法者所以『去私塞怨也』。他反對仁義與德治，以為仁義猶如孩兒的『以塵為飯』之相兒戲，畫餅固不能充飢。他從自私的人性上，主張用實利以利民。『治民無常，唯治為法』『聖人之治國不恃人之為吾善也，而恃其不得為非也』『明主之道，一法而不求智。』他主張法律一律平等，『刑過不避大臣，賞功不避匹夫』；又主張嚴格守法，『不引法之外，不推法之內，不急法之內，不緩法之外』。他以為法須公開，『法者編著之圖籍，設之官府，而布之百姓者也。……是以明主言法，則境內尊賤，莫不聞之也。』

## （五）兩漢時代天人感應的政治學

在兩漢時代，政治學說的主流，可以說是受着天人感應學說的支配。在漢代中韓黃老之術，雖亦有相當的力量與影響，然爲統治階級所利用者，則爲董仲舒大一統之說與天人合一之道。藉天以維持統一與權力，其方法則爲以今文釋經，以讖緯釋經。以天爲則，天命爲政治的標準，組織政府亦宜取象于天。春秋繁露曰：『唯天子受命於天，天下受命于天子。其興也，受命之符，其衰也，災害怪異』；『天命之謂命，令非聖人不行。質樸之謂性，性非敎化不成。人慾之謂情，情非制度不節』；『春王正月，大一統之意也。』『春者天之所命也，正者王之所正也，上承天子所命而下以正其所爲』。當時的政治思想是把自然現象與政治現象連接爲一起的。春秋桓公十四年八月壬申禦廩災，十一年秋，宋大水，董子認爲是兵戰引起『百姓愁怨』的結果。緯書：『虹不時見，女謁亂公。』（易通卦驗）『婚戚干朝，君不覺悟，虹蜺貫日』。（易九厄讖）『歲星入月中，相從后黨之譖出』。（春秋緯文耀鈎）『强臣擅命，夷狄內侮，后犯專橫，刑殺無辜，則天雨雹』（春秋緯考異郵）。這些記載都是天人感應思想的說明。他們又把自然現象與社會現象連在一起。春秋緯文耀鈎曰：『塡星犯箕，若入宮中，天下大亂，兵大起』，『太白入居守天市中，兵大起，不出三年』；『塡星守天紀，有兵起，王者有憂』；彗入斗，辰守房，天庫虛，狼狐張，期八年，王伯起，帝王亡，后黨嬉。』春秋緯合讖圖：『五星鬥，天子去』。這種記載，說明同樣的思想。實在說，漢書五行志就是紀天人感應事跡的。

## （六）六朝時代出世主義的政治學

六朝時代，戰亂相尋，兵連禍結，臣弒其君，子弒其父，骨肉慘禍，不一而足。在極端的紛亂下，於是產生了出世的政治思想。其中約可分爲三派：一是縱慾派或享樂派，以竹林七賢（晉嵇康、阮籍、山濤、向賢、劉伶、阮咸、王戎）爲代表。他們主張人生爲樂須及時，今日有酒今日醉。因爲在變亂中，隨時有生命的危險，逃避現實而不談，期以遠禍。而生頹廢放浪的人生觀。二曰清談派，以何宴、王弼、葛洪（抱朴子）等爲代表，儒道合一，主張順應自然，無爲而治。晉書王弼傳：『何宴、王弼等祖述老莊，立論以無爲本，無也者開物成務，無往不有者也。然又主張善爲國者，必先治其身，治其身者，順其所習』。世說新語稱『晏喜清談，當時權勢、天下談士多宗尙之。』王衍傳：『衍口不論世事，惟雅詠玄虛而已。』又曰：『妙善之言，惟談老莊爲事。』葛洪更將老莊之學發展爲神仙方外之術。三曰佛法派。佛法在北方的魏齊周的蠻族固甚盛行；卽在南朝亦甚有勢力。皇帝舍身佛寺，公卿捐款造佛寺者，爲數甚多，蓋欲於痛苦或縱樂的生活中，求得精神上的慰藉。

**（七）唐宋明清君權主義的政治學**

在此時期，國家統一，厲行中央集權主義的政治制度。臣民均成爲君主的僕役。地方政府的首長，亦係以朝臣出守，不去底缺，中央集權達到極點。在漢代君臣的關係是相對的，君遇臣以禮敬，臣事君以義節；唐宋以後，君臣關係便遠非昔比。君權是絕對的，君敎臣死，臣不敢不死，所謂『天子聖明，臣當萬死』。皇帝金口玉言，其意志便是法律。韓愈原道曰：『君者，出令者也，臣者，行君之令而致之民者，民者出粟米麻帛，作器皿通貨財以事其上者也。』柳宗元封建論：『君長立，刑政生，故近者處而爲群』，蘇洵上樞密書：『天子者，可以生人，可以殺人。』這樣的君權主義的政治思想，一直流行着，到民國革命前夕，始遭人唾棄。

**（八）現在時期三民主義的政治學**

國父根據古今中外的歷史事跡，認爲政治問題的內含，不外民族、民權、民生三大問題。這三大問題，自清以後，在中國便更日趨嚴重，於是有三民主義政治學說的產生。基於自由、平等、博愛的基本精神，主張實行民有、民治、民享的政治制度。從此中國的政治學說放出光芒萬丈的異彩，使政治學進入新的方向與途徑。

# 第二篇　國　家　論

## 第三章　國家的性質

### 第一節　國家的定義

**（一）國家一詞的含義**

國家一詞，依中國典籍以釋之，乃天下、邦國、家室的總稱謂。天子所統治的全國曰天下。諸侯所統治的封地或領土曰邦國。卿大夫所統治的采邑曰家室。合天下、邦國、家室而言之曰國家。觀於下列記載可資證明：

大學：『家齊而後國治，國治而後天下平。』孟子：『天下之本在國、國之本在家。』尚書：『克明峻德，以親九族、九族既睦、平章百姓、百姓昭明、協和萬邦。』大學：『民爲邦本，本固邦寧。』『周雖舊邦，其命維新。』『長國家而務財用者，必自小人始矣。』孟子：『國家閒暇，及是時，明其政刑，雖大國必畏之矣。』

國家一詞，就西洋的字義言之，在希臘時代表示國家的文字爲 Polis，卽城市國家，實則指市民團體而言，以人爲主，土地爲附。羅馬時代表示國家的文字爲Civitas，指市民團體而言，或用Res Publica指全國公民團體而言，及至羅馬帝國時代，以 Imperio 一字表示國家，乃指統治權或國權而言。於是國家由人民團體（Res Populis）變爲統治團體（Res Imperantis）。

在中古封建社會常用 Land or Terra 以表示諸侯的邦國，則重在土地要素，國家於是又變爲地域團體。羅馬帝國亡後，歐洲分裂爲許多國，而各國的制度不同，Terra 或 Imperio 一詞均不能用以總稱意大利半島的國家，而 Citta 又不能表示 Ven ce，Genoa，Florence 各國的性質，於是發明 Stato 一詞以總稱一切國家。State 或 Staata 一詞，今日用以指國家。

## (二) 國家定義的舉例

(1)亞里斯多德在所著政治論中說：『國家是許多家庭及村落的聯合體，他是爲了達成完美的和自給的生活而組織的』。

(2)謝雪盧在所著共和國中說：『國家是由許多社會團體，基於共同的權利意識及利益互享的觀念而結合成功的組織體。』

(3)布丹在所著共和六論中說：『國家是由家庭及共同財產所組成的團體。這團體由最高權力及理性治理着』。

(4)荷蘭德 (T. Holland) 在所著法學要旨 (Elements of Jurisprudence) 中說：『國家是佔據一定領土的人群組織，在這一人群組織中，大多數人或佔優勢階級的意志成爲有效的意志，足以壓制反對者的意見。』

(5)白朗芝齊 (J. C. Bluntschli) 在所著國家論 (Allegemeine Staatslehre) 中說：『國家是佔據一定領土的人民所組織成的政治團體』。

(6)狄驥 (L. Duguit) 在所著憲政論 (Trait'e de droit Canstivitionnel) 中說：『國家是一種人群組織，在這一組織中，人群有着治者與被治者的不同政治區分』。

著者認爲國家乃是以土地、人民、主權爲要素所組織成功的具有强制性的政治團體，這團體永久的佔據着一定的領土以爲其居住之所及生活之資，對外具有防衞力量，獨立自主，不受外國的壓迫或侵略；對內具有統治力量，和平統一，有其共同承認的權力機關，卽政府，依一致的需要執行其集體意志，以維持社會秩序，促進人民幸福。

## 第二節 國家的本質

### (一) 武力主義者的國家觀

武力主義者認爲國家乃是强者以實力支配弱者的工具或組織。統治權，乃是事實上的威力。瑞士的霍列 (L. van Haller)，德國的楚茨克 (H. von Treitsche) 可爲其代表。霍氏說：國家的產生，乃由於人類的不平等。强者乃是天然的保護者，弱者依賴强者得到保護，故受其支配。楚氏說：因爲種族的鬪爭，强者征服了弱者，乃施以統治，國家就是征服者對被征服者的統治工具。

### (二) 倫理主義者的國家觀

倫理主義者，有時亦稱理想主義者。他們認爲國家乃是倫理的或道德的團體，乃人類爲了達成其道德目的時，所使用的工具。德人黑格爾 (Hegel)、費希特 (Fichet)、康德 (Kant)、英國人格林 (Green)、布萊德量 (Bradeley)、鮑桑魁 (Bonsonquent) 爲其代表。依他們的看法，國家爲萬能的，絕對的神聖的，無錯誤的。國家是『倫理精神的實現』，『國家是完全的理性』，『國家自己是一個絕對的確定的目的』，個人自由，只有借國家才能實現，國家本身，就是目的，就是超人。

### (三) 法制主義者的國家觀

法制主義者，認爲國家乃是一種法律現象，乃制法與執法的機構。德人晉林芮克（G. Jellinek）、朗巴（G. Laband）認爲國家乃一法律人格，爲權利義務的主體，有獨立的人格，有表意思及行動的能力。英人布萊克斯東（Blackstone）、法人孟德斯鳩（Montesquieu）認爲國家乃是一個統治的團體，牠具有固有的統治權，居住其轄境者，應受其支配與統治。

**（四）功利主義者的國家觀**

功利主義者，以英國的休謨（D. Hume）、彌勒（J. Mill）、邊沁（Bentham）爲代表。他們認爲國家不是由强權亦非由契約造成的。因爲人類社會若無政府存在，便不能安寧，政府無人民服從，亦不能維持，相互需要，互爲利益。國家乃是爲社會謀功利的工具。人民服從國家，不是因爲牠有權力或遵守契約，而是因爲他是達到大多數最大幸福的工具與手段。

**（五）有機體的國家觀**

德國的白朗芝齊（J. C. Bluntschi）、英國的斯賓賽（H. Spencer）都把國家當着一種有機體看待。白氏認爲國家有類生物有機體，比動植物有機體更高的有機體乃是國家。因爲：㈠有機體乃精神與物質的結合，國家有其精神與軀幹，卽國家意識與國家機關的結合。㈡有機體有各種器官以滿足其需要，國家亦有之。㈢有機體有生命能發展，國家亦如之。斯氏把國家看作是一種社會有機體。他認爲社會和生物一樣，有各種器官及生命。國家亦有其擔任各種功能器官和生命。滋養、分配、統治等官能系統十分明顯，故亦爲一種社會有機體。

## 第三節　國家的比較

**（一）國家與民族的比較**

依　國父的見解，國家是由武力造成的，民族乃是由自然力造成的。這自然力包括血統、語言、文字、生活、習慣、宗教、歷史等因素。國家乃是政治性的團體，而民族則不以政治為目的。一個國家之內，可以包括若干不同的民族。例如美國及蘇聯卽由若干不同的民族構成一個國家。一個民族亦可分別組成幾個國家，如法國、意大利、西班牙都是由拉丁民族分別組成的國家。英美兩國亦同屬於安格魯薩克遜（Anglo Saxon）民族。更有一個民族分散於各國內而自己並無國家的組織者，如猶太民族在以色列未復國前便是一例。

**（二）國家與社會的比較**

國家是以地域為基礎的組織，而社會（Society）則是依生活上的需要或聯帶關係而形成的人群結合。一個國家之內，可以有許多的這種社會。一個社會亦可以是超越國家界限的。家庭、教會、市場等均可稱作社會，而在國家範圍之內。如世界紅十字會，國際文教組織等亦屬於社會的一種，而其範圍，則是超出國家界限的。社會一詞有時與社區（Community）相混用。惟社區則指一定區域的住民或人群而言。社會則泛言人群組織。

**（三）國家與社團的比較**

社團（Corporation）若從廣義言之，本亦屬於社會的一種。惟社會則是自然形成的，而社團乃是依國家法令組織的，為權利義務的主體，具有法人的地位。社會可以超出國家界限，社團則指國家內合法團體而言。個人參加社團是自願的，參加國家則是強制的，一個人可以參加若干社團，但只能加入一個國家。社團的目的或任務是單純的，特定的，而國家的目的或任務則是複雜的，綜合的。國家有強制權力，而社團則無之。社團受國家的管轄與節制。

# 第四章　國家的要素

## 第一節　領　土

### （一）領土的重要

國家是以土地或領土爲基礎的政治組織。領土乃國家構成的第一要素。若無領土，人民不但無生活依據，且亦失立足之所。領土的情況或地理環境對於國家的盛衰强弱有着極密切的關係。亞里斯多德、布丹、孟德斯鳩等對此種關係曾有詳切的論列與解釋。近世復有李特（Ritter）拉若爾（Ratgel）杭庭棟（Huntington）山波爾（Semple）諸人倡地理決定論以爲一國的文化型態及政治制度均依其地理環境影響而決定之。

### （二）領土的意義

所謂領土，不僅包括土地的地面且及於其地下及領空；不僅包括其人民所居住的陸地且及於其領海。至於軍艦與使館，亦爲領土的延長。領土在公法上的意義如次：㈠領土乃主權行使的界限，自主獨立，在其範圍內的人民，財物及事務，皆受國權的支配與統治。㈡在同一領土上同時不能容許兩個國權的存在。㈢領土不是私法上的私有財產，亦不是封建社會或專制政治下的『普天之下莫非王土』的觀念。㈣現代之領土觀念，包括領空、領海及地下。國際法上雖有武力佔領，國際地役租借等情事，但這只是例外。

## (三) 領土情勢的影響

(1)地勢　國家的大小與疆界常受着地理的限制。希臘、瑞士即受山脈的限制而為一小單位。中國的國境，亦自成為一種自然的單位。凱撒、夏理曼、拿破崙欲征服全歐成為一大帝國而未成，亦因為受地勢的限制。國境的大小，影響其政治組織。國家的向外發展與活動，亦向最有利及抵抗力最小的途徑前進。例如希臘以西部多山，而東部多島嶼良港，遂先與東方國家接觸；羅馬的地勢與此相反，遂向西與高盧及迦太基先來往。古代的文明國家，皆沿着河流而興起，如埃及之與尼羅河，巴比倫之與幼發拉底河及第格里斯河，中國之與黃河，即為證明。山地不易統一，平原易統一。西葡及英國的向外發展與其海岸的優良有關。

(2)氣候　白朗芝齊說：『若羅馬人久居東方，則將變而近於女性的柔弱，若日耳曼人久居非洲，則將失其強悍；英吉利人若久居印度，恐將漸趨懶惰』。就政治組織論，熱帶趨向政治自由，寒帶產生專制政體，溫帶易行共和制度。寒帶人喜吃肉及富有興奮性的食料，熱帶人則否。空氣乾燥的高原人常為征服者，因其肺部發展，精力強壯。氣候多變的地區人民多機警聰明，寒帶的人多犯侵害物體罪，熱帶的人多犯侵害人體罪。由此足見氣候對於人生及政治的影響。

(3)物產　布克爾（Buckle）說：『蒙古與韃靼族不能在其原來不毛的地區使其文化進步；到了物產豐富的中國和印度方能強盛。阿剌伯人的建國，亦在其遷移到地中海濱以後。但物產太豐富者亦易於使之怠惰，不重視體力。』礦產的鋼鐵煤金銀或為武器製造原料，或為生活所必需，或定交易的價值，均為立國的重要物資。日意以煤鐵不足，不易成為強國。爭取資源及汽油殆成為戰爭主因。植物生產乃人類生活必需品。動物亦成為食品衣著及動力的所需。在地理環境惡劣的地方，則常有地震，火山，暴風雨，火山脈，大沙漠，其人民則幻想多，理想少，失去自信，於是宗教近於迷信，藝術則失之單調，政治流於專制。

地理環境或領土情形，對於國家及人民誠然有上述的重大的關係與影響；不過，時至今日，人類知識已大爲進步，科學設備與技術，亦有空前的發明與發展，人類征服環境，控制環境，利用環境的能力與力量已大見增强。『人定勝天』的希望與理想逐漸在實現中。因之，地理環境對國家及人民的決定影響將日見減少。土地重在開發與利用，要使地盡其利，不僅使土地的單位生產量達於最高，且要使沙漠變良田，化無用爲有用。

## 第二節　人　民

### （一）人民的意義

人口（Population）指自然人的人群而言，不論男女老幼均包括之。人民（People）是就法律或政治觀點而指的人口。人民亦稱國民。稱人民時係就個人的或人權的立場而言，稱國民時係就國家或國權的立場而言。人民或國民乃國家權力與行動的對象，乃國家命令所及的人員。國民在積極方面能表示其意志制定法律；在消極方面則受國家法令的拘束。國民是具有本國國籍，服從國權，遵守國法人員。國民中具有參政資格或權力者稱爲公民（Citizen），即國民之具有公權者。

### （二）人口與國家的關係

國家的强弱盛衰與其人口的數量質量均有極密切的關係。因『民爲邦本』，『國無民不立』。就人口的數量言之，一國的人口若太少，則必感受到人力的缺乏，不足以自衞，難以立國；若太多則土地不數分配，食糧將成問題，易於引起內亂，或發動向外侵略。所以亞里斯多德說，一個國家的人口數量，少則不可以少於足以自立自衞自存的限度，多則不可超出能以作適當控制的範圍。盧梭亦主張一國的人口數量應與其土地面積相稱適。今日人口最少的國家是摩納哥（Monaco）爲數不及一萬。人口最多者則爲中國，數達四億五千萬以上。人口密度以比利時爲最高，每一平方英里爲七三二人；以蘇聯爲最低，每一平方英里只有八人。

各國領土及人口簡表如次（參考 The 1970 World Almanac）

| 國別 | 領土面積（平方英里） | 人口總數 | 調查年份 |
| --- | --- | --- | --- |
| 巴西 | 三、二八六、四七三 | 八八、二〇九、〇〇〇 | 一九六八 |
| 加拿大 | 三、八五一、八〇九 | 二一、〇〇七、〇〇〇 | 一九六九 |
| 智利 | 二八六、三九六 | 九、三五一、〇〇〇 | 一九六九 |
| 法國 | 二一二、九一八 | 四九、七九五、〇一〇 | 一九六八 |
| 西德 | 一三七、五九六 | 七七、二四九、〇〇〇 | 一九六八 |
| 印度 | 一、二六一、五九七 | 五二三、八九三、〇〇〇 | 一九六八 |
| 印尼 | 七三五、八六五 | 一一二、八二五、〇〇〇 | 一九六八 |
| 伊朗 | 六三六、二九三 | 二六、九八五、〇〇〇 | 一九六八 |
| 日本 | 一四二、七二六 | 一〇一、〇九〇、〇〇〇 | 一九六八 |
| 韓國 | 三八、〇〇四 | 三〇、四七〇、〇〇〇 | 一九六八 |
| 泰國 | 二〇〇、一四八 | 三三、六九三、〇〇〇 | 一九六八 |
| 菲律賓 | 一一五、七〇七 | 三五、九九三、〇〇〇 | 一九六八 |

| | | | |
|---|---|---|---|
| 西班牙 | 一九四、八八三 | 三二、四一一、〇〇〇 | 一九六八 |
| 土耳其 | 二九六、五〇〇 | 三三、五三九、〇〇〇 | 一九六八 |
| 英國 | 九四、二〇九 | 五五、二七二、〇〇〇 | 一九六八 |
| 蘇俄 | 八、六四七、一七二 | 二三九、〇〇〇、〇〇〇 | 一九六九 |
| 美國 | 三、六一五、二一一 | 二〇五、〇〇〇、〇〇〇 | 一九七〇 |
| 比利時 | 一一、七八一 | 九、六三〇、〇〇〇 | 一九六八 |
| 阿根廷 | 一、〇七九、五二〇 | 二三、六一七、〇〇〇 | 一九六八 |
| 澳大利亞 | 一、九六七、九〇二 | 一二、〇九九、一〇〇 | 一九六八 |
| 以色列 | 七、九九三 | 二、七四五、〇〇〇 | 一九六八 |
| 義大利 | 一一六、三〇三 | 五三、六四八、〇〇〇 | 一九六八 |

人口對於國力的影響，不能僅就數量觀察之，同時應就其質量加以衡度。所謂質量包括國民的智慧、體力、敎育及生產能力等情形而言。智慧高下對於科學發明，知識進步，政治組織均有重大的影響，國民智慧高者，其國家必日趨進步與發達。國民體力强，敎育高，生產力强者，其國勢亦必隨之日趨富庶强盛。所以一個國家不僅要有衆多的國民，更應有品質優良高尚的國民。健全的人口政策在於數量與質量並重。盲目生產是危險，不合理的節育亦屬不智。

## 第三節　政治的組織

有領土與人民以後，在這領土上的人民須更能結合成爲一統一的組織或團體，以表示並執行其意志。這種統一的集體意志就是主權。人民與領土置於這政治組織的有效管轄下，始能成爲眞正的國家。

所以說政治的組織亦爲構成國家的重要因素。政治組織的含義計有左列四點：（主權於下章中論之）

**（一）政府**

一群人民永久佔據一定的土地，不一定就是國家，必須建立起共同的政府，用以形成並表現及執行其集體的意志，才成爲國家。政府者乃是決定公共政策，管理公共事務，增進公共福利的工具。無政府則人群將成爲不能一致的混亂狀況，不能產生集體行動與力量。政府組成的形式雖各有不同，但須具有力量與威勢以指揮命令其人民，則無二致。

**（二）獨立**

有領土、人民及政府後，這一政治體對外尚須能取得獨立自主的地位與資格，乃能稱之爲國家。如果外國能干涉或控制這一政治體的行動，牠只是另一國家的保護國或殖民地，不能算是獨立自由的國家。

**（三）統一**

國家的特徵，對外要能獨立，對內要能統一。所謂統一，是指國境內只能有一個最高的權利機關，這機關對其人民有最高的最後的統治權。政府爲執行其任務時，雖然可以設置許多機關或劃分若干單位，這只是爲了工作方便，並無妨於統一。

**（四）永續**

國家的生命和性質是永續的。雖然政府可以改組，執政者的官吏可以更迭，人民亦可以死生，然國家的人格或政治的地位則是永久不變的，權力是繼續的，性質是經久的，世代相傳統緒不絕。

『國』字係合口口戈一四部份而構成者。口代表領土，口代表人口，戈代表强制的權力，一代表統一的意志。强制的權力與統一的意志，即合主權與政府而成的政治組織。中國文字中，國字的構造，深合乎現代的國家觀念與意義。

# 第五章　國家與主權

## 第一節　主權的性質

### (一) 意義

主權(Sovereignty)就是國家最高的權力與意志。一國之內總有一羣人或一個人或一個機關行使這種權力。布丹(Bodin)說:『主權是國家對其臣民的最高權力,這權力不受法律的限制。』葛老秀士(Crotius)說:『主權是最高的政治權力,掌握這權力的人,其意志與行動他人不能推翻。』布萊克斯東(Blackstone)說:『主權是最高的,不可抵抗的,絕對的,不受限制的權力。』狄驥(Duguit)說:『主權是國家的命令權,卽國民的意志,可以無條件的命令其轄境內的人民』。柏哲士(Burgess)說:『主權乃不可剝奪的獨立的命令及强迫服從的力量』;又說:『主權乃是原始的,絕對的,無限制的權力,以統治其人民及其團體。』主權屬於全體國民或整個國家。主權在行使時,表現於人民者爲政權或民權,包括選舉權,罷免權,創制權,複決權;表現於政府者爲治權,包括以權力爲基礎,以管制爲目的的統治權,及以知能技術爲基礎,以服務爲目的的管理權。

### (二) 發展

在亞里斯多德的政治論中,卽有最高權力說。中古的政論家亦有這一類的主張,惟其觀念尚不十分明確,未明言其爲主權。羅馬帝國分裂後,敎皇權力與封建領主的權力並行分立,於是國家最高權的觀念更爲薄弱。十五世紀法國人比夢諾（Beaumonor）及朗梭（Loyseau）始倡主權說；蓋對外欲以脫離教皇的勢力，對內欲以消滅封建諸侯的分割，希望統一國家的出現，以爲『國王乃位於一切之上的主權者』爲主權一詞的始見。十六世紀布丹對主權論始有詳切的系統的闡明。其後如葛老秀士等相繼論釋，其說漸著。惟皆不脫君主主權說，以爲主權在於君主。十八世紀盧梭倡天賦民權說，以爲主權是人民的公意，主張民意主權說。盧梭的民意主權說乃抽象的。近世學者多主張人民主權說，以爲這是公民的權利，其意義益見明顯而具體。

## 第二節　主權的特性

依布丹，葛老秀士，及普芬道夫（S.L. Pufendorf）等人的說法，主權具有永久性，獨佔性，周延性，不可讓性及不可分性。玆分述如後：

**（一）永久性**（Permanence）

主權的永久性是說主權和國家是相始終的。只要國家存在一日，主權便存在一日，不被中止或停止，不管政府改組或人民變更，主權則仍然繼續存在。猶之重心或萬有引力之與物質，卽物體外表雖然變化，這重心或引力則依然存在。

**（二）獨佔性**（Supremacy）

主權的獨佔性亦叫作最高性，乃是專有的，唯一的、排他的。這就是說國家只有一個最高的權力爲人所服從。若容許另一最高權力的存在，便會形成國家的分裂。所謂『天無二日，民無二王』，就是獨佔或最高的意思。

**（三）周延性**（Exclusiveness）

主權的周延性亦叫普遍性，即是說主權效力所及於領土範圍一切的人、財、物、事。國境內的所有的人員、團體、物質、和事務均受主權的管轄與支配；除非主權者自願放棄其管轄，對之有完全的控制權。

**（四）不可讓性**（Inalienablity）

國家與主權相依爲命，主權乃國家的生命與靈魂之所寄，若可讓轉，則喪失其生命與靈魂了。主權是國家人格的表現，轉讓主權則國家人格將失却存在。而葛老秀士（Grotius）、霍爾夫（Wolf）、浩布士（Hobbes）則說主權本屬於人民自身者，人民可轉讓於政府；但一經讓與便永遠不能收回。

**（五）不可分性**（Indivisibility）

主權的不可分性亦叫主權的統一性。主權既是獨佔的、最高的，當然不可分割。主權若可分割便成爲國家的分裂。多元論者雖主張將主權分屬於不同團體或階級。但這經分割後的各平行權力，就不能稱爲主權。如果其上另有一個較高的權力，此即不可分割的主權。

## 第三節　主權的所在問題

若就主權所屬論其所在，即主權最後所屬屬於何人或何處？亦即主權所有者的所在問題。各政治學者對之有不同的說法。歸納言之，約可分爲四種：卽君主主權說、國民主權說、國家主權說、及奧斯丁主權說，其涵義如次：

**（一）君主主權說**

主權一詞首倡者比夢諾(Beaumonor)卽說：『國王是位於一切之上的主權者，主權是屬於國王的』。主權論的系統闡述者的布丹(Bodin)主張實行君主政制，亦說主權最後屬於國王。浩布士(Hobbes)在巨靈論中，以巨靈擬國王，認爲人類在原始的自然狀態中，戰鬥不已，痛苦不堪，乃以契約成立國家，推戴國王，委以主權，而主權一經委出，便不能收回，因爲國王不受契約拘束。這些君主主權說(Monarchical Sovereignty)在十五六世紀較爲盛行，助長了專制君主政治的產生與發展。

**(二)國民主權說**

十七八世紀時，專制政治漸遭唾棄與批評；民權主義的思想日見擡頭，於是國民主權說(Popular Sovereignty)便代君主主權說而興起。巴克萊(T. Barclay)、哈特門(F. Hotman)根據自然法及契約論的觀點，均主張主權本屬於國民的，決不能由契約或事實被君主所奪去。盧梭倡『天賦人權，一律平等』之說，認爲主權屬於全體國民，國民公意之所在卽國家主權之所在。哲斐生(Jefferson)等把國民主權說納於獨立宣言中，認爲『統治者的權力基於被統治者同意上』。這是主權在民的另一解釋。蒲萊士(Bryce)以爲『主權屬於國民』，是民主政治的基本要素。

**(三)國家主權說**

法國大革命時，人權宣言卽標明『主權屬於國家』。這國家主權說(National Sovereignty)是說主權屬於整個國家不屬於國民個人，國家是抽象的，代表國家者必有一個機關或個人。因之，他就可以假借國家的名義流於專制或獨裁。對國家主權說主張最力人的是白朗芝齊(Bluntschli)。他說國家的主權就屬於國家的本身，國家是一個法人，有人格有意志，可以爲主權的主體。義大利的法西斯主義者，德國納粹主義者的極權政治便利用過國家主權說形成了個人的獨裁。

### （四）奧斯丁的主權說（Austin's Theory of Sovereignty）

英國法學家奧斯丁（J. Austin）於一八三二年發表法學論叢（Lectures on Jurisprudence）倡優越勢力的主權論，對近世法學思想曾發生廣泛的影響。他說：『主權者必定是一個特定的個人或團體；全民意志或全體國民都不能看作是主權者。』他又說：『法律就是優越者對弱者所發的命令』；『假如某一社會中有一個特定的優越者的個人或團體，受着這一社會裏大部份人的習慣服從，這一優越者便是這社會的主權者』。依此而論，掌握國家最高權力的個人或團體便是主權者，或主權之所在。這種理論，應加批評者有三點：㈠這種思想與民主主義的精神，大相背悖，不無錯誤；㈡優越者的主權論最足導致極權主義的滋蔓，助長專制或獨裁政制的聲勢；㈢抹殺正義與理性，無異爲『强權卽公理』的暴力政治作辯護。

若另就主權行使論其所在，卽就主權行使觀點以言其所在，則又有法律主權說、政治主權說、制憲主權說、及立法主權說。玆申述如次：

### （五）法律主權說

主張法律主權者，認爲法律的制定權就是主權；因爲法律有命令人民，及使人民服從的强制力量。假如有一種權力是制定法律的權力，這權力的最後歸宿，不管他是個人或團體，就是主權者。

### （六）政治主權說

主張政治主權說者，認爲法律的本身是沒有力量的；法律所以能命令人民，能使人服從，實在是因爲牠的背後有一種支配的權威或勢力。這種權威或勢力之所在，就在於全民意志上，或全體國民。因爲治者的權力建築在被治者的同意上，法律亦不能不向民意、輿論、或選民低頭。政治權力之所在，就是主權之所在。

（七）制憲主權說

柏哲士（Burgess）主張制憲主權說。他以為憲法是國家的根本大法，是國家意志的最高表現，故有制定憲法權力的機關，就是主權所在的地方。

（八）立法主權說

魏勞畢（Willoughby）主張立法主權說。他以為國家的活動或主權的行使是經常的，不能間歇的。制憲機關只有偶然的或一時的行使主權，而立法機關才是經常的行使主權機關。因為法律就是主權的命令，故主權在於立法機關。

法律主權有時亦稱合法主權，謂主權係依法律而存在，乃與事實主權相對待而言；在軍事佔領時期或革命時期卽有事實主權的存在。主張主權者的命令須與理性正義相一致時始能發生效力，卽主權所在在於理性或正義，謂之理性主權或正義主權。有人以為只要有力量有威勢卽能使人服從，發揮主權效能，是謂勢力主權。

## 第四節　主權的限制問題

（一）主權無限說

正統派的主權論者，多持主權無限說。布丹就說：『主權是國家對於一切國民的最高權力，不被法律所限制；』他認為主權有最高性；既然是最高的，當然不受限制。葛老秀士以為主權是『行為不受任何權力限制，意志不受別人支配的最高政治權力』。依此定義言之，他自然認為主權是不受任何限制的。浩布士主張主權是屬於君主的；君主的主權是不可分割，不可捨棄，不可拒絕的，自然亦是不受限制的。普芬道夫亦主張主權有絕對性和最高性，在其管轄範圍內的一切都受其完全的控制，不受任何限制。布萊克斯東（Blackstone）說：『主權是最高的、絕對的無限制的權力。』

## （二）主權有限說

正統派的主權學說，雖然持主權不受限制，亦不能受限；但是另有許多學者却持與此相反的觀點，認為主權實受有若干的限制。其所持說法，略述如次：

⑴道德限制說　梅因（H. Maine）認為『一個社會中常有一種偉大的力量不斷的指導，限制，甚至阻碍主權行使的方向；這種力量就是道德』。道德就是存在於人心中的天良或理性；就是暴君在行使其權力時，亦不能不受自己天良的限制。不過季立克（Gierke）却說：『道德原則須由主權者加以解釋，而不能自解或自行，故道德只是立法的條件，不能說是主權的限制』。

⑵事實限制說　蒲萊士（Bryce）認為主權的行使在事實上受有限制。他說：『雖然有些主權論者，以為主權者不受任何拘束，對其所屬人民有絕對的支配力量，但是事實上從來沒有一個人或一個團體享有這完全不受限制的權力』。白朗芝齊說：『就是國家全體，亦不是萬能的，因為在外被別國主權所限制，對內被他的性質和其構成份子的權力所限制』。事實上無限制的權力並不存在，權力亦叫『權限』，權限就是在一定時空範圍內對其特定事物所發生的支配效力；若範圍與對象漫無邊際，權力便失却效用。

⑶神力限制說　有些學者認為主權受着神法（Divine Law）的限制。麥坦士（F. Martens）說：『上帝是一國之上的法律優越者，是完全的主權者：上帝掌握着絕對的統治權力』；白朗芝齊亦說：『國家亦受上帝最後裁判的裁制。』

(4)國際公法限制說　有些政治學者如孔治（J. Kunz）、科勒（J. Kohler）、斯諾（A. H. Snow）等都說國際公法在事實上比國法效力高，國家主權被國際法所限制。不過季立克則以為國際法並不是法律，只是國際間的道德原則或習慣，究竟如何適用，最後仍須由各國自行作最後決定，不能說是對主權有所限制。

(5)國家自設限制說　德人葉林（R. Ihering）晉林芮克（Jellinek）法人馬爾保（Malbery）都否認主權的絕對性及無限說，而主張主權自限說或國家自設限制說，即國家或主權者行使其權力時受自己意志的限制。換言之，主權者應當遵守他自己所頒行的法律，在法律未經廢止或變更前，主權者和被支配者的人民都仍然要一同受這法律的拘束。這種主權自限說便是『法治國家』的另一解釋。

## 第五節　主權論的批評

十九世紀後半葉以來，正統派的主權論逐漸遭受到强烈的批評與攻擊；甚而有人根本否認主權的觀念和存在。玆分述其說於後：

### (一)主權非國家要素說

有些學者，認為國家可以有主權，亦可以沒主權，主權並非構成國家的必要因素。拉班（P. Laband）認為主權與統治權有別，主權是最高權力，統治權是某一集體如聯邦中的各邦，依自己的權利發布命令和統治的權力。統治權才是國家的眞正的顯明的標記。晉林芮克（Jellinek）說：『國家的必要的特殊標記，不是主權，而是國權，就是發布命令的權力』。他們認為凡能依自己的命令行使統治權的團體，就是國家。構成聯邦國的各邦雖然不是主權者，但却可以當作國家看待。

### （二）主觀觀念的否定論

國家多元論者，以爲國家和其他社會團體的地位是平等的並立的，根本否認主權的觀念。林德賽(A. D. Lindasay)說：『國家祇不過是許多社團或組織中的一個，各種社團或組織都具有自己的集體意志和人格』；『國家的意志和人格和這些社團或組織的意志和人格是處於一樣的平等地位』。依此而論，國家的主權觀念，就不復存在了。克萊勃(K. Krobbe)聲言，主權的觀念現已不再爲文明的人民所承認了。狄驥(L. Duguit)說『主權的觀念是一種沒有價值，沒有實在性的虛構』。柏諾亞士(C. Benoist)說：『主權的觀念是一種陳舊神秘的神學上的觀念。』

### （三）主權學說的評價

正統派的主權學說認爲主權是一個國家獨立自主最高的，絕對的，普遍的，不可分割，不能轉讓，不受限制的統治權力。自比夢諾、布丹、葛老秀士、浩布士、普芬道夫等倡此種主權學說以來，在近五百年來的政治史上確曾發生極大的力量與影響。正統派的主權論促成現代民族統一國家的產生，結束了分崩離析，對立紛爭的封建諸侯和領主，在人類進化史上樹立起了一個有價值的里程碑。君主政治戰勝了神權勢力，便是靠了主權論作有力的武器。由中古世紀的封建社會進爲現代的民族國家，由神權進入君權，都是人類文明的大進步，亦是政治制度的長足發展，這不能不歸功於主權論。同時由於主權學說的產生與闡揚，現代的國際公法與國際私法亦因之而產生，使國與國間的交往有了共認的行爲規範，俾能在平時或戰時依此規範處理國際間一切紛爭與事務。這亦是主權學說對現代政治學的一大貢獻。

但是，正統派的主權論却助長了專制君主政治的產生。人類剛解脫了神權及封建領主的桎梏，轉眼又帶上了專制君權的枷鎖，以暴易暴，前門拒狼後門進虎，專制君權直接間接的都對民權與人權有過重大的壓迫與侵害，這雖非正統派主權論者的初意所期，然絕對的最高統治權力觀念確種下了這種禍根。民權的大革命雖卒推翻了專制君權樹立起民主主義的政治制度，然在革命的戰爭中，人民所付出的生命與財產代價，却是無從估計的。這種的痛苦與損失，亦正統的主權學說遺毒之所及。正統派的主權論更促成國家主義及民族主義的產生與發達。而多少次國際戰爭的爆發却是以國家民族思想爲其原動力。絕對的主權論却是國際戰爭的一個根源。

因之十九世紀以來，正統派的主權論，便已遭受到無情的打擊與批評，不僅主權有限說漸次擡頭，主權無限說日趨失勢，甚而主張主權非國家要素及國家無主權說；亦有人相繼提出。基爾特社會主義及工團主義均從根本上否認了主權觀念，陣容堅强，聲勢浩大，正統派的主權論已頻於動搖了，勢非有所修正不可。況二十世紀以來，因科學昌明，交通發達，世界距離已大見縮短，國與國間的經濟上文化上的相互依存，益見密切，國聯組織日趨發達與重要，正統派的主權論在事實上已不復需要且亦行不通。依人類進化的遠景觀之，世界國家終必有實現的一日。正統派的主權論與世界國家發展的前途，自是不能同時並存的。

正統的主權論不僅發生了流弊，且在事實上亦是難以行得通的。今日世界上有一百多個主權國家，構成了一個國際社會。在這國際社會中，沒有任何一個國家能離開他國而可以生存的。小國固然有依賴大國的地方，就是大國亦不能不依賴小國。在此情形下，任何一個國家都不能持『絕對的主權論』，一意孤行，爲所欲爲。可見主權是受到一定限制的。國與國之間要互尊互重，自限自律。否則，國際社會的秩序便無法維持，非陷於戰亂不已不止。今後的主權論應由絕對的無限的主權說修正爲互惠的有限的主權說。

# 第六章　國家的起源

政治學亦可以說是國家之學。因爲政治就是國家的功能與活動，所以研究政治學就不得不研究國家。

國家的意義爲何？各家的說法各有不同，依我的看法：國家乃是以土地、人民、政府、主權爲要素所組成，而具有强制性的政治團體，而用來解決民生問題的一種機構。因此，國家的本質，就是爲人民謀福利、解決民生問題的一種工具或手段，若捨此，國家便無存在的價值與理由了。話雖然如此，但因爲有人對國家的本質持有不同的看法，特就這些不同的看法，加以論述。要瞭解國家的本質是什麼，應從國家的起源說起。

## 第一節　神意的起源論（Divine Theory）

### (一) 要旨

持神意說者，以爲國家乃神意所建設的。政府的權都是由神意所授與的。君主與官吏都是替天行道，依神意以治國的，國王代表神意，服從國王，就是服從神意。英皇詹姆士一世（James I）說「沒有僧侶，就沒有國王」。中古的敎父們認爲：「國家和政府是上帝所締造的一種組織，一半用來處罰那些犯罪的人民，一半則用來拯救那些不是犯罪的人民」。新約第十三章也說：「在上有權柄的人，人人都要服從他，因爲沒有權柄不是出於上帝的，凡掌權柄的，都是上帝所命的。」

㈡派　別

神意起源論說分爲：「教權派」、「君權派」與「民權派」三種，他們均認爲：國家爲上帝所創造，統治權爲上帝所賦與，不過，上帝先把統治權給予何人，因三派見解之不同，所以，其結論亦就不一致。

㈢批　評

這種說法，顯然是沒有事實爲根據的，從現代政治學的眼光來看，此一學說可謂陳腐之至，毫無價值可言。但不可否認的，它在政治史上曾發生過極大的效力。所謂國家的作用在於拯救人民，但這種拯救，只是人們心靈的拯救而已，還是偏重於道德方面的。至於民生的實際問題，則未談及，不免是避重就輕，舍本逐末。因此，此一學說還是似而非的，不正確的。

## 第二節　武力的起源論(Force Theory)

㈠要　旨

持武力說者，以爲國家的造成，乃是由於强者對弱者的征服。始而擄虜敵人以爲奴隸，繼而掠奪其財物佔爲己用，終而佔據其土地、人民、財產以統治之，而成爲國家。因此，國家是强者征服弱者，種族鬥爭結果的一種團體，國家是拿力量來統治人民，使人民服從的一種機構。

有人以爲國家的完成，乃由於經濟强者對經濟弱者，所施行的壓迫與搾取時所形成的一種組織與工具。共產主義的馬克斯、恩格思均認爲：國家是經濟鬥爭的結果，是階級對立的產物。因爲，階級鬥爭常使經濟優勢者成爲支配者，國家的成立，就是統治者對被壓迫者一種更新的搾取手段。

國父　孫中山先生在民族主義第一講中指出：民族與國家是有區別的。他說：「本來民族與國家相互的關係很多，不容分開，但是當中實在有一定界限，我們必須分開什麼是國家，什麼是民族」。他所用的方法是就二者形成時所需要的力量加以區別的。「簡單的分別，民族是由天然力造成的，國家是用武力造成的，……換句話說，自然力便是王道，用王道造成的團體便是民族，武力就是霸道，用霸道造成的團體便是國家」。因此，國父便說：「自古至今，造成國家沒有不是用霸道的，至於造成民族，便不相同，完全是由於自然，毫不加以勉强」。國父以爲民族形成所需要的自然力共有五種，即；血統、生活、語言、宗教與風俗習慣。這五種力量是「天然進化而成的，不是用武力征服得的」。所以，「用這五種力和武力比較，便可以分別民族和國家。」

## (二) 批評

國父雖認爲國家是由武力造成，但　國父又說：「國家者，互助之體也；道德仁義者，互助之用也；人類順此原則則昌，不順此原則則亡。」我們知道　國父是崇尙王道，反對霸道的，主張互助的。他雖承認國家係由武力造成，但其目的和本質則是互助之體，用以解決民生問題的工具。

國家之造成是一回事，國家之性質與目的又是一回事。手段與目的不可混爲一談的。國家雖是由武力造成，但國家不應以武力去統治人民。古代的周武王曾以和平的手段造成了一個國家，故國家是不單獨靠武力所造成的。如今天的美國亦是由十三州以契約方式而締造成功的。今天的德國也是當年「北德意志聯邦」與「南德意志聯邦」依其共同的志願而合併的。可見國家不都是武力所造成的。縱使國家是以武力所造成的，也不應用武力來統治人民，因爲，倘若以武力去統治人民，則人人唯力是尙，唯勝是圖，則暴亂相循，戰爭不已，永無寧日，人類只有自相殘殺，同歸於盡。今天大陸的僞政權，便是此一情形。

## 第三節　進化的起源論（Evolutional Theory）

### （一）要旨

神意的國家觀與武力的國家觀，一則失之陳腐，一則陷於主觀，且有危險，不足使人折服，於是，有從客觀事實方面去着眼，以研究國家起源的，這便是進化說。依歷史進化說的看法：國家乃是人類歷史進化的產物。國家的出現乃是人類知識發展到相當程度後的結果。其起源或演進力，可從血統的，宗教的，經濟的三方面加以觀察之。

### （二）派　別

國家進化的起源論，可分爲以下三說：

⑴血統進化說　這一派的學者，認爲：人類最初的團體，是由血統關係結合成功的家庭或家族，由此爲基礎，漸次演進而成爲國家。梅因（H. Maine）在其所著：「古代的法律」一書中曾說：「原始的社會不是以個人爲單位的，而乃是以血統結合的家庭；積家庭成宗族，積宗族成部落，積部落成國家」。亞里斯多德（Aristotle）在所其著：「政治論」中也說：「人類的組織，不外兩種目的，一是保持種族生存的男女結合，二是維持生活的主奴結合。兩者合而成爲宗族，集宗族而爲村落，集村落而爲國家」。布丹（J. Bodin）在其所著「共和六論」一書中也曾說道：「家族的組織，爲國家組織的模型。國家的淵源，乃是家族，君主的權力淵源於家長的權力，國家爲家族的擴大」。

⑵宗教進化說　人類在草昧時代因爲智識不開，對於自然現象，如風、雨、陰、晴、雷、電、霜、雪……等均不能瞭解，不得不懾服於自然威力之下，對於生老病死等人生現象，亦認爲是一大神秘，於

是產生極强烈的神權思想。在神權的社會，司祭祀儀拜的酋長，便是最有權力的人，國家的君主權力，就是由這司祭的權力演進而來的。

(3)經濟進化說　人類的經濟生活和政治組織是有密切關係的。爲適應某種的經濟需要，就會產生某種的政治組織。人類的經濟生活，發展到某一階段時，自然便會有國家的誕生。依甄克斯（E. Jenks）在其所著：「國家與民族」一書的見解，認爲：國家是農業經濟時代的必然產物。他把人類經濟的進化分爲漁獵、畜牧、農業三個時代。在漁獵時代，人們逐水草而居，沒有固定的財產，圖騰獵群，就是社會組織的基礎。迨人類發明馴伏牛羊，飼養家畜之後，對於牧場漸爲重視，同時，亦有了固定財產觀念，爲了經濟上的分工與合作，由圖騰隊群進爲宗族團體。這宗族團體對內要有較嚴密的組織，對外要發生兼併，於是，由家族而擴張爲部落，族長權力變爲酋長的權力，漸具有國家的雛形。等到人類發明了農業耕作的技術，土地成爲生活上的必要因素，因爲生活需要及財產關係，宗族或部落均不能隨便遷徙。各部落爲了保護其土地，維持其生存，不得不拚命抵抗外來的侵略者，或必須拚命致勝，以奪取外族的土地。爲了適應這種需要，人們不能不有更嚴密更堅固的團體，於是，由部落進爲國家，酋長權力變爲國王權力。

總之，進化說這一派的說法，只談到國家是由血統、宗敎與經濟進化而來的一種團體，並說明國家產生的原因或歷程，但沒有指出：國家的本質爲何？國家的目的爲何？其實，人類社會由無國家進步爲有國家，當然是爲了生活上的需要，爲了求生存、謀幸福。因之，我們知道：國家在本質上乃是以集體的力量與努力爲大家謀求福利的必要及有用工具或手段。因此，這一學說還是不完整的。

## 第四節　契約的起源論 (Contract Theory)

### (一) 要旨

契約的國家觀，是與神意的國家觀相對抗的。在中古世紀，君主和貴族之間的關係，有似契約的關係。英皇約翰 (John) 所簽的大憲章，更含有契約的意味。在各城市中的行會，即基爾特 (Guild) 亦訂立有章程約束其會員。此種事實，啓示了契約說的產生，依前者產生了政府契約說，即是由人民與統治者相互訂約成立政府。依後者產生社會契約說，即人民相互訂約成立政府。

### (二) 派別

契約的國家起源論，分爲以下兩說：

⑴政府契約說　持此說者，認爲：國家是一種法律現象，乃是制法與執法的機構。德人晉林芮克 (G. Jellinek)及拉班(G. Laband)以爲：國家乃是一法律人格，爲權利義務的主體，具有獨立的人格，有表示意思及行爲的能力。英人布萊克斯東 (Blackstone) 法人孟德斯鳩 (Montesquieu) 都認爲：國家是一種統治團體，統治者在依主權者之意志，發佈命令，制定法律，統治人民。英人浩布士 (Hobbes) 在其所著：「巨靈論」中也指出：人類在原始的自然狀態中，因爲戰鬥劇烈無法生存，人民乃相互訂簽契約成立政府，建設國家。國家與政府一經成立，便超出契約，不可撤消。在浩布士的看法：暴君優於無君；惡法勝於無法；惡政府勝於無政府。

⑵社會契約說　法人盧梭 (J. Rousseau) 最爲此說之代表。他在其巨著：「社會契約論」一書中，曾經指出：人類在原始的自然狀態中是平等、自由的，生活是和平、快樂的。但其後因人口漸衆，原始

的快樂生活，不克維持，於是人們不得不相互簽訂契約，成立國家，建樹政府，契約的當事人是全體人民。契約的主旨就是把各人的權益與權力，共同放置於全民意志的最高指揮之下，各個人受全體民意的統治，不是受統治者的統治，政府只是聽命全民意志，替人服務的工具。

**㈢批　評**

契約論者對國家成立的原因、目的或其本質，雖有兩種不同的說法，但依筆者的看法，國家實爲人民謀福利的工具。因爲，所謂制法與執法的法律現象，乃是謀福利的方法，並非目的。法律的目的，是在保障及增進社會多數人民的福利。盧梭所謂：平等、自由、和平、快樂的生活是自然狀態的美境。國家的責任就在保護這種自然權利或福利。訂契約只是一種手段、方法與過程，而非目的。因此，契約的國家觀還是不健全的。

## 第五節　福利的起源論（Welfare Theory）

**㈠理論的觀察**

自二十世紀以來，警察國家已進爲保育國家，法治國家也進爲福利國家，政府不再被視爲「必要的罪惡」，代之而起的乃成爲增進人民幸福的「服務機關」。那「政府最好，治理最少」（Government Best, Government Least）的消極主義，和「不要理他」（Let it alone）的放任政策（Laissez faire），均遭到時代的摒棄，代之而興的乃是積極的服務思想與通籌主動的計劃政治。

亞里斯多德曾經說過：「人類天生就是政治的動物」（Man is by nature a political animal.）。荀子也說：「人生不能無群」。因爲人類是政治與合群的動物，所以離開了團體，便不能生存，除非他是野獸或神仙。否則，便被外界的風、雨、霜、雪及其他天然力量所襲擊。我們都知道：人類在動物界中，本來就是最弱者的一群，飛不若鳥，走也不若獸，但最後鳥獸之所以爲人所役者，乃是因爲人能合群之故。國家便是以團結的力量，去謀生勝物的組織，它的主要目的便是爲人類謀幸福，爲人民求福利。尤有進者，在經濟的需要或生活的需要上，人類更非合群、團結、協處不可。因爲不如此，便不能抵禦外侮、維持生存。本來，在人口密集的地方，通常比較容易謀生，但是，人多的地方必然會產生種種的衝突與磨擦。若使此種的衝突與磨擦，自然的發展下去，那又何貴乎人能合群？因此，人類爲了能一方面得到合群協處的利益，以滿足其生活上的需要，一方面又要避免在合群協處的生活下所發生的磨擦與衝突，於是大家便不得不同意建立一種調節、指導、管理的組織。這種組織便是國家。

**（二）功能的觀察**

國家的功能，又可分爲下列四種：一曰：保衞功能（Protection）：也卽在維護國家獨立，維持社會安寧及保障人民的生命財產，如國防、外交、戰時動員、民防工作，警察、消防、衞生等工作均屬之。二曰：扶助功能（Assistance）：也卽在由政府以技術輔導、宣傳示範、工作奬進等方法使人民的社會的農、工、商、礦、文、敎等事業日趨發展與進步，如工礦登記、農業改良、學術發明的奬勵、版權及商標的維護等均屬之。三曰：管制功能（Regulation）：也卽政府依公共利益的要求與標準，對於涉及社會生活的人民或人民團體的活動施以控制或檢查，使勿「私利」害「公益」，如國際貿易、外滙、物價的管制、工業安全的檢查、戰略物資的控制等均屬之。四曰：服務功能（Direct Service）：也卽政府直接辦理各種事業供人民使用，爲社會造福，如公用事業、公營事業、平民住宅、公園、圖書館的設立等均屬之。這些功能在促進人民的生活，爲人民謀福利。

國家乃是適應人類的生活需要，依人性而產生的一種協力團體，它的主要功能有：保衛功能、扶助功能、管制功能及服務功能等四種。國家，它是人類用來解決人民的食、衣、住、行、育、樂及生存、安全、和平、快樂、享受、發展等問題的一種組織。

# 第七章 國家的發展

## 第一節 國家發展的理論觀察

就人類政治組織發展的歷史與趨勢考察，國家的發展階級，若依理論的觀點言之，約可分爲四個階段，卽神權時代的國家、君權時代的國家、民權時代的國家、及世界時代的國家。玆分述其性質和內容如後：

**(一) 神權國家**

人類最初階段的政治組織，可以名之曰神權國家。因爲當時的人，知識未開，對於一切自然現象，如風、雨、陰、晴、雷、電、霜、雪、聲、光、晝、夜、寒、暑、生、老、病、死等旣無法控制亦無所瞭解，以爲這些都受着神秘的偉大力量所支配。他們畏懼神明，懾服於神明，依賴於神明，亦求庇護於神明，於是產生神權的政治。當時掌握政治大權的是知天通神的巫覡，國家大事便是祭祝祈禱與卜筮。蒙古的活佛，西藏的喇嘛，是宗敎的領袖，同時亦是政治上的統治者。摩西十誡就是希伯來的法律，可蘭經就是初期回敎國的法律，這亦是以間接方式行使神權。

**(二) 君權國家**

其後民智漸開，能力漸高，對於自然環境與現象亦漸能適應，且亦漸成習慣，不若前此的恐怖，同時對於代表神意的統治者，亦逐漸看出其弱點與弊害。於是對於代表天神的統治者由絕對崇拜信仰而變為相當的崇拜信仰，『天道遠，人道邇』，『與其媚於奧，莫若敬於竈』，這一類的思想便乘機而生了。這時適有才智絕倫的人們，卽所謂明君賢相者輩出迭起，能為人民造福謀利，敬神畏神的觀念遂變為擁護領袖或君主的思想。君權國家便因此而代替了神權國家。在人同獸爭的草昧時代，人們是求神佑護的；到了人同人爭的時代，組織堅强，指揮得法，領導有力才能戰勝敵人，故有能力善戰鬪的酋長、族長或君王便成為國家的最高權力者。

**(三) 民權國家**

在君權國家下，政治權力掌握於君主之手，權勢過大，生殺予奪，為所欲為，民權受到威脅，人民權利多被剝奪，於是激起人民的反抗，推翻專制君主政治的大革命便為之爆發。雖然君權勢力極力掙扎，拚命抵禦，期以維持其既得權勢。然民衆已醒覺，勢力漸强大，革命怒潮澎湃洶湧，勢不可遏，力莫能阻，終於獲得勝利。人類的政治演進乃由君權國家進入民權國家。在民權國家中，人民是國家的主人翁，政府只是為人民服務的工具，官吏乃是人民的公僕。人民對於政務有直接表示意見及參與的權力與機會。

**(四) 世界國家**

民權國家是以民族國家為骨幹的，今日世界上因為言語、文字、風俗、習慣、歷史、生活的不同，以致有幾十個國家同時對立並存。這些國家為了種種利害的不同，思想見解的不一，每致演成國際慘烈戰爭，使人類遭受不可數計的嚴重損失。民族國家亦只是政治發展史的一個階段，回顧過去，展望將來，民族國家必將能更進一步而成為世界國家。由於科學的發明，交通的發達，知識的進步，交往的容易，世界面積與距離在實質上已大為縮小與減短，而經濟上的相互需求，使國與國間將形成不可分離的密切關係，加以言語溝通，風習瞭解在各國間大爲進步，終有一日，人類全體可以實現大同之治而有世界國家的誕生。

## 第二節　國家發展的歷史階段

從行爲科學的觀點言之，政府制度應從生態學的角度分析之。國家是政治制度的一種，他是一種社會生態或社會有機體，乃是隨時而演進的生長物，變動不居，日進無疆，不斷的改變與適應。英儒柏克(Edmund Burke)說：「一切制度都是生長成功的」確是至言。就國家的生長與發展的歷史，其演進歷程，計有左列五個階段：

### (一)漁牧經濟時代的部落國家

國家是人群用以解決及處理其公共事務時所運用的協力組織與有力工具。因時代的不同人類知識與能力的各異，國家的型態與功能，亦隨之而有與時俱進發展。在人類社會組織第一時期的草昧時代，穴居野處茹毛飲血，斷髮文身知有母而不知有父，過着逐水草而居的漁獵遊牧生活。在當時，社會組織的單位便是圖騰(Totem)隊群；稍後則進爲圖騰地區化的氏族(Clan)。這時候政治組織的形態，可以名之曰遊動國家，其後期者便是部落國家。其時，人民生活簡單知識未開，政治受神權所支配，即所謂神權政治。這時的政治組織狀態，便是所謂神權國家；政府行政則以迷信爲基礎。因爲當時的人，對於一切自然現象如風、雨、陰、晴、電、雷、聲、光、晝、夜、寒、暑；人生現象如生、老、病、死、吉、凶、禍、福等；既無知識予以瞭解，又無力量加以控制；以爲這些對生活有極密切關係的事象背後，受着偉大的神密力量所支配。至於一天打獵收穫的多少與有無，固然要看運氣的好壞；就是豢養的家畜牛羊，是否生殖滋繁或一疫而全數死亡，亦是繫於天命。因之，當時的人們遂不得不懾服於神威之下，向之屈膝低頭而祈求其庇佑了。神力遂因此可以支配衆人之事。如何與天神交通獲知神意，乃有『知天通神』的巫覡祭祝一類人員應運產生，用卜筮、祈禱、念咒、畫符等方法，以聽取神意，指導社會，慰藉人生。事實上，這司卜筮、祭祀、祝禱的巫覡便是統治者，猶如今日的官員。卜筮與祭祝乃是國家的大事。由此足見，最初的國家乃是以神權與迷信爲基礎的。統治階級的巫覡，直接對天神負責，與神相交通，人民對之只有敬畏與服從。

## (二) 農業經濟時代的封建國家

人類知識逐漸進步，社會生活日趨改善，生產技術由畜牧進爲農業耕作。初期的農業社會，是以土地爲基礎，布粟爲交易的自然經濟時代。這時期的農業生產乃是爲消費而生產，不是爲交易而生產的。因之，這可被稱爲自給自足的地方經濟。爲適應初期的農業耕作需要，輪耕與集體耕作乃是必要的。爲適應這種需要，使耕者與其所耕作的土地，發生一種不可分離的固着關係，使之『生於斯』、『長於斯』、『耕於斯』、『老於斯』，永遠不能離開其土地而生活，所謂『死徙不出鄉』是也。土地在當時成爲生活上最重要的憑藉，誰能掌握到土地，誰便是實際的統治者。公、侯、伯、子、男的諸侯是大地主；公、卿、大夫、士的貴族是較小地主。都是國家的統治者。庶民只是以勞力從事耕作的被統治者。諸侯貴族各掌握有一定面積的土地，以領主的資格，驅使庶民作農奴式的耕作，自獲其收益，以此經濟優勢，維持其政治地位，這便是所謂封建國家。諸侯貴族爲保持其土地集中，以鞏固其統治權，嚴格實行嫡長繼承制不使土地分散，以免動搖貴族的經濟優勢與政治特權。封建國家的政治實權操於公、侯、伯、子、男、公、卿、大夫、士手中，產生所謂貴族政治。在貴族政治下實行等級制度，尊卑貴賤的界限，十分嚴明，不容殞越。爵位槪由世襲，國民不遷其業，身分不能流通，『士之子恒爲士』，『公之子恒爲公』。封建者係分疆、封界、立國、建君的簡稱，所以要疆界正，穀祿平，封土采邑的範圍與界限，必須予以完全尊重，不容侵犯。封建國家因此而實行以習慣爲基礎的『禮儀』與『宗法』的統治。這『禮儀』與『宗法』是統治人群，支配社會的有效權威與有力武器，必須遵守，不容改變。守宗法維禮儀爲封建國家的統治特質。

### （三） 農商經濟時代的專制國家

人類的知識與能力是與日俱進的。農業生產技術隨人類的工作經驗與智慧運用而逐漸改進。灌溉施肥深耕易耨的方法大見進步；由擴散經營進爲集約經營，由大農生產進爲小農生產。於是昔日固着關係的封建制度反成爲生產的障礙。於是封建廢，阡陌開，由自然的農業經濟社會進爲農業商品社會。這時期的生產目的，不是爲直接消費，而是爲換取貨幣以購買其物品。因之商業亦隨之而日趨發達。爲謀商品流通的利便及商業的發達，封建割據的局面必須打破，關卡檢查的限制必須減除，除是由地方經濟進爲國家經濟或國民經濟。如果以中國歷史爲例，卽秦漢迄明淸的專制政治時代，尤以漢、唐、宋、明的情形爲顯明。在西洋卽十六、十七世紀文藝復興後商業革命完成時代。經濟發達及商業革命的結果，統一集權的國家便應運產生。在統一集權的國家內，便自然而然的形成『朕卽國家』的專制君主政體。這專制君主爲保護並發展其國內外商業及保持國家統一，維持社會秩序計，勢須募集養備大量的常備軍隊。君主爲維持這大量軍隊，同時不能不雇用大批的官僚以籌集餉糧而資供應。路易十四的政治權力有大部份是得力於柯爾伯（Colbert）的財政改革計劃。德國菲特烈大帝的成功，有賴於宮廷財臣派（Cameralists）的貢獻甚大。專制君主用以維持統一與統治人民的有力工具便是常備軍隊與官僚制度。使用軍隊以防止及敉平各地的割據與叛亂，使用官僚代表中央以爲皇帝的爪牙去鎭壓地方，統治人民。這時的官僚所推行的政務是以權力或力量爲基礎的刑罰與稅斂。官僚在推行其職務時，祇對君主負責，旣不恤民意亦不顧人民的利害。

## （四）工業經濟時代的法制國家

專制君主對人民壓迫過甚，終於激起洶湧澎湃的民權革命風潮，一擧成功，推翻了專制，建立起民主國家。產業革命的完成及工商階級的蔚然興起，是促成民權革命的重要因素。在工商業社會中崇尚精益求精，日新月異的精神；主張自由競爭，注重發明與創造及個性的發展。於是以力量爲基礎，以統治爲目的的中央集權制度和干涉政策，便成爲社會進步的障礙。那代表君主壓迫人民的官僚制度對於民權與自由的威脅亦甚大，因之同成爲民權革命打擊的對象。民主國家的政治措施，一反專制君主之所爲，主張『天賦人權，一律平等』。人權乃自然權利，不可剝奪不可轉讓。國家和政府的責任就在保障人權維護人民的生命財產、平等、自由及依自己的意願追求幸福的權利。爲要防止政府權力的專斷，確保人權與自由，所以要採行『制衡原理』的『分權制度』，不使統治權力過於集中；所以要持『政府最好，干涉最少』的『放任政策』，使國家與政府的功能縮減到最小的限度，居於『守夜警察』(Night-Watchman)的地位。其責任只在對外抵抗侵略，對內維持秩序。其他的事務，應讓人民依己意自行料理之，因爲各人對各人自己的事，都知之最切，定能作最好的打算與抉擇。在民主國家中，爲要保障民權維護自由，同時勵行『以法爲治』(Rule of Law)的法治主義，而替代『以意爲治』的『人治主義』(Rule of Man)人民選擧代表，組織議會制定法律，以爲推行政務的依據與準繩。政府機關及行政人員的一切措施，皆須以法律爲依據，如有隕越，對人民造成損害，要負刑法上與民法上的責任。法律之前，人人平等。王子犯法與庶民同科。不依法律的規定，人民的生命、財產、自由不受干涉或限制。民主政治時代的國家，是法治國家，其任務在於維護人民的自由權利及保障人民的合法利益。

**(五) 科學經濟時代的福利國家**

民主法治國家的缺失，是政府的無能和無力，不足以擔當爲民造福的重大責任。人民所最畏懼的是壓迫民權的『無能政府』。人民所最希望的是爲民服務的『萬能政府』。平庸的無能力的民主國家和法治政府漸不足以適應人民的時代要求了。加以自由主義和放任政策足以引起無政府狀態的自殺競爭，使社會紛爭日趨複雜，非由政府出面作有計劃的措施，不易獲得問題的解決。十八世紀及十九世紀的傳統的民主法治觀念，漸遭受到大家的唾棄。所以自二十世紀以來，計劃主義乃代放任主義而蔚然興起，社會化的政策戰勝了個人主義。警察國家進爲保育國家，法治國家進爲福利國家。政府職能日見擴張，行政內容易趨複雜與積極，既不以權力統治爲目的，亦不以自由權利保障爲滿足，進而以專門的科學知能爲社會服務，爲人民造福。政府由專家所構成，以服務爲目的，爲民意所支配，成爲民有、民治、民享的『萬能政府』。福利國家時代的政治和行政的特質乃是社會化、科學化和專業化。

(1)社會化　由於社會的進步經濟的發展，人與人的來往頻繁了，關係密切了，彼此間的衝突亦增加了，有許多的事務，如勞資爭議的處理，物價的管制，勞動立法，社會福利公共計劃，大衆福利的推行，政府不得不挺身而負起責任。政務職能擴張，行政性質日趨積極，行政活動的規模與數量亦大有驚人的發展。福利國家的政府功能，已不再是簡單的、零星的、片斷的了，而成爲大規模的，全面化的，社會化的。所有生、老、病、死、衣、食、住、行、育、樂等個人需要及公共事務，亦無一不成爲國家和政府的重要功能。

⑵科學化　福利國家的政府行政內容，殆與科學有不可分離的密切關係。福利國家的政治不是迷信的卜筮祭祝，不是習慣的禮儀宗法，不是權力的刑罰稅歛，不是法治的自由平等，而是以科學知能為骨幹的醫藥衞生、農田水利、工程建設、交通運輸文化敎育等實際工作與服務。科學知能改變了政治內容，並啓示了政府行政的新目的。以科學知能為人民服務，為國造福，是國家和政府基本責任。政府的責任在治事而非管人。今日的政事，複雜繁鉅，非以科學方法與精神以處之，不克勝任。至於在推行實際政務時，更不能離開科學設備。汽車、飛機、電報、電話、印刷機，統計機等均成為不可少的行政工具與機器了。

⑶專業化　福利國家既在推行科學的服務行政。這種行政的推行，非要由專門人才擔當不能勝任。因之，福利國家的政府官吏都成為專門職業者。所謂專門職業或專業人員具有四大含義：一曰任職者須具有其職務上所需的專門知識與技能。二曰這種專門知識與技能的獲得，須經由相當長期的正式敎育和充實的敎育設備。三曰執行業務者或擔任政府職務者須經政府考試及格，發給證書。四曰執業者組織有職業團體，藉以保持其職業標準與服務道德。

# 第八章　國家的功能

## 第一節　國家功能的歷史發展

國家是人類歷史發展過程中，所產生的一種高級組織。它所表現的功能隨歷史的發展而有不同。就其歷史發展而言，有如下五個階段：

### (一) 部落國家時代神權的迷信功能

在人類社會組織第一時期的草昧時代，穴居野處，茹毛飲血，斷髮文身，知有母而不知有父，過着逐水草而居的漁獵畜牧生活。在當時，社會組織的單位便是圖騰（Toten）隊群；稍後則進爲圖騰地區化的氏族（Clan）。這時候政治組織型態可以名之爲遊動國家，其後期便是部落國家。這個時候，人民生活簡單，知識未開，政治受神權所支配，即所謂神權政治，政府行政則以迷信爲基礎。由於人民既無知識了解自然的現象，亦乏力量加以控制，因之，當時的人遂不得不慴服於自然神秘威力之下，向之屈膝低頭而求庇佑了。如何與天神交通，獲知神意，於是便有「知天通神」的巫覡祭祝一類的人應運而生。其實，這司卜筮祭祝的巫覡便是統治者，有類今日的官吏。卜筮與祭祝便是國家大事。由是觀之，此一時期國家的功能乃是以神權與迷信爲基礎的卜筮與祭祝。

### (二) 封建國家時代宗法的習慣功能

爲適應初期的農業需要，於是耕作與其耕作的土地，便發生了一種不可分離的固定關係，土地在當時就成爲最重要的憑藉，誰掌握着土地，誰便成爲實際的統治者。公、侯、伯、子、男的諸侯是大地主，公、卿、大夫、士的貴族是較小地主，都是實際的統治者。庶民只是以勞力從事耕作的被統治者。於是便形成了所謂「封建國家」。此時也，諸侯貴族爲保持土地的集中，鞏固其統治權，便嚴格實行嫡長繼承制，不使土地權分散，以免動搖了貴族們的政治地位和經濟權勢。於是又產生了所謂「貴族政治」。在此一社會下，實行等級制度，尊卑貴賤的界限十分嚴明，不容殞越。「公之子恆爲公」，「士之子恆爲士」，農業社會最重習慣，封建統治基於「禮儀」與「宗法」。守宗法，維禮儀爲封建國家的統治特質。當時的卿、大夫、士推行治權，猶如今日的官吏，以知禮儀，明宗法爲重要條件。所謂「禮儀」與「宗法」爲前代所規劃的典制，在當時，實是「習慣」的別名。知禮儀守宗法的貴族則是對其祖宗負責。國家的功能只是在維持習慣與秩序而已。

**（三）專制國家時代權力的刑罰功能**

商業的日趨發達，爲謀商品的流通，封建割據的局面必須打破，關卡檢查的限制必須減除，於是由地方經濟進爲國家經濟，由於經濟發達及商業革命的結果，統一集權的國家便應運產生。在此一社會背景下，便自然而然的形成「朕卽國家」的專制君主政體。在當時，專制君主用以維持統一與統治的人民有力工具便是常備軍隊與官僚制度。使用軍隊以防止及敉平各地的割據與叛亂，使用官僚代表中央以爲皇帝的爪牙去鎭壓地方，統治人民。這時的官僚所推行的政務是以權力或力量爲基礎的刑罰與稅歛。官僚在推行其職務時，只對君主負責，每不恤民意，不顧人民的利害。

**（四）民主國家時代法益的保障功能**

產業革命的完成和工商業階級的蔚然興起，是促成民權革命與建立民主國家的重要因素。因爲，那以權力爲基礎的統治及中央集權的干涉政策，實爲工商社會進步的障碍；那代表君主壓迫人民的官僚制度對於民權與自由的威脅亦甚大，因之，同成爲民權革命者的打擊對象。民主國家的政治措施，一反專制君主之所爲，主張「天賦人權，一律平等」。爲要防止政府權力的專斷，確保人權與自由，所以要採行「制衡原理」的「分權制度」，不使統治權力過於集中。在民主國家中爲要保障民權維護自由，同時也要勵行「以法爲治」的法治主義，而替代「以意爲治」的人治主義。人民選舉代表組織議會代表民意制定法律，以爲政府執行的根據，行政人員的一切措施，均應「依法行事」，不得隕越。法律之前，人人平等。「王子犯法與庶民同科」。民主政治時代的國家，是法治國家，國家的功能乃是人民自由權利的維護與合法利益的保障。

**(五) 福利國家時代科學的服務功能**

民主法治國家的缺失是政府的無能和無力，不足以擔當爲民造福的重大責任。加以自由主義和放任政策足以引起無政府狀態的自殺競爭，使社會紛爭日趨繁複，非由政府出而作有計劃的措施，不易獲得圓滿的解決。所以，自二十世紀以來，計劃主義乃代放任主義而蔚然興起，社會化的政策，戰勝了個人主義，警察國家進爲保育國家，法治國家進爲福利國家。這時期的國家與政府功能，日見擴張，行政內容日趨複雜與積極，既不以權力統治爲目的，亦不以法益保障爲滿足，進而以專門的科學知能爲社會服務，爲人民造福，政府由專家所構成，政府爲民意所支配，成爲民有、民治、民享的「萬能政府」。

## 第二節　國家功能的區分

國家必然有目的。但國家的目的又是什麼呢？中外古今各政治學者的答案，不盡相同，因時因地而異。譬如，英國洛克（John Locke）便以爲政府的目的係爲謀求人類的幸福（the good of mankind），並認爲人類之加入國家，其最大的目的，無非在保護其財產。另一英國人史密斯（Adam Smith）認爲國家的目的有三：一爲保護國家，使免受其他國家或社會之侵犯；二爲保護國中每一個人，使其免受其他份子之侵害或壓迫；三爲凡非一個人或少數個人所應舉辦，或所能舉辦之事，則由國家舉辦之。馬瑞謀教授（Prof. Merrian）認爲國家的目的有：安全（Security）、秩序（Order）、公道（Justice）、自由（Liberty）、與福利（Welfare）等五種。依我的看法，國家功能的目的有如下幾種，玆分別說明於後：

**（一）安全的目的**

人類之所以要組成國家，安全目的自然是最重要的原因。因爲人均有免於恐懼的要求，而此目的的達成，唯賴國家所能爲之，其他團體是無法勝任的。原始的人類，亦許只知道一己的武力自衞，但以後很容易發現一己武力之不足盡恃，由是轉而要求他人之合作，因此產生國家的組織，使大家都能保障其安全。由於安全的目的爲國家所特有，故國家不獨要「安內」，同時也要「攘外」。對內則要維持社會的和平與秩序，對外則要保障國家的獨立與自主。

**（二）法治的目的**

人與人能和睦相處，國家與社會能共存共榮，均賴互助與合作。大家各安其分，各盡其責，「己所不欲，勿施以人」。各人有其義務與權利，盡多少義務便可享受多少權利，這種「取」與「與」的關係，也卽權利與義務的關係，只有法律才可實現。立法機關製造法律，司法機關保障法律，行政機關則執行法律。國家不是別的東西，只是許多人於法律之下結合的團體。法律沒有別的功用，只是在劃定個人的權利義務關係與保障人類的共同生活而已。所以國家的目的在於實現法律，並且保護人民的生存與福利。

### （三）經濟的目的

原始時代的人民，都是靠着自己的能力去征服自然，利用自然，以解決自己的民生問題，因而，便產生了經濟活動。由於個人的力量有限，自然的資源無窮，爲了能維持更美滿舒適的生活，國家便因應而生。國家管理經濟，不是始自今日，例如水利、公路、防災、救貧，自古卽視爲政府的事。今天，國家經濟活動的範圍大爲擴張，因此，學者有謂：今天的政治是以行政爲形式，以經濟爲內容。這是由於經濟的放任政策，導致了經濟的大恐慌與社會的許多問題，人民的生計已經不能視爲個人的私事，而須視爲國家的公事。過去，不許國家干涉個人的經濟活動，現在，國家對於各種企業却得消極的監督，積極的統制，其甚者且得將私營改爲公營。國家功能的目的，已由過去只保障人民的自由權，而進爲保障人民的工作權與生存權。

### （四）文化的目的

文化是人類精神活動的產物。人能爲萬物之靈，蓋在其有文化。國家的興衰隆替，繫乎人民的素質與文化水準的提高。古時的國家，就曾以注重敎育，提高文化爲己任，中國上古之時，亦早有敎育人民的制度。所謂：夏曰校，殷曰序，周曰庠，學則三代共之是也。今天，各國都有其特殊的文化。於是，保存固有文化，發揚新的優異文化，便成爲國家應盡的職責。大凡國家的功能在文化目的上所表現的有如下兩點，一爲積極的協助，卽改善文化環境，使個人的精神活動能够自由發展，如創辦學校，設立圖書舘，獎勵美術品著作品發明品等，二爲消極的取締，卽凡文化之有害於社會安全者，例如邪僻的音樂，誨淫誨盜的圖書，國家政府皆得取締之。

## 第三節　國家功能的性質種類

國家功能的性質種類，依不同的標準或方法，可有種種的分類。但若從國家在培育維持人民的安定，繁榮社會生活過程中所負的責任，所處的地位去劃分國家功能的種類，則有如下數種：

**(一)保衛功能** (Protection)

其目的在維護國家獨立，維持社會安寧，及保障人民的生命財產，如國防、外交，戰時動員，民防工作，警察，消防、衞生等工作均屬之。

**(二)扶助功能** (Assistance)

國家以技術輔導、宣傳示範，工作獎進等方法使人民的、社會的農、工、商、礦、文、教等事業日趨發展與進步，如工礦登記、農業改良，學術發明的獎勵，版權及商標的維護等均屬之。

**(三)管制功能** (Regulation)

國家依公共利益的要求與標準，對於涉及社會生活的人民或人民團體的活動施以控制或檢查，使勿以「私利」害「公益」，如國際貿易、外滙、物價的管制、工業安全的檢查、戰略物資的控制等均屬之。

**(四)服務功能** (Direct Service)

政府直接辦理各種事業供人民使用，爲社會造福；如公用事業，公營事業，平民住宅、公園、圖書館的設立等均屬之。

**(五)發展功能** (Development)

由於現代科學的進步，一日千里，日新月異，國家爲了能適應時代需要，滿足人民生存的願望，勢必特別注重研究與發展，俾能與時代精神並駕齊驅。國家的功能在於儘量利用現代化最進步的科學知識技術與設備，使人們的生活更趨美善，使人們的活動範圍和能力益趨擴張，人類的生命更加延長，精神的和物質的享受益趨美好，精益求精，日進無疆，使人類文明與文化作繼續向前向上的不斷發展。

# 第九章　國家功能的諸學說

現在我們來討論有關國家職掌的適當範圍問題各種理論或學說。也就是說：國家應負多大的責任？其功能如何？其與個人自由的關係又如何？其所涉及的主要問題是國家對構成份子的個人關係，和國家所當限制個人行動的自由的程度，或者國家所當增進其認為是全體人民幸福的行為問題。

這些學說不一而足，紛歧異常，大致而言，由無政府主義（Anarchism）者的取消政府，以至於共產主義（Communism）者的另一利用國家到最高限度，可以說是南北兩極觀。前者否認國家的必要，主張取消政府並否定國家的功能，使之縮小至於零。後者强調國家雖是榨取的工具，但在人民專政的過渡期間，可利用國家為工具，對資產階級施行報復，國家的活動應擴張到極限的程度，使其功能擴大至百分之百。就在這兩個極端之間，還有各種不同的學說或意見；有的是個人自由主義的見解，有的是民主社會主義的見解，有的是持國家社會主義說，有的則持法西斯主義說。總而言之，我們現在要分別討論及介紹這些學說，因為這些學說曾出現於活躍於現代的政治思潮中，並經應用於若干現代國家的實際政治中。以下我們就逐一討論這些學說。

## 第一節　無政府主義

### （一）學說的要旨

無政府主義，早在希臘卽曾有之。其後，亦有不少的此種思想家。以言現代，則學者們咸推英國之葛德文（William Godwin 1756-1836）開其端。葛氏認為人之初生，雖如一張白紙，不善不惡，然而人性究竟傾向爲善，個人可由教育知識發展美德，而整個人類終亦必成完善。但是，强制權力與私產制度彼此勾結的結果，遂使社會有流毒，人類受遺害。因此，他把國家看作「一部具有獸性的機器，……實爲人類禍害之源泉。」他相信，「每一個人當能治理自己而毋需外來的强制管束和干涉。以言政府，就其在最良好的狀態時，尙且是一個禍害，因此，政府最好，管理最少。」

大概第一位使用「無政府」此一名詞者，當推法國蒲魯東（Pierre Joseph Proudhon 1809-1865）。他的重要著作有二，卽「何爲財產」？及「經濟矛盾制度，或貧乏之哲學」二書。總結其重要觀念計有如下數點：其一，爲反對私產；其二，爲否認政府；其三，爲攻擊共產；其四，爲提倡自由社會；其五，爲主張科學管理；其六，爲苛斥宗教。

承蒲魯東而起，成爲歐洲無政府主義之領袖，並且自認蒲魯東爲其偉大之師傅者，乃是俄羅斯人巴枯寧（Mikhail Bakunin, 1814-1876），巴氏之聲名地位，固在其思想，但更在其實踐。他的實踐精神，無疑地是基於他的堅强信仰。巴氏所揭櫫的，約有四大原則，均係消極性質：卽反私產、反政府、反宗教、及反政治。巴氏固然反對私產，然而，他對於馬克斯之共產方式則堅決反對。在他看來，如果由無產階級獨裁，仍然要運用强制力以保存國家，則無異是「以暴易暴」。易言之，巴枯寧的理想乃是無政府的社會主義。他的此一思想，當時在俄羅斯、義大利及西班牙頗有相當勢力。

後於巴枯寧一代，同屬俄籍，而其反政府、反私產、反宗教與巴枯寧相同，且其先後入獄，流浪國外，達四十有一年之久，亦復與巴枯寧相同者，乃是克魯泡特金（Piotr A. Kropotkin, 1842-1921），他的重要著作爲「互助論」，在這本書中，他指出：人類進化的原則，在於互助合作，而非優勝劣敗。克氏詳舉許多生物學及人類社會學例證，說明眞正能適應環境而生存者，大抵均賴於合作與互助。是故，弱者而能互助合作，可以生存；强者專事鬥爭衝突，易受淘汰。總之，人類進步之原理或法則，乃是合作而非競爭，乃是互助而非相殘。從這一觀點出發，克氏反對政府，反對私產，也反對宗教，他認爲這三者乃是阻碍社會進步之三大因素。非徒無益，而且有害。

以上我們簡述了無政府主義的三大代表人物。現在，我們再將此一學說總結如下：無政府主義者，認爲國家和政府乃是「絕大的罪惡」，根本沒有存在的價値，這一思想乃是個人主義的更擴張。他們主張個人的自由應擴大到最大的限度，人類要求生存完全是在一個自由自願的經濟組織，而非是一個强制性的國家組織。因爲，國家只是壓迫與榨取的工具，而非增進人民幸福的機關。他們認爲：人性是善的，無政府的社會乃是人類正義與理性的實驗。他們要把「自由放任」(Laissez-faire) 的思想與實踐，從經濟的範圍擴展到社會的各部門。在他們理想中的「新社會」，乃是一個自由與平等的社會。爲了要達到此一理想，他們有主張採用暴動的，即以武力爲手段去實現其主張；也有主張用溫和的、說服的、敎育的方式去實現其政治理想的。一八八二年於瑞士的日內瓦所擧行的「無政府」國際會議中所通過的宣言可爲前者之代表；俄國的托爾斯泰 (Count Leo Tolstoi) 所揭櫫的「基督敎無政府主義」可爲後者之代表。

吉士若 (Oscar Ja'szi) 在「社會科學大辭典」(The Encyclopedia of Social Sciences) 中曾爲無政府主義下過這麼樣的定義，他說：「無政府主義是要以一種完全自由自願的個人、團體、宗敎及民族合作來代替國家，而在人類關係中爲建立平等與互惠的公平正義而努力」。社會主義者及無政府主義者，均主張生產手段歸公有，均主張爲公共幸福而從事工作，各盡所能，各取所需。但是，我們從這則定義中可以看出，兩者是有別的。因爲社會主義者的合作要經由國家、係從政治的觀點，由集體意志以統治的、有秩序的，對於個人的自由無須作任何的干涉。

之，而無政府主義者，則以「互利」爲基礎，而爲自由之結合。這些互利的均衡，使經濟社會成爲穩定

### （二）學說的批評

當我們略述了無政府主義的主要內容之後，我們願在此提出了如下的幾點看法：第一，它違犯了人類社會進化的原則。原始社會本是無政府的時代，此時也，因無國家，無法律，人民發生嚴重的糾紛與衝突，無法解決，生活沒保障，社會無安寧，最後，大家乃同意訂立契約締造國家與政府。今必欲剷除之，是猶說：「剖斗折衡而民不爭」，「聖人不死，不盜乃止」是也。縱使歷史可以重演，問題還是不能獲得解決。國家與法律如有不善，可以謀求改進，不可「因噎廢食」也。第二，人人有個性，人人又有自由，但當個性有衝突，自由有糾紛之時，又當如何解決？如無一仲裁者，則問題不得解決，如有之，則法律與政府便應運而生矣。第三，無政府主義者有一項嚴重的錯誤信念，他們認爲：政府的功能（卽行政權）與自由是衝突的，唯有廢止法律與政府以後，始得獲得自由。其實不然，假若行政權力遭受破壞，其結果便不能使人人得到完備的自由，而是强者對弱者的凌虐而已，證諸史實，文明、秩序和和平，唯有個人的無限自由加以約束之後，始能如願以償。因此，法律與政府是絕對需要的。

## 第二節　個人自由主義

### （一）學說的要旨

自由主義（Liberalism）或個人主義（Individualism），乃是產業革命成功後的產物。這一學說的代表人物有：盧梭（J. Rousseau），洛克（John Locke）、哲斐生（T. Jefferson）、甲克生（A. Jackson）、

斯賓塞（Herbert Spencer）、彌勒（John Stuart Mill）和色威克（H. Sidgwick）諸人。他們均認爲：個人具有天賦的自然權利，不容政府或國家加以干涉或剝奪。自由競爭與自由奮鬥乃是社會進化的原動力。個人對其利益瞭解得最清楚，判斷的也最正確，因此，讓他們各自去追逐，對社會總是有益的。故國家只是個人在完成其目的時，所使用的工具與手段，個人才是目的。

個人自由主義者，總認爲「國家乃是必要的罪惡」（State is a necessary evil），是一個討厭的東西，但人民爲了求生存，求保障不要它又不行，這是個人自由主義與無政府主義所不同的地方。個人自由主義雖然認爲國家乃是一種「必要」（Necessary），但是，他們均認爲：國家權力的擴張，乃是個人自由的侵害。因此，「政府最好，管理最少」（Government Best, Government Least），便是他們所持的王牌。在他們的觀念中，國家應作的事，只有下列三端，一曰：對外抵抗侵略；二曰：對內維持秩序；三曰：個人不願做的事，或不能做的事，由政府辦理之。國家的各種活動，應儘其可能地保持在這狹窄的範圍裡，而且愈少愈好，所以說，個人自由主義的學說到了極端時，就近乎無政府主義的理論了。

個人自由主義者所持的理論，可從倫理的、政治的、科學的、經濟的四方面加以觀察之：

⑴倫理觀　基於自然法的正義、理性、公道的觀點而言，個人自由主義是正當的、應該提倡的。因爲，「利己」爲人性的普遍原則，「個人皆知其最佳的利益」（Each knew best his best interests），「人性愛好自由是天然的」，所以不應加以干涉或限制，應讓其自由行動，發展其內在的潛能，以達其最高的成就。所以，限制自由，其唯一的結果，必是罪惡的。

⑵政治觀　個人自由主義的政治學說，起源於社會契約論。依照他們的看法，人本來是自由和平等的，具有某些自然的權利。國家只是人類所訂的一項協定或契約，國家的目的在保障或保證個人的權

利。因此，它的職掌應限於消極性的目的。個人自由主義，積極擁護自由的原因。是由於畏懼和厭惡政府與法律。就是那些自私自利的人們也想逃避政府的控制與干涉之故。

(3)科學觀　依達爾文的天演論，在自然界的現象是優勝劣敗，適者生存，所以人事界也應適用此一法則，讓人們各自作自由的發展，使在「物競天擇」之下，也受自然的淘汰。

(4)經濟觀　個人自由主義下的經濟理論，係基於這麼一項主張，卽：自由競爭與沒有約束的工業和商業，其利必超過在政府法規之下或在政府經營下的經濟活動。因此「自由放任」政策 (Laissez-faire) 便是最好的經濟法則。

## (二) 學說的批評

以上，我們對個人自由主義的學說提出了簡要的說明，現在，我們對此一學說做如下的幾點看法：個人自由主義學說是十八世紀後期中的思潮，這一學說曾經成爲當時民主革命運動的基礎，也爲法國革命與美國獨立運動所揭櫫的理想與目標，同時，也爲重農主義者與自由貿易者的經濟理論之依據，就這麼一點來說，它的貢獻與影響是深遠的。不過，它也有幾點值得批評：

第一，個人自由主義者所說的「天賦人權」，只是一種假設與空想，並無事實的根據，與歷史的必然性。

第二，經濟上的自由競爭，常常導致於經濟恐慌與不景氣的現象，同時，也易形成「富者愈富，窮者愈窮」的懸殊結果。所謂「自由競爭」並非最好的經濟法則，而是一種自殺的競爭。

第三，所謂優勝劣敗，適者生存的天然競爭，應只適用於異類，而不應適用於同類。因此，個人自由主義的學說用於人類是不可靠的，也是不應該的。

第四，個人自由主義以「自私」與「個人」出發，殊不知此一觀點最易造成社會問題，人與人的糾紛與衝突將層出不窮，社會將永無安寧之日。

第五，個人自由主義者，認爲國家是一種必要的罪惡。其實，根據歷史所示：國家並不永遠是一種罪惡，而且有許多人類的進步都應該歸源於國家在行動上的聰明。國家的職掌不只爲具有壓制性的那種法令規約的職掌，而且它的職掌也可能在助長和促進人類的全面幸福。過份干涉可能是一種罪惡，但政府本身不只爲一必要，而且可能爲一積極性的造福人群之工具。因爲，文明愈進步，人類也是愈需要相互的依賴，今天，種種的跡象都在顯示出對國家行動的需求。

## 第三節　民主社會主義

### (一) 學說的要旨

民主社會主義 (Democratic Socialism) 可說是個人自由主義的修正與補充。在個人自由主義下，一般人均相信自由與放任的政策，認爲「政府最好，管理最少」，人民要脫離政府的管制，求取個人的自由。政府的責任，只在維持秩序，而非謀求福利。只要讓個人自由發展，這不僅是個人的快樂，亦是社會的幸福。他們深信達爾文的「優勝劣敗，適者生存」的法則，因此，他們主張自行努力，自求發展，就可以促進社會進步，使人類過着較高較好的生活。人們不獨要獲得經濟的自由，同時，亦要爭取政治的自由。在十九世紀的前半葉，個人自由主義可說是時代的寵兒。然而，曾幾何時，這一思想便導致了如下的兩個顯明結果。就其好的方面言，它推翻了專制政體，增加了社會的財富，提高了人民的生活水準，人類的進化史，的的確確是向前地邁進了一大步。但就其壞的方面言，它使得財富分配不均，形成貧富懸殊，階級對立，勞動者受着資本家的無情剝削與榨取，過着艱苦的可憫生活。而所謂的自由競爭竟淪爲自殺的競爭。抑有進者，在自由競爭的過程中，生產無計劃，競爭趨混亂，利之所在，趨之若鶩，稍有利潤便競往投資，常致形成生產過剩，而引起經濟的恐慌與工廠的倒閉及工人的失業等現象。這是經濟的大浪費，也爲社會的大悲劇。爲了要挽救這種危機，醫治這種流弊，民主社會主義便應運而興。

民主社會主義者主張國家應採取積極的行動，以和平的手段（指國家立法）去平均社會財富，消弭社會衝突，改進勞工生活，增進社會幸福。因此，國家不是必要的罪惡，而是社會福利促進機關。國家應作有計劃的行動，不可任個人去自由行動，政府不僅要消極的維持秩序與防止不法行爲，而且要積極爲人民謀福利。因此，政府的干涉是在增進全體人民的幸福，而非對自由的威脅與限制。民主社會主義者在運用社會立法、勞動立法、累進所得稅率制、社會保險等方式去謀求社會的安全和福利，及財富的平均化和社會化。

**（二）學說的派別**

民主社會主義在十九世紀後半葉及廿世紀的前半葉很爲盛行，德國的修正主義、英國費邊社會主義、基爾特社會主義及工黨政策，美國民主黨政府的「新政」、「公政」均可說此一學說的具體實踐，今簡述如後：

⑴德國的修正主義　在十九世紀的後半葉，德國曾發生有力的社會改革運動。其時曾有「社會民主黨」（Social Democratic Party）的成立。這一政黨原被馬克斯派所把持，其後卽轉入比較溫和份子的

掌握中，其領袖人物為羅伯特（Rodbertus）、拉塞爾（Lassale）及巴斯坦因（E. Bernstein）。這些人對馬克斯那激烈的共產主義加以修正，主張以溫和的手段，進行社會改造活動。由於他們的努力，使得財富為之平均，福利得以增進。勞動階級也因而爭取到政治權利，生活有改進，危險已減少，個人之安全也得以保障。

(2)費邊社會主義　英國的費邊社（Fabian Society）成立於一八八四年，其命名之由來，係取自一位文武兼備、智勇雙全的羅馬統帥費邊將軍（General Fabius），因費邊將軍面臨大敵，明知一時不能取勝，故用「迂迴遲緩」之戰略以時間來解決問題，穩紮穩打，積小勝為大勝。費邊社為一些知識份子所組成的團體。其重要人物有：蕭伯納（George B. Shaw）、威爾斯（H. G. Wellas）、韋伯（Sidney Webb）、華拉斯（Graham Wallas）、麥克唐納（Ramsay Mac Donald）等，因為他們有鑒於「放任競爭制度保障極少數人之快樂與舒適，而使絕大多數的人蒙受其難」，故他們主張「應儘量遵循最高道德之可能範圍，以改進社會」。他們的步驟，是主張不求速達，而採取立法途徑，不事革命，而主張循序漸進。因為，他們總認為：具體的改造需要和平的建設，而和平的建設則端賴於循次漸進。其次，費邊社會主義既不視國家為可懼之禍害，亦不視國家為神聖的目的，而乃折衷調和，視國家為一項工具，一個途徑，「一部機器」，因此之故，費邊社會主義者皆爭取國家，皆欲假手國家而實現其崇高的理想。

(3)基爾特社會主義　基爾特社會主義（Guild Socialism）乃是費邊社社會改革運動中的一個支生物，係於二十世紀之初才出現的。「基爾特」（Cuild）云者，乃是中古世紀之各種同業公會。此一派的思想，大體可以柯爾（G. D. H. Cole）及霍伯森（S. D. Hobson）為代表。就其思想論點而言，大致上有如下數點：一曰：主張分權與分工，反對國家和政府的强力干涉。二曰：提倡復古，要現代社會經濟恢復到數百年前的狀況。三曰：爭取政治自由與經濟自由；四曰：主張職能代表制度（卽職業代表制度）；五曰：主張多元主權論，國家與其他團體同站在平等的地位，國家干涉乃是最後的手段，非必要時不得行使之。

(4)英國工黨政策　工黨（Labor Party）成立於一九〇六年，有不少的政治與經濟思想來自於費邊社。成立之初，人數不多，半世紀中的長足進展，後來便成爲英國的兩大政黨之一，且數度掌握政權，故能有效地推行其許多民主社會主義的政策。工黨對勞工份子十分尊崇，也解決了不少勞工的痛苦。英國工黨的另一特性就是宗敎的人道主義。所以它很了解低下階層人民的艱苦生活，由於覩景生情，衷心感動，因而產生了悲天憫人之念，遂抱救世濟人之志，而成爲民主的社會主義。

(5)美國民主黨政策　一九三〇年世界的經濟大恐慌與不景氣，使得美國也產生了普遍的失業現象，因此，民主黨政府便提出了「新政」（New Deal）政策以解決人民失業的問題，先前威爾遜所揭櫫的「新自由」以及以後杜魯門所標榜的「公政」（Fair Deal）也都是朝向着民主社會主義方向前進。近年，由於美國推行民主社會主義運動相當成功，因此，廿世紀以來，並無「大王」的產生，社會財富也較以前平均了。

## 第四節　國家社會主義

### (一) 學說的要旨

國家社會主義（National Socialism）爲民主社會主義的更擴大，國家應多負一些責任來。它是由兩條路線的思想滙合而成功的。一方面有一些的經濟學者對於亞當斯密的「放任政策」（Laissez-faire）主張限制其應用，他們攻擊亞當斯密所倡的「私利就等於公利」之說，並且從事實上證明，那種學說是錯誤的。因之，國家採取行動，干涉私人事務，以及控制經濟，都是必要的。德國的李斯特（F. List）、英國的約翰彌勒（J.S.Mill）及法國的戚福禮（M. Chevalier）都是這一派思想的代表人物，另一方面有若干社會主義者採取機會政策，站在勞働階級的立場發言，向政府提出種種的要求。他們主張要運用國家的力量，改造現時不公道的社會，使其趨於更理想，更美滿。由不平等的社會轉變爲未來的公平社會。

**（二）代表人物**

國家社會主義代表人物如下：

⑴法國的布朗（L. Blanc, 1813—1882）是一位歷史學家與政治家，其所抱持之思想與領導的運動，未始不可謂最早的國家社會主義。布氏認爲社會的一切禍害，應歸諸於過度的競爭，以致使得弱者與不幸者遭到莫大的困苦。故他提倡工資平等，報酬一律，而且人人應有工作，人人應能生存。「各盡所能，各取所需」，乃是布朗氏的有名主張。他並建議設置社會工場，由工人自己組織，由工人自選職員，並由工人自己管理生產及分配收獲。布氏之社會工場，頗似合作社會與勞工組合之兼併。關於政體，他擁護民主政治，因爲只有在民主政治之中始有設立社會工場之可能。布朗之成名，蓋因他將國家社會主義帶入實際政治之中，而能在其短暫的政治生涯裡，由上而下地推行着，而且又有相當的成績。

⑵德國的羅伯特（J. K. Rodbertus, 1805—1875）是一位大學教授的孩子，少時攻讀法律，後來硏究經濟，以後曾任議員與部長，對實際政治頗有經驗。他的政治思想受到了法國無政府主義者蒲魯東（Proudhon）和烏托邦社會主義者聖西門（Saint Simon）影響很大。他認爲人類社會乃是由於分工的

需求而所創造成功的一種有機體。但他不相信依照自然定律的放任發展是會有益的。國家是歷史的產物，乃依其構成員的努力而建造起來的，並非自然而出現的。每一個國家都應該依其自己的意志自訂其法律，自立其制度。因之，他相信國家的指導與控制，乃是必要的。他的理想是要組織一個社會主義的政黨，用以解決社會問題。他的經濟思想淵源於亞當斯密及李嘉圖（David Ricardo），即視勞工爲價値之源。他認爲地租、利潤、工資，皆是國民所得之部份，故勞工們所得工資，不能視作出於資本。他主張國家應當運用其權力，調整生產使供應配合，尤應儘量設法使眞正從事生產之工人得到公平的分配。

(3)拉塞爾（F. Lassalé, 1825—1864）是費希特（Fichet）和黑格爾（Hegel）的信徒，曾在柏林大學讀書，旋卽加入少年黑格爾主義派。他是一個有力的煽動家與雄辯家和宣傳家。他曾大聲疾呼，號召德意志工人組織其自己的政黨，以爭取政治及經濟的自由。他的具體主張有二，一爲擴大選權使成普及，二爲推行國家社會主義，前者爲一手段，後者才是眞正的目的。他是德意志社會民主黨的創始者。他主張由勞働階級或工人控制國家，人民的經濟生活應置於國家和政府的指導之下，不能讓個人作無計劃的自由發展。他認爲國家乃是歷史進化的結果。因爲可憐的無能爲力的個人，爲了自救，爲了求生存，勢不得不團結起來，成立國家，組織政府，去征服自然，解除困難，減少壓迫，只要透過國家，人類就可以實現其理想，挽救其命運。所以他認爲國家的力量要加强，功能要擴大，活動要增加。國家是爲人民謀福利的工具。

綜觀國家社會主義的論點，不外有下列諸端：㈠國家是人類求生存的必要手段和工具。㈡國家的力量應予加强，功能應予擴大，活動應該加多。㈢國家應採取積極的指導與控制，以防自由放任的各種流弊，藉以謀求和平，增進福利。㈣國家和政府不能置社會的經濟活動於不顧，應予以合理及有效的管制。㈤國家是人類必要的工具，它本身是好的，樂觀的，因此，要加重其責任。

## 第五節　法西斯主義

法西斯主義（Fascism & Nazism）的主要代表人物有二，一爲義大利的墨索里尼（Benito Mossolin 1883-1945），一爲德意志的希特勒（Adolf Hitler, 1889-1945），此一學說既反對共產主義的階級鬥爭，又反對民主主義的過份自由。爲阻止階級鬥爭，主張「協作國家」，國家至上，民族第一。爲限止個人的過度自由，主張大大擴張政府的權力，以控制人民的生活。

### （一）墨索里尼的法西斯主義

義大利的墨索里尼，是黑衫黨的領袖，曾在一九三二年親自撰寫一文解釋法西斯主義，載入義大利百科全書第十四卷。此爲墨氏的唯一著述。在他的觀念中，他認爲：「國家是一切的中心」，國家乃是意志，乃是精神力量，國家乃是靈魂中之靈魂。因此，國家是絕對的，而個人或團體與之相比，只是相對而已。以「個人爲國家服務」的新觀念，便替代了「國家爲個人服務」的舊公式。因爲，國家乃是一個「超人」的完美人格，個人應爲之犧牲。國家是目的，個人才是手段。國家是一個倫理整體，所有個人之精神，道德和生活，均自國家得來，而且必須於國家之中滋長、滿足之，「無物不在國家之內」，「無物與國家相反」。墨氏因有鑒於義大利在參加第一次世界大戰前後之所謂民主政治，脆弱無能，幾使社會混亂而不可收拾，故對傳統的民主政治加以無情的攻擊。他認爲，「多數作主」不能代替全體，一國之最高權力，宜付託於一批極少數的「優秀份子」(Elite)，從而，他也將「人民主權」改爲「國家主權」。至於對外戰爭，墨氏認爲值得稱道，因爲，戰爭能使人有抉擇死生而發揮理想的機會。故墨氏的看法認為帝國主義的對外擴張而爭取光榮，是合乎自然定律，而合於倫理道德的。總之，墨索里尼既反對階級鬥爭的共產主義，也反對自由放任的資本主義。

### (二) 希特勒的法西斯主義

希特勒的法西斯主義思想淵源於一九二〇年二月廿五日向其「德意志國家社會主義工人黨」(National Socialist Germany Worker's Party) 所提出的「廿五點主張」(Twenty five points in Germany) 及其所著：「我的奮鬥」一書。他對於墨索里尼固曾仰慕而宗師，但日後關於極權獨裁，無論在理論或實踐方面，均是「青出於藍而勝於藍」。他歌頌國家，無微不至。但他視國家為工具，而非目的。國家雖為工具，但其權力籠罩一切，故係極權。在他的心目中，一切的目的乃是種族，乃是血統，因為種族必須純粹而血統不可混雜。在其「我的奮鬥」一書中，自開卷以至末尾，對於詆忤猶太人種，反覆論列，如醉如狂。他對猶太人種，切齒痛恨，誠有「不共戴天」之感。他認為，只有亞禮安種族 (Aryan) 才是世界上最優秀的種族，而德意志民族又是亞禮安人種中的天子驕子。因此，德意志民族是「優秀人群」，希特勒之所以主張「一黨專政」，實非偶然。尤有進者，希氏認為，在這「優秀人群」之中，自必有其一位登峯造極的領袖，以故，他對於所謂「領袖原則」(Führerprinzip) 充份發揮，且以「民族的」「領袖國家」自作標榜。關於經濟，他主張保存私人財產制度，同時加以各種必要的限制與改進。關於「勞力」，也提倡勞心勞力，應一視同仁，亦即「心工」與「手工」應相提並重。他對於「地緣政治」也特別迷信，故在當時，「血統與地緣」可說為德國崇高之流行口號與堅信不移的信念。同時，希氏也頌揚戰爭，他說：「戰爭屬於永恒，戰爭屬於普遍。並且無所謂開始，亦無所謂和平。戰爭就是生活，任何爭執就是戰爭。戰爭乃是一切事物之起源」。崇尚暴動，鼓勵對外侵略。所以說：希特勒的整套政治哲學，乃是反民主的，反理智的。

以上簡述了法西斯主義的兩大代表人物，就其相同而言，他們均認爲國家是「超人」，是理性的、崇高的。主張國家至上，民族第一，同時歌頌戰爭、崇尙侵略、鼓勵暴動，並且主張「一黨專政」，限制個人自由。反對共產主義也反對資本主義。就其不同者而言：第一，希氏先有其一套思想，而後成爲運動，故能「青出於藍」，影響較大；墨氏則先有行動而後加添理論，故墨氏常以「實驗主義」而自許。第二，希氏認爲國家是工具，而非目的，血統、種族才是唯一的目的；墨氏則認爲國家是目的，個人才是手段，國家是絕對的，個人之與國家是相對的。第三，希氏認爲民族高於國家，而墨氏則反之。第四，希氏有所謂「領袖原則」之說，而墨氏則否。

## 第六節　共產主義

### (一) 學說的要旨

主張國家與政府的職掌、功能、活動擴充到百分之百，而個人的自由相對的減縮到零者卽爲「共產主義」(Communism)，這是無政府主義的另一極端。它的代表人物首推馬克斯(K. H. Marx, 1818-1883)及恩格斯 (F. Engels, 1820-1895)。

馬克斯，係德國中產家庭出身，其父業律師，父母均係猶太血統，曾先後在波昂、柏林及耶拿三大學讀書，攻習法律、歷史與哲學，一八四一年他獲得耶拿大學的博士學位。馬氏在大學生時代，卽傾向於激烈主義，其後加入共產組織，參加革命運動，爲政府所不容，故流浪國外，僑居英國甚久。馬氏於一八四四年在巴黎與恩格斯相識，結成莫逆之交，四十年相處如一日，生活艱苦期間，常受恩氏之接濟。

恩格斯係德國一位富有資本家之子，他奉父之命駐住倫敦，經營其商業，然其實際興趣，乃在當時的激進主義。他曾參加憲章運動與歐文之社會運動，及結識馬克斯後，更變本加厲。

馬克斯與恩格斯曾合撰：「神聖家庭」(Die Keilige Familie, 1844) 與「共產主義宣言」(Manifest der Kommunister, 1848) 可見兩人的思想是氣息一貫而且相輔相成的。至於馬克斯的重要著作有：「哲學之貧乏」（一八四七），「政治經濟批判」（一八五九），及「資本論」（一八六七）等。恩格斯的重要文章則有「英國勞工階級狀況」（一八四五）及「反杜林」（一八七八）。

就共產觀念而言，西方遠古即有。但「共產主義」此一名詞，在一八三〇年以前殊未習用。大概在一八三四年至一八三九年間，法國巴黎若干秘密革命組織才開始使用此一名詞。約在一八四〇年至一八七二年中，當時所稱的共產主義，往往專指主張推翻資本主義之社會思想行動。那個時候，共產主義與社會主義兩個名詞，幾可劃一等號。或至少也可以說共產主義是社會主義的一支。直到一九一七年蘇俄革命成功，布爾什維克興起以後，共產主義此一名稱又復活而盛行，且與社會主義形成對抗，日甚一日，最後而演變為互相仇視而對立。目前習慣，對於馬克斯、恩格斯、以及列寧 (Lenin)、史大林 (Stalin) 之思想統稱為共產主義。實則，馬克斯與恩格斯的共產主義誠如他們自言的便是所謂：「科學社會主義」，而列寧與史大林的共產主義應為「蘇維埃主義」，就此而言，兩者雖同出於一個宗派同有一個理想，但在手段的運用上兩者是有別的。

共產主義討論到國家時，即撇開「國家應當如何」的問題不談，而專講國家在歷史上的「事實」「是」如何？或「曾經是」如何？並且根據這些事實來下國家的定義，以及預言國家將來的命運。恩格斯說：「國家，就是某種領域之內的一種最高强制力，被某一階段掌握着以壓迫其他階級」。列寧在解釋馬克斯主義的國家定義時也說：「國家就是一種階級支配的機構，一階級用來壓迫另一階級的工具」。根據共產主義者的說法，經濟上占優勢的階級，總比較容易變成一國的統治階級，故國家，落實地說，乃是資本家階級壓迫與榨取勞工階級的一個工具與手段。故國家的權力是強制的，至高無上的。因此，國家的力量應擴大至極限，職掌與功能也應加强到最高限度。

## (二) 學說的批評

馬克斯主義的目的，乃在達求「無階級的社會」，但用什麼方法才可達到？依馬克斯主義的說法，乃是實行無產階級專政。在無產階級專政的期間，無產階級仍然要利用國家這種工具以壓迫並且消滅資本階級的存在，把社會上的重要生產工具收爲國有，然後大家各盡所能，以從事於經濟生產，再由國家按着公道的方法分配給予人民享受。「無產階級專政」，並非一種永久而理想的制度。按照馬克斯的意思，這只不過是由資本主義至共產主義社會的一個過渡時期而已。在這過渡期間，國家仍然有其派場，因爲，藉着它可以消滅一切階級，等到「無階級社會」的理想已經實現。那麼，國家的强制作用就逐漸消失，這就是他所說的：「國家萎去的學說」。所謂「物極必反」，這個時候的社會，又回到了無政府主義的社會。

實則，共產主義者對國家的看法，是似是而非的。國家在過去某一時期容或有被某一階級或某些階級所利用的事實。但是國家的制度是在繼續的演變之中，現代的民主國家並不是某一階級的國家，它是本互助合作的原則，以調和階級衝突，爭取全民利益爲職志的。所以 國父說：「社會國家者，互助之體也；道德仁義者，互助之用也」。羅素 (B. Russell) 在其「世界的新希望」一書中，曾經指出：未來的趨勢，不是工業接受政府，乃是政府接收工業。證諸事實，今日的民主國家並非受資本家之利用，也非爲資本家謀利益，相反的，國家乃逐漸對其加强經濟控制，以謀全民利益，美國現在已沒「大王」的資本家可爲明證。就此而論，國家的地位越來越重要，職掌也越來越多，自然無所謂：「國家萎去說」的可能。其次，共產主義者所揭櫫的階級鬥爭與無產階級專政實沒有歷史上的必然性。照馬克斯的說法，無產階級專政的國家，只是一種過渡的性質，那麼，蘇俄實行此一制度已長達四十多年，是否長期的「過渡」下去？依照馬克斯的看法，他認爲促成社會改變的動力是階級仇恨與階級鬥爭。並謂：「全部歷史，只是一部階級鬥爭史」。其實，大凡以仇恨爲原動力的人們得到權力後，他們仍由舊習慣繼續仇恨下去，因爲，「一種感情，不論好壞，都有永久繼續下去的傾向」。這種以仇恨爲動力的革命，只有愈弄愈壞，無法改善的。史大林的統治就比沙皇壞得多，毛賊獨夫就比史大林毒辣得多。所以無產階級專政，不僅是「以暴易暴」，而且也是「變本加厲」的，所謂：「由無產階級專政以達到自由平等的無階級社會」，只不過是一種幻想，一種宣傳的口號而已。

# 第十章 國家的類型

因所用區分標準的不同，國家類型可有種種的分劃。例如以地理環境爲標準，可分爲海洋國、大陸國、大國、小國、平原國、山嶺國、濱海國、內陸國等；如以文化程度爲標準，可分爲野蠻國家，半開化國家，文明國家；如以經濟狀況爲標準，可分爲入超國，出超國、債權國、債務國、有的國家、無的國家、農業國、工業國；就國家力量爲標準又可分爲强國、弱國、頭等强國、二等强國等；此外，又可分爲海軍國、陸軍國。但是這些分劃類型的標準和方法，通常並不爲政治學者所採取。政治學上對國家類型劃分所採取的標準和方法則與政治的思想制度和主權有關係。茲依這種關係，分別論列國家的類型。

## 第一節 立國精神與國家類型

就政治組織的根本立場及立國精神與理想而言，世界各國的類型，簡言之，可分爲民主國家與極權國家兩大集團；民主國家復可分爲自由主義的民主國家和三民主義的民主國家，極權國家復可分爲共產主義的集權國家和法西斯主義的極權國家。茲分別論述其內容與意義如次：

### (一) 自由主義的民主國家

這個類型的國家以美、英、法爲典型的代表，是在十七八世紀民主主義的革命成功後，推翻『朕卽國家』的專制政治才建樹起來的。自由民主國家的基本精神和理論是個人自由的保障和政府權力的限制。國家有一種成文的或不成文的憲法，以規定國家根本組織，限制政府權力，保障基本民權。國家只是保障自由的手段，人民自身才是目的。盧梭主張天賦人權一律平等，不可剝奪，不能轉讓。孟德斯鳩認爲有權者必濫權，爲保障人民自由，防止政府濫權，須把國家的權力分屬於立法、司法、行政三個不同的機關去行使，使之互相牽制監督趨於平衡。亞當・斯密斯（Adam Smith）認爲最好的政府，就是干涉最少的政府。他認爲國家只應作三件事：⑴對外保護國土，不受侵略；⑵對內維持治安，安定社會秩序；⑶舉辦私人不肯經營的事業。

但自十九世紀以來以自由競爭及放任政策逐漸暴露出弱點，加以勞資衝突日益劇烈，政府統制漸有客觀的需要，於是傳統的自由民主主義勢不得不加以修正與改進。⑴國家的性質與責任不僅在保障個人自由，同時亦須圖謀社會幸福，國家不再祇是一個守夜警察，同時又是社會福利的增進機關。⑵傳統的民主政治認爲政府對工商企業，應完全放手，不應加以絲毫干涉，而修正的民主政治則認爲政府可以採取合理的干涉與統治，以防止經濟上的無政府狀態的自由競爭。⑶資本主義的勞資對立及經濟不平等等現象，使政府進而以社會立法，勞働立法，累進稅率等方式促進經濟上的平等，與政治上的和平。⑷由於這種觀念的轉變及事實上的需要，政府職能日見擴張，由消極的、法制的、警察的國家進而爲積極的經濟的文化國家。簡言之，個人自由的民主國家漸變爲社會福利的民主國家。⑸人民爲了實現其政治上的主張與抱負，可以合法的組織政黨，從事政治活動。

## （二）三民主義的民主國家

中國是基於三民主義，民有、民治、民享的共和國。就單純的政治立場言，我們的立國精神或政治理想是民主政治。不過我們的民主國家和西洋的或美、英、法的民主國家尙有若干的區別。（第一）我們的國家是民族的民主國家，中華民國係由整個的中華民族所構成，國家主權屬於全體國民，不屬於一個階級或爲少數人所操縱或獨佔。(第二)我們認爲國家的性質和目的是高尚的完美的，是人類爲增進其幸福時所必需的手段，故我們對國家的態度是信任的贊成的；並不像自由民主主義者認爲國家是必要的罪惡，抱着畏懼和不信任的態度。(第三)三民主義主張實行權能區分的原則，使人民有權，政府有能，政府在依民意推行政務的進行中，人民對之不應作過份的或瑣細的牽制，以便能建立爲民服務的萬能政府。(第四)在三民主義的民主國家內，我們不以實行代議制度或間接民權爲滿足，更要實行直接民權，使人民有直接創造法律，複決法律及罷免官吏的權力。(第五)在三民主義的民主國家內，人民不僅有政治自由，同時在用平均地權，節制資本的方法，以謀致經濟平等，不似資本主義的國家，人民只講政治自由而忽略了經濟平等。

**(三) 共產主義的極權國家**

蘇聯是這種國家的典型代表，他們拿着馬克斯(Marx)恩格斯(Engles)列寧(Lenini)的主義作幌子作號召，由史達林以殘酷的手段完成共產極權國家的建立。共產主義者認爲國家是階級榨取的工具，是階級鬪爭的結果。這種共產的極權國家，其內容與實質不外下列幾點：(1)資本主義的國家是資產階級壓迫無產階級的工具，他們主張由無產階級以暴力的流血鬪爭推翻資產階級的統治，建立無產階級的專制政制，對從前的統治者施行無情的報復。(2)在共產的極權國家內，統治者爲要嚴密統治，加緊控制，所有個人可以依以爲生的一切生產工具，憑藉及設備，完全剝奪淨盡，而歸於政府或統治者的掌握；所謂共產主義，實質上就是國家資本主義。(3)共產的極權國家在實際上牠所施行的是一種新的封建制度，把全國的人民依其主觀好惡或鬪爭政策，劃分爲若干等級或類別，在經濟上都行着差別的待遇，有的享有政治特權，有的受到嚴重壓迫；而且在事實上經濟的奴役制和政治的差別制，使被劃分的上下等級很少有變動機會，在實質上和中古的封建制度，並無二致。⑷共產主義者相信唯物辯證論，由於這種思想，他們相信暴力思想，採用鬪爭手段。於是以暴力爲基礎的恐怖政策，及以權術爲運用的欺詐政策維持政權，厲行統治的有力武器。⑸共產主義者持『工人無祖國』的口號，企圖聯合各國的無產階級實行所謂『世界革命』；所以共產的極權國家在本質上是要向外擴張侵略的。⑹以唯一的共黨實行『一黨專政』政制，不容許其他政黨的合法存在。

**（四）法西斯主義的極權國家**

在第二次世界大戰前，希特勒（Hitler）的德意志，墨索里尼（Mussolini）的義大利，均屬於法西斯主義極權國家的範疇。這種類型的國家，其性質與內容的特徵可從以下各點說明之：⑴法西斯主義者依尼采（F.W. Nitsche）的超人哲人及康德（Kant）、費希特（Fichet）的倫理觀念，把國家神秘化、超人化，認爲『國家是一個活的有機體，包括無窮的後代，個人不過是過渡分子』；國家本身就是目的，個人不過是達成國家目的的一種手段。國家是全能的，至高無上的。⑵全能的國家觀，不僅用以打倒民主國家的個人主義，同時又把這全能的國家觀念，演化發展爲一種極度的狂熱的愛國主義，藉此用以抵制共產主義者『工人無祖國』的階級觀念。⑶在國家全能，國家最高的理論下，同時又奉行着一種民族優秀的信念；認爲自己的民族是優秀的、天擇的，應該成爲世界的領導者；由於民族優秀的信念，同時產生了領袖主義。⑷由於這些思想與信念，在政治設施上自然要實行一種獨裁制度，建立堅强有力的政府，內以消滅各種矛盾與衝突，外以解除拘束或向外侵略。⑸法西斯主義的國家在政治設施上採全體主義（Totalitarism）。這在義大利則爲職團主義（Corporatism）打破勞資對立的觀念，由國家組織各種職業團體，參加政治活動，使全國各階級各職團，通力合作，消弭矛盾與衝突；在德意志則爲綜合主義

(Gleichshaltung)，使全國國民在主權意思及集中政策下，組織起來，統一起來，以消弭社會上的一切矛盾與衝突。(7)在法西斯的國家亦只容一個政黨存在，義大利只有一個棒喝黨或法西斯黨，德意志則只有一個納粹黨或國社黨。

## 第二節　主權關係與國家類型

### （一）完全主權國

國家具有完整獨立的主權者，爲完全主權國。完全主權國，其最高的統治權完全屬於中央政府，而地方政府的權力可以依中央意志予奪者，謂之單一國（Unitary State），中國、英國、法國、日本等國均屬之；若中央政府與各邦政府的事權，明白規定於憲法內，各在規定的範圍內有最高權力者爲聯邦國(Federal State)，如美國、蘇聯、澳國等屬之。

就主權或統治權所在的人數多寡爲國家類型劃分標準者，當以古代希臘的亞里斯多德爲首倡。他把國家先分爲常態國家與變態國家兩類。國家向着追求完美高尙的生活及理想走的是常態國家。否則敗壞墮落與人群的道理相違悖時便是變態的國家。亞氏的國家分類如左：

- 正常（良好）的國家
  - 最高權力在於一人者爲君主國家（Monarchy）
  - 最高權力在於少數人者爲貴族國家（Aristocracy）
  - 最高權力在於多數人者爲民主國家（Polity）
- 變態（敗壞）的國家
  - 最高權力在於一人者爲專制國家（Tyranny）
  - 最高權力在少數人者爲寡頭國家（Oligarchy）
  - 最高權力在於多數人者爲暴民國家（Ochlocracy）

德人晉林芮克（Jellinek）則簡單的把國家分爲君主國和共和國兩個類型。前者是主權掌握於一個人的手中，後者是主權掌在一羣人或多數人或少數人的手中。儘管君主國或共和國可能有若干的形態，但這却是其必有的特徵。

## （二）部份主權國

一個國家在行使其主權時要受到別國的支配或限制，實際上並未享受到完全的獨立主權，便可稱之爲部份主權國。具體言之，分爲左列三種：

⑴被保護國　一個國家依條約或協定將其對外或對內某種權力交出由他國代爲行使或受其監督行使者爲被保護國。保護國對被保護國擁有保護權。被保護國在國際社會仍爲國際法的主體，而有其有限度的地位。一九〇五年高麗成爲日本的被保護國，一九一〇年爲日本所併吞。埃及於一九一四年成爲英國的被保護國，一九二二年獲得獨立。

⑵附屬國　附屬國亦叫屬國或附庸國（Vassal State）。一個國家行使其主權，受到另一國家的支配與干涉爲附屬國。有支配權的國家叫作宗主國（Suzerain State）。附屬國在國際間的獨立地位如何，隨其與宗主國間情勢常有不同，未可一概而論。外蒙古在未被蘇聯完全控制前，中國對之有宗主權。奧托曼帝國（Ottoman Empire）下的塞比亞（Sesbia）、保加利亞（Bulgaria）、羅馬尼亞（Rumania）亦是附屬國。一八八四年至一九〇一年間英國對南非共和國，亦屬於這種關係。在國際地位中，舊日的附屬國逐漸絕跡。惟蘇聯對捷克、波蘭、保加利亞等國的控制，實際上與附屬國並無區別。

⑶託管領土　第一次世界大戰後，國際聯盟（League of Nations）依盟約設置委託管制國（States Under Mandate）。英國經受委託管治巴力斯坦(Palestine)，法國受委託管治敍利亞（Syria）。巴、敍兩

國後均獲得獨立。第二次世界大戰後，聯合國（United Nations）於憲章中第十二、十三兩章設託管領土（Territory Under Trusteeship）。受託管的爲以下三種地區：㈠昔在國聯委託管制下的領土；㈡第二次世界大戰後，得自戰敗國的委託管治領土；㈢自請託管的領土。

⑷聯邦分子國　邦聯（Confederation）是若干國家爲促進其對外安全或達到其他的目的，而成立的聯合組織。但與軍事同盟有別，因邦聯自有共同的執行機構；同時又與人合國不同，因邦聯爲有意義有目的的而非偶然的結合。邦聯的命令不能直接達於國民，只能及於各分子國。邦聯分子雖仍保有自己的主權，但把一部份權力交由邦聯政府行使，故爲部份主權國。一七八一年至一七八九年的美國中央政府和一八一五年的德意志帝國都是邦聯。

㈢永久中立國

一個國家與其他國家訂立特種國際條約，約定永久嚴守中立，同時其他國家也承認他的中立地位與權利，並永久保障其獨立和領土主權的完整，這就是永久中立國（Permanently Neutralized State）。永久中立國除自衞外，不得和他國交戰，亦不得參加捲入戰爭的國際協定。保障國家不能侵犯永久中立國，且須阻止他國的入侵。在第一次世界大戰以前，瑞士、比利時、盧森堡都是永久中立國。一九一九年的凡爾賽條約（Versailles Treaty）成立，取銷比、盧兩國的中立。今日只有瑞士是永久中立國。

## 第三節　國家聯合的諸形式

兩國或兩國以上的國家，由於事實需要或國家協定，相互結合成一種聯合組織者稱爲國家的聯合或複合國。國家聯合有左列的幾種形式：

（一）君合國

兩個獨立國家同時擁戴某一人爲其君主者爲君合國，亦叫人合國（Personal Union）。兩國雖同以一人爲國家元首，但仍然各有其獨立的主權與法律及行政。君合國的產生率由於君主的當選或繼承而來。一七一四年至一八三七年英國和漢諾威（Hanover）的聯合就是這種類型。後因維克多利亞（Victoria）爲英國女王，而漢諾威的法律不許女子繼承王位，這種聯合乃告終止。

（二）政合國

兩國或兩個以上的國家爲了處理某種或某些的共同政務以國際條約或共同憲法成立的聯合組織爲政合國或物合國（Real Union）。政合國的構成分子仍各有其獨立的法律或行政，却用共同的名義去處理外交事宜。政合國的構成分子不得相互交戰，亦不得單獨對外作戰。人合國靠人的維持，政合國以條約或憲法作聯合，一八六七年至一九一九年奧地利（Austria）和匈牙利（Hungary）所組成的奧馬斯加（Austria Magyer），一八一五年至一九四五年挪威（Norway）和瑞典（Sweden）所組成的挪瑞聯合，就是政合國的顯例。

（三）邦聯

兩個以上的國家爲了完成某種特殊目的，尤其是爲了維持他們的共同對外安全，依協定或憲章而成立的聯合叫作邦聯（Confederation）。邦聯的意志，只是各分子國意志的總和，這意志以由各分子國全權代表所組織的邦聯會議的決議表示之。邦聯和聯邦（Federation）有着以下的區別：⑴邦聯的分子國有退出的自由，而聯邦的分子國則無退出的自由；⑵邦聯的權力只能及於各分子國的政府，而聯邦政府則可直接頒佈命令或法律達於各分子國的國民；⑶邦聯的機構只有中央的議事機關，而聯邦政府的中央除議事機關外，並且有完全的行政與司法組織；⑷邦聯政府非得各分子國的同意，不能有所行動，故不是主權的國家，而聯邦政府在其職權範圍內，有完全的主權，非分子國所能干涉，故爲眞正的國家。

**（四）國際聯盟**

第一次世界大戰後，各國爲要增進國際間的協同行事及保持國際間的和平與安寧，特簽訂國際聯盟盟約成立國際聯盟（League of Nations）。這個國聯，既不是邦聯，亦不是聯邦，更不是一個國家，因爲他無領土、無主權、無國民，他只是一個國際組織，想把無組織的國際社會，使之有組織，能以和平合作。

國際聯盟的盟員國計有三種：⑴凡簽字於和約的國家爲當然盟約國；⑵雖未簽字於和約或盟約，但被聯盟邀請列名於盟國附款內的戰時中立國；⑶凡承認遵守盟約，保證篤守國際義務的國家、屬地、殖民地經國聯大會三分之二的通過得爲盟員國。盟員國退盟時，須於兩年前，預先通知聯盟。

國聯大會是最高權力機關，由全體盟員國代表組織之，於每年九月在日內瓦或擇定的地點舉行，遇必要時得開臨時會。每國代表不得超過三人，一國只有一票表決權。大會的主要職權爲：⑴通過新盟員國的入盟；⑵選舉理事會中非常任理事；⑶對於不適用或危及世界和平的條約提請盟員會重行考慮；⑷選舉理事會的秘書長；⑸修正盟約；⑹任何盟員國對於足以擾亂世界和平的國際情勢，得提請大會注意。

理事會是國聯的最重要組織之一，盟約原規定由九個國家的代表組織之，其中以美、英、法、義、日五强爲常任理事，非常任理事國由大會每年選舉之，一九二二年增爲六國，一九二六年增爲九國；當年並新增德國爲常任理事國。理事會每年至少須開會一次；開會討論問題時，得請有關國家的代表列席陳述意見。理事會的職權除可以處理有關世界和平任何事件外，具有以下的職權：⑴核准秘書長所任的秘書處職員；(2)預定國際減縮軍備計劃；(3)籌劃阻止侵犯盟員國的領土主權及政治獨立；(4)解決盟員國間的爭議或建議解決方案；(5)遇有戰端發生向關係國提出建議，尋出弭戰途徑；(6)監督委任統治制度的實行。

秘書處是國聯處理經常事務的組織，設有秘書長、副秘書長、處長、科長、科員等職員，其職權在編訂國聯大會及理事會的議事日程，並執行其決議，且負責研究各種專門問題，溝通消息，搜集情報。

國聯另設有兩個附屬機關，一是國際常設法院，由國聯大會及理事會選舉法官十五人組織之，審理並判決屬於國際性質而經各造提出的爭議。一是國際勞工組織，包括國際勞工大會理事會，國際勞工局。

### (五) 聯合國

聯合國(United Nations)一詞，是美故總統羅斯福在第二次大戰時提出的。一九四四年八月十日，中、美、英、蘇四强代表在頓巴爾敦橡林 (Dumbarton Oaks)舉行會議討論聯合國的組織問題。次年四月至六月五十國的代表在舊金山舉行國際組織會議，以頓巴爾敦橡林會議所討論的結果爲基礎，於六月二十六日簽訂了神聖的聯合國憲章。聯合國於一九四七年十月二十四日成立。聯合國現有美、英、蘇、法等一百多個會員國。聯合國的目的爲：『欲免後世再遭今代人類兩度身歷慘不堪言的戰禍，重伸基本人權、人格尊重與價值，以及男女與大小各國平等權利之信念……力行容恕，彼此以善鄰之道，和睦相處，集中力量以維持國際和平及安全，接受原則，確立方法，以保證非爲公共利益,不得使用武力,運用國際機構，以促成全球人民經濟及社會的進展。』(見憲章序文)

依聯合國憲章的規定，聯合國設有六個重要機構：即(1)大會 (General Assembly)；(2)安全理事會

(Security Council)；(3)經濟暨社會理事會（Economic and Social Council）；(4)託管理事會（Trust-eeship Council)；(5)國際法院（International Court of Justice）及(6)秘書處（Secretariat）。玆分述其組織及職權如後：

(一)大會　大會爲聯合國的最高權力機關，每年九月擧行常會，由會員國代表組織之，每國代表不得超過五人，祇有一個投票權。決議案的通過，普通案只須過半數，重要案須三分之二出席代表的同意。大會有：(1)對國際爭議情勢處理的建議權；(2)討論聯合國所屬各機構的任務並審查其工作報告；(3)選擧安全理事會六個非常任理事國，託管理事會的十八個理事國，經濟暨社會理事會的十八個理事國及國際法院的法官；(4)決定聯合國的常年預算；(5)依安全理事會的建議通過新會員國或對舊會員國的除名。

(二)安全理事會　安全理事會由十一個理事國組成，其中五個常任理事會爲「中國」、美國、英國、法國、蘇聯，其他六國由大會選擧之。決議案須有七個理事國同意方能成立，其中包括五個常任理事國，這是『大國一致』的原則，亦卽『否決權』的構成。處理爭議時，爭端國不得投票。安理會至少每兩週開會一次，主席每月更換一次。安理會有權調查任何國際爭端，並提出解決建議，必要時得採軍事行動。

(三)經濟暨社會理事會　經社理事會的目的在於減除國際不安的狀態，以期人類達到經濟暨社會的平等，由大會選擧十八個理事國組織之，任期三年，其主要工作在與聯合國的各專門機構如科學文教組織，國際勞工組織，世界衞生組織，聯繫配合，以審查其工作報告及提供工作方針與原則，每年開會四次。

(四)託管理事會　託管理事會的目的在協助大會推行託管制度。其組成份子有三：(1)管理託管領土的會員國，(2)安理會中非管理託管領土的常任理事國；(3)由大會選擧的理事國，任期三年。託理會每年至少開會兩次。

㈤國際法院　國際法院現尙設在海牙，由大會及安理會選舉法官十五人組織之，任期九年。法官選舉不以國籍而以個人資格爲基礎。所有聯合國均爲這法院規約的當事國，隨時得就爭議事件向法院提出申訴。法院職權有二：⑴對已受理的國際訴訟審理與判決，⑵對有關機構所諮詢的法律問題，提出解答意見。

㈥秘書處　秘書處設秘書長一人，由大會依安理會的推薦委派之。秘書處爲便利工作，設有經濟部、社會部、託管暨非自治領情報，公共報導部，會議暨總務部，行政暨財務部。所有全部工作人員計有三千餘人，均屬專職，不受其本國政府的指揮與訓示。

聯合國的理想與目標誠然是崇高偉大的，但却破壞原則排我納匪，事實上等於已經死亡。而且它的力量太脆弱了，它的組織亦不够堅强，運用復未盡合理，能否達到目的，完成使命，實不無問題。同時，否決權經蘇俄濫加使用，「第三世界」所形成的投票集團，已使聯合國的工作進行，遭受到極大困難，此點應加以修改。聯合國並沒有超國家的武力和警察力量，以爲執行其國際正義的後盾，此亦一大缺點。

## （六）大英國協

大英國協（British Commonwealth of Nations）後稱「各國國協」（The Commonwealth of Nations），係用以表示英國與其殖民地自治政治的關係，亦可視之爲國家聯合的一種形式。一八八四年羅斯伯里（Lord Rosebery）首先使用「國協」（Commonwealth of Nations）一詞，一九一七年史讀智將軍（General Smuts）使用「大英國協」以稱英國與其自治領之間的聯合關係，至一九二一年英愛條約

(The Anglo-Irish Treaty of 1921)予以正式使用。一九二六年帝國會議將此一名詞正式列入官文書，使自治領各國取得與英國的平等地位，具有完全的主權。但亞非各自治領各國頗不喜歡「大英國協」一詞，乃改用「各國國協」，簡稱曰「國協」。

參加國協的國家，有加拿大、紐西蘭、澳大利亞及昔日英國殖民地經已宣佈獨立的國家，以與英國仍保持相當的政治與經濟關係及聯繫。這種關係可從以下四點說明之：㈠國協各國承認英國國王爲國協首領，共同效忠，但不包括外交政策或和戰的共同態度。㈡各國可以自由參加國協，亦可自由退出。㈢於英國之外另有其元首的國家，只要承認英王爲國協的首領以爲國協各國自由結合的象徵，即得爲國協的構成員。㈣國協構成員除象徵性的承認並於適當機宜咨商其他構成員外，並不負擔一定的義務。

國協不是一個國家，因爲沒有憲法，沒有議會，亦沒有常設的機構。國協的作用只是爲了某些共同目的而有的結合。爲咨商國際情勢的應付，爲計議經濟互惠的實施，爲情報的交換及意見的溝通，國協常舉行會議。國協舉行會議，由國協各國閣揆參加，會議地點，常在倫敦。國協各國雖擁戴英王爲國協首領，但與英國政府並無法律或條約上的關係；不過爲了政治上的需要，國協各國得派『國事專員』(High Commissioner)駐於倫敦，以爲該各國的政府代表。英國在國協各國亦多派有『國事專員』以爲政府代表。特別重要事宜由英國首相與國協各國閣揆直接商洽之。其他事項則經由倫敦的國協關係部與國協各國外交部聯絡之。

# 第十一章　國際關係

## 第一節　國際間的交往

### (一)國際交往的發展

甲、理論的發展階段

⑴孤立自給的階段　人類在原始社會中，自成圖騰獵羣或部落，以體力勞働自謀生活，自食其力無求於人，自給自足，不相侵犯，此乃人類元生時期，過着鷄犬相聞，老死不相往來的孤立自給的生活。

⑵侵略搶奪的階段　人類由原始時代進入野蠻時代，在生活上認識了牲畜，財物及勞働力的重要，然而生產力量不足，而對外族的同情及瞭解亦未產生，乃以武力侵略他人，搶奪其財物，奴隸其人民，彼此間尚未有和平的來往，無一定的法則，此乃人類的寄生時期。企圖搶奪他人勞働所得而有之，強凌弱，衆暴寡，固無文明法律之可言。

⑶抵抗自衞的階段　在侵略搶奪時期，各民族各國家爲了生存，自然要設計種種方法，使弱轉而爲強，寡而結爲衆，以抵抗外來的侵略，遂形成了國與國間或族與族間的武裝對峙，或以武力的平衡保持和平，此乃人類的保生時期。在對峙中雙方皆存着戒懼的心理，彼此間是禁止來往的。閉關自守，鄙棄外人是正常狀態，私通外國，是國法所不許的。

⑷平等互往的階段　迨人類知識進步，生產發達，心胸與眼界日見擴大，對外國外族的觀念亦漸趨

開明，加以商品交換，經濟需要，國與國間遂不能不加多和平的往來，以謀共存共榮。此乃人類的共生時期。在此時期亦始有公認國際公法的產生。

乙、國際交往的史略

⑴第一時期　西歐各國自有史迄羅馬帝國的建立，除同族之間有合法的交往，其他國與國間並無交往的權利與義務之可言。彼此間所發生的只是野蠻的戰爭。在古希臘各國間，雖曾有同盟的組織及使節的交換，然這亦猶如周天子下與諸侯間交往，對異族並無法律關係。不過此時已有市民法與萬民法的觀念。後者便是國際法的淵源。

⑵第二時期　自羅馬帝國的建立至宗教改革時期，羅馬乃世界帝國，羅馬王權管轄一切，天下皆在其統治下。神聖羅馬帝國的國王及教皇，亦都持這種觀念與理論，故不易有國際公法的產生。但到了中世紀末，這觀念與理論漸遭受到打擊。①由於教皇與各國諸侯或領主之爭，雙方皆不能證明其有絕對權力，可以控制一切。②新教的運動，把教皇絕對權力已打倒大半。③現代民族國家的觀念漸見形成，亦否認了教皇的最高權力。在此時期一方面因鬪爭的痛苦，一方面因事實需要，國際公法亦漸次萌芽了。在十二、三世紀沿地中海的貿易，漸形成海上法，而漢塞同盟 (Hanseatic League) 亦促成平時外交關係的建立。封建領主漸由人民的主人 (Lord of His People) 的觀念到土地的主人 (Lord of His Land) 的觀念。這是現代領土主權說所自產生的。基督教及騎士精神亦教導以人道方法處理戰爭。

⑶第三時期　歐洲自文藝復興至商業革命完成，現代的民族國家相繼出現。國家的主權論已形成完整的理論，在政治上發生了絕大的力量與影響。於是國家的獨立人格與平等地位，乃爲各國所承認。加以各國需要發展海外貿易，國與國間和平交往日見繁多。交往既多，自不可不有共認的行爲規範以資遵

守，國際公法乃應運而生。當時海上貿易先進國荷蘭的學者葛老秀士（H. Grotius）乃著和平與戰爭法（De Jure Belli ac Pacis）的問世，爲第一部完整的國際公法。葛氏亦因此而獲得國際公法創始人的譽稱。從此以後，國與國的交往，不管在戰時或平時，都要遵守國際公法，以爲行動準則。

### （二）國際交往的規範

國際交往在今日已經建立了國際公法，以爲行動規範。其內容及實施亦已異常繁複，成爲專門學科。這裏應扼要提述其平時的、戰時的及中立的法則。

甲、平時國際法則

平時的或和平時期的國際法法則，最重要的就是規定各國的法律地位或其權利義務關係。在國際法上，國家所具有權利（同時亦是義務）如左：

⑴平等權　國家有主權，具獨立人格，不論其人口、面積的多寡，而法律地位則是平等的，在國際間所受有的承認及投票表決權是相等的。至於交往禮儀及所受的尊敬與待遇亦是平等的。

⑵獨立權　所謂獨立權，即一個國家處理其內政及外交事務時，皆依自己的意志決定之，不受他國的干涉。但在以下各種特殊情形下，亦有引起爲他國干涉者：①一國的措施，對於他國可以發生危險，他國爲了自衞，可以出以干涉；但是這種危險必須是直接的、緊急的，才足以成爲武力干涉的理由。②爲執行條約上規定的義務或條款，得出以干涉的行動。③爲防止或消滅他國對另一國家的非法干涉，亦可以干涉出之，即爲救人助人而干涉之；但易起濫用，不可不愼。④美國對拉丁美洲則以爲爲促成其償還債務，可以出於干涉。⑤有基於人道主義爲干涉藉口者。

⑶財產權　現代國家皆是大財產的所有者。如建築物、軍火、船隻、飛機。除在戰時，各國皆相互

尊重之。國際法上所指的財產就領土而言。國界除另有規定外，以河之中流爲界；海於低潮時三英里爲界。有人以爲今日大砲火力遠超出此限，故應增加之，然尙無定論；接近其海岸的島嶼，夾入海岸之海港與河口者，亦屬之。領土獲得一曰佔用，卽無人的地區而佔用之，但須實際佔據，並宣佈其佔用意志。二曰讓與，卽此國讓與彼國，以條約爲之。三曰賣出。四曰贈予。五曰交換。六曰征服，卽以武力佔據之，非出於所有者的志願。七曰增積，卽河流改道，海岸冲積的土地亦歸本國所有。

⑷管轄權　國際法承認一個國家對其國境內財產及人民有完全的管轄權，卽可以自己制定法律管理此等財產與人民。對人民的管轄對象如下：①出生國民，卽以出生取得國籍者，美英採屬地主義，中國及法、德等國採血統主義；②歸化國籍，卽外人依歸化法取得本國國籍者；③外國僑民居住在國境內者受本國法的管轄，但不服兵役。對財產的管轄，依下列的原則：①不動產受財產所在國的法律支配；②動產則受財產所有者的法定住所所在國的管轄；但外國商船在本國內河或領海內者，則受本國的管轄；惟純粹船務內部管理則不管轄之；③在公海上的公私船隻，本國對之仍有完全的管轄權；④一國的元首、外交官員、武裝船隻至外國者，爲領土主權的伸張，不受外國的管轄。

⑸外交權　國與國間相互承認其外交權。卽站在平等的地位有互派使節，如特使、公使、代辦、簽訂通商友好等條約之權。

乙、戰時國際法則

當兩國關係趨於惡化，平等的友好狀態不能維持時，則有敵對行爲的產生，如道義禁運之類，乃對他國不友好行動而出此。在他國對本國有不友好或敵對行爲與措施時，本國可以採同樣的報復行動。國際關係惡化之極，則爲戰爭的爆發。前者戰爭爆發多以宣戰方式出之，近亦有不宣而戰者。宣戰權的所在，各國憲法多規定由議會行之。惟事實上或爲保守軍事機密，或爲爭取時間，或因迫於事實，多由行政首長行之，先造成既成事實，議會於事後不得不通過之。

經宣戰後，交戰國間便停止一切商業的、外交的交往，前此所訂條約上權利義務均歸無效。交戰國的僑民全被拘禁。陸上的敵國財產，不動產非用於戰鬪者應保護之，而動產則徵發之；海上敵人船隻可以捕獲之，但在中立國境者可以限期駛離。國際公法對於戰俘的待遇，武器使用，雖亦有所規定，但在實行上，交戰國多不予重視之。

丙、中立國的法則

在戰爭期間，中立國有嚴守中立的權利與義務。其重要內容如次：

第一、交戰國對中立國的義務有四：一曰中立國境內不作交戰行爲；二曰中立國境內亦不得作準備戰鬪的行爲；三曰遵守中立國爲保護其中立時而制定的合理法令；四曰中立國的財產如有戰爭損失須予賠償。

第二、中立國對交戰國的義務有六：一曰不對交戰國作武力的資助；二曰不予交戰國以貸款及武器，但個人與公司的行爲不在此限；三曰不可允許此交戰國的權利而傷及另一交戰國者；四曰交戰國的軍隊不准通過中立國境；五曰中立國國民不得爲交戰國服務，少數自願兵可不予禁止，但大規模者必須禁止；六曰如不能嚴守中立致使交戰國受損失者須予賠償。

## 第二節　國際政治的性質

政是政務，即衆人之事，或公共事務。治者是治理，即在使紛繁的政務有條理有規範，俾使衆人共同遵守，使衝突與糾紛減至最低限度，俾大家能以過共存共榮互助合作的社會生活。政治有其光明面，亦有其黑暗面。前者是生態的、生理的；後者是病態的、病理的。生態的生理的政治是互助合作；病態的病理的政治是叛亂與戰爭。這是政治的本質，無論國內政治或國際政治都是相似的。但二者之間，同時亦有其很不相同的地方，因爲國內政治有一個統一的中央政府對全國國民和團體作强制的管轄與統治，然在國際社會中並無一個有效的國際或世界政府以治理國際政治，以致國際政治遠不如國內政治的較有秩序與較爲合理。且因國家制度傳統觀念之作梗與作祟，使國際政治趨於混亂。玆就此三者中論其義。

## （一）國際政治與國內政治的相似

無論國際政治或國內政治，其治理的對象，都是人及人所結合成的團體。人的基本慾望是求生存、謀生活。爲要求生存謀生活就必須結團體。因爲人是動物中最弱者的一群，人若離開了團體，是決無法生存。國內有無數的人民團體，國際間的交往對象亦是數不清的國際團體。團體是求生圖存的憑藉和工具。爲求生圖存，這些團體間爲了獲得較多較好的利益，便不能避免競爭。有競爭便造成衝突與磨擦。若任此衝突與磨擦無限制的發展下去，其結果就是國內的叛亂或國際戰爭的爆發。叛亂和戰爭可能使國家毀滅或人類同歸於盡。所以各國的政治當局或大政治家的任務和努力就是要防止或限制這些衝突和磨擦，使不同的意見或價值觀念趨於調和衝突的利益達於平衡，使大家都滿意，大家亦都不滿意的情勢下，能以和平相處，各安其生。政治別於軍事。政治是以和平方法解決大衆的問題。軍事是以武力戰鬪解決大衆問題。無論國內政治或國際政治，都在運用和平方法，消滅衝突，獲致合作，以達到求生圖存的目的。戰爭乃是最後的和最不得已的途徑。

由於交通發展，科學昌明，技術進步，知識精進，地理距離大見縮短，人類在經濟上、生活上的相互依存，大爲增加，關係至爲密切，環球旅行，易如反掌，乃指顧間可以完成之事，越洋的電報與電話，驚人的迅速，全球性的意見溝通與消息傳遞，一刹那之間可以達到目的。至於各國間的經濟依需，緊相扣結，成爲脈息互通，環節相依的交通網，紐約的股票漲跌，巴黎物價起落，倫敦的金價高低，都會很快的影響到世界各地。就生活的密切關係言及地理的距離言，國內政治「國際化，國際政治猶如一國政治，今日的世界有一百餘國，乃是一廿世紀的春秋戰國時代。國內的『鷄犬相聞，老死不相往來』的時代固然早成過去，自給自足的地方經濟早已進爲各地相互依需的國家經濟（National Economics），就是在國際之間，閉關自守的孤立時代，亦早告失敗，徑被淘汰，小國固然依需大國，大國亦離不開小國。國內政治與國際政治實際上漸溶和而成爲一體。

宇宙間不外兩種力量：一種是向心力，使物體向內緊縮；一種是離心力，使物體向外分散。若只有前者物體緊縮擁擠，必至窒息滅亡。若只有後者物體分散飛揚而歸於烏有。這兩種力量必須保持平衡，宇宙萬物乃能存在。這種的道理，同樣的可適用於國內政治上及國際政治上。保持、控制、團結、安定、服從等都是向心力。革新、自由、競爭、進步、反抗等都是離心力。若前種力量過大，無論國內政治或國際政治必均陷於無生氣無自由的沉悶狀態。反之，若後種力量過大，無論國內政治或國際政治必將引起衝突紛亂的不安定狀態。無論國內政治或國際政治都是謀求向心力與離心力趨於平衡，安定中求進步，進步中求安定。核子戰爭的僵局，國際勢力的均衡，多元外交的運用都是向心力與離心力制衡的表現。

## （二）國際政治與國內政治的相異

國際政治與國內政治上有其相似的地方，已如前述；但同時二者之間亦有很大的不同。二者管轄的對象在性質上甚不相同；政爭性質有累積性與暫時性的區別；國際政治無最後和平裁決的權力者。因之國際政治的處理較之國內政治則大爲困難而複雜。

(1)國際政治的多元管轄　國內政治的管轄對象是國民。國民效忠於一個政府，遵守一種法律，每人只有一個國籍。世界上現有約卅二億人口，絕大多數是僅屬於一個國家的國民，很少有人同時是美國人又是德國人，或同時是中國人又是日本人，或同時是『國家公民』又是『世界公民』。國民有遵守國家法律的義務，以服從爲天職，政府對之有有效的管轄權。所以國內政治易作有效的治理。而國際政治的競爭者或對象乃是國家。現在世界上有一百五十幾個國家參加國際政治，地位都是獨立平等的，自立自主的，各有其法律體制，各有其價值觀念，各有其利害關係，意見分歧、立場矛盾，受着多元的管轄，又無統一的統治，所以國際政治亂如棼絲，難於處置與治理。

(2)國際衝突的累積性質　國內政治會引起衝突、糾紛，甚而至於內戰。在這些爭辯或戰鬪中，國民對所爭執的問題可分爲『贊成』與『反對』的兩方面。二者間存着不滿、敵視，甚而形成仇視。但是等到這種衝突、糾紛或戰鬪告一結束時，或新問題發生與情勢發生變化時，原來的『反對』與『贊成』陣容，就會很快的發生改變，從前的不滿、敵視與仇恨都能很快的忘得一乾二淨。但是在國際政治衝突的情勢中，這種情形就很難以辦到。國民對國家的效忠是永久的。美國的一個愛國者狄克特（Stephen Decatur）常說：『我的國家永遠是對的，不管她對或錯，都是我自己的國家』。本國與外國總是相對體，不是一個團體，有不同的『認同』。所以國際政治的衝突在本質上具有累積性，過去的敵視與仇恨，很難以忘却。敵與友、『反對』與『贊成』的立場，頗難改變。兩國間的一次戰爭可以形成『世仇』，永遠難忘。

(3)缺少統一的價值觀念　在國內政治上不但有統一的政府和統一的法律，而且有比較統一的『價值觀念』，以為共同行動的規範。縱使國民間發生分歧的『價值觀念』，有礙一致的行動，政府亦能作有效的『意見溝通』，且作權威性的價值裁定，使分歧意見與主張趨於統一。但是在國際政治中就缺少這種情形。各國不但各有其政治制度與法律系統，而且各有其價值體系與道德標準，各是其非，自有判斷。所以國際政治上的意見與主張是十分分歧複雜的，極不一致。而國際間又無權威性的機構施以溝通與協調，只能經由各國間的平等談判，相互說服，期以獲致協議。但是這並不是一樁容易的事。

### (三) 國際政治與國家制度的關係

國際政治的基本結構或主體乃是各個獨立的國家。因之，討論國際政治對現代的國家制度不可不有所瞭解。支持現代國家制度的柱石有三：一是心理因素的國家效忠和民族意識；二是合法觀念的至高無上的獨立主權；三是自尊自傲的平等自由的國家人格。這三種着根深厚的國家制度，構成國際政治上的基本困擾，甚而因此而導致成國際政治上的無政府狀態。

(1)堅强的國家意識　國民對國家不但要有絕對的效忠，政府且運用種種的有效方法，造成國民的堅强國家主義 (Nationalism) 或民族意識 (National Consciousness) 使在自覺的狀態下，持民族至上、國家至上的信念以對付其他國家。以我的國家為神聖之物；視人的國家為敵對。國家主義是國家團結的有力紐帶。民族意識是民族存在的基本條件。有共同的血統、語言、文字、宗敎、習慣等客觀事實，不一定就能構成一個民族或國家。縱使這些客觀事實並不相同，若在主觀認識上有『同屬感』(Sense of Belonging) 的國家主義或民族意識，就可以形成為團結一致的國家或民族。今天繁榮、强大、發達的『美利堅民族』(Americans) 就是融合許多血統、語言、文字、宗敎、習慣等不同的人們，靠着意識型態的『美利堅主義』(Americanism)而形成的。中華民國乃是由漢、滿、蒙、回、藏、苗、夷等民族而融合成功的偉大民族。人類是有思想的動物，不一定事實是什麼他們就認定是什麼，他們認定事實是什麼才是什麼。

自中古世紀神權的封建國家崩潰，代之而起的新興的現代的民族主義的統一國家。民族意識和國家主義在現代政治史上曾有轟轟烈烈的成功表現，可歌可泣的驚人事蹟。共產主義者雖高唱『工人無祖國』的口號，以推行所謂『世界革命』，但窺之近百年來國際政治的演變，今日的世界仍受着國家主義及民族意識的强烈支配，工人仍然熱愛其祖國，民族意識曾幾次的擊敗國際主義。第一國際成立於一八六四年，但因馬克斯派與巴枯寧派的衝突，卽拉丁民族意識與德意志精神之爭，於一八七二年趨於瓦解。第二國際於一八九一年成立，在第一次世界大戰期間，各國的社會主義者多紛紛變爲愛國志士爲祖國效命，因而崩潰。蘇俄於一九一九年成立第三國際，然在第二次大戰期間，史達林爲爭取英、美援助保衞其祖國及『蘇俄民族利益』正式宣佈解散。國際政治競爭的劇烈，實因堅强的國家主義扮演着重要的角色。

(2)最高的國家主權　依傳統的政治學說，國家構成的要素是人民、領土與主權。主權乃是國家的最高意志，具有絕對性不受任何限制，是唯一的、不能分割、不可轉讓。主權者對內可以制定法律，頒佈命令，作有效的執行，使人民忠實服從；對外是獨立的自主的，在國際政治上可以依主權者自由意志以行事，國家不能命令國家，國家亦不服從國家。國家在國際政治上僅經由自己自願的同意才受限制。無論國際談判或國際條約，均以尊重國家領土與主權的完整爲原則。

最高的絕對的主權論祇是一種自尊自重自是自傲的觀念，卽理論的構想，甚而可視之爲幻想或空想，在事實上各國主權實受有國際公法、國際慣例、國家實力、國際輿論、國際形勢等限制。國際的政治、經濟、軍事等關係與環境都是錯綜複雜微妙機緣，各國只能順應客觀形勢以行事，牽就事實，自求多福，無論强國弱國或大國小國，都不能爲所欲爲，一意孤行，依己意而冒然爲之。何況今日國際間的相互依需是十分密切而重要的，任何一個國家不能脫離國際社會而過閉關自守，自給自足的孤立生活。國際間的交往是平等互惠的，權利與義務是相對的，『取』與『與』是平等的。『與』多於『取』的國家，其主權形勢自然較强大。『取』多於『與』的國家，其主權形勢自然較弱小。依人者、求人者則地位低下，助人者、利人者則地位高强。實際上的主權應作如是觀，傳統的主權論並不切合實際。然其觀念仍爲大小國家所信持，因以成爲國際政治中一個困擾因素。

(3)平等的國家人格　世界上現有一百五十多個國家，就其人口、面積、經濟、文化、財富、軍力、國勢言，則是遠相懸殊的，不可同日而語。有的國家早已擁有核子武器、人造衞星、太空船、太空實驗室，由地面可以送人登陸月球。有的國家尙不能靠自己的力量與技術製造來福槍。有的國家富甲天下。有的國家窮到尙無褲子穿。有的國家人口以億計算。有的國家僅有幾萬人口。但自法理言之，各國的主權與人格都是獨立平等。國有國的人格，人有人的人格。人格者就是法人的資格，乃權利義務的主體。在國際公法前及聯合國憲章前，各國的人格都是平等，所以在聯合國的大會不管國家的人口多寡、面積大小、國勢强弱、財富豐嗇、文化高下，都是一國一票、一票一值。這事於法雖屬有據於理確是不通。

各國的主權都是最高的。都是最高就是各國的國家人格一律平等。依最高與平等的原則，在國際政治或事務上，不得本國同意外國對之不能作任何的拘束或限制。聯合國安全理事會中大國否決權的行使就是基於這種理論。蘇俄濫用否決權達一百多次，使聯合國行動陷於癱瘓。大會中的一國一票，一票一值使聯合國大會的表決，跡似胡鬧。國家制度在理論上是在建立一種合法觀念，但在實際的國際政治上却造成一種無政府狀態。

聯合國大會雖有點像世界政府的議事機關，但並無權力制定法律拘束各國政府和其國民。安全理事會雖有點像世界政府的執行機關，但限於否決權的作祟，每使其行動陷於癱瘓，且對各國政府和其國亦無行政命令權。海牙的國際法院雖有點像世界政府的司法機關，但國際糾紛案件不得當事國的同意，他是無權審理的。聯合國並未擁有武裝的國際警察力量以裁制或阻止國際秩序的破壞者。所以在國家制度下國際政治還是混亂的。如何調和國際主義和國家制度尙有待大政治家的設計與努力。

## 第三節　國際政治的活動

### (一) 活動的目的

各國政府在國際政治的舞台上都扮演着積極而活躍的角色，喜怒哀樂的表情頗爲逼眞，爭論吵鬧，不遺餘力；周旋進退多符節奏；打鬪演練，大賣力氣。有時冷戰十分緊張。有時冷和亦管絃齊奏。各國政府在國際政治上認眞推行這些活動，其目的到底是什麼呢？活動的事務雖很複雜，但活動的目的却很簡單。人是自私的，各國政府國際政治活動亦是以自私自利爲目的。活動的目的，一言以蔽之，就是要維持和擴張本國的利益。所謂利益，包括安全的保障，繁榮的追求，領土的擴張與防守，思想的傳佈與保衞及和平的維持與建立。

(1)安全的保障　無論個人或國家都以求生存爲第一目標。而安全的保障又是求生存的第一要件。如果安全不保，生活與生命受到威脅，尙有何生存之可言。安全的保障，指國家的生存權利和法律地位受到外國的尊重，能保持領土主權的獨立與完整，不受威脅、不受侵害、對內政有完全的自主權不受外國干涉。在國際社會中，國家人格受到外國的平等承認及不受歧視的交往權。就國家自己言，本身要擁有相當的兵力與國力，掌握有足夠的自衛力量，在精神上有免於受侵略恐懼的心理狀態。各國率以積極擴充軍備，締結聯盟、友好、共同防禦、互不侵犯等條約或造成國際軍事政治的均勢，藉以保障國家的生存與安全。

(2)繁榮的追求　一個人的生存和安全得到保障後，便進而尋求繁榮，俾生活得以改善，並得到相當的享受。個人是如此，國家亦是一樣的。國家的繁榮，重在累積並獲得充足和豐裕的資源與財富，以為富強的支助及康樂的憑藉。在重商主義時代，各國都積極的向外擴展貿易，使黃金白銀大量向國內流入，繁榮以金銀為基礎。帝國主義的國家尋求繁榮，以攫取殖民地，奪取其資源、推銷其商品。當時認為這是獲致繁榮的有效途徑。現代的國家亦都以維持或提高國民生活水準，保持繁榮與富強為目標。所採用的手段率以保護關稅、管制外滙、擴展貿易、經濟與技術援助等出之。

(3)領土的擴張　領土是國家和人民生活的憑藉，一切民生與國防的資源都來自土地，所以領土是立國的要素。白色帝國主義者固以掠奪領土為目標；赤色帝國主義亦運用思想侵略、政治控制或透過所謂革命，俾在實際上獲得或控制更多的領土。有些國家尚藉口人口過剩，生存空間，作為侵略他國領土的說詞。戰爭是侵奪領土的直接方法，戰勝國常奪取戰敗國的全部或部份領土據為己有。而政治的運用，如經由國際會議或協定，亦可以使國家的領土擴大或縮小。國際政治活動的目標，消極方面在保衛領土以謀生存；積極方面在擴張領土以求富強。

(4)思想的傳播　人是有理性有思想的動物，有他的生活理想和是非善惡的『道德觀念』與『價值系統』。國家是由個人構成的，所以國家亦有國家的理想和立國精神。不錯，國際政治的活動是以維護或擴展『國家利益』爲目標，但是『國家利益』的認定，每隨其所信持的『道德觀念』或『價值系統』爲轉移。國際政治活動的目標是推行國家的外交政策。外交政策的制定要根據三大要素：一是事實的分析；二是價值的判斷；三是後果的預測。所謂價值判斷，就是依國家的理想或立國思想以爲衡量。思想是行爲的動力和指針。有如何的思想就有如何的行動。各國都信奉自己的立國思想或理想是神聖的、正確的、有價值的。美國信持民主主義的政治理想與生活方式，她參加兩次的世界大戰都高呼爲保衞民主主義的制度與思想。今日自由民主的世界與共產極權的對峙，固然有很大的權力鬪爭及利益衝突因素在內，但是其基本的癥結還是在民主思想與極權思想極不能相容。而且雙方都要保衞和傳播自己的主義和思想，以此引起國際政治的緊張形勢及不斷的糾紛與衝突。

(5)和平的維持　戰爭能否眞正避免，是一回事，但是每個個人和國家都需要過和平的日子和生活，並都認爲和平是快樂、是幸福，但戰爭則是痛苦與罪惡。實在說，人人需要和平，大家應該儘量的努力去維持和平、追求和平。所以聯合國憲章標明以『維持國際和平與安全』爲宗旨；並要求會員國以『和平方法解決國際爭執』。在民主集團與極權集團對峙的世界中，雙方的冷戰進行頗爲熱烈，自稱是和平的愛好者保護者，指罵對方爲『好戰者』、『和平的威脅者』。

因爲人類及各國都需要和平，熱愛和平，所以就要不惜任何代價保護及維持和平。爲要防止和平的被破壞、受威脅，就要擴張軍備，維持强大有效的軍事實力，以爲保障和平的後盾。這樣，則和平維持形成軍備競賽。而軍備競賽則把和平拖到戰爭邊緣。在這危險的境界，各國都要認眞的珍視和平。和平未到絕望，決不可放棄和平。戰爭未到最後關頭決不可輕言戰爭。戰爭是犧牲、是罪惡，國際政治活動的目的，就是在避免戰爭，維持和平。

## （二）活動的技巧

國際政治活動的目的在維持及增進本國的國家利益。如何實現這種目的，必須採行有效與適當的手段與技巧以為運用。隨機應變，運用之妙存乎一心，固不能拘於一格。然概括言之，這種的活動手段與技巧，不外承認、談判、宣傳、顛覆、援外、貿易、戰爭等方式。玆就此分加論述如次：

㈠承認　一個國家要想在國際政治上從事於正式的和合法的活動，首先須得到外國的外交承認，成為國際社會的會員，然後才能以平等的地位，互派使節，進行外交活動。在普通情形下一個新政府只要能有效的統治其國家，便會很順利的得到外國的外交承認。但由於兩國間的政治理想的極不相容，或政治制度的迥然懸殊，或由於國家利益的考慮，每藉『不承認』為一種外交運用的手段。蘇俄於一九一七年發生革命，建立蘇維埃制度，美國厭惡共產主義政權，長期未給予外交承認。民國二十年九月十八日日本軍閥在瀋陽發動事變，製造傀儡政權滿洲國，英美等國始終未予承認，期以遏抑日本軍閥的侵略兇焰。當兩國關係極度惡化時，或認為這樣作對本國為有利時，則召回其駐外使節，終止外交關係，亦就撤消外交承認。

⑵談判　有外交關係的國家，各國之間可以互派使節，代表政府向駐在國的官員就兩國間的有關事務或問題進行交涉與談判，藉以溝通意見，期以獲致協議，以備遵行。所派使節的頭銜，多為公使、大使、代辦及特使等，且率冠以『全權』，俾便就地全力應付，以為迅速決定。在昔日因交通困難，通訊不便，為求談判早日達成協議，故不得不授以『全權』，以便就地迅作決定。但自第一次世界大戰以來，交通發達，通訊方便，兩國之間聯絡迅速，使節隨時可以向本國請示，故其『全權』實際上受到減削。

且有若干問題兩國政府的領袖或外交部長可以直接談判解決之。因之，使節的重要性已不如往昔。

在外交談判中，能否佔到優勢，或能否為本國爭取到更多的利益，固然要靠本國的實力及國際形勢為轉移，但參予談判人員的技巧、辯才、運用亦佔着相當重要的地位。諸葛亮靠高度智慧與辯才，舌戰群儒，說服了東吳的大員，達成蜀吳聯合抗魏的協議而有赤壁戰爭的大捷，得以奠立三國鼎立的國際形勢。張儀蘇秦以一介書生，憑三寸不爛之舌，以布衣而致卿相，合縱連橫，左右捭闔，造成翻雲覆雨的國際政治的澎湃波瀾。

(3)宣傳　國際政治中的所謂外交活動就是使用各種直接的間接的方法，向外國的人民和官員去作影響和說服工作，期其能有所接受，按所希望者以行事，俾能得到所欲獲得的利益。宣傳就是這種外交活動的一種方法。宣傳就是使用各種大衆傳播的媒介，如報章、雜誌、電視、廣播、圖書、畫片等向外國或『目標國』作有作用的事實報導，及有意圖的觀念傳播，以影響外國人民與官吏的思想或『輿情』，俾能博得對本國的同情與支持。美國在友邦及非共國家多設有新聞處，報導美國進步實況以為宣傳，頗收相當效果。埃及的開羅電台對阿拉伯國家及北非國家所作的反以色列宣傳亦頗有力。『美國之音』向鐵幕國家廣播民主自由的事實與思想，不失為有價值的宣傳。共產主義的國家對外國所作宣傳活動，更為積極、廣泛而厲害，時常歪曲事實，顛倒黑白以為宣傳與欺騙。

(4)顛覆　顛覆是對外國的惡毒破壞活動。顛覆與宣傳有着以下的不同：①宣傳是公開的活動，顛覆是秘密的破壞。②宣傳是可以見人的公認的正當手段；顛覆是暗中搗鬼的卑劣行為。③宣傳只是希望外國自行採行對本國有利的行動；顛覆是本國在外國採取行動，以不利惡果加諸於外國的陰謀。④宣傳是自利與自保的和平行為；⑤顛覆是害人自私的侵略行為。

顚覆就是運用威迫、利誘、色情、欺騙、毒化等手段在外國去覓取同情者或同路人，進行分化、對立、滲透、暴亂、破壞，藉以削弱外國政府的威信與力量，進而使之陷於混亂與瓦解，自己則趁火打刼，混水摸漁坐收漁人之利。這是不道德的害人伎倆。這是不流血的侵略戰鬪。在第二次世界大戰期間，民主國家對法西斯主義的交戰國家或曾進行過顚覆活動；但在今日民主集團與極權集團對峙的冷戰中，民主國家在鐵幕國家不無搜集情報的間諜活動，對破壞性的顚覆活動，可說尙付闕如。而共產主義的極權國家則積極推行如火如荼的顚覆，其勢銳、其焰猛，民主國家如不採取有效對策予以遏制，前途實未可樂觀。

(5)貿易　經濟發展的進程，由自給自足的地方經濟進爲全民互賴的國民（國家）經濟（National Economics），再進而爲世界範圍的國際經濟。各國在經濟上有密切的相互依需，數量龐大的國際貿易因此產生。加以地理環境不同及生產技術的分工，本國生產的產品有爲外國所必需的；外國生產的產品有爲本國所必需的，相互需要，彼此依存，於是各國之間，不能不貿遷有無，而發生繁複的國際通商事務。基於這種事實與需要，各國遂以推行國際貿易爲外交政策，成爲國際政治活動的重要手段。對外貿易的基本目的是在謀求國際貿易的平衡，進而獲致『出超』以增加本國的財富。爲要達到這種目的，各國常採行保護關稅、進口限額、出口管制、外滙控制等措施。比較進步的辦法，當推互惠的貿易協定，支付同盟（Payments Union）及共同市場（Comman Market）等。中共僞政權常藉鉅額的國際貿易，以引誘外國的外交承認。

(6)援外　愛人者人恒愛之，助人者人恒助之。對外國施以援助，在表面上看來，好像是吃虧的事情；其實因受援的國家感恩圖報，對援助國必予以同情及支持，成爲盟邦或友邦，使援助者增進力量，得到利益。『援外』(Foreign Aid) 成爲國際政治活動中的外交政策，乃是第二次世界大戰以後的事。美國於一九四七年開始推行『馬歇爾計劃』，以協助戰後西德意志的復興，卒使之成爲繁榮富庶的强國。美國在『善後救濟』、『經濟合作』、『戰後重建』等計劃下，對其友邦及非共國家施予以軍事援助、經濟援助及技術援助，大有可觀，所耗美金爲數不貲。其後，蘇俄亦效法美國，對其附庸國家及親共國家施以援助。

『援外』的主要目標，計有兩點：一是加强友邦的力量與地位以博得受援國對援助國的政治支持。二是對中立國家施以援助，建立友好關係，以獲致其同情或支持。這種目的的達成，就要靠援助國拿出很多的軍事裝備、金錢、食品、機械、器材等給予受援國，以加强其軍事與經濟力量；對落後國家，有時更遣派專家前往，在技術上予以援助，改良其生產組織與技術及行政管理方法與醫藥設備及技能。技術援助同樣可以應用到軍事方面，用以改進受援國的軍事組織與裝備及訓練，以增進作戰力量和技能。『援外』的外交政策，只有那富强的大國可以採行之；那貧弱的小國則不足以語此。

(7)戰爭　雖然戰爭是罪惡，是人類社會中一種最危險最可怕的病症，但在今日，任何人或任何國家都沒有把握說國際戰爭可以避免。而且各國爲了保障、維持、增進其國家利益，如運用承認、談判、宣傳、顚覆、貿易、援外等技巧達不到目的，必要時，最後以戰爭出之。國際政治活動的目的雖在維持和平，但誰亦不能保證戰爭一定可以避免。實在說，戰爭乃是一種政治工具；戰爭乃是政治戰鬪的延長；戰爭是實現國家目的的最後手段。不過這種手段不是有絕對把握的，可能因之帶來災害與危險。國家的興亡雖多以戰爭勝敗爲轉移，但勝敗的機會，各爲百分之五十。

## 第四節　國際和平的探求

人類的內心是酷愛和平的，和平是快樂與幸福；戰爭是罪惡與痛苦。所以各國政府與政治家曾有不少的努力，作過不少運動以探求國際和平。這些努力和運動的顯著者，計有勢力均衡、集體安全、裁減軍備、國際法、聯合國、世界政府等。玆就此分別論述如次：

### (一) 勢力均衡

各國間，至少是各大國間的軍事力量的分配，使之處於均衡狀態、國力相若、相互抵制，不使有軍事優越國家出現。如果有一個國家在事實上及感覺上自認其軍力優越，有足够把握可以戰勝他國，他就會發動戰爭侵略別國。在各國軍事勢力分配上，不使任何國家有絕對的軍事優勢，若侵略別國並無戰勝把握，他就不敢冒險的輕易的發動戰爭。這是具有長期歷史的傳統的尋求國際和平的方法之一。

達到勢力均衡的方法，不外以下幾種：㈠擴充本國的軍事、政治、經濟力量，不落別國之後，以造成均衡對峙的形勢。㈡運用滲透及分化的辦法，削弱敵國的力量，以防止其軍力超過本國。㈢在國際間尋求友邦，締結政治或軍事聯盟，加强自己的實力，俾能抵抗或嚇阻敵人。自十六世紀以來，英國對歐洲大陸所持一貫外交政策，抑强扶弱，不使『獨强』出現，先則對付西班牙、荷蘭；繼則抑制法國、德國。蘇俄的强大對英國的傳統政策，自是一大威脅。今日大西洋公約國家聯合對抗華沙公約國家，造成勢力均衡，藉以維持歐洲和平。美國與蘇俄都擁有强大的原子武器，但雙方都不敢發動核子熱戰爭，就是因爲雙方的軍備處於勢力均衡狀態。兩極式勢力均衡，猶如玩槓竿，危險性頗多。所以尼克森的外交政策採取了策士季辛吉的建議，改行『多元權力』的勢力均衡。

勢力均衡的努力與運動，眞是不可勝數。但是多少次的國際戰爭，並未能因此而避免。勢力均衡的失敗，計有兩大原因：㈠各國都想維持足够的兵力，以保持均衡。因之，就不得不積極擴充軍備，各國遂陷於擴軍競賽狀態。『兵猶火也，不戢將自焚』。各國惟恐敵國軍力超出自己，在恐怖的心理狀態下，認為先發制人可以取勝，戰爭乃因而爆發。㈡無論對自己或對敵人要作武力估計，都牽涉到很多的因素，甚而國民的教育程度及愛國精神都可以計入作戰兵力之內。所以兵力估計是十分複雜而困難的。如估計錯誤，誤認敵國兵力不足，而冒然發動戰爭。

## ㈡ 集體安全

勢力均衡觀念的擴大應用就成為所謂集體安全制度。這種制度可稱之為防禦性的軍事聯盟。若干國家針對着其共同假想敵人，自願締結公約（條約）共謀防守，如有締約國以外的國家或假想的敵國對締約國的任何一國進行攻擊就視同對締約國全體的攻擊，便共同起而抵抗這種侵略。若干國家聯合起來，力量強大，對假想敵人有嚇阻力量。聯合就有力量，有力量就能嚇阻敵人，使之不敢發動侵略戰爭，使國際和平得以維持。北大西洋公約的締約國及東南亞公約的締約國，就是集體安全觀念所形成防禦性的軍事聯盟。

集體安全制度要使之成功，須以下左三事為先決條件：㈠締約國確眞誠的信持「和平不可分割」的信念，言行忠誠，不可口是心非，各懷鬼胎。㈡要把締約國的共同利益置於本國的個別利益之上，不可為了個別利益而犧牲共同利益。㈢各締約國都肯自願的把自己的軍事與外交政策的制訂權力的一部份讓於公約的權力機構。事實經驗告訴我們，集體安全制度遭遇有兩大困難：⑴締約國之間未能眞正團結，常因私而害公；更有因敵人的分化、威迫、利誘而趨於瓦解者。⑵敵方亦可依樣締約結合為軍事聯盟，以爲對抗，造成勢力均衡、戰爭危機，不能因而解除。

### (三) 裁減軍備

自一八一五年滑鐵魯戰役拿破崙失敗以後，世界的大國差不多都曾在適當時機公開聲明過，願意經由某種方式達成裁減軍備的目的。裁軍的普通方式，乃是由各關係國的代表舉行談判，達成協議、簽訂條約、規定如何限制、裁減軍備、共資遵行。各國倡議裁減軍備的原因與理由，不外以下數端：㈠減輕各國經濟與財政負擔、舒民困、裕國力。㈡不達成裁軍協議，各國將陷軍備競賽的緊張狀態、心理恐惶、人心不安。㈢在強大的軍備下發生戰爭，所造成的損失過份龐大。㈣裁減軍備爲防止戰爭的有效途徑。㈤倡議裁減軍備，表示本國是『和平的愛好者』或『和平擁護者』，藉收宣傳的效果。

在裁減軍備的倡議下達成的國際裁軍協定，不一而足。擧其要者有一八一五年的神聖同盟，一八九九年及一九〇七年的海牙和平會議，一九二二年華盛頓海軍會議，一九三二年世界裁軍會議等。自一九四五年聯合國成立以後，亦作了不少的裁軍努力。核子武器有毀滅人類的破壞威力，「不戢必自焚」，所以美國、蘇俄等國間亦有防止核子武器擴散公約的達成。但是裁軍公約多數是歸於失敗的。其原因在於：㈠各國之間互不信賴（尤其敵對國間），紙上諾言不肯遵守。㈡有的國家以簽訂裁軍協定爲欺騙敵國的手段和工具，言不由衷簽約何益。㈢外國不能干涉他國的內政。一國不遵守裁軍協定，秘密製造武器，外國不易知悉，亦難作有效干涉。

### (四) 國際法律

十七世紀中葉，荷蘭國勢強盛，船艦衆多，對外貿易發達，在國際間佔着重要地位。於是荷人葛老秀士（Hugo Grotius）於一六二五著『平時與戰時法』，提出一些有關戰爭時期與和平時期的國際交往準則。這書可視之爲第一部的成文國際法。書中所提的準則，各國認爲合理而重要，率願自動的遵守。其後國際交往日趨繁複，陸續形成很多外交慣例與規則，使國際法的內容益趨充實與完備。國際法乃是約束文明國家在國際交往上的規則與準繩。藉國際法解決國際間的政治性與軍事性問題，雖屬力量不足，但對事務性、技術性、文化性、貿易性、社會性問題的解決却大有幫助與貢獻。國際法是促進與維持國際社會文明化的一種重要手段和途徑。

不過，國際法並不能成爲有效防止戰爭及維持國際和平的工具。其原因有三：㈠在第一次世界戰爭以前，國際法承認戰爭是合法的。一個國家爲了求生存，爲了自衞，對外國發動戰爭，乃是應該的、正當的。㈡嚴格的說，國際法並不是法。因爲法律的成立要具備三個條件：一是立法機關制定法律；二是行政機關執行法律；三是司法機關對違法予以裁判。國際法並不具備這些條件，所以不是法，並無必須遵守的强制效力。㈢各國只是當遵守國際法對他有利益時才自願遵守。如不遵守，並無位於各國之上監督機關强其遵守。

## (五) 聯合國

當第二次世界大戰臨近結束時，美國總統羅斯福爲要維持戰後國際和平及消弭世界戰爭，遂有聯合國組織的構想與發起。聯合國憲章於一九四五年在舊金山簽字，原始簽章者計五十一國；至一九七四年會員國即增至一三二國。聯合國自一九四六年一月起開始執行任務，自一九五〇年起在紐約設有永久性的總部及堂皇雄偉的建築。聯合國的宗旨在謀求以和平方法解決國際爭端，藉以維持世界和平。聯合國憲章規定有不少途徑與方法，以和平解決爭端：㈠大會及安全理事會皆可充份討論所爭執的事端，謀求解決。㈡由討論可以形成國際輿論，對爭執的當事國發生壓力作用。㈢經聯合國運用，由當事國經由談判達成協議。㈣聯合國透過附屬機構推行各種性質的國際合作。㈤改善對託管領土的治理，減少因殖民地反抗而引起的戰爭。㈥推行仲裁調停糾紛，透過國際法院，以司法程序解決紛爭。㈦最重要的是本集體安全之宗旨，推行防禦性的戰爭，以警察行爲維持世界和平。最著名的就是一九五〇年聯合國派遣十六國軍隊參加韓戰以遏制北韓對南韓的侵略行動。

聯合國成立於今，對維持國際和平，促進國際合作，確有不少的貢獻與成就，但是由於以下的事實，亦難望其有效的發揮功能：㈠聯合國的會員是主權的平等國家，是國家制度下的國際組織，並非世界政府，對各國無指揮命令權。㈡聯合國並未擁有軍隊，以作國際警察之用。㈢五個常任理事會在安全理事會可行使否決權，使聯合國之行動陷於癱瘓。㈣美國集團與蘇俄集團在聯合國內形成尖銳的對立，思想分歧，權力衝突，難以獲致妥協。

## (六) 世界政府

國際戰爭乃是主權平等的國家制度下的自然產物。國自自尊，各自爲政，在偏狹的國家主義和民族意識下，見己不見人，損人以利己，爾詐我虞，彼爭此奪，怎能不發生戰爭。要想從根本消弭國際戰爭，只有盡力推行世界主義運動，逐漸削弱國家的權力與地位，成立管轄全體人類的世界政府，實現天下爲公，四海一家，中國儒家最高理想的『世界大同』之治。世界大同原是多少思想家、哲學家、詩人所抱持的幻想或夢想。但在今日看來，這不是幻想或夢想，更不是空想，乃是可以實現的合理的理想。且揆之人類發展由小而大，由簡而繁的歷史事蹟，由國家制度進一步發展而成爲大同世界，亦是一種自然的趨勢。

世界政府的成立，就主觀需要言，確有其必要。這種必要可從以下兩點說明之：㈠人類不肯接受歷史的教訓，以致一次接連一次的發生了無數次國際戰爭。這些戰爭所造成的生命與財產損失，十分慘重，堪稱人類浩刧。要從根消除這種浩刧，只有推行國際主義的運動，期能有世界政府的出現。㈡在核子熱武器對峙的勢力均衡形勢上，世界和平受着持續的威脅，危機隱伏，和平毫無保障。若一旦戰爭爆發，在核子熱武器的破壞下，全體人類可能同歸於盡。千鈞一髮，浩刧在望。如何從根消弭人類毀滅的大禍，世界府政的成立實是最佳途徑。

試圖促成世界政府，藉以維持世界和平，消弭國際戰爭，不但有其主觀必要，而且亦有其客觀可能。這種可能可以從下列三點說明之：㈠交通發達，來往捷便，地球的地理距離已大見縮小，僅就交通運輸的時間言，今日的世界比之春秋戰國時代還要小。春秋戰國之後，能有統一的秦漢政府的出現。今日的世界亦一春秋戰國，今後世界政府出現不無可能。鑒往察來，援古證今，這種可能的預測，實有其歷史事實根據。㈡今日世界各國間在生活需求上及經濟金融的結構上已成爲相互依需，密切配合，牽一髮而動全身，脈息相通，休戚相關的交織物，關係密切不可分離。但是由於國家制度的作祟，或則高築關稅壁壘，或則抵制外國貨物；有時實行貨幣貶值，有時進行商品傾銷，以致造成國際經濟嚴重混亂，使人在生活經濟上蒙受重大的損失。『共同市場』成立，消滅這種弊害，西歐國家大得其利。由這種經濟關係及事例以觀察之，世界政府之出現，僅是時間問題。㈢由於交通瀕繁，各國人士間的來往與接觸已是極普通的事情。本國人對外國人多有相當的瞭解與認識，不再視之爲『異類』或『野蠻人』。國際諒解、語言溝通、生活接觸、婚姻結合等較前大有進步。國界漸被打破，這些都是在爲世界政府出現而鋪路。

不過，世界政府的出現不是可一蹴而幾的，須假以時日，耐心等待之；且須循漸進程序緩進的達到目的。第一步就毗鄰國家，先成立區域性的聯合政府，如東南亞聯合政府、阿拉伯聯合政府、北歐聯合政府等是。第二步就地理相近的若干聯合政府，聯合而成立洲內或洲界的聯邦政府，如歐洲聯邦政府、北美聯邦政府、中美聯邦政府等是。第三步就各洲聯邦政府聯合而成立世界邦聯（World Confederation）以處理某些世界性的事務。第四步就世界邦聯再作進一步的結合而成立世界政府，不分種族膚色，全體人類置於一個政權管轄之下，四海一家，世界大同。

# 第三篇　政　府　論

## 第十二章　政　　體

### 第一節　政體的概念

#### (一) 政府的意義

政體就是政治體制或政府組織的形式。政府和國家是有區別的。國家是由土地、人民、主權組織成功的政治體或政治社會，對外是獨立的，對內是統一的。政府則是由國家所設置的機關，用以表現國家意志，執行國家意志及處理國家事務的工具。一切的國家就其構成要素及政治性質言，都是相同的，並無根本上的差異。而各國的政體，即政府的組織形式，政治權力行使方式，治者與被治者的關係，及各機關間的權力分配等，却都有種種的差別與變異。國家的人格是抽象的、永久的。政府的形態或政體乃是具體的，且可依各國的習慣法及成文法（憲法與法律）隨時改組之、變更之。簡單的說，政府就是國家爲要完成其使命，達成其任務時，所設置的工作機關。所運用的執行工具。

#### (二) 政府的要素

政府的構成不能缺少法律、官吏及政務三大要素。法律就是國家的意志，或主權者的命令。政府是一種合法的組織，亦即依憲法及法律產生的政治機關。依民主政治的理論，治者的權力建築在被治者的同意上。而被治者的同意，則透過憲法或法律的形式表達之。人民是主權者，同時亦是被治者。故政府構成的第一要素，便是人民或人民代表所制定的憲法與法律，及人民所默認的習慣法。政府既是推行國務和處理公務的機構。推行國務和處理公務的工作人員，就是官吏或公務人員。政府若無官吏或公務人員便無法完成其使命。政府是由若干法定的職位或職權構成的。而每個職位或職權都需要一個合格的職務或官吏來擔任、來行使。所以官吏是政府構成的必要因素。政府設置的原始目的，就是爲了推行國務和處理公務。國務和公務可以合稱爲政務。國家若不是爲了要辦理這些政務，自然用不着設立政府。所以政務亦是政府構成上必不可或缺的要素。

（三）政體的性質

政體就是『政府的形式』或『政制體態』(Forms of Government)。具體言之，政體就是就政府結構、治理要旨、憲法精神等作切要的描述以見其整體。因之，英美的政治制度被稱爲『民主政體』(Democracy)，蘇俄及中共的政治制度被稱爲『獨裁政體』(Dictatorship)。民主政制與獨裁政制不但政府的權力分配大有不同，就是政務的處理程序和經國撫民的政治哲學，亦大有區異。政體不過是就政府的組織及治理特質的扼要的整體描述。若細分之，世界上沒有兩個國家的政體是完全一樣的。英、美同爲民主政體，然英國的國家元首由世襲而來，而爲君主國。美國的國家元首由選舉產生，而爲共和國。蘇俄政府和中央政權雖同爲獨裁政體，然蘇俄係採一元統治的『蘇維埃制』(Soviet)，中共係採集體統治的『人民公社制』。

古代的政治學者如柏拉圖和亞里斯多德則將國體與政體混爲一談。自盧梭著民約論，始明白分別國家與政府。於是現代的政治學者對國體與政體亦爲判然的分劃。國體就是國家的形式(Forms of State)；普通皆以主權所在或所屬爲團體分類的標準。政體就是政府的形式(Forms of Government)；普通係以主權行使的方式爲政體分類的標準。國體是從靜態方面觀察國家結構的形態。政體是從動態方面觀察政治權力運用的程序與方式。

**（四）政體的重要**

英國詩人龐普（Alexander Pope）曾有詩句曰：『關於政府的形式，讓愚人們去爭辯吧！凡是治理得最好的便是最好的』。很多人都同意這種說法，甚而把他看作是至理明言。其實，這種說法，並不正確。因爲政府是推行政務(治理)的工具，工欲善其事，必先利其器。政府組織是政體的本身是否健全、合理、有效、直接影響到治理的效果。政府的形式不健全就無法治理得最好。政體與治理的成效有着極密的因果關係，如影之隨形，不可分離。在蘇俄與中共的獨裁政體下，人民毫無自動自發的精神，工作不努力，所以政權建立幾十年，連糧食都生產不足，都要向美國和加拿大大量購買。在英、美的民主政體下，人民有主人翁的責任心，努力工作，奮發有爲，所以經濟進步，家給戶足，民富國强。

政府形式的本身就涉及是非善惡的價值判斷問題。如果政府組織包涵有不道德或罪惡的成份，那那能爲人民所接受所容忍。美國獨立革命時，革命者就高喊口號說：『任何形式的政府，如果侵害到人民的生命、自由和追求幸福的權利時，人民就有權力起而革命廢棄這種政府，而另行建立新形式的政府』；『新政府建立的原則及權力分配形式，必須以最能幫助人民去獲得安全與幸福爲依歸。』第一次和第二次世界大戰都可以說是民主政制與思想的保衞戰爭；其目的在摧毀極權統治。第二次世界大戰以後迄今，民主國家與獨裁國家間的『冷戰』與『熱戰』，究其實質，乃是民主政制與思想對獨裁政制與思想的反抗戰鬭。

**（五）政體的分類**

依一定的標準，就各國政府的形式，併同區異，劃分為若干組別，是謂之政體的分類。同是這些政府，用這種標準可分為這些類別。依那些標準又可分為那些類別。例如法治政制與人治政制，合法政制與事實政制，神權政制與俗權政制，便是依不同的標準所作的不同政體分類。若依國家元首產生的方式言，其由世襲者為君主政體；其由選擧者為共和政體。就各級政府的權力分配言，集權者為單一國，分權者為聯邦國。就政治權力的掌握言，掌握於一人之手者為君主政體；掌握於少數人之手者為貴族政體，掌握於多數人之手者為民主政體。就立法部與行政部的關係言，二者合作混一者為議會政體；二者對峙制衡者為總統政體。

## (六) 各國的政體

今日的世界有一百三十多個國家，就其政治權力的所在及立法部與行政部的關係等因素言之，各國的政府形式可分為左列幾種。玆將政體名稱及屬此政體的國家分別擧列於後：

(1)準共和獨裁制 (Republican near Dictatorship)，屬於這一政體的國家為：阿富汗(Afghanistan)、塞浦路斯 (Cyprus)、達荷美(Dahomey)、高棉 (Cambodia)、加班 (Gabon)、瓜地馬拉 (Guatemala)、伊拉克 (Iraq)、南韓 (South Korea)、馬拉威 (Malawi)、馬利 (Mali)、尼加拉瓜 (Nicaragua)、敍利亞 (Syria)、越南 (South Vietnam) 及葉門 (Yemen)。

(2)共產的獨裁制 (Communist Dictatorship)，屬於這一政體的國家為：阿爾巴尼亞 (Albania)、保加利亞 (Bulgaria)、東德 (East Germany)、匈牙利 (Hungary)、北韓 (North Korea)、波蘭 (Poland)、古巴 (Cuba)、捷克 (Czechoslovakia)、羅馬尼亞 (Rumania)、蘇俄 (Union of Soviet Socialist Republic)、北越 (North Vietnam) 及南斯拉夫 (Yugoslavia)。

⑶共和獨裁制（Republican Dictatorship），屬於這一政體的國家為：阿爾及利亞（Algeria）、緬甸（Burma）、中非共和國（Central Africa Republic）、查德（Chad）、迦納（Ghana）、古尼亞（Guinea）、海地（Haiti）、象牙海岸（Ivory Coast）、茅利坦尼亞（Mauritania）、奈及爾（Niger）、巴拉圭（Paraguay）、葡萄牙（Portugal）、西班牙（Spain）、蘇丹（Sudan）、阿拉伯聯合國（United Arab Republic）及上伏塔（Upper Volta）。

⑷準議會民主制（Parliamentary near Democracy），屬於這一政體的國家為：安都拉（Andorra）、蒲隆地（Burundi）、加美隆（Cameroon）、印尼（Indonesia）、肯亞（Kenya）、寮國（Laos）、馬拉加西（Malagasy）、剛果（Congo Leopoldville）、馬來西亞（Malaysia）、摩納哥（Monaco）、瓦達（Rwanda）、新加坡（Singapore）、南非共和國（South Africa Republic）、杜葛（Togo）、土耳其（Turkey）、及烏干達（Uganda）。

⑸準總統民主制（Presidential near Democracy），屬於這一政體的國家為：阿根廷（Argentina）、波里維亞（Balvia）、巴西（Bragil）、剛果（Congo Brazzaville）、宏都拉斯（Honduras）、賴比瑞亞（Liberia）、秘魯（Peru）、厄瓜多（Ecaudor）、薩爾瓦多（El Salvador）、塞內加爾（Senegal）、索馬利亞（Somalia）、坦桑尼亞（Tanzania）、突尼西亞（Tunisia）、墨西哥（Mexico）、若姆比亞（Zambia）及巴基斯坦（Pakistan）。

⑹議會民主制（Parliamentary Democracy），屬於這一政體的國家為：澳洲（Australia）、奧國（Austria）、比利時（Belgium）、加拿大（Canada）、西德（West Germany）、希臘（Greece）、氷島（Iceland）、印度（India）、愛爾蘭（Ireland）、錫蘭（Ceylon）、丹麥（Denmark）、芬蘭

(Finland)、法國 (France)、以色列 (Israel)、義大利 (Italy)、黎巴嫩 (Lebanon)、賴其坦斯丁 (Liechtenstein)、盧森堡 (Luxemboury)、馬爾他 (Malta)、荷蘭 (Netherlands)、紐西蘭 (New Zealand)、奈及利亞 (Nigeria)、挪威 (Norway)、聖瑪利諾 (San Marino)、獅子山 (Sierra Leone)、瑞典 (Sweden)、瑞士 (Switzerland)、英國與北愛爾蘭 (United Kingdom of Great Britain and Northern Ireland)、烏拉圭 (Uruguay)、牙買加 (Jamaica)、及日本 (Japan)。

(7)君主獨裁制 (Monarchical Dictatorship)，屬於這一政體的國家爲：不丹 (Bhutan)、衣索比亞 (Ethiopia)、庫威特 (Kuwait)、利比亞 (Libya) 及沙地阿拉伯 (Saudi Arabia)。

(8)準君主獨裁制 (Monarchical Near Dictatorship)，屬於這一政體的國家爲：伊朗 (Iran)、約旦 (Jordan)、摩洛哥 (Morocco)、尼泊爾 (Nepal)、泰國 (Thailand) 及西蘇姆亞 (Western Samoa)。

(9)總統民主制 (Presidential Democracy)，屬於這一政體的國家爲：智利 (Chile)、哥倫比亞 (Colombia)、哥斯達里加 (Casta Rica)、巴拿馬 (Panama)、菲律賓 (Philippines)、中國 (Republic of China)、美國 (United States of America) 及委內瑞拉 (Venezuela)。

## 第二節　君主政體

### (一) 專制君主政體

專制君主行使其政治權力，不受憲法的限制，自己的意志就是法律。君主就是最高的主權者，所有臣民，都是他的僕役。所謂『普天之下，莫非王土，率士之濱，莫非王臣。』法王路易十四 (Louis X IV)、英王詹姆斯一世 (James I) 說：『朕卽國家。』可爲專制君主政體一個解釋。俄羅斯帝國的沙皇，奧託曼帝國的蘇丹，均足爲專制君主的代表。

專制君主政體，拿現在的眼光看來，自然是應加病詬的。然牠確有其歷史意義與時代價值。近代民族國家的產生及打倒封建諸侯完成國家統一，以至於十七八世紀中許多政治改革，均不能不歸功於專制君主。休謨（Hume）認爲君主制是合乎自然需要的，乃最完善的政治制度。杜爾高（Turgot）以爲君主之與國民，猶父母之與子女，必然會爲國民圖謀幸福。自然，專制政體的優點就在於：組織簡單，力量集中，行動迅速，命令易於貫澈，政策不致分歧；君主且可以以超然的地位調和各階級的利益與衝突，對外亦比較的有威望與聲勢。

但是事實和經驗告訴我們，專制君主往往只顧個人的或皇室的利益與權利，而犧牲了全國國民的幸福，使國家蒙受重大的損失。專斷强大的君主權力每陷於濫用，擅作威福，爲所欲爲，以致侵犯了人民的權利與自由。且君主產生概由世襲，那愚笨昏庸的人可以生而爲皇帝，以毫無政治天才與領導能力的人爲君主，常使國政陷於敗壞與紊亂。這『以驢作獅』的怪事，便是對專制君主的天然淘汰。

## (二) 立憲君主政體

在立憲的君主政體下，君主行使其權力時須有憲法（成文的或不成文的）的限制，決不能隨己意頒佈命令制訂法律。君主頒佈命令須由對民選議會負責的政府首長副署。立法權掌於議會，行政權操之內閣，君主徒擁虛名，成爲『統而不治』的名義元首。英國和比利時的政體便是立憲君主制的典型代表。

在實質上立憲君主制和民主政體，並無不同。所不同的民主政體下的總統並無特權，而君主則享有以下特權（Royal Prerogatives）：(一)君位繼承權，君位是世襲的，君主的皇位係傳給其同一血統的人；中古神聖羅馬帝國國王，雖亦有選擧者，但選擧範圍亦限於有血統關係者。近世只有一九〇五年挪威國王，一九〇三年塞爾比亞（Serbia）國王是由國會選擧的，當視爲例外。㈡不負責權，卽君主對其行爲不負責任；一是政治的不負責任，因君主命令均由內閣副署，實際責任由副署者負之，故曰『君主不能爲非』，因之不負責。一是法律的責任，君主觸犯刑法時法院不得審判，觸犯民法時，只有關於財產時才負責任。㈢神聖不可侵犯權，凡人對君主有犯罪行爲，視爲叛逆，須從重處罰。㈣榮譽權，君主有尊號，或曰皇帝或曰天皇，他人稱之爲陛下，自稱曰朕，踐祚改元號。㈤皇室費請求權，就是君主家族的生活費由國家供給。

## 第三節　貴族政體

### （一）世襲的貴族政體

世襲的貴族政體亦叫作固定的貴族政體，就是國家的政治權力，永久的掌握於一個特定的統治階級。統治者與被治者的身份依法是不能流通的。統治權力或身份的取得則由於血統繼承。白朗芝齊認爲重質不重量的貴族政體優於重量不重質的民主政體。孟德斯鳩認爲貴族政體是合乎中庸之道的良好政制，足以調和君主政體與民主政體，而兼具二者之長。彌勒（J. S. Mill）說：『以有節制的智慧與精力處理公務，在歷史上有卓著表現者，當推貴族政治。』所以貴族政體是相當安定穩固的。拿破崙（Napolean）且說：『國家若失掉貴族的支持，便如失掉舵的船，便如空中飄蕩的汽球。』

但是，在實際上世襲貴族政體下的貴族們，因爲政治地位的優越與穩固，常流於生活的奢侈腐化，而形成政治的敗壞；加以貴族間的猜忌與傾軋，每易引起戰爭。所以貴族政治確是不進步的、墮落的、紛亂的。統治權的世襲更是不平等不自由的，且足以造成政府的無能。在今日高唱平等自由的民主世紀，世襲的貴族政體，早已失却其存在的理由與價值了。

（二）自然的貴族政體

自然的貴族政體亦稱爲選擇的貴族政體。亞里斯多德稱此爲『由最優秀份子統治的政體。』人的秉賦，本來不齊，後天教育亦有不同，以天生的聖智賢良的人及具有豐富教育與技能者去擔任治國的事務，仍是最應該的、最合理的，亦是最合乎自然原則的，故曰自然的貴族政體。這和中國所謂選賢任能的『賢人政治』及西洋近世所謂任人唯才的『專家政治』，幾乎有着相同的意義。所以近代民主政治的大思想家盧梭及美國革命鉅子哲斐生 (Jefferson) 都對這自然的或選擇的貴族政體加以稱讚。希萊 (J.R. Seeley) 教授在所著『政治學導論』(Introduction to Political Science)、列克 (W.E.H. Lecky) 教授在所著『民主與自由』(Democracy and Liberty) 各書中，對這種貴族政體亦極力稱述其價值與重要。

誠然在理論上，這種的貴族政治是應該的；但是問題所在就在於用如何的標準與方法去選定這些優良勝任的統治者？若由全民選擧之，則成爲民主政體了；若以財富作標準則成爲富豪政治 (Plutocracy) 了；若由承繼則成爲世襲的貴族政體了；若由考試則由何人考試及如何考試又大成問題；且統治能力是否能靠考試方法測定之，亦值得研究。

## 第四節　民主政體

（一）民主政體的要義

民主政體的實施儘管有若干不同的方式，然有一定的特質則是共同的。民主政體的特質計有三點：

（第一）民主政體就是民意政治。民主政體下的政治實施須以民意爲依據。民主政治的基本原則是『治者的權力建築在被治者的同意上』。政治問題須交由國民或民意代表加以討論，依多數意見的抉擇，以爲政府施政的準則。民主的政府須得到全民總意的支持，而全民總意之所在，卽全民福利之所繫。民主政治不僅是由民的（By the People）而且是爲民的（For the People）。立法是民意的表現，行政是民意的執行，司法是民意的保障。（第二）民主政體就是法治政治。統治者行使權力必須以法律爲根據、爲拘束，以法爲治，不能以意爲治。法是『據一止亂』的客觀標準，是『執簡馭繁』的有效工具，是『去私塞怨』的必要手段。法律之前，人人平等。『王子犯法與庶民同科』。統治者若非法的侵害到人民的權利與自由，人民得向法院起訴，申請保障或排除其侵害。議會制定法律，政府執行法律，法院解釋法律。各守分際，不相侵越。（第三）民主政體就是責任政治。人民是國家的主權者，對政治要負起責任，選擧代表制定法律，選擧官吏執行政務，是每個國民的天職。官吏取得職務，旣不是權利亦不是義務，仍是一種職能或責任，不能負責將喪失其職位。政府首長或領袖的政策若與民意違犯，或得不到民意機關的支持時便當去職。官吏行爲若有違法，亦須擔負法律責任。

**（二）直接民主制**

古代的希臘城市國家卽行着直接民主制。在雅典凡自由民年滿二十歲以上，均得出席公民大會（Ekkleria），人數有三萬多名，然實際出席人數則很少超過五千者：關於重要議案非有六千人出席不得開會，國家爲了獎勵出席，曾給以日俸，每年開會四十次。另有五百人會議（The Senate of Five Hundreds）由公民用抽籤方法抽定代表組織之。其職權在籌備提出於公民大會表決的法案並監督公民大會通過的法律的執行。

現在瑞士有五個邦，卽外阿本塞爾（Appenzell-Ausserrhoden）、內阿本塞爾（Appenzell-Innerrhoden）、格拉魯士（Glarus）、上華登（Obwalden）及下華登（Nidwalden）採行着直接民主制。由公民直接構成的公民大會（Kantansgemeinde）行使各邦的立法權；另有公民大會選代表組織參議會（Kantonsrat）準備提出於公民大會的提案，並代表公民大會監督行政及司法機關。

直接民主制對於主權在民的民主精神極相符合，誠是政治上應該追求的高尙理想。但是這種制度只能在領土窄小，人口不多的城市國家，或瑞士的小邦實行。在領土廣大，人口衆多的國家，若欲使全國公民聚首一堂共議國事，在實際上技術上都有甚多困難。

近代各國有採行公民投票制者，卽所以救濟代議政治之窮蹙而收直接民主制的實效。公民不但有選舉權，且有創制權、複決權、罷免權。在間接民主制下，議會難保不制定人民不需要的法律，而不制定人民所需要的法律。人民有了創制權就可自行制定其所需要的法律。人民有了複決權就可以廢止或修正議會所通過而爲自己所不需要的法律。在代議政治下，人民選擧的官吏若不稱職非屆任滿不能使之去職。人民有了罷免權對不稱職的議員及官吏便可隨時罷免之，使之服從民意。公民投票制於一八七四年首由瑞士採行，其後相繼傳播於各國。今日施行此制者有丹麥、德國、奧國、捷克、瑞典、愛爾蘭、澳洲、希臘、西班牙、法國、日本、蘇聯等國及美國的各州。

### (三) 間接民主制

這種制度通常稱爲代議政體，卽由人民選擧代表組織議會表達民意，控制政府。人民雖未能直接處理政務，但他們仍是政治權力的最後淵源，所以仍是民主的。現代採行內閣制的國家起源於英國，其後爲各國所仿行。今日的法國、比利時、荷蘭、瑞典、丹麥、挪威等國及中美、南美的若干國家都採行着內閣制的代議政治，亦即間接民主制。美國政制雖然以間接民主制為原則，然實際上亦已採行若干直接民主制措施。

這種代議政治若與全民政治的理想相衡量，自然還有相當的距離。他雖然比君主政體貴族政體已大有進步，但是仍不能算是民主政治的眞正實現。況且這是一種『能放不能收』的政治機器。被選出的人若不稱職，在任滿前無法使之去職。若不以公民投票制加以救濟，亦是很不圓滿的。間接民主制誠然有些缺點，因為在領土廣大人口衆多的現代國家，直接民主制在事實上是難行得通的。故代議政治的實行似有不得不然的苦衷與需要。再者，純粹的民主制有時流於失却節制或感情用事。威爾斯（H. G. Wells）說：『現代的民主制，均可於五分鐘內一舉而摧毀之。』泰里蘭（Talleyrand）嘗視民主政治為『流氓組織的貴族政體。』克萊爾（Garlyle）笑指人民為『愚昧之羣。』楚次克（Treilschke）喻民主領袖為『狂醉的雄辯政客。』這些都應是指直接民主制的缺點而言。代議政治或間接的民主制可以相當的救治這種缺點，使之成為有節制比較理智化的政治。這亦不失為間接民主制的一大優點。

### （四）內閣制

依行政權的組織及立法部與行政部的關係論，民治國家的政治制度，可分為內閣制、總統制、委員制三種。內閣制起源於英國，各國仿行者頗多。在採行內閣制的國家，行政的實際權力，掌握於對議會負責的內閣。國家雖有君主或總統為一國元首，但『統而不治』，不負政治的法律的責任。內閣由國務總理及國務員組織之。元首發佈命令須由國務總理或國務員副署之。一切行政政策均由內閣會議決定之。國務總理的任免在名義上雖屬於元首，而實際則掌於議會。

內閣的組成及存在，須以能獲得的議會信任為前提。所以元首總是以議會中能代表多數黨派的領袖議員任爲國務總理。國務總理與國務員均由議員兼任之；若非議員亦得出席議會陳述意見。內閣得以政府名義向議會提出法案。這法案普通總是能以通過的。內閣或國務院有如議會的一個委員會。行政與立法是相互結合的。議會對於內閣或國務院的政策如不贊成時，可以作不信任案的投票，迫使內閣辭職。內閣閣員如不辭職，可以奏請元首下令解散議會，重行改選。若新選的議會仍不信任時，內閣便必須辭職改組。

內閣制的優點是立法與行政的合一，分工合作，和諧一致，內閣的政策有議會支持，足以加强政治效能。政府的提案，在議會容易通過，對於行政則是極大方便。內閣與議會如有意見衝突可用辭職或改選解決之，不致造成牽制對立的僵局。不過內閣制必須在兩黨分立的國家行之方爲有效。若在小黨派林立的國家，議會中沒有一個佔絕對多數的政黨可以組閣，則內閣的成立必須以若干黨派的聯合爲基礎。而這些黨派常因政策不同，利害不一，離合無常，變化多端，每致政潮迭起，內閣更易，不克維持政治的安定與政策的貫徹。

### (五) 總統制

美國聯邦政府的政治制度，爲總統制的典型代表。在這種制度下，國家的行政權及立法權分別掌於民選的總統及國會。二者各自在其範圍內獨立行使職權，均直接對選民負責。總統不僅在名義上、法律上是國家元首，且在實際上掌握着國家的行政大權。總統之下有許多國務員，對總統負責處理政務，不對國會負責。他們是總統的屬員。而內閣制下的國務員則是國務總理的同僚，不是他的屬員。國務員實際上是由總統任免之，國會的同意殆是照例通過的。總統制下的國務員可以個別進退的。內閣制下的國務員則是共同負責，共同進退的。一切行政政策由總統決定之，發佈命令不須國務員副署。

總統及國務員在國會中均無席位。總統只能用咨文向國會陳述意見，不能提出法案。國會不能以不信任投票迫使總統辭職。總統亦不能頒佈命令解散國會。一切法律由國會制定之。總統及行政機關行使職權須依法律規定。因此國會係利用其立法權以控制政府。政府則對國會通過的法律可以提交覆議。提交覆議的法案須有國會三分之二以上通過方能生效。總統並可利用拒絕公布的否決權 (Veto Power) 以牽制國會。

總統制的優點，簡言之，計有兩端：第一、總統與國會各有一定任期。在任期內，國會不能使總統辭職，總統亦不能解散國會，所以政治安定，不致因組閣引起政潮。第二、行政權力集中於總統，所以命令易於貫徹，行動較爲迅速，行政效率較爲高強。雖有人認爲權力集中，可能引致總統的專斷，然在民治的國家，總統既畏於國會的彈劾，復恐下屆改選失却選民支持，自不敢一意孤行。總統制的缺點亦有兩端。第一、行政與立法機關既處於相互獨立，彼此牽制的地位，自難於密切配合，分工合作，和諧一致的程度必感缺乏或不足。第二、倘使總統不爲國會中大多數黨的議員所支持，兩者間在政策上若發生重大的分歧與衝突時，便無法調和，甚至造成政治的僵局。

（六）委員制

在現代國家中，瑞士施行這種制度，最著成效，故亦稱瑞士制。瑞士聯邦政府的行政權屬於由七人組成的行政委員會。行政委員由聯邦議會選舉之，任期三年，就中選定一人爲總統，一人爲副總統，任期各爲一年，不得在任滿後二年連任。總統只限於充任行政委員會開會時主席，在典禮儀節上代表國家，一切命令均以聯邦行政委員會的名義公佈之。行政委員會分爲七部，行政委員各兼任一部部長。重要問題皆須由行政委員決定之。

瑞士制誠然和總統制顯然不同，就是和內閣制亦頗有區別。行政委員雖可以出席議會並提出法案，議員對之亦可以提出質詢，但他們却非議員。行政委員會的提案如不獲通過，並不引起不信任案，行政委員無須辭職，更不能解散議會。行政委員的地位是超然的中立的，並不代表議會的多數黨或反對黨。行政委員會不能離開議會而獨立，但亦不參與議會的黨爭，而係以超然的地位處理行政事務。

『謀在於衆，斷在於獨』，『慮事貴詳，行事貴力』，瑞士制以若干人共同負行政責任，在理論上是不健全的，很容易引起爭功諉過、傾軋排擠、洩漏機密、貽誤事機等流弊。不過瑞士是個小國家，政輕事簡，政治亦較為安定，黨爭亦不劇烈，所以這種制度行之尙無大弊害，若以之行於其他國家，其結果恐將大有不同了。大家負責的結果很容易流於無人負責或一人負責。無人負責則造成政治的混亂。法國大革命時的公安委員會是由十一人組成的行政機關，終於發生無政府狀態恐怖時代。一人負責則形成獨裁。羅馬共和時代的寡頭政治曾發生愷撒(C. J. Caesar)及屋大維 (C. J. Octavianus) 的兩次獨裁。今日蘇聯的人民委員會表面上雖為合議制，實際上則是獨裁制。

## 第五節　獨裁政體

### (一) 獨裁政體的性質

獨裁政體的性質如何，若把牠和民主政體及專制政體作一比較性觀察，便可以知道，民主政體是以民意與法治為基礎的，國家的最高權力掌於民意機構或民選的官吏，政府的一切行政措施，須以法律為依據；在獨裁政體下，最高的統治者行使其權力時則不受民意與法律的拘束。他是以實力為基礎，任意推行其自以為正當的政治。其權力行使既不受民意與法律的拘束，人民對之自亦就無從課以其責任。

第一、專制政體下的君主權力是永續的，非經革命是不能推翻的；而獨裁者的權力形成每藉口於應付國家的非常需要，而採取的緊急措施。外患或內亂的非常需要消失後，獨裁權力應行終止。雖然，獨裁者的權力在事實上有維持到很長期的，但其產生或性質則是一時的，過渡的。第二、專制君主的產生與存在係以實現或維持君主與其皇室的特權爲前提爲目的；而現代的獨裁者則標揭爲實現其國家的民族的或階級的利益與幸福而實施其獨裁的權力。第三、專制君主的權力是世襲的，依血統關係賴以維持之；而現代的獨裁者則憑藉着所御用的政黨，以維持其權力與地位。古代的君主只是個人的獨裁；而現代的獨裁者在實質上則是一黨的專制。

## (二) 蘇維埃的獨裁制

蘇聯的政體是蘇維埃的獨裁制。依其實際設施，具有以下三大特質：一是無產階級的專政。公民選舉權是不平等的，資產階級的參政權被剝奪，農民的選舉權亦不及無產階級(勞働階級)的優越，實際上政治大權爲無產階級所完全操縱着，把持着。二是共產黨的一黨專政。在蘇聯，公民只能參加非政治的組織；同時認爲共產黨是社會中堅，最活動最覺悟的公民才能參加共產黨的組織。全國只准這一個共產黨的合法存在。所以共產黨黨員成爲政治的核心，可以操縱把持一切的政治活動。實際上各級政治大權，掌握於各該級共產黨部的書記手中。三是各級的蘇維埃或政治組織都行着大圈內劃小圈的核心制度及層級節制的寡頭體系，所以最後的最高的政治大權則掌握於獨裁者。

蘇聯的高權力機關爲聯邦最高蘇維埃(The Supreme Soviet of U. S. S. R)，蘇維埃爲俄文(Soviet)的譯音，乃委員會或議會的意義。聯邦最高蘇維埃分爲兩院：行使立法權。一爲聯邦院每三十萬人口選舉代表一人組織之。一是民族院由各邦各選二十五人組織之。每四年改選一次，每年集會兩次。兩院職權平等，一切法案須經兩院通過，方能生效。兩院聯席會選舉二十四人組織最高蘇維埃主席團置主席一人，副主席十六人（每邦一人），書記一人。主席團對最高蘇維埃負責，具有兩種職權，一是國家行政元首的職權，一是在最高蘇維埃閉會期間代行其職權。最高蘇維埃的兩院對議案如不能獲致一致決議時，主席團有權解散兩院，重行改選。在解散期間，主席團代行最高蘇維埃職權。

蘇聯的行政機關爲人民委員會，由主席一人，副主席一人，人民委員若干人組織之，均由最高蘇維埃選舉之，對最高蘇維埃及其常務委員會負責。人民委員會之下爲適應行政上的需要，復設有若干人民委員部，受人民委員會的指揮處理所管轄的事務。

**（三）法西斯的獨裁制**

一九二二年十月，意大利的法西斯黨（Partito Nazionale Fascista）在墨索里尼（B. Mussolini）領導下進軍羅馬，取得政權，次第頒佈法律建立獨裁政體。原來的內閣制度被改變。墨氏出任首相，不對議會負責，只對國王負責。而國王任命繼任首相，須由現任首相副署，所謂對國王負責者，則徒有其名。議會對首相又不能作不信任投票。所以墨氏的地位是很鞏固的。議會的立法權被削弱，議會法案列入議程者，須事先取得首相的同意，因之議會決不能通過首相所不贊成的法案。就是議會所否決的法案，首相於三個月後仍可提出要求議會不加討論，予以表決。厲行反政黨政治的措施，認法西斯黨爲唯一的合法政黨，不容有反對黨的存在。而法西斯黨且取得國家機關的法律資格，使黨與國合爲一體。

法西斯義大利政治上最高的權力機關是法西斯大會（Gran Consiglio des Fascism）。出席大會的人員包括三種：（一）率軍進入羅馬的四位團長爲終身會員；（二）議會議長各部部長國防軍總司令，法西斯黨的中央秘書長副秘書長全國法西斯職團聯合會會長等爲當然會員；（三）凡有功於國家及法西斯革命的人，可經首相推薦，由國王任命爲特別會員，任期三年，可以連任；所有國家的重要問題，如王位繼承，閣員任命，議會權限等均可討論決定之。由首相隨時召集，自任主席。

內閣閣員及各部部長均由首相提經國王任命，對首相負責成爲其部屬，非其同僚。至於議會及法院均屈伏於行政權力之下。而行政權力則獨攬於法西斯黨黨魁墨索里尼。煊赫二十年炙手可熱的法西斯獨裁政權，於一九四三年七月，以大戰的失利發生政變，陸軍首領巴多格里奧（Badoglio）出任首相，墨氏倒臺。新內閣議決解散法西斯黨，恢復正常憲法。

**（四）納粹的獨裁制**

義大利的法西斯制度，在德國更見發揚，成爲納粹主義（Naziism）的獨裁制。德國於第一次世界大戰後，通過威瑪憲法，採行內閣制，以國勢貧弱，黨派林立，政爭迭起，內閣屢被推翻，自一九一九年二月成立臨時政府至一九三三年一月希特勒（Adolf Hitler）組閣，十四年間，易閣二十二次，平均壽命祇八個月。希特勒爲了穩定政治勢力，應付經濟危機，以擴張國力，爭取生存相號召，遂採取反議會政治反政黨政治的施設，集中政府權力，建立獨裁體制。

希特勒組閣後，所領導的國社黨（卽納粹黨）（National sozialistische Deutsche Arbeitesparter）亦隨卽控制了國會。乃要求國會通過了一種授權法案。其內容爲：（一）政府獲得大量的立法權，就是有關財政經濟的重要法律，政府亦可制定。（二）立法手續簡化，法律只要經內閣議決，刋於政府公報卽發生效力，不須議會通過，不經總統簽署。（三）法律除不得撤消國會及變更總統權限外，可以牴觸憲法。（四）授權期間至一九三七年四月一日止。

一九三四年八月總統興登堡（Paul Von Hindenburg）逝世，希特勒又制定法律經公民表決通過，希特勒正式成爲國家領袖，一切軍政大權均集於一人之手。

國社黨在德國亦實行着一黨專政或一國一黨的獨裁政治。一九三三年一月希特勒組閣後，國會中除尙有社會民主黨、共產黨、國權黨、人民黨、中央黨等政黨組織，希特勒則施以種種壓迫，或予以解散或使之自行解散。一九三三年七月希特勒政府制定法律規定國社黨爲德國的唯一合法政黨並禁止人民組織新黨。希特勒於一九三三年十二月更進一步公佈法律承認國社黨爲合法的團體，與國家不可分離，國務總理必須是國社黨的領袖兼挺進隊的司令官。於是由一國一黨進而黨國合一了。

## 第六節　中國的政體

中國現行的政治體制係依中華民國憲法（三十五年十二月二十五日國民大會通過，三十六年元旦公佈）的規定締造成功的。中國是基於三民主義爲民有民治民享之民主共和國。國家主權屬於國民全體，中國現行的政治體制具有其優異獨到的特質與精神，概括言之，計有四點：（一）接納了現代民主憲政的新思想，步入政治自由，經濟平等，社會安全的新階段；（二）參酌各國政治體制的施行經驗，就其利弊得失，取長捨短，而爲融會貫通的設計；（三）對於中國政治制度史上的優良傳統亦適當的予以保持；（四）對於國家的實際情形及客觀事實多所顧及，以兼容並包的精神，反映了多方面的政治主張。這種優異獨到的特質與精神，若具體言之，可分爲次列諸端。

### （一）直接民主與間接民主的並行制

中國是領土廣大人口衆多的國家，完全行使直接民主制，事實上決不可能。所以憲法規定：（一）以民選代表組織的國民大會代表全國國民行使政權，選舉罷免總統副總統，修改憲法及複決憲法修正案。

（第二十五條、二十六條、二十七條）㈡立法院爲國家最高立法機關，由人民選舉之立法委員組織之，代表人民行使立法權。（第六十二條）㈢監察院設監察委員由各省市議會，蒙古、西藏地方議會及華僑團體選舉之。（第九十一條）這都是間接民主制的具體表現。

不過，依憲法第一百三十三條『被選舉人得由原選舉區依法罷免之』。所以凡由選舉產生的人員，上自總統、副總統、國民大會代表、立法委員、監察委員，以至於民選的省縣市長省縣市議員，若不稱職或違犯民意，均能於其任滿前依法定程序罷免之。這又是直接民主制的具體實行。同時，憲法第一百三十七條規定：『創制複決兩權之行使，以法律定之』。足見憲法又明白賦予人民以直接民主的創制權和複決權了。

## ㈡五權憲法與三權憲法的混合制

五權憲法是　國父依其權能區分的政治原則而設計的。這種設計在使人民有權政府有能，造成能爲人民所控制的萬能政府。依照這種設計，由民選的代表組織國民大會行使政權，選舉、罷免總統、副總統、立法、監察兩院長及立法委員、監察委員，創制法律，複決法律。總統統率五院行使立法、司法、行政、考試、監察五種治權。五權獨立行使，彼此無責任關係，而行政責任則由總統擔任之，所以行政院院長由總統任免，對總統負責，而總統則對國民大會負責。國民大會以選舉、罷免、創制、複決四種政權控制政府。政府則能集中統一的行使五種治權。權能分際，判然分明。

三權憲法是依孟德斯鳩的制衡原理而設計的。美國聯邦政府的組織便是其典型代表。行政首長的總統及立法機關的議員，都是由選舉產生的，直接對人民負責，各有一定任期，分別獨立行使着行政權與立法權。但同時彼此間可以相互牽制對抗，以防止權力的過度集中。司法機關以獨立的地位解釋憲法與法律。行政機關如有違憲措施，司法機關可以下令制止。國會通過的法律如與憲法牴觸，司法機關可以宣佈無效。

現行的中國憲法以民選代表組成的國民大會代表國民行使政權，是採取了權能區分的精神。但國民大會只有選舉總統副總統，罷免總統副總統，修改憲法及複決立法院所提憲法修正案的職權，不是五權憲法中所設計的完全的政權機關。立法院爲國家最高立法機關，有議決法律案、預算案、戒嚴案、大赦案、宣戰案、媾和案、條約案之權，不是五權憲法的治權機關，而是三權憲法的議會，即政權機關。監察院行使同意、彈劾、糾擧及審計權，雖採行了五權憲法中監察獨立行使的原則，但同意權的行使又使監察院帶上了美國參議院的色彩。司法院解釋憲法，並有統一解釋法律及命令之權，地位獨立與崇高，頗類似美國的最高法院。凡此諸端，都足以說明五權憲法與三權憲法的混合運用。

**(三) 總統制與內閣制的折衷體系**

依憲法第五十五條行政院院長由總統提名，經立法院同意任命之。憲法第五十七條行政院依左列規定對立法院負責：(一) 行政院有向立法院提出施政方針之責；立法委員在開會時，有向行政院院長及行政院各部會首長質詢之權。(二) 立法院對於行政院之重要政策不贊同時得以決議移請行政院變更之；行政院對於立法院之決議得經總統核可，移請立法院覆議，覆議時，如經出席立法委員三分之二維持原決議，行政院院長應即接受該決議或辭職。(三)行政院對於立法院決議之法律案、預算案、條約案，如認爲有窒礙難行時，得經總統之核可，於該決議案送達行政院十日內，移請立法院覆議；覆議時，如經出席立法委員三分之二維持原案，行政院院長應即接受該決議或辭職。憲法第三十七條復明定總統依法公佈法律，發佈命令，須經行政院院長之副署或行政院院長及有關部會首長之副署。中國的政治體制普通被稱爲內閣制就是根據這些的理由和事實。但是內閣制應另備具其他三個重要條件：㈠議會卽立法機關對內閣總理卽行政首長有擧行不信任案投票權；㈡內閣總理有提請國家元首下令解散議會之權；㈢內閣總理及閣員須兼任議會議員或有出席議會之權。這些條件在中國的政制中都是沒有的。所以，中國的現行政治體制決不能算是完全的或純粹的內閣制。

純粹內閣制下的總統或國家元首是徒擁虛名，毫無實權的。然而中國現制中的總統職權，則是十分重要的。依憲法第三十六條總統統率全國陸海空軍。依憲法第四十四條，總統對於院與院間的爭執，得召集有關各院院長會商解決之。這樣總統在軍事上可以指揮軍隊，在政治上可以裁定爭執，其實際權力是很重大的。況行政院院長人選不限於立法院多數黨黨魁，則總統對於行政院院長的提名，自有完全的自由。加以行政院院長提出立法院覆議案時須經總統之核可。因之，總統對行政院院長實際上具有很大的控制權力。

由此觀之，中國的政制一方面具有內閣制的精神，一方面又備具若干總統制的條件。兼容並蓄參酌損益，乃是總統制與內閣制的折衷體制。

**(四)　考試權與監察權的獨立行使**

中國政治史上有兩個具有特色的制度。一是自秦漢迄明清的御史制度，專設御史等官，以獨立的權責，糾彈百官，整肅綱紀。一是自隋唐以後的考試制度，提高考試權的地位以公正的立場，客觀的方法爲國家選拔人才。這兩種制度在中國政治史上表現有優良的成績，有過卓越的貢獻。國父一方面主張保持中國政治史上的優良傳統，一方面有鑑於歐美國家以議會兼司彈劾，行政機關兼掌考試權的流弊，所以主張考試權與監察權的獨立行使。憲法第八十四條曰：『考試院爲國家最高考試機關，掌理考試，任用，銓敍，考績，俸級，陞遷，保障，褒獎，撫卹，退休，養老等事項』。憲法第九十條曰：『監察院為國家最高監察機關，行使同意，彈劾糾舉及審計權。』這種以地位獨立而崇高的機關行使考試與監察權，又是中國政制的一大特質。

# 第十三章　憲　法

## 第一節　憲法的意義

### （一）中國的文義

從中國典籍觀之，憲字具有兩種意義；一是指一般法規或典章制度而言。如唐六典、明會典、淸會典均類似今日之憲法。尚書：『鑑於先王成憲，其永無愆。』國語：『賞善罰姦，國之憲法。』晉書：『稽古憲章，大釐制度。』唐書：『永垂憲則，貽範後世。』都是以憲作法規或典制解。一是立則懸禁曰憲，猶如今日的刑法。周禮秋官小宰：『憲刑禁。』註曰：『憲表懸之，若今布新法令也。』唐韻韻會集韻：『懸法示人曰憲，从害省，从心从目，觀於法象，使人曉然知不善之害，接於目怵於心，凜乎不可犯也。』皆是刑禁的解釋。『憲』與『顯』通，乃昭著重大之意，憲法自可解釋爲國家昭著重大之法律。憲又作紀綱解。憲法乃是有關國家組織的法律。

### （二）現代的定義

今日所用憲法一詞係由 Constitution 轉譯而來，原本指建築結構及生理組織而言，謂各部份或各器官各有專司與作用，在分工合作下而成爲一個定整體。憲法的簡明定義就是規定國家政治組織如國體、政體、領土、主權、統治機構的職機及人民權利義務的根本大法。

## 第二節　憲法的特性

**（一）形式的特性**

(1)憲法須爲一種成文法典——即以文書明白規定或記載之公示於衆，共資遵守。成文法典的制定與公佈雖亦不無輔以習慣法的例子，但憲法本身須爲成文法，固無疑義。如一二一五年約翰（John）所簽佈的大憲章（Great Charter），一六二八年查理一世（Charles I）所同意的權利請願書（The Petition of Right），一七八七年的美國聯邦憲法，一七九三年的法國第一共和憲法均其顯著的例子。這種特性爲憲法的明確性（Explicitness），亦稱爲憲法的公證力。

(2)憲法的效率高於普通法律——憲法的效率具有一種最高性，而此最高性且具有一種有效的保障。憲法與普通法律有主從之分，普通法律與憲法條文相牴觸時，失其效力；法院對違憲的法律，得以拒絕其適用，這種特性稱爲憲法的超越性（Supremacy）。

(3)憲法的修改手續異於普通法律——即修改憲法的機關及手續與修改普通法律者不同。蓋在理論上必須如此，才足以維持憲法的優越權威與最後效力。雖然這種特性只有剛性憲法始有之，然現代極大多數的國家均採剛性憲法。採行柔性憲法已不多見。這種特性稱爲憲法的穩定性（Stability）。

**（二）實質的特性**

若僅以形式的特性解釋憲法的意義，則英國、義國便成爲無憲法的國家。因爲英國憲法爲不成文法，且其修改亦與普通法律無異。一八四八年的義國憲法雖爲成文憲法，但並未規定修改手續。因此須就實質上以言憲法的特性，憲法乃是規定國家重要權利機關的組織權限及人民與國家關係的根本大法。雖因各國的政治情況及政治理想各有不同，其規定事項並不一致，例如人民權利在法國第三共和國憲法中則付缺如。加拿大憲法雖爲責任內閣制，然憲法上並無內閣對議員負責的規定。反之，如無關國家根本組織的事項亦有規定於憲法中的，如瑞士現行憲法第二十五條則規定肉店宰殺牲畜須先行麻醉；秘魯一九二〇年憲法第二十五條則明文禁止賭博。然這些事實，只能算是例外，一般來說，憲法則是規定國家體制及政府組織的根本大法。

## 第三節　憲法的種類

### (一) 成文憲法與不成文憲法

以一種文書或數種文書即獨立編訂的法典規定國家根本組織事項者爲成文憲法。美國一七八七年頒佈的聯邦憲法爲一種文書。法國第三共和憲法即包括一八七五年二月二十四日的參議院組織法，一八七五年二月二十五日公共機關組織法及一八七五年七月十六日公共機關關係法，計三種文書。

憲法無獨立編訂的法典，僅散見於各種單行法律（普通法律）及習慣中者爲不成文憲法。英國憲法便是顯明的例子。構成英國憲法計有以下四大部份：一是國家頒佈的重要文獻，如一二一五年之大憲章 (Magna Charta)，一六二八年之權利請願書 (Petition of Rights)，一六八八年之權利宣言 (Bill of Rights)。二是議會制定的法律，如一六七九年的出庭狀法 (Writ of Habeas Corpus)，一七〇一年皇帝繼承法 (Act of Settlement)，一八三二年、一八六七年、一八八四年三次的選擧改革法 (Reform Acts)，一八八八年之地方政府法 (Local Government Act)，一八九一年的議會法 (Parliament Act)，一九一八年及一九二八年的國民代表法 (Representation of the People)。三是習慣法，即法院依據習慣以判決案件，久之，援引既廣，逐有通行全國的效力。四曰憲法慣列，如國王對議會通過的法案久已不行使其否決權，內閣不爲下院所信任，非解散之，即自行辭職，國會每年至少開會一次等便是。

成文憲法具有三種優點：(1)條文明晰確定，在解釋與應用上，不易發生疑義與含混；(2)人民權利易於受到憲法的保障；(3)因條文明晰，雖在政治訓練與知識較差的國家，人也亦易於適用。惟成文憲法的文字是呆滯刻版的不能自動的變化以適應社會的新環境與需要，則為其缺點。

不成文憲法乃是逐漸生長成功的產物，最適合於社會的環境與需要；且易於自動的適應社會的變遷，是其優點，惟不成文憲法在人民有較高政治修養的國家易被政府玩弄憲文使民權失却保障，則為其缺點。

**(二) 欽定憲法、協定憲法與民定憲法**

就憲法制定的權力機關或方式言，憲法可分為欽定的，協定的，民定的三種。由君主制定者為欽定憲法，如一八一四年的法國憲法，一八八九年的日本憲法，光緒三十四年的憲法大綱均是。由君民共同制定者為協定憲法，如一二一五年英國的大憲章，為君主接受僧侶、貴族、地主的意見而成，一八三〇年的法國憲法為君主採納革命團體的意見而成，宣統三年的十九信條為君主接納兵鎮統領意見而成。由國民或其代表制定者為民定憲法。就其制定機關的不同，復可分為三種；一是由普通議會制定者，如一八七一年的法國第三共和憲法；二是由人民代表所組成的特別制憲團體制定者，中國憲法於三十五年十二月由民選代表組成的國民大會所制定，一七八七年美國聯邦憲法亦為制憲會議所制定；三是由公民投票直接表決者，第二次世界大戰後，法國現行憲法，係由國民大會制定，提經公民投票表決之。欽定憲法及協定憲法均與民主政治的原則不符，已遭受歷史的陶汰。在民主時代所當採行的，自然是民定憲法。

**(三) 剛性憲法與柔性憲法**

就憲法修改的難易爲標準，各國憲法可分爲剛性的與柔性的兩種。凡憲法不依普通立法程序而另由特別機關依特定手續始能修改之者爲剛性憲法。凡憲法之可適用與普通立法程序同一的機關與程序以修改之者爲柔性憲法。不成文憲法均係柔性憲法，如英國的憲法便是，但成文憲法未必皆係剛性憲法，如義大利一八四八年的憲法雖爲成文憲法，但未規定修改程序，議會得以普通立法程序修改之。中國憲法與美國聯邦憲法均爲剛性憲法。

柔性憲法具有彈性能隨時適應社會需要進化，易於消弭革命危機是其優點。然以其缺乏固定性，國家根本組織易起變動，致政治秩序與社會規範不易鞏固，是其缺點。無優良政治傳統及高度政治修養的國家，不易行之。剛性憲法的優點爲：㈠條文明晰，不致發生歧義；㈡政府機關各有確定權限，不容相互犯侵；㈢人民權利有確切保障，不虞被野心家侵削；㈣憲法另有特定程序，不易被人推翻。

**㈣　三權憲法與五權憲法**

就政治權利機關的分配爲標準，憲法種類復可分爲三權憲法與五權憲法兩種。凡憲法規定將政治職權分別賦予立法、司法、行政三種機關獨立行使，而又使之相互牽制者爲三權憲法。凡憲法規定將政治職權分別賦予立法、司法、行政、考試、監察五種機關以分工合作的方式行使者爲五權憲法。三權憲法爲孟德斯鳩所倡，美國首先採用其精神，其後南美各國的憲法多採用美國式的三權憲法。

五權憲法爲　國父所首倡，在救濟行政機關兼司考試，議會兼掌監察的流弊。其特點有三：一曰政權與治權的劃分；二曰不在消極的限制政府的權力而在造成有能的萬能政府；三曰政治的行使注重分工與合作，而不注重相互牽制。

## 第四節　憲法的內容

各國憲法所規定的事項雖並不一致，然歸納言之，其內容則以包括左列各事項爲常規：

### (一)弁言

各國憲法多有於憲法之首設弁言或序文者。一七八九年美國憲法，一九四六年法國憲法，一九四六年的日本憲法及中國憲法均有序文或弁言。序文內容普通不外兩點：一是制定憲法的機關與手續；一是憲法的根本主義或最高原則。

### (二)國家機關的組織

憲法的重要內容卽在於規定國家各種重要機關的組織職權及其相互間的關係。徵之各國憲法，在憲法中加以規定的國家重要機關爲國家元首，國家代議機關，行政機關，司法機關。其組織如何？職權如何？彼此關係如何？均載在憲法條文。地方政府的組織及其與中央政府的權限分配亦爲憲法應加規定的事項。

### (三)人民的權利與義務

自美國於憲法規定人民權利與義務後，各國憲法多仿之。有人稱憲法卽人民的權利書，其原因卽在於此。一八七一年法國的第三共和憲法雖將原來憲法中人權保障事項刪去，然事實上人權並不受到威脅。且二次大戰後，一九四六年法國第四共和憲法則將新人權宣言列入。反對將人權入憲者，以爲這不免陷於空洞抽象，反不若以普通法律行之，更爲切實，具體而且有效。中國憲法則對人民權利義務有詳明的規定。人權入憲的理由有三：(一)可爲立法者行政者司法者設立行爲準則；(二)爲人民權利謀作有效的保障，卽使普通法律對於人民自由權利有所限制，亦不能違犯憲法的規定；㈢可發生政治敎育作用，藉以促進人民對此等問題的興趣與注意。

**㈣憲法的修改與解釋**

憲法爲國家的根本大法，自不宜輕易變更，故成文憲法的修改手續每較普通法律爲艱難，且多規定於憲法中，以爲保障。憲法的效力高於普通法律。普通法律若與憲法相牴觸時當屬無效。且憲法條文的意義與適用，有時亦會發生爭執。普通法律是否違憲，法律條文眞義如何，均須有適當權力者予以解釋，用作裁定。憲法中對此等解釋權力及手續亦須規定之。

**㈤經濟社會文化政策**

在二十世紀以前，憲法的內容皆著重於：㈠政府權力的分配及行使，防止其過度集中與强大；㈡人民自由權利的保障，防止政府的威脅。其性質殆屬於消極的，限制的。近二三十年來，憲法內容則有一種新趨勢，進而將國家的經濟社會文化敎育等政策及目標多明定於憲法中，以作政府爲民服務的張本，其性質爲積極的發展的。這是警察國家進爲文化國家，刑罰國家進爲福利國家的必然結果。中國憲法定有基本國策一章，對於國防、外交、國民經濟、敎育文化等政策與目標均有切實的規定。

## 第五節　憲法的解釋

**㈠解釋的需要**

憲法制定適用係久遠性的，可以垂數十年，歷幾世紀。時代有變遷，文字無更換，如何以舊文字適用於新情勢，則有賴於解釋的妙用。至於憲法文字，有原來的意義卽曖昧不明，有者可以作兩種不同的含義，有者則文義模稜，可以出入。凡此情形，非有明確的解釋，難爲具體的應用。普通法律是否與憲法條文有牴觸，亦須有權力予以解釋，決定其是否違憲。

**（二）解釋的機關**

憲法中若對憲法的解釋權無明文規定時，則立法、行政、司法三種機關可自行解釋憲法：惟關於法律是否牴觸憲法，其解釋權則專屬於立法機關。法國一八七五年憲法卽屬此例。有的國家於憲法中明定憲法解釋權屬於國會，比利時憲法卽規定解釋法律是否違憲的權力，屬於立法機關。美國憲法把解釋的權力賦予最高法院，因爲以制定法律的議會解釋憲法，難免不偏袒立法的立場，有失公平。且議會爲一政治機關，政黨勢力具有決定作用，以議會解釋憲法，易爲政黨所左右。由獨立的司法機關掌憲法的解釋權自較爲公正客觀，不受政爭影響。有的國家特設機關掌憲法的解釋權。捷克及奧國曾設置憲法法院，西班牙曾設憲法保障法院，專司其事。但捷奧的制度和美國制度不同者有兩點：㈠美國最高法院解釋憲法，須經人民個人提出訴訟案件；捷奧的憲法法院則只接受國家機關的請求；㈡美國最高法院只能拒絕違憲法律的適用；捷奧的憲法法院可以宣佈違憲法律的失效。中國憲法規定：「法律與憲法牴觸者無效」，「法律與憲法有無牴觸發生疑義時，由司法院解釋之」。（第一七一條）司法院設大法官若干人，由總統提名經監察院同意任命之，掌解釋憲法並有統一解釋法律及命令之權。大法官解釋法令以會議行之，會議時由司法院院長任主席。

## 第六節　憲法的修改

憲法爲規定國家組織的根本大法，亦是國民意識的表現與社會關係的反映。民意有改變，社會有變遷時，則憲法亦應隨之修改以謀適應。除非憲法明文規定不能修改，則均可修改之，憲法中未規定修改手續者則可以用制定憲法的程序或普通立法程序修改之。就一般情形論，成文憲法修改手續率有明文規定之，且較普通法律的制定與修改為繁複與艱難。玆將憲法的修改分為提案、議決、公布三項，申說如次：

㈠ **提案**

修改憲法的提案權，屬於何人，各國體制不一，歸納言之，有以下幾種：㈠由人民提案，瑞士憲法規定有公民五萬人的連署可提出憲法修正案。㈡由國會提案，美國聯邦憲法的修改，可由國會兩院議員三分之二的投票贊成提出修正案。㈢由邦議會提案，美國聯邦憲法，由各邦議會三分之二的動議亦可以提出修正案。㈣由元首提案，法國一八七五年憲法規定總統有權提出憲法修改案，日本舊憲法規定只有天皇可以向國會提出憲法修改案。㈤由政府提案，政府指行政機關而言，暹羅憲法規定憲法修正案由國務院向國會提出之。

中國憲法規定憲法之修改應依左列程序之一為之：㈠由國民大會代表總額五分一之提議，三分之二出席及出席代表四分之三之決議得修改之。㈡由立法院立法委員四分之一提議，四分之三之出席及出席委員四分之三之決議，擬定憲法修正案，提請國民大會複決，此項憲法修正案應於國民大會開會前半年公告之。(第一七四條)。

㈡ **議決**

憲法修改案的議決，可分為下列幾種：㈠由國會議決之，但須有較普通法案人數為多的出席與贊成，如德國威瑪憲法即規定修改案的議決須有國會議員三分之二之出席及出席人員三分之二之贊同；而普通法案則只須過半數。在荷蘭、挪威、瑞典等國國會通過憲法修正案後，卽自行解散，由新國會複決之。㈡由特別召開的憲法會議議決，一九二四年多米尼加(Dominican Republic)憲法規定，憲法經國會議員三分之二的同意提出修正案時，國會應以法律召開憲法會議將此修正案提出議決。㈢由公民複決，卽國會或憲法會議議決的修正案尚須提交公民複決方能生效。丹麥憲法卽規定，國會通過的憲法修正案須提交公民複決之。㈣由各邦議會複決，在聯邦國家，憲法修正案多交由各邦議會複決之。美國規定憲法修正案須得各邦議會四分之三之批准。㈤由制憲會議議決，法國以兩院召開的聯席會議爲制憲會議，兩院分別通過的憲法修正案，須經制憲會議議決之。㈥由特定修憲機關議決，中國憲法的修正案須經國民大會議決之。憲法雖由國民大會所制定，然制憲的國民大會與行憲的國民大會，顯然是不同的機關。行憲的國民大會依憲法享有修改憲法及複決憲法修正案的權利，應視爲特定的修憲機關。

**(三) 公布**

憲法修正案經議決後，須由政府明令公布，方算手續完成，發生效力。憲法公布權，普通皆在國家元首。君主國家則屬於君主，共和國則屬於總統。中國憲法修正案的公布，雖無明文規定。但依總統有依法公布法律之權，憲法修正案公布權自亦應屬於總統。且由憲法係由國民政府公布的前例推之，憲法修正案應由總統公布殆無疑義。

## 第七節　憲法的發展

**(一) 希臘羅馬時代**

在希臘羅馬時代，並無成文憲法。有之亦只散見於各種普通法律及習慣中。就法律的制定言，一切法律均交由公民大會制定之。就效力言，一切法律的效力均是相等的。雖然亞里斯多德曾搜集希臘一百五十八國的憲法以爲著書的資料，但那只是指憲法的實質而言。成文的及具有形式特質的憲法當時並不存在。

㈡　中古世紀時代

這一時代指自五世紀西羅馬帝國滅亡至十六世紀宗教革命而言。在這封建社會時代，近代的憲法觀念漸已萌芽，成文憲法亦具雛形。各國國王常受封建諸侯及各城市團體的要求與壓迫，而頒佈特別法律，承認一些人民權利。這種特別法律，卽類似近代的成文憲法。英王約翰（John）爲人傲暴無能，課稅過重，在大陸作戰又遭大敗，引起人民的怨恨與失望，一二一五年國內僧侶、貴族、和中產階級聯合起來，反抗國王，强迫簽訂大憲章，其主要內容如次：㈠尊重貴族的封建權利與特權；㈡徵收賦稅須先得人民同意；㈢政府不能因輕微罪名，奪取人民財物；㈣人民在逮捕後，須在合理時間內加以審判，同一過犯不得作兩次的處罰，大憲章可視爲最早的欽定或協定憲法。法國當在十四世紀時卽有「國法」與「王法」的區別。王法可由國王自行變更或廢止之；而國法則須經由貴族、僧侶、市民三階級代表所組成的「階級會議」同意始能變更或廢止之。國法則猶今日的憲法觀念。

㈢　宗教革命時代

在宗教革命時代，近代的憲法觀念逐漸達於成熟。政治學者如盧梭、洛克，認爲人民與政府間乃是一種契約關係，雙方應加遵守。這契約觀念的產生，一部份由於國王與諸侯間及城市間的有特許狀（Charter）的存在，一部份則係以耶穌教會的教約（Covenant）觀念爲淵源。宗教革命份子以教會的存在旣以「教約」爲基礎，則國家的存在亦須基於國家與人民間一種契約。英國淸教徒不堪詹姆斯一世（James I）的虐待，乃有百餘人於一六二〇年移民轉赴北美，在赴北美的舟船中曾仿照敎約草有一種公約曰五月花公約（Mayflower Pact）經全體簽名以爲抵美後的建國公約，殆現代民定成文憲法的嚆矢。一六三九年康乃克特約章（Fuudamental Order of Connectiut）則爲十三洲殖民地的第一完備憲法經全體公民表決者，承認最高主權屬於全體公民。英王查理一世（Charles I）持「君權神授」的主張，强迫徵收新稅，反對者逮捕，國會乃於一六二八年提出權利請願書（Petition of Right），强迫之接受，然其心不甘，於次年竟解散國會，一六四二年竟引起革命。一六四六年爲克倫威爾（Cromwell）所捕，三年後判處死刑。一六四七年克倫威爾軍中淸敎徒草擬有人民公約（The Agreement of People）。一六六〇年克倫威爾死，查理二世由王黨軍隊擁之復位。查理二世歿，其弟詹姆斯二世嗣位，實行專制，蔑視國會，且篤信舊敎，不許信敎自由，一六八八年激起人民反抗，以將士不用命逃往法國，國人迎其婿荷蘭大統領威廉三世夫婦爲英王，一六八九年發布權利法案（The Bill of Right）承認遵守憲章，保障民權，史稱爲光榮革命。

### （四）美法革命時代

北美洲英國的十三州殖民地於一七七六年掀起獨立革命，革命成功於一七八七年成立聯邦憲法。爲最完備的第一部民主成文憲法，其重要觀念如次：㈠根本法卽憲法須以成文法爲條件，㈡根本法的權利須經人民的同意，㈢根本法的權力高於普通法律，㈣憲法中須有民權保障的規定非普通法律所能侵犯者。

法國於一七八九年發生民權的大革命，距美國聯邦憲法成立僅二年，其對憲法的見解，自深受美國思想的影響。一七九三年第一共和憲法，卽爲成文憲法，亦經公民表決者，人權保障高於一切，不僅藉此限制國家權力，並認人民永久具有此權利，雖制憲機關亦不得變更之。

## (五) 十九世紀以來

自十九世紀以來，可以說是憲政制度的普行時期。但另有新觀念的滲入，並發生有新的趨向。自美法兩國革命後，立憲運動普遍推行。一八〇〇年至一八八〇年成立或修定的憲法不下三百餘種，當時除俄國外均有憲法；除英、匈二國外均有成文憲法。惟其中多數憲法皆出於君主頒行或君民的協議。

第一次世界大戰後，各國的新憲法始相率的容納了民主主義的精神與制度。惟此時政治思想與制度却發生了一種逆流與反動。若干的獨裁國家如蘇聯、義國、德國，則變更了憲法的傳統觀念。這些國家的憲法，只規定國家機關的組織及政治權力行使的方式，却不明顯的保障人民權利或限制國家的權力。憲法的優越性及確定性在獨裁國家已不存在了。

第二次世界大戰，獨裁的法西斯國家被推倒，民主憲法的思想獲得勝利。憲法的觀念與內容隨著亦有新的發展。這種發展歸納言之，計有三端：㈠國家的經濟、教育、文化等政策漸多載入憲法明文，以為政府為民服務造福的依據。㈡憲法的目的不僅在消極的限制政府權力及保障民權，且須進一步積極的加强政府功能，俾使增進國民幸福。㈢公民投票制或直接民權如罷免、創制、複決權漸為各國憲法所採取，使民主政治又邁進一步。

# 第十四章　權　力

## 第一節　權力的性質

### (一) 權力的意義

政治學的發展，要可分爲三個時期：第一期的政治學可稱之爲『國家學』，在研究國家的起源、性質、發展、種類及組織等。第二時期的政治學可稱之爲『權力學』，在研究權力的性質、關係及運用等。第三時期的政治學可稱之爲『行爲學』，在研究政治行爲的性質關係及其法則等。國家論前篇已作檢討與論述。政治行爲論擬另專文討論之，本章特對『權力』加以闡說。

權力一詞在英文中包括兩個字：一是 Authority，乃指法權、管轄權、命令權及執行權而言，二是 Power，乃指實力、精力、能力、勢力、動力而言。這裡所討論的權力，實應涵蓋這兩種意義。權力就是一種發號司令的力量，對人可以使之作爲或不作爲；對財物可以決定如何處置或使用；對事務可以決定如何處理或推行。不過所謂『發號司令』包括『明示的』與『默示的』；『正式的』(Formal)與『非正式』(Informal)。依法定的地位或政治的形勢在上位者對部屬或從衆的命令與指揮乃是『明示的』。依習慣與傳統，人們對某種權勢的自然服從，則是『默示的』。法律所規定發號司令權爲『正式權力』，法無規定而實際有此發號司令力量爲『非正式權力』。

一般人都誤認『權力』是上司對部下的命令指揮權。其實部下對上司在實際上亦有命令指揮權。因爲部下對上司的所陳意見，所擬辦法，所獻條陳常爲上司所接納。這樣不是上司接受部下的命令指揮了麼？各國『科員政治』的風氣都很盛，長官對部下的『擬辦』多批『如擬』或照例蓋章。這不是部下對上司有實際的命令指揮或發號施令力量麼？職是之故，我們與其說權力是命令指揮或發號施令的力量，不如說權力乃是當事人，關係人之間的『相互影響力』(Mutual Influence)。凡是能影響或改變他人思想或行動的力量都可視之爲權力。影響與被影響就是一種權力關係。

## (二) 權力的重要

『人力不若牛，走不若馬，而牛馬爲人役者，何也？曰，人能群而牛馬不能群也！』『人何以能群？曰分！』分就是各守其分，各盡其責，各安其位，君君、臣臣、父父、子子、夫夫、婦婦的權利與義務的均衡關係或平衡狀態。權利與義務是相對的，平衡的。有了這種關係，人才能合群，人才能過社會生活，以安其生，以遂其生，以樂其生。權力相當於權利，責任相當於義務。所以權力與責任亦是相對的，平衡的；有權就有責，有責就有權；責大而權大，責小而權小，無責就無權。在權利與義務，權力與責任的四角平衡狀態下，社會生活乃能產生，合群關係方能存在。英人羅素 (Bertrend Russell) 曾著『權力論』(The Power) 一書以分析社會關係，認爲社會的組織，就是『權力結構』。政治結構、行政權關，社會團體，簡言之，都是『權(力)責(任)分配體系』。社會生活、人群活動均是行權 (力) 盡責(任) 的行爲和動態。權力是社會構成的要素，是合群關係的韌帶；亦是促成社會演變與進化的動力。

## (三) 權力的特性

權力具有三大特性，即相對性、互動性及交利性。玆就此三者分別說明如次：㈠相對性　天下的一切事物都是相對的，理有反正，事有優劣，長短相較，陰陽相需，凡事皆可從兩面或兩端觀察之，所謂執其兩端，用其中於民。因之，權力不能獨立的或單獨的存在。權力的存在必須以責任爲依輔，有責任或盡責任才有權利。行使或享受權力是一種權利，但同時亦是一種義務。權力的大小以所負責任的多寡爲轉移。權利行使能否有效，端視能否負責。位愈高者權愈重，而其所負責任便愈大。㈡互動性　權力就是一種影響力。旣是影響力，而影響則是互動的。我能影響旁人，旁人亦能影響我。我以這種權力可以使他作爲或不作爲。旁人以他種權力亦可影響我的思想或行動，在這種場合我可以影響這一群人。在那種場合那一群人亦可以影響這群人。而且在我影響人的進程中，他人對我常發生反應或反影響，使我不得不調整我的行動。權力行使是互動行動，如大海中的海瀾，互相激盪起伏推移。㈢交利性　權力行使的目的或效果不外兩種：一是有利於人；一是有害於人。不過我們應知，利人者人亦利之，害人者人亦害人。因之，害人者自己常因害人而自己蒙受不利，因之，他在運用權力時就會儘量趨於利人的途徑。因之，權力的行使遂多以利人爲依歸。權力旣具互動性，所以這種利人權力的運用就會達於『交相利』的狀態。誠然，革命的破壞行爲，長官懲罰部下的行爲有似害人活動。其實使少數人受害多數人蒙利，仍是利人的行爲。

## 第二節　權力的分際

國家和社會乃是合作的人群關係。其所遵守的共存共生的法則，就是『絜矩之道』，卽各守分際的理則，每人的行爲皆拘限於一定軌道之內，勿殞勿越。權力乃是社會結構的要素與柱石，所以其本身亦有一定分際，受有一定限制。玆將權力所受的限制及所守的分際分述於後。

### (一)權限

權力不是絕對的，受有一定的限制。孟德斯鳩（Montesquieu）說過：『權力趨向於濫用，絕對權力絕對會濫用；要防止權力濫用，就要以權制權』。政治上的權力運用，多是相互牽制，亦就是各受限制的。所以我們常把『權力』（Authority）與『管轄權』（Jurisdiction）當作可以互用的名詞。權力在其管轄範圍內才能發生效用。內政部長的權力只限於管轄內政事務。外交部長的權力只限於管轄外交事務。立法院的權力僅限於立法。行政院的權力只限於行政。司法院的權力只限於司法。

**（二）權衡**

衡是公平，卽正義或公道（Justice）。權力的行使須合乎公道方能有效。有人以爲權力要靠實力（Force）支持才能有效。殊不知全靠實力的權力乃是專橫和殘暴，實爲罪惡與亂源。獨裁主義者就是重實力而蔑視公道與理性，不爲我們所採取。權力要以正義與公道爲基礎，方能爲衆人所接受。『公道自在人心』。權力若違背衆人心中的公道，不但不爲衆人所接受，且必將引致叛亂與革命。英國有所謂『平衡法』與『平衡法院』，卽本乎公理與正義以裁定爭執。所以，平衡的公理與正義實是權力的一種限制或分際。

**（三）權能**

權力（Authority）一字實淵源於拉丁文『創始』（Origin）一字。創造發明人或原始設計的對所創設的事物，有獨特管轄，處理或瞭解的能力，爲他人所不及。因之，他對所創設的事物自然會獲得專利權，所有權或處理權。於是『創始』逐漸演變而成爲權力。『創始』人是具有特殊才能的人。有特殊才能便獲得特殊權力。有廣泛才能便獲得廣泛的權力。才能者就是解決問題及處理事務的知能與方法。能替人解決問題，處理事務，便會得到他人的擁護與服從。因而他就獲得權力。那無能的人，縱使貪緣時會，徼倖的獵獲到官位，但因才能不能勝任，既無能力處理政務，又無法博得部屬擁護，其官位亦必不能保持。有其才能者始能保持其官位。權位與能力是相稱適的，有大德大能者居大官大位。有中德中能者居中官中位。有小德小能者居小官小位。無德無能者不能居官位。官位就是權力，故知權力實以德能、才能、知能爲條件爲分際。

**（四）權勢**

勢是管束人和懲罰人的强制力量。權力的背後，若無這强制勢力，則難生效。誠然權力若違犯正義與公道，雖爲衆人所接受，這是暴力，而非權力。因爲權力係以人們的和平服從爲前提。不過，完全以正義與公道爲憑藉，勢將成爲空談，或流於虛幻。政治的準則，在使正義與公道成爲有力有效的，不使之成爲空談或空想；在使實力與勢力成爲合乎正義與公道的，不使成爲罪惡或暴戾。所以合乎正義與公道的權力，最後還要靠勢力或實力來支持。各國政府皆保持有法院、警察、監獄以爲權力執行的後盾，就是這個道理。不過，用實力以支持權力的行使，乃是不得已的，最後的；亦是具有危險性的，以能避免使用爲上策。

**（五）權位**

不在其位，不謀其政。有一定地位者才有權力處理一定的事務。權力與地位有不可分離的密切關係。權力依附於『法定身份』（Status）和『社會角色』（Role）。這身份和角色可以稱之爲地位或職位（Position）。所謂職位就是若干權力、責任、職務的集合體。獲得或佔有這職位的人，就可以行使其權力，負擔其責任，推行其職務。不錯，我們已知有才能者始能勝任的居其職位；但是有才能而未獲得或佔有其地位，則不能行使或握有權力，權力以取得地位或職位爲先決條件。國父孫中山先生雖有卓越才能，優異品德，但因未當選爲中華民國第一位大總統，便不能行使大總統的權力，他雖未獲得大總統的法定身分，然由於他的愛國熱誠、革命精神及高强的組織領導能力，而取得中國國民黨黨魁的社會角色（實際地位）便能行使黨魁的權力，以推行中國的國民革命運動。一個卓越優異的軍事專家，若未被任用爲國防部長，他決不能行使國家的軍事指揮權力及軍事行政權力。

**（六）權責**

政治學和行政學上有一個重要的原則，就是『權與責要相稱適』；那就是說，權力大者責任大；權力小者責任小：有責就有權；無責就無權。權力與責任是相對的。二者之間互爲制約，互爲分際。依『天賦人權一律平等』的原則，人人是主人，地位無高下，誰亦無權力指揮誰，誰亦無義務服從誰。除非你能替我負起一定的責任，替我解決問題，替我謀求福利，我才會接受你的權力和指揮。否則，無緣無故，沒有交換條件，單方的權力，實難以成立。權力的前提是負責任。只有負責任的權力才是公道的，合理的，爲大衆所樂意接受。那不負責的權力是暴戾，是僭越，是亂源，爲人所病詬。中國歷史上的宦官之禍、女后之禍、貴戚之禍、權臣之禍，都是他們獲得了不負責任的權力，胡作非爲，造成大亂。

## 第三節　權力的基礎

權力乃是能使人服從的力量或影響力。人都有獨立的人格，都抱自我中心，自尊自是，不會隨便就接受他人的命令與指揮而欣然的或默然的服從。一個人肯服從旁人，必有不得不然的道理或原因。這種道理或原因，就是權力建立的基礎。權力的基礎可以從理性、利益、法律、習慣，信仰、知能、希望、愛情及力量諸點說明於後。

（一）理性

『人同此心，心同此理』。此理就是存在於各人良知中的『天理』或『公理』，普通稱之爲道理。政治上發生爭執或糾紛時，動武或以武力解決，並不是最好的辦法；可能因此使爭執與糾紛更趨嚴重。最好的辦法，莫如將此問題，『訴之於理性』（Appeal fo Reason）讓大家用和平的辦法，作平心靜氣的討論，理愈辯愈明，誰有理就服從誰。大家都要講理。以力服人者非心服也，不會得到甘心情願的服從。以理服人者，心悅而誠服也。

一個長官的權力不是法律規定有多大就有多大；亦不是他自以爲他的權力有多大就有多大；而是他的部屬承認他的權力有多大才有多大。長官權力的大小，是以部屬承認的大小，擁護的强弱爲轉移。部屬承認的大小及擁護的强弱又視上下間的溝通（Communication）是否有效爲轉移。所謂意見溝通就是大家的講理或討論。必須部屬認爲長官的命令是有理的合理的，他們才樂意服從。巴那德（Chester Barnard）於一九三八年著『長官功能』（The Functions of Executive）一書，認爲長官的命令落入部屬的『同意地帶』，他們才會服從；若落入部屬的『冷漠地帶』，他們便不會服從；因爲部屬有擱置權、拖延權、陽奉陰違權、陳述權等。只有部屬認爲那些命令是有理的合理的，才能落入他們的『同意地帶』；否則，那命令便落入他們的『冷漠地帶』。

（二）利益

人是『自我中心』。因之，人亦可以說是『自私自利』的動物。人的行爲動機率以對他有無利益爲定向。一個人如果服從旁人對他是有利益的，他自然會接受旁人的命令。管仲曰：『政之所與，在順民心；順之之道，莫如利之。』他又說：『政之所廢，在逆民心，逆之之烈，莫如害之。』由此可知，凡對人民有利益的政令，必爲大衆欣然服從。子女所以服從父母，因爲父母對子女有撫養教育的恩德與利益。部屬所以服從長官，因爲長官對部屬有按月發薪，按年升級等利益。俗諺曰：『有乳便是娘』。這雖是諷刺『勢利眼者』的話，但實際上亦不無道理。因爲人畢竟是『自私自利』的，誰對他有利益，他便服從誰，便去擁護誰。

**（三）法律**

普通所謂權力的運用，乃指命令與服從而言。命令是指揮的權利，服從是執行的義務。所以權力的運用乃是權力與義務的履行關係。而權利與義務則是由法律所設定的，故權力係以法律爲基礎。一般所稱權力均指合法權力而言，並不把非法的及革命的權力包括在內。權力既是合法權利，一個適格的人必須依法定程序獲得正式職位，他才能行使發號施令、指揮命令的權力。權力固然應該合乎理性，但是只要一個人獲得合法地位或職位，自然就有了發佈命令、指揮他人的權力。蘇秦原是一貧窮布衣，及拜六國相印後，便可叱吒風雲的發佈命令，指揮大軍作戰。諸葛亮原本一介書生，躬耕南陽，及取得蜀漢丞相的合法地位後，便可統帥大軍，六出祁山，九伐中原。

**（四）習慣**

權力既是命令與服從的關係。因之，沒有服從便談不到權力。人爲什麼要服從他人，其原因可能由於恐懼，可能爲要獲得利益，可能由於信服理性；但是最重要的一個因素，就是由於絕大多數人民都養成了服從的習慣。今天各國政府所以能順利的安然的維持其政權，和平無事，最大的原因則是人民具有服從的習慣。人民遵守政府的法令，都是不加考慮，不予懷疑的，叫當兵就當兵，叫納稅就納稅，認爲是事之當然；有誰先要去考慮這法令是否對我有利，是否合理，然後才決定是否服從呢？國家所以能太平無事，就是因爲人民有這服從的習慣。否則，政府要想維持其政權，便有很大困難。家庭教育、學校教育和社會教育固然都是叫人守法律、守秩序、養成守分守己，服從命令的好習慣；就是宗教團體亦是以守分守法、服從政令爲尚。要人服從『在上有權柄的人，因爲那都是上帝的意旨』。權力離不開服從，而服從則是經由長期的多方面養成的習慣。英人白芝皓（Walter Bagehot）著『物理與政理』（Physics and Politicses）一書認爲政治者無他，乃是『習慣之餅』（Cake of Custom）。

**（五）信仰**

人們對所遭遇的事物加以研究或考慮就產生思想。思想的系統化深刻化完整化就成爲主義。主義深入人心就成爲信仰，信仰就是誠。至誠不息，誠則動，動則變，變則化。所以信仰就能產生力量，可以命令人，使人服從。信仰所發生的命令力或影響力，乃是自然而然的，並不含有强制性質。由於一個人的卓越成就或優良品德使人對之起肅然而敬之的感情。這種感情的高度化就是信仰。由於這一信仰，旁人對此人便自然而然的景從或服從之。被信仰者的自然影響力爲威望。信仰者的自然景從心爲信仰。在宗教上釋迦牟尼、耶穌、謨罕默德對其信徒具有廣大深遠的命令力。在政治上孫中山、華盛頓對其革命從衆具有深切有效的指揮力。在學術上孔丘、孟軻、荀卿對儒士有廣大深切影響力。凡能博得他人信仰者，對他人就會有自然的命令權力。

**（六）知能**

知識就是力量；才能使人服從。因爲知能能以替人解決問題，能以爲人圖謀利益。那想要解決問題的人，那想要得到利益的人，自然要聽從有知能者的命令與指揮。譬如同班同學那個不會解算微積分習題者，自然會聽從那會的同學的指導；那迷途的人自然要聽從識路者指揮，病人不能自治其病，自然聽從主治醫師的命令與治療。在今日科學發達，知識專門化時代，知能權力縱尙未能替代行政權力，但已能與之並駕齊驅了。例如一位國防部長的行政權力固然很大，但是他要製造原子彈，要建立飛彈系統，他就非乖乖的接受原子彈專家和飛彈專家的意見不可，知能就是權力的基礎，就能發揮命令他人，使人服從的力量。

**（七）希望**

利益是權力的基礎。凡能給予人以利益者人就會接受他的權力，去服從他。利益是現在就可以拿到的實惠；希望是將來可能得到的實惠。能拿到現在的實惠固然會接受旁人的權力，服從旁人；因爲希望於將來得到旁人可能給與的實惠，他亦會接受旁人的權力，服從旁人。人一生都是在希望中過活。希望是生活及行爲的動力。爲了前途，爲了希望人就會對事業對學問，作奮勉不已的努力。一個人若前途絕望，他不但心灰意冷，頹唐不振，甚而生趣毫無，悲傷自殺。人爲希望去努力追求權力，獲得權力。人爲了希望亦常接受權力服從權力。爲了進入天堂，獲得永生，敎徒就接受神父牧師的訓敎和權力。爲了要實現當公務員的希望，自然服從政府的考試權去參加高等考試，特種考試和普通考試。希望亦可解釋爲要滿足的慾望。慾望實是權力的動機。

**（八）愛情**

敎會常以三大信條訓示敎徒。這三大信條，就是信、愛、望。信仰和希望固然是權力的基礎，而愛情亦與權力有着密切的關係。愛情的範圍很廣，包括仁愛、友愛、親愛和性愛。大學之道在明明德、在親民、在止於至善。大政治家的任務在治國平天下。治平之道在仁政，愛民。孔子曰：『聖人者不失赤子之心』，孟子曰：『不嗜殺人者能一之』。足見政治以仁愛爲本。而政治者乃是權力運用的藝術。人是合群動物，合群的目的在於互助。互助的由來則基於互惠。互惠則是人與人之間的權力交換關係。互惠源於友愛，友愛促成合群。故基於友愛的社會活動都是權力互爲使用的互動行爲。父母愛子女，子女愛父母，基於人類天性。有此人性之愛，才有家庭。天下之本在國，國之本在家。親愛爲國家社會建立的柱石。飲食男女，人之大欲也。有性愛乃有夫妻，有夫妻而後有父子、兄弟、君臣、朋友。故曰，人倫造端於夫婦。奧人傅洛伊德（Sigmund Freud）倡『唯性史觀』，認爲性愛是社會進化的原動力。愛的力量十分偉大，可以使人生，可以使人死；可以使人動，可以使人靜；可以使人奮發，可以使人頹喪；可以使人清醒，可以使人沉醉。世界上多少離合悲歡、喜怒哀樂的往事，多少可歌可泣轟轟烈烈的事蹟，多和愛結有不解緣。權力的運用與其得失，自然亦與愛情有着深切的關係。

（九）力量

這裡所稱的力量是指能以强制使人服從實力，亦就是强制執行的權力。誠然，理、利、法、習、信、能、望、愛能以發揮權力作用，這種實力或强制力所發生的權力作用亦大有可觀。警察有拘禁罰款的權力，只得聽從他。法官有判罪及交監獄執行的權力，自亦不敢違抗他。你遭遇到歹徒的持刀威脅，力有不敵，你亦只得聽從他，把口袋的鈔票交出去。革命兵力雖然是不合法的，亦能使人民擁護與服從。雖然以實力爲基礎的權力，值得病詬，甚而流爲罪惡，但他能使人服從，發生權力作用，乃是不可否認的事實。

## 第四節　權力的獲得

## （一）獲得的憑藉

凡事皆受着因果律的支配。一切事實都有其『事有必至，理有固然』的不得不然的原因。至於那所謂『平地風波』，畢竟是例外。權力不能憑空而至，必有其獲得的原因或憑藉。權力獲得的原因或憑藉，不外得君、得友、得衆、得勢、得財、得時、得地及得己。玆就此六者分加闡說如次：

(1)得君　君不是專指君王而言，乃是泛指居上位的人們。凡在上有權勢的人，能福禍人，能富貴人者均可稱之爲居上位的人們，亦就是所謂君。君主、長官、尊親、師長、前輩均屬於『上』的範圍，不過其能依恃之而獲得權力者則率是君主與長官。人若能得到在上者的眷顧、信任、喜悅，便會被委以職位，授予權力。張良得到漢高祖的知遇，諸葛亮得到蜀漢昭烈帝的知遇，劉基得到明太祖的知遇，都獲得宰相的職位，在如魚得水，風雲際會的情勢下，行使處理國政的權力。不患無位，不患無權，患不得乎上。能得乎上，權位自隨之而來。

(2)得友　人是合群動物，不能無友。離群索居，那是出世者或隱遁者的生活，並非一般人所能忍受的。因之，人不管善惡，都有他自己的一些朋友。朋友是互助的資本，是合作的依恃。在互助合作的方式下，自我可以擴大，己力可以加强。賈誼新書官人篇曰：『知足以爲礱礪，行足以爲輔助，仁足以訪議，明於進賢，敢於退不肖，內相匡正，外相揚美謂之友。』朋友對人的幫助十分重要。交得良友益友，對自己的事業與成功，能有重大的資助。交得惡友損友，將導致自己的事業與前途的失敗。如能交得知己益友，因其助力，亦可以扶搖直上，青雲得路，獲得政治的權力。管仲得到知友益友鮑叔牙的相助與推薦，能以由齊桓公手中獲得相權，君臣相得，大行其道而成九合諸侯，一匡天下的豐功偉業。韓信得到知己益友蕭何的相助與推薦，能由漢高祖手中獲得帥印，掌領兵權，佐劉邦，定天下。

(3)得衆　政治是管理衆人之事。故那能得到衆人的支持與擁護者，自可獲得政治的權力。在民主政治時代，人民爲主人翁，公務人員爲公僕。一些重要官吏及議員皆由選擧產生。若能贏得多數選民之支持而當選，當然就獲得了政治權力。政治是現實的。人多則勢衆，勢衆就有力量，有力量就有權力。誰有群衆誰有勢力，勢力就是權力的基礎和憑藉。幫會雖非正式的合法團體，但幫會領袖掌握有群衆，他就有實際的社會領導權和指揮權。政黨黨魁所以有重要的政治力量，乃是因爲他有衆多的黨員支持和廣大的社會群衆基礎。如果一個人擁有百萬大軍，聽其指揮，他自然有咤叱風雲的軍事權力。

(4)得勢　得衆指獲得衆人的支持與擁護。得勢者是指一個人由於自然勢力的推移，使他處於有利地位，對於權力的獲得有幫助。中國在魏晉南北朝時代，實行門閥政治，那些豪門大族便容易進入仕途，獲得政治權力。所以形成『上品無寒門，下品無士族』。寒門與士族的由來，不一定是個人努力與不努力的結果，而家庭的自然勢力使之如此。勢又可解釋爲對自己升官得勢的一種有利形勢。這亦就是機緣或運氣。機運之說，聽來似乎不合乎科學的道理，但事實上確有所謂機運，支配着人的仕途，微妙難言，不易明其蘊奥。一席傾談可能獲致相位。一言不合，可能失去宰職。這都是機運使然。機緣到者，官運亨通。機緣吝者，一籌莫展。古來多少明君賢相，風雲際會，如魚得水，說來其中亦有不少的機緣運氣（勢）的成份。

(5)得財　財富或金錢爲生活的憑藉。有錢財不但生活有保障，不患衣食住行的匱乏；且可改進生活，進一步得到高度的享受，過安逸快樂的日子。錢財力量十分强大，對社會有極大的支配力量。錢可使人生，可以使人死，可以使人喜怒，可以使人哀樂。俗諺曰：『有錢能使鬼推磨』，足見錢有無上的魔力。苞苴夜進，在昔竟是獲官捷徑。向當權者行賄賂，納珍禮，送程儀，因而獲得官職，得以行使政治權力者，代有其人，不勝枚擧。向在上者進送錢財固然可以得到權力，向在下者施送錢財，亦可以保全官位或獲得權力。因爲，『財聚則民散，財散則民聚』。水滸傳中的宋江號稱『及時雨』，能大把施用錢財，周濟人的困急，因而得到梁山弟兄等擁護而得『坐山爲王』的大權。幫會領袖所以能保持其地位，亦靠『大把花錢』，濟人困急。宋太祖藉金錢的力量削奪了驕兵悍將石守信等人的兵權，因而加强了他的君權。

(6)得時　時者金也，一寸光陰一寸金，時不可失。時之爲義大矣哉！孔子講『時中』，凡事要適時，要把握時機，雖有智機不如待時，得時者昌，失時者亡。時來運轉，可以官運亨通，青雲得路。時戾運背，可以仕途沉抑，一籌莫展。英雄固然可以造成時勢。但多少英雄亦是時勢造成的。蘇秦若不是生在戰國的戰亂時代，決難以以一布衣，憑三寸不爛之舌，而佩六國相印。國父孫中山先生若出生在滿清初年的康熙乾隆時代，恐亦難以使推翻滿清專制的民國革命運動得到成功。綜觀中國近百年史，青年人才能以順應時代潮流，乘機出頭，在政治上獲得相當權力者，計有三個時期：一是清末的辛亥革命時期，清朝傾覆，革命黨人大得其權；二是北伐時期，中國國民黨黨員因軍事政治的勝利，而獲得出頭掌權的機會；三是抗戰時期，愛國志士以不畏犧牲的精神，擔當抗戰大業。

(7)得地　一個人所出生及生長的地方，對其前途發展及易否得權力，有着相當密切的關係。如其地經濟富裕、交通便利、教育發達，則其前途與事業便易於發展。否則，其事業發展便較困難。都市市民易於謀生，發展機會較多。鄉間農民，謀生困難，發展機會較少。生於內陸者風氣閉塞，難於迎頭趕上的興起事功。居於沿海者易於得風氣之先，能以適應新時代的要求，創辦新事業，把握新機會。國父孫中山先生生在海濱，接觸歐美的新思想新潮流較早，故能創建三民主義的新思想，發動革命運動，推翻滿清的專制政體。若使　國父生在四面環山，交通不便的山西，或遠在邊陲，風氣不開的新疆，恐難以及早發動新潮流的國民革命。在國民政府的政權下，掌握政治大權者以廣東人浙江人爲較多，乃人文的地理環境有以致之。抗戰勝利，台灣光復。在大陸從事抗戰的台灣省籍人士，乃得衣錦還鄉，獲得很大的政治經濟大權。清代狀元以江蘇省籍者佔絕大多數，可能亦受有地理因素的影響。大陸變色，政府遷台，台灣的青年才俊，成爲時代的寵兒，地靈人傑，魚躍龍門。

(8)得己　自己的命運，由自己決定之。一個人的才智、性格、作風是他一生成敗與衰的重要關鍵。才智優異、性格良好、作風適宜者自然較易的升官發財，獲得政治與經濟的權力。否則，他掌握權力的機會便要大大減少。禍福無門，均由自取。行有不得反而求諸己。所謂得君、得友、得衆、得勢、得財、得時、得地，都屬於『用』的範圍，只有得己才是實『體』。體用之辨至有重要。有其體者方能得其用。無其體者自然失其用。有其體以待其用。必須是才智之士方能得君得友。受衆人擁戴的首領，亦必然是能幹的人。得財得勢的亦必自己有才能善用其財與勢才能博致權位。同時同地的人不計其數，只有那才智超邁的人，方能把握時與地的妙用，出人頭地，獲得權力。

## (二) 獲得的方式

獲得權力的方式與途徑不止一端，每視權力的性質而起變異。由於延用、選擇、考試、搶奪(革命)、篡竊(欺詐)及賄賂等方式可獲得某種權力。玆就這些方式分加說明於後。

(1)延用　權力是職位的構成要素。必須依一定的延用程序，被指派在某一職位上始能憑藉這職位行使一定的權力。指派職位者是在上有延用權的人；亦就是在上有權柄的人。前所說的『得君』，就是說要得到在上當權者的延用與指派才能獲得權力。在上當權者爲了工作上或職務上的需用，自然要延攬有才能勝任的合格人員，加以考核，依其專長及特性指派職位，使之負起責任，行使權力。漢代皇帝對隱逸而有才德的名士，常遣安車蒲輪，專程『徵召』之，迎至京師，指派職位，使之負責行權，襄理國事。各郡長吏，郡太守則物色適當人，自行『辟除』之，即自行派用。中國的各部部長及政務委員，由行政院院長提請總統任命之。美國的各部部長由總統提名經參議院同意任命之。英國的各部部長及內閣閣員由首相呈請英王任命之。這都是經由延用方式獲得權力的事例。

(2)選擇　帝國的君主，民國的總統，均有任用官吏的權限，經其延攬任用的人們，自然可以獲得職位與權力。在民主政治時代，人民成爲國家的主人翁和主權者，許多的重要官吏和議員要經由選民選舉產生。競選者若能博得多數選衆的投票支持，就可得到職位與權力。延用靠在上者的賞識、延攬、物色獲得權力者處於被動的地位，命運操在在上有權柄的人。選舉則候選人或競選人處於主動的地位，由自己出馬大肆活動，憑他的主張、口才信譽、能才以博致選民的同情與共鳴就可當選取得職位與權力。競選不但要有健全的競選組織，同時亦要優良的技巧，和雄厚的競選經費。尤其是工商業很發達的國家，社會的『價值體系』(Value System)，是商業性的以金錢爲取向，故財力雄厚者每易當選。所以英美的政治，有人稱之爲『財閥政治』。民主國家的總統、州長、議員率經由選舉的方式獲得其職位與權力。

(3)考試　政府的職位需要有知識有才能的人佔有。因爲職位的內容包括權力的行使，責任的負擔，職務的處理。這些工作，非由有知識才能的人擔任之，必難以勝任。所以要使人佔有職位，獲得權力以前，應應用客觀而公平的方法，以衡鑑其是否具有這知識與才能。所謂客觀而公平的衡鑑方法就是考試。所謂考試就是就應考人的知識才能作抽樣測量，藉以推斷其全體。考試方法可分爲筆試法、口試法、演作法、情勢測驗法等。這些方法各有其用途與優劣，應視所測量的內容及考試的目的，而作適當的選用。有知能始可佔有職位，行使權力。有無知能須經考試方法以測量之。所以中華民國憲法第八十五條規定：『公務人員之選拔，應實行公開競爭之考試制度，並應按省區分別規定名額，分區擧行考試，非經考試及格，不得任用』。經由考試方式，可以取得官吏或公務人員的任用資格，獲得權力。

(4)搶奪　延用、選擧、考試都是經合法途徑以取得權力的方式。在民主政治下政權是開放性的，既可經由考選、延用使才能之士參加政府工作。但在專制君主的制度下，統制者要想永遠的保持其『子孫帝王萬世之業』，政權決不予開放。然攫取權力乃是一般人共有的慾望。尤其那些權力慾特別强大者，即非常人才或英雄豪傑之士，以不服官職，獲得行政的管理權力爲滿足，而居心以獲得政治權力爲目的。這種企圖對於君主無異『與虎謀皮』，他那能放手。結果，這些野心家乃糾合衆力，鼓動風潮，造成時勢，以叛亂或革命方式，奪取政治權力。在獨裁的政治制度下，一黨專政的當權黨，要永遠的把持國家統治權，決不放手。人民在高壓政策下，忍無可忍，勢將引起革命運動的爆發，群衆起而以革命方式搶奪政治權力。

(5)簒竊　以革命或叛亂方式搶奪政治權力，謂之『豪奪』。以順手牽羊，權詐欺掩的方法奪取政治權力者爲『巧取』。前者以明目張膽的公開方式行之，有似『强盜』。後者以偸摸掩飾的欺詐方式行之，有似『竊賊』。搶奪者每提出一定的理由與藉口，公諸世人，以爲號召。而簒竊者每以詐騙方法，掩人耳目，以遮眼法竊取權位。王莽簒漢，先要僞裝『謙恭下士』，造成幻覺，博取群僚擁護，乃能順勢而簒竊君王權力。趙匡胤假造形勢，導演陳橋兵變，黃袍加身，欺侮周室的孤兒寡母，狐媚以竊取天下政權。楊堅利用裙帶關係，簒竊了北周的政權。曹丕簒漢，司馬炎滅魏，都是運用權詐，竊取他人的政權。

(6)賄賂　以叛亂、革命、簒竊的方式奪取政治權力，乃是一種冒險的行動。如不能成功，不但自己會招致殺身之禍，甚而株連羅織，遭到『滅全家』、『誅六族』的慘劇。以施行賄賂換取官位或政治權力，則是比較安全的途徑，成功固然很好，不成亦不會有很嚴重的不良後果。向在上位者進送金銀財寶因而得到官位與權力者不勝枚擧。歷史上常有賣官鬻爵的記載。足見行賄可以得官乃是不可否認的事實。錢向上用，固然可以得官。錢向下用亦可保持地位，獲得權力。幫會頭目所以能維持其領袖的地位，其原因之一就是他肯向從衆『大把花錢』。選擧是獲得權力一個重要途徑。而運用金錢力量常能使選擧成功。賄選雖是罪惡，但却是中外均有的事實。曹錕是一未受敎育的軍人，竟能支付鉅額『賄款』收買國會的『豬仔議員』，當選爲民國總統。不僅此也，中國自秦漢迄明淸，歷代均把『納貲』列爲合法仕途之一。『納貲』就是以金錢捐買官職辦法。雖然以『納貲』得來的官位，不爲人所重視，但捐官者畢竟得到官位和權力了。卜式輸財實邊，因而獲得政府給以官職。

## 第五節　權力的種類

物以類聚，人以群分。所謂類與群者，就是依一定標準對某一些的事物或觀念，併同區異，劃分爲若干組別以見其條理與系統。權力可以依不同標準作不同的分類，擧其要者，有合法權力與事實權力，有傳統權力與革命權力、有理性權力與赤裸權力、有政府權力與輿情權力、有政治權力與經濟權力。玆就這些權力，分別加以說明如後。

### (一) 合法權力與事實權力

前者是經衆所承認所接受的政權所規定一切有效的規範或可以頒行的號令。這些權力包括一切法律所明示的和默許的。依國家憲法、法律、條例、規程所成立的各級政府機關，其所行使的權力都是合法權力。人民自然的、和平的接受這種權力。依法定程序成立的人民團體、社會團體、職業團體、學術團體，其所獲得的權力亦是合法的權力。後者的權力並無法律的根據，而係事實的存在。事實的權力雖是『無法的』(Non-legal)，但並不一定是『違法的』(Ill-legal)。因爲法律不能對所有的事務均一一加以明確規定，只要法所不禁的權力，都可視之爲事實的權力。例如幫會並不是合法的組織，但他有事實的存在。幫會亦有層級節制的體系，其上下間的命令與服從關係，乃是法所不禁的事實權力。在機關組織中，那部長、次長、司長、處長、科長的權力是合法的權力，至於那個資深職員、那個活躍科員、小組織的領袖，對他人所發生的無法律依據的影響力，就是事實的權力。這事實權力和合法權力不一定有衝突，有時尚可能爲合法的輔助。

## (二) 傳統的權力與革命的權力

這兩種權力有着以下的區別：㈠前者有相當長期的歷史背景和淵源；後者則是新興不久的社會或政治力量，而爲多人所擁護。㈡前者的有效基礎建築在傳統的、因襲的服從習慣上；而後者的有效基礎建築在期望的、熱忱的群衆信仰上。㈢對前種權力認爲對之有服從的義務，乃事理之當然，並不去懷疑他，或批評他；對後種權力，認爲乃正義之所在，公道之所繫，爲實現理想而順從他，擁戴他。世襲君主的君權，羅馬敎皇的敎權，經人民或信徒的長久的接受和服從，乃是傳統權力。而且君主的權力是由太古時期酋長權力演變而來；敎皇的權力是由太古時期巫覡權力演變而來，其爲傳統性質，無可置疑。商湯、周武替天行道，弔民伐罪，誅伐夏桀、殷紂；國父秉民族大義，伸張民權；都是革命權力的代表。傳統權力受自然擁戴，握權者無被推翻的恐懼，故對其從衆，不必採高壓的殘暴手段；但因無另外的權力以限制之，握權者每流於腐化與專斷。革命勢力成功後，建立政府，獲得全民的承認與服從，爲時較久，則革命權力變而爲傳統權力。而傳統權力則每被革命權力所推翻。

**（三）理性的權力與赤裸的權力**

『天生烝民，有物有則。民之秉彝，好斯懿德。』則是理則，懿德是理性，卽所謂天理、公理、公道或正義。這種『理』不僅存在於客觀的世界裡；亦且存在於主觀的『天良』中，故曰：『人同此心，心同此理』。人是有理性的動物，服從公理與正義，肯向理性低頭。凡是合乎理性與公道的命令與規範，人們都肯志願的樂意的去接受去服從。這種性質的權力稱之爲理性的權力。固然，權力在客觀上若能合乎理性，那是最理想的。縱使在客觀上未必合於理想與正義，但受令者在主觀的認識上，認爲是有道理的對的，他們亦會自願的接受之，服從之。革命的權力由於從衆的信仰，認爲他是合於理想與正義。傳統的權力基於服從的習慣，亦認爲是『理之當然』，亦含有理性權力的成份。是否合理由於主觀的認定。客觀上是否合理不必一定。

赤裸的權力是憑著實力，不講道理，强制使人服從的力量。人們接受和服從這種權力，並非由於『心甘情願』，而是在威勢的脅迫下不得不如此。所謂『以力服人者，非心服也，力不贍也』。以和平的討論和選舉解決政治問題的方式，乃是訴之理性，遵行理性的權力。以戰鬪的戰爭或決鬪解決爭執，乃是崇尚實力的赤裸的權力。土匪流氓以槍械武器綁架勒索，固然是赤裸的權力；就是革命權力者對反革命者，傳統權力者對叛逆之徒亦係運用赤裸的權力，以貫徹其意志。

**（四）政府的權力與輿情的權力**

國家是由人民、土地、主權所組成的政治團體。國家未達到其目的，推行其任務，便要設置政府以司其事。政府爲推行政務，更要任用一些官吏。政府和官吏根據法律從事公務，人民對之有服從的義務。這種依法從公的活動，就是所謂政府的權力，政府權力的大小及强弱，每隨時代而有不同。在『日出而作，日入而息，鑿井而飲，耕田而食』的時代，人民自食其力，政府的權力十分薄弱。封建政治時代，實行分權的多元的政治制度，政府範圍狹小，組織簡單，權力頗有限制。到專制政治時代，政府的權力雖大見加强，但其權力範圍不外維持治安、審理訴訟及徵收租稅。初期民主政治時代，政府的目的重在保障民權與自由，信持『政府最好，治理最少』的理論，實行限制政府、分權制度及法治主義，政府的權力，仍不算强大。自二十世紀以來，由警察國家進爲服務國家，政府的功能大爲擴張，政府的權力大爲增加，所有生、老、病、死、食、衣、住、行、育、樂無一不被置於政府權力管轄之下。

『輿』是『民衆』。『情』是『心意』。輿情就是民心。輿情的權力就是『衆志成城』的力量。得天下者得民心。馬上得天下不能以馬上治之。治國之道在於得民心。得民心者昌，失民心者亡。政治的成敗，國家的興衰，以民心的背向爲轉移，國家靠法律推行政務；但若使這法律不洽輿情，不得民心，不爲人民所贊成，這法律一定是行不通的。古稱：『衆怒難犯，專欲莫成』，足見輿情勢强，民心可畏。何況在民主政治時代，人民是國家的主人翁，政府的一切措施，都要以民意爲依歸。政府的軍隊不怕强大的敵人，只怕人民不擁護。軍隊可以用來對外作戰，但不能以之用來鎭壓老百姓。以軍隊鎭壓老百姓時，政府就要垮台了。

## (五) 政治的權力與經濟的權力

政治的權力是基於國家的主權及政府的治權，運用法律以管理衆人之事的力量。管理的目的在促成國家團結、齊一人民行動，統一人民意志，使全民在一個政權下過分工合作，共存共榮的生活。政治權力是治國興邦的工具，在團結國力，謀求富强，據一止亂，齊民使衆，興功除暴。政治權力是强制性，國家握有最高主權，政府可以執行法律，使人民不得不服從。政治權力的運用，在建立制度，規範人群行爲。政治權力具有中和性或協調性，在使衝突的利益趨於平衡，分歧的意見歸於統一，錯亂的行動得到協調。

經濟的權力是運用財富及資源，以從事生產的力量。政治權力在促成團結與合作。經濟權力在增加財富，充裕民生。民生的內容就個人言之，乃是生命的維持、充實和延續；就社會言之，乃是『人民的生活，社會的生存，國民的生計，群衆的生命』。實在說，政治權力與經濟權力有着極密的關係。政治是經濟的手段。經濟是政治的內容。政治若離開經濟就落了空，失却充實的內容。經濟若無政治的支持，便莫由發揮其應有的作用。經濟的發展要靠政治的安定。政治的安定要靠經濟的富裕。政治權力在於强國。經濟權力在於富民，民富則國强，國强民易富。

## 第六節　權力的作用

天下無盡善盡美的制度。任何制度都是利弊參見，優劣互呈。天下的任何事理都不是絕對的，都有正反兩方面的理由，值得辨解。權力的制度與事理，自然亦不能例外。因之，權力所發生的作用，亦宜從正反兩方面觀察之。權力的作用對個人與社會均會發生重大的作用。而此作用，可以是正的，亦可以是負的。玆就此等作用，分別論述如後。

### (一) 個人方面

權力對個人的作用，分爲正負兩面。其內容與性質爲何，扼要申說如次：

(1)正的作用　權力就是一種有效的力量，可以使人服從，使人作爲或不作爲，藉以獲得自己所需要的東西。換句話說，權力是可以滿足個人慾望的力量。有慾望的人才會去追求權力。慾望是權力的動機。槁木死灰的人，出世隱遁的人，並不熱心於權力的追求。權力的作用有二：一曰衞，二曰養。衞是生存的維持及生命的保護。養是維持，充實及改進生活。所謂人實際上包括有三種性質的人：一是生理性的人；二是心理性的人；三是社會性的人。因之，人的慾望和需要亦因之而分爲三種。一是生理性的慾望與需要，卽飲食男女等事在維持及延續自我，生存慾（Existence）和安全感（Security）及和平心（Peace）等均屬之。二是心理性的慾望和需要，卽心理動機的活動和擴張，在擴大及充實自我，自尊心（Recognition）、參與感（Participation）、社交慾（Affiliation）、顯達慾（Domination）、發展慾（Development）等均屬之。三是社會性的慾望和需要，卽人格的昇華，在謀自我的永生或永垂不朽，成功心（Success）、創造慾（Creation）、超越心（Super Human）均爲之。爲滿足這些慾望與需要就要去追求權力。權力到手就可能滿足這些慾望和需要。權力對個人的作用，確實重要。

⑵負的作用　權力猶如双刄寶劍可以保護身體，亦可傷害身體。權力猶如金錢，金錢是萬能，亦是萬惡。權力的正作用足以維持生存，擴大自我，獲得永生；但是權力用之不善不當對自己亦能發生負作用。這種負作用，可以分下列兩點言之：第一、有權力的人往往會自尊自大，得意忘形而濫用其權力。權力失之濫用時，有權人每不講理性，不講正義，對人有不公道的措施，甚而暴戾恣橫的行爲。這樣就會引起人的憤怨。凡事不得其平則鳴，不平就是革命的原因。壓迫力愈大者，反抗力愈强。濫權的人必受到受壓迫的反抗與報復，使他招致不良的嚴重後果。多少專橫的暴君，都被被壓迫的廣大群衆起而弑殺之。貪官汚吏和土豪劣紳都是濫用的人。他們多沒有好下場。第二、有權的人往往自我陶醉，心滿志得，得意忘形，大事享樂與享受，以致腐化，貪戀酒色，紙醉金迷，自傷其身。暴戾的人往往同時就是

腐化的人。水能載舟，亦能覆舟。權力能幫助人成功，亦能導致人失敗。

權力在社會上所發生的作用，亦可從正的方面和負的方面觀察之。玆就這兩種作用的性質與內容扼要申說於後。

## (二) 社會方面

(一)正的作用　權力對社會所發生的正作用，扼要言之，計有兩點：(1)維持安定，促成合作。整個社會的人群關係，簡言之，乃是一種『權力結構』。這種結構就是『命令』與『服從』的合作關係；亦是『權力』與『義務』的對等關係。權力不能流於濫用。濫用則受命者將不服從。故命令與服從是互爲限制的。在相互限制，相互拘束的情形下，双方才能保持合作關係。權力與義務是相對稱的。有多大權力，就要盡多大義務。盡多大義務就要享多大權力。在互限的及對等的關係下，社會的權力結構，就是一種平衡的穩定的交織網。這種平衡的權力結構，就是社會安定與合作的韌帶和柱石。(2)促進進步，提高文化。慾望是權力的動機。爲了滿足慾望就要追求權力。權力拿到以後就要運用權力，從事各種積極的活動，藉以滿足慾望。歷代明君賢相、英雄豪傑、仁人志士所締造的豐功偉業、創造發明、大成就、大建設，無一不是權力運用的結果。興功除暴要靠權力。定分止爭要靠權力。治國安邦要靠權力。權力者社會進化的推動機，文化提高的加速濟。

(二)負的作用　權力對社會所發生的負作用，扼要言之，計有兩點：(1)道德墮落，風氣敗壞。掌握權力的人，沉醉於權力，心滿意得，自我滿足，幻覺中產生安全感，不虞他人窃奪，遂誤用權力，大肆享受，流於腐化，個人的腐化，在社會上發生不良的影響，形成道德墮落，風氣敗壞。荒淫君主肆無忌憚追逐犬馬聲良之好，奢靡享受，穢亂後宮。惡劣權臣，食人肥己，以私害公，驕奢淫逸，無惡不作。豪宗大族，肆虐地方，武斷鄉曲，壓迫小民。貪官汚吏，嗜錢如命，損公庫，飽私囊，以民脂民膏，供私人享受，風氣不良，道德敗壞。凡此種種乃權力的誤用及權力的安全感有以致之。⑵爭權奪勢，形成混亂。人有追求權力的慾望。但是這一慾壑難以塡滿的。無權的人要去獲得權力。有權力的還要擴大權力。權大的人還要權大。勢强的人還想勢强。權力對個人具有保護作用，是保障的工具，誰肯輕於放棄權力。因之，奪權者與衞權者自然產生爭奪戰與保衞戰。而爭權者與爭權者之間，亦必形成爭權奪勢的戰鬪。因此，導致社會的不安與混亂。中國歷代的君位篡奪，女后之禍、權臣之亂、宦官之弊、朋黨之爭，都是起源於權勢的爭奪。推而至於大衆的革命、臣屬的叛亂，匪盜的興起、國內外戰爭，無一不與爭權奪勢有關。歷史上有不少的慘痛悲劇，臣弑其君者有之，子弑其父者有之，人倫大變，骨肉相殘，手足相煎。這些變故與戰亂，都是權力爭奪的結果。多少罪惡，多少戰亂，權力都扮演著主要的角色。

# 第十五章　中央政府

## 第一節　立法機關

### (一) 立法機關的性質

各國的議會爲立法機關。在民主政治的國家，總有一個由人民代表組成的議會，以審議國務決定國家政策，並制定法律。一般政治學者都認爲議會乃是人民的代表機關，用以表現民意。然亦有人否認這種說法的，如拉班德（P. Laband）在所著德意志法中即持相反的觀點。他認爲所謂『代表』者無異是一種『委託關係』。因之，受任者須依委任者的訓令以行事，且委任者對受任者可以隨時撤銷其委託。而人民對議員並無這種關係。議員在議會中的言論與行動有完全的自由，不受選民的干涉，故不可以『代表』或『委託關係』視之。

這派的學者以爲議會不是人民的代表機關，乃是人民所選舉的國家機關。人民的職責在選舉，議會的職責在立法。各有其作用與功能。選舉的功用不在委託權限，乃在指定立法機關的議員。然而各國憲法多賦予行政當局以解散議會的權力。其解散總是以議會不能代表民意爲理由的。又如普魯士一九二〇年憲法允許公民用直接投票方式解散議會。這都是說明議會爲人民的代表機關。議會若不能代表人民，便當被解散。

其實，所謂代表關係，有兩種情形：一是依私法行爲，由於雙方同意的授權而成立的委託代表關係；一是依公法規定，被代表者基於國家法律的要求，讓代表者處理一種特定的職務，這是法定代表關係。前者依委託者的本人意志而產生，可以隨時撤銷其委託。後者不是依被代表者意志而產生，對代表者不能隨時給以訓令或撤銷；代表者可以依自己的判斷，行使其代表權。選民同議員乃是一種法定代表關係。議會乃是國民代表機關。

**(二) 立法機關的組織**

各國立法機關的組織，有一院制（Unicameral System）及兩院制（Bicameral System）的區別。由民選的議員組成一個團體，單獨行使議會職權者爲一院制。由兩個團體，分別開會行使議會職權者爲兩院者。兩院議決一致時方能發生效力。採用兩院制者，普通不外兩種情形：一是在聯邦國。如美國則以衆議院代表國民，以參議院代表各邦；如蘇聯則以聯邦院爲階級代表，民族院爲各邦代表。一是由於在君主的或封建的國家，由於歷史的淵源，則以一院代表貴族僧侶，以另一院代表平民。英國的元老院及平民院便是實例。否則，近代民主政治的趨勢，則以採用一院制爲常規。

兩院制有以下的優點與作用：㈠足以防止立法的草率、魯莽與武斷，上院有抑制作用，使下院對法案不得不作周詳考慮。㈡足以防止議會的專橫與腐敗，權力集中及無牽制時，便會流於專制和腐敗，兩院相互牽制者，便可防止這種流弊。㈢在兩院制下可以減少行政機關與立法機關的激烈衝突，而生緩衝與調劑作用。㈣在聯邦國家可以以一院代表國民，一院代表各邦。㈤以一院代表國家內的特殊利益者或特殊階級可以平衡另一院中平民勢力或防止其過激傾向。

兩院制的劣點或困難亦有兩端：㈠是法律案因兩院牽制每難於成立，致不足以與變遷迅速的社會環境相適應，不免妨礙了社會的改革與進步。㈡兩院對立足以引起立法機關的內部衝突，致爲行政機關所乘，得以操縱利用，使不能保持對行政機關的平衡力量。

主張一院制者則持有以下諸理由：㈠現代民主政治旨在打倒特權階級及剷除不平等，代表特殊階級或勢力的上院沒有存在的餘地。㈡兩院制雖在防止議會的專制，然實際上下院的權力日見擴大與增强，上院形同虛設。㈢政治權力的集中爲現代政治中一個顯明趨勢，立法權只能存在於一個單一體。人民總意只有一個，代表民意的立法機關亦只應有一個。若有兩院便是民意的分裂或癱瘓；且不免是主權的割裂與統一的犧牲。

代表國民的下議院，各國名稱雖不同，然大率皆由選民依普通、平等、直接、祕密的方式與原則選舉代表構成之，只有人數多寡有別，其組織大體是相同的。上院議員的產生則有若干的不同方式。有的由貴族世襲，如英國的貴族即可世襲爲元老院議員。有的由政府任命的，意大利的上院議員多數是由國王選擇負有時譽或富有資產者任命之。有的由選民直接選舉的，例如美國參議院議員即由各邦選民選舉之。有的以間接選舉產生之，如荷蘭的上院議員由各地方議會選舉；挪威上院議員由下院議員互選四分之一擔任之。

上院與下院的職權大小，約可分爲三種情況。一是無論在法律上實際上兩院的權力是相同的平等的。美國和蘇聯就是如此的。一切法案均須由兩院通過，方能生效。兩院若不能獲至協議時，在美國則各推代表若干人組織調停委員會商討之；在蘇聯則解散兩院重行選舉。二是在法律上兩院職權是平等的，但實際上上院職權則稍遜於下院。法國和意國的兩院關係便是這樣的。三是兩院職權不平等，上院職權遠不及下院，幾至於形同虛設。英國的元老院實際上並沒有什麼重要的權力。

**㈢ 立法機關的職權**

各國議會的職權，綜合言之，計有三種：一是立法權，二是財政權，三是監督權。玆分述如次：

㈠立法權　民主政治是依法爲治的法治主義。行政機關及政府官吏只能依據法律行使其職權。爲要防止政府的專斷及行政權的濫用，這些法律必須由代表國民的議會或立法機關制定之。法律就是依法定程序成立的法規。法律成立的法定程序，計有三個步驟：一是提案，二是審議，三是公布。

就提案言，在英、美兩國，提案權專屬於議員。英國兼國務員的議員所提法案則視爲政府提案(Government Bill)以別於議員私人提案(Private Member's Bill)。美國議員可單獨提案不用多人連署。美國總統向議會只能提咨文，不能提案。在法國，總統與議員均有提案權。在德國，提案權屬於內閣及議員。在中國，立法委員及五院均有提案權。依立法院議事規則第十條，『立法委員提出之法律案及對於行政院重要政策不贊同請予變更之提案，應有三十人以上之連署，其他提案應有十人以上之連署』。依憲法第五十八條，行政院經院會議決得向立法院提出法律案、預算案、條約案、戒嚴案、宣戰案及其他重要事項的提案。憲法第八十七條規定：『考試院關於所掌事項，得向立法院提出法律案。』司法院及監察院的提案權，憲法無明文規定；惟經大法官會議的解釋，依五院平等的憲法精神，監察院司法院亦有向立法院提出法案權。

議會審議法案須經三讀會程序方爲通過，用昭愼重。提案在議會經主席朗讀標題，並由提案人說明其提案內容及旨趣後，卽作大體討論；經討論後提付表決，若未被打銷，決議交委員會審查者，爲第一讀會；政府提案則不加討論與表決便逕付審查。提案經委員會審查後提出審查報告於議會，並由委員會推人說明審查經過及要旨，然後作廣泛討論；經討論後就審查報告逐條討論並逐條通過，是爲第二讀會。就第二讀會通過的議案作全案表決者爲第三讀會。在第三讀會中除發現議案與憲法及其他法律有牴觸外，只能作文字更正。第三讀會多於第二讀會之翌日或下次會議行之，使有從容考慮的時間。

法律經議會或立法機關三讀通過後，須送由政府明令公布，方能生效。公布法律之權則屬於國家元首。公布手續包括兩項：一是簽蓋，即由有公布權力者於此文書上簽名或蓋章，並加機關印信，以明責任。一是公告，即將經簽蓋的法律，刋行於政府公報上，俾衆週知，共資遵守。

㈡財政權　議會成立的原始目的，就是人民要向國王或政府手中爭取這種財政權。英王約翰在簽署的大憲章中承認了人民代表的要求『徵收賦稅須得人民同意』。財政權或財政同意權所以成爲各國議會的重要職權之一。政府的預算案、賦稅案、公債案及其他有關人民負擔的財政法案都須提送議會審議，經議會依法定程序通過後，政府方能照案執行。預算案、賦稅案、公債案普通皆由政府或行政機關編擬提出，而議會對這等議案率皆只能就原提案作照案或減削的通過，不得爲增加人民負擔及增加支出的決議。議會代表人民行使財政同意權，亦是對政府作有效控制的必要權力，爲民主政治的一大要件。

㈢監督權　議會除有立法權財政權以控制政府外，尙有一種監督權，可藉以督察政府切實遵守議會決議。監督權的行使，計有三種方式：即質詢、彈劾與不信任投票。

⑴質詢（Question）：質詢就是議員對政府的行政首長所主管事務或行政政策提出口頭的或書面的詢問，要求後者加以答覆或辯白，提供事實表明責任。行政當局有時藉口外交或軍事機密，亦可拒作答覆。在英國，質詢定有一定時間，就一般情形論，質詢不成爲討論議題；惟若問題重大，反對黨可以提議成爲議題，若議題成立，定期辯論，經表決結果若對政府不利，不是內閣辭職，便是解散議會。在法國，質詢分爲普通質詢（Question）與正式質詢（Interpellation）。前者不成爲議會議案，祇是議員個人與負責當局間的問答。後者則成爲議案，其表決結果可以使內閣辭職。中國憲法第五十七條規定：「立法

委員在開會時，有向行政院院長及各部會首長質詢之權」。但這種質詢只是普通質詢，不成爲院會議題。

(2)彈劾（Impeachment）：彈劾就是議員對政府當局的違法行爲提起控訴，要求加以審判與裁判。這彈劾案的提出爲起訴權，此權則屬於議會。在中國，彈劾權則屬於監察院。彈劾案提出後須經審判。這種議決彈劾案的審判權，在英美兩國則屬於上議院；在丹麥、挪威、荷蘭、比利時則屬最高法院；在德、奧及西班牙則屬於國事法院及憲法法院；在中國，一般公務人員的彈劾案由公務員懲戒機關審判，總統副總統的彈劾案則由國民大會處理之。彈劾案審判的結果，如判決被彈劾人有罪，則免除其官職，其有刑事責任者須移送法院審理。

(3)不信任投票（Vote of Wanting Confidence）：議會對政府表示不信任，可有種種方法。例如：①否決政府所提出的重要法案或預算案；②通過政府所反對的重要法案；③攻擊某一閣員，使內閣全體連帶負責，都是對政府不信任的間接表示。舉行不信任投票則是最明顯反對政府的方法。議會通過一個議決案後，表示反對政府的政策，要求內閣辭職，卽爲不信任投票。議會舉行不信任投票，是認爲政府政策違反了民意，故不信任案通過後，內閣便須辭職，否則卽解散議會，重行選舉，訴諸民意直接裁決之。中國的政制，不是純粹內閣制，故無不信任投票的規定。

## 第二節　行政機關

行政機關普通稱爲政府，係與議會對等而言之。議會表現民意，政府執行民意。政府或行政機關分爲廣狹二義。廣義的行政機關包括中央及地方各級機關而言。狹義的行政機關衹指國家最高行政機關而言。此處所論者限於後者的含義。其範圍則包括國家元首、國務員、國務會議及行政職權諸端。茲就此分別論述如次：

（一）國家元首

國家元首在君主國爲國王，在民主國爲總統。各國國王皆由世襲或繼承而來，任期是終身的。今日採行君主制的國家率皆已採行憲政制度，絕對專制君主殆已絕跡。國王除享受有一定的皇族特權外，只是名義上的元首，不負實際的政治與行政責任。在立憲的君主國家普通皆採行內閣制，實際的行政大權則操於內閣之手。

民主國家的總統皆由選舉產生，有一定任期，達於一定年齡的公民均可當選。中國憲法規定國民年滿四十歲才能被選爲總統。法國對此則無年齡限制，惟限制前此君主的後裔不得當選爲總統。美國則限定總統必須爲美國出生公民，在美國居住並須滿十四年以上。德國及巴西的總統由人民直接選舉之。美國總統則由各邦公民選出的『總統選舉人』(Presidential Electors) 選舉之。法國總統由議會的兩院開聯合會議選舉之。中國總統由民選代表組成的國民大會選舉之。

總統的任期，各國頗不一致，瑞士最短，爲期一年。美國總統任期四年，菲律賓總統任期三年，祕魯總統任期五年，中國及智利的總統，任期均爲六年。憲法無明文規定可否連任者，則以可以連任論。美國憲法對此原無規定，羅斯福 (F. D. Roosevelt) 總統便連任四次。今日美國憲法已作修正，總統以連任二次爲限。巴西、智利憲法明定總統不許連任。墨西哥、西班牙則不許下屆連任，隔一屆或二屆後可以重膺選。中國及法國憲法准許連任一次。德國威瑪憲法對總統連任次數則無限制。

就總統的地位言，各國體制，不無殊異，分類言之，計有以下各種型式：㈠委員制下的總統，可以瑞士爲例。行政權屬於委員會，不屬於總統，總統亦就委員中選舉之。總統於國際儀式上，以元首資格代表國家，委員會開會任主席，並無行政實權。㈡總統制下的總統，可以美國爲例。總統對人民負責，在任滿前，議會對之難以責問或迫之去職，地位十分鞏固。總統負有行政實權，可以決定政策，任免國務員，爲眞正的行政領袖。議會雖可以牽制總統，而總統却能以黨魁資格，領導或控制議會。㈢內閣下的總統，可分爲德國式的總統（依威瑪憲法）及法國式的總統兩種。德國總統由人民選舉，對人民負責，在任滿前，議會要罷免總統，須由人民投票表決，其地位頗爲穩固。總統任免國務員須以議會信任爲標準，而重要政策均由內閣決定，故總統無實際上的行政大權。總統可以下令解散議會，對議會通過的法案又能提交人民複決，因之，總統成爲調劑行政機關與立法機關衝突時的制衡力量，而起決定性作用。法國總統係由議會選舉，有時議會能以迫其辭職，地位不甚穩固。總統任命國務員以議會信任爲標準，重要政策均由內閣決定。總統並無行政實權。總統既不能解散議會，又無權拒絕議會通過的法律，受制於議會，以致形成議會的專橫，及政治的無力。㈣中國制下的總統。依中國憲法，總統由國民大會選舉，有一定任期，立法院對之無可如何，地位極爲穩固。總統提任行政院長、考試院長、司法院長有完全的自由權。總統對院與院間的爭執，有會商解決之權。凡此均說明中國的總統是地位穩固的，具有政治實權的。雖然憲法中規定行政院對立法院負責；總統公佈法令須經行政院院長副署，具有內閣制的一些條件。但這種內閣制，至多只能說像德國式的內閣制，決不是法國式的內閣制。因之，中國的總統地位與權力應與威瑪憲法的德國總統相比擬。

**（二）國務員**

政府的政務，不論在總統制下或內閣制下，總須有若干國務員（ministers）掌理之。國務員的選任方法及地位，依各國政制而有區殊。簡言之，分爲三種：㈠委員制的國務員，以瑞士爲例。國務員由議會選擧之，選擧標準不以黨派，而重在學識與經驗，不受黨爭影響，地位是超然的。瑞士的行政委員卽國務員，不是決定政策的政務官，只是政策的行政官而已。㈡總統制的國務員，以美國爲例。總統徵得參議院的同意，任命爲國務員，國務員對總統負責，乃是總統屬員。美國雖實行政黨政治，但國務員中亦有與總統不屬於同一黨籍者。總統制下的國務員可以個別進退，彼此間並無連帶責任關係。㈢內閣制的國務員，英、法、德三國均屬之。國務總理由國家元首就議會多數黨領袖或各黨派聯合推戴的領袖任命之。國務總理則推薦其國務員由元首任命之。在兩黨對立的國家，元首只能任命議會中的多數黨領袖，並無選擇自由；而國務總理推薦其他國務員時則比較自由，不受他黨牽制。在多黨分立的國家，元首任命國務總理，比較有選擇餘地；而國務總理推薦其他國務員則受有黨派的較多牽制。國務總理與其國務員乃同僚關係，地位相若，無隸屬主從之別，負有共同責任，彼此同進退。

**㈢ 國務會議**

國務員爲要討論國事共商進行，常須擧行國務會議。各國的國務會議體制不同，簡言之，分爲四種：㈠委員制的國務會議。在採行委員制的國家，國務會議由各委員組織之，以總統爲主席。各委員有同等的表決權，可否同數時，取決於主席。一切行政問題均由國務會議議決，再分配於委員負責執行。但這種的國務會議只是執行機關，並非決策機關。瑞士的行政委員會，蘇聯的人民委員會均是屬於這一類型的國務會議。㈡總統制的國務會議。在採行總統制的國家，本無法定的國務會議。不過總統爲了事實需要，亦常召集所屬的國務員擧行會議，商決問題，亦可以國務會議視之。這種會議只備總統諮詢而已，對總統只是貢獻意見，總統一人卽有決定權力。林肯（A. Lincoln）總統有一次召集七位部長開會，他們均反對總統的主張。林肯說：『七人反對，一人贊成，贊成者勝利』。這一故事，充份的說明了總統制下國務會議的性質了。㈢內閣制的國務會議。英、德、法三國雖採內閣制，然其國務會議的組織，則略有不同。英國的內閣會議商決國務，應視為國務會議，由一部份的國務員組成之。內閣會議以國務總理任主席，英王不得列席。國家重大問題均須由內閣會議決定，並須經一致贊同，方能通過。國務總理的地位在會議中的地位與其他閣員是平等的。德國的國務會議由全體國務員組成之，亦叫內閣會議，由國務總理任主席，總統有時可以列席發言，但不能參加表決。國務總理可以個人決定政治計劃與行政政策。國務會議所討論者為各種法律案，經憲法或法律規定的共同討論事項，及各部長間意見不一致的事項。法國的國務會議應包括兩種：一是內閣會議，一是部長會議。前者由國務員組成之，以國務總理為主席。後者由國務員組成之，以總統為主席。一切重大問題均須由內閣會議商討之。部長會議所討論者，祇限於國防、外交及人事。㈣中國的國務會議，應分為兩種：一是總統所召集的院長會議；二是行政院會議。前者由總統任主席，依憲法第四十四條會商解決院與院間的爭執事項。行政院會議由行政院院長、副院長、各部會首長及不管部會的政務委員組織之，以院長為主席。行政院會議應行議決的事項為提出立法院之法律案、預算案、戒嚴案、大赦案、宣戰案、媾和案、條約案及其他重要事項，或涉及各部會共同關係之事項。（憲法第五十八條）。

## (四) 行政職權

行政機關的職權包括以下五種：㈠外交權，指締結條約及遣派使節而言。各國憲法都把條約締訂權授予行政機關。惟條約內容有時涉及立法權，有時影響到國民權利，有時涉及預算案，故於條約締訂後，率須由議會批准，方能生效。行政機關的首領對外可以代表國家，故他具有遣派或任免駐在外國的外交使節的權力。㈡軍事權，指戡亂禦侮及維持治安的權力而言。其中最重要者為宣戰權及戒嚴權。宣戰案在各國雖多由憲法規定須由議會通過，然政府常能造成宣戰的既成事實，或爲了防禦國土不得不出而應戰，使議會對宣戰案不能不予通過。戒嚴是指國家在戰爭狀態或遇非常災害與事變，爲了維持治安，乃於全國或特定地區，施以軍事戒備，嚴加防範，人民自由權利因以受到相當限制。戒嚴措施由行政機關依戒嚴法或憲法的規定爲之。㈢行政權，包括任免權與命令權。行政機關的首領爲要確定其行使責任，對所屬官吏應有任免的權力。惟爲防止行政首領的專斷，任命高級官吏有時須徵得議會的同意，低級官吏尙須經考試確定其任用資格。行政機關爲了執行法律，推行政務，有權發佈執行命令（包括訓令與指令）；在法律規定的範圍內授權的情形下，可以制定行政法規。但命令不能變更法律。㈣司法權，行政首領在司法方面有任用法官及赦免罪犯的權力。赦免分爲兩種：一是大赦，一是特赦。大赦範圍及於某一類的全體罪犯，特赦只及於特定的個人。大赦可施行於法院判決以前及判決以後，而特赦只能於判決後行之。大赦可以完全消除犯罪者的罪行，且得恢復其公權，再犯時亦不以累犯論。特赦只赦免刑罰，而未消除其罪行，公權恢復須明令行之，再犯時視爲累犯。各國對於大赦，須徵得議會同意。犯彈劾罪及叛逆罪者有規定不在赦免之列者。㈤立法權，行政機關有提出法律案，公佈法律案，提交覆議及否決法律案之權。在內閣制的國家且有解散立法機關之權。

## 第三節　司法機關

### (一)司法機關的組織

司法機關普通皆稱爲法院，其作用爲適用法律與解釋法律。法院在把國家的法律適用於各種訴訟案件上。藉訴訟案件的審判，以維持國家利益，安定社會秩序，保障國民權利。司法機關的組織體制，各國實施，頗有不同。玆就其權力管轄，審理責任及事權分配的區殊情形，分別論述如次：

第一、就法院管轄的權力言，司法體制有普通法院制與特殊法院制的區別。前者施行於英美，亦曰美英制，卽所有人民及官吏的一切訴訟案件皆歸普通法院管轄審理，不另設行政法院或特殊法院專掌行政訴訟或涉及政府官吏的訴訟案件。此所以示『法律之前人人平等』，官吏與人民應同樣的受同一法院的管轄；若以特殊法院掌理涉及官吏的訟案，是承認官吏有特殊身份與權利，有背民主原則。後者施行於德、法、奧等國，亦曰大陸制，卽以普通法院管轄人民的訟案，而以行政法院或特殊法院掌理涉及官吏的訟案。其目的在防止法院干涉或牽制行政，並藉以維持官吏的地位與尊嚴。中國的制度是將行政訴訟與民刑訴訟分別交由行政法院、公務懲戒機關及普通法院管轄之，類於大陸制。

第二，就審理訴訟的責任言，英美兩國的地方法院均採獨任制，由法官一人獨負審理案件之責，在大陸各國各級法院均採合議制，由法官三人至十五人共同負審理案件的責任。獨任制則足以節省經費，合議制足以謀審判愼重。英美的地方法院常巡行各地開庭審理，以利便當事人，免其往返之苦。在大陸各國則無巡迴法院的設施。中國各級法院審理案件採合議制，惟對於輕微案件的審理，亦有採獨任制者。

第三，就司法權力的分配言，在單一國，法院皆由中央政府設置之，法官由中央政府任命之，爲一統一的司法系統；在聯邦國，司法系統，有三種體制：一是聯邦主義的體制，美國行之，聯邦有聯邦的法院，分爲三級，自成系統；各邦有各邦的法院，亦多分爲三級，自成系統。二是統一主義的體制，奧國行之，法院由聯邦設置，法官由聯邦任命，裁判亦以聯邦名義行之，和單一國的體制無區別。三是折衷主義的體制，德國行之，聯邦只設最高法院，各邦只設中下級法院，民刑法及訴訟法由聯邦制定，法官由各邦任命，判決以聯邦名義行之。

## (二)司法機關的職權

各國的司法機關或法院普通具有三種職權：一是民事訴訟的審理，卽民事的法律關係發生紛爭時，由法院審判之。二是刑事訴訟的審理，卽對於觸犯刑法的罪犯，加以審判，宣佈其罪狀，確定其罪行，處以刑罰並執行之。三是非訴訟事件的處理，卽是民事的法律關係由法院執行之，保證之，監督之，公證之，如遺產的處分，監護人或保管人的任命，不動產的登記，失蹤、死亡及禁治產的宣布，結婚的公證等均屬之。

美國承認司法權的至尊性(Judicial Supremacy)，法院有解釋憲法的權限，法律若與憲法相牴觸，法院得根據憲法，拒絕執行該項法律。奧國特設有憲法法院，西班牙設有憲法保障法院，均掌解釋憲法。依德國威瑪憲法，最高法院只能審查各邦法律是否牴觸聯邦憲法或法律。中國的憲法解釋權屬於司法院，但不由最高法院的法官辦理，而歸專設的大法官掌理之。

## (三)司法獨立的意義

現代的民主國家爲了勵行法治及保障人權，率皆採行司法獨立的制度。所謂司法獨立包含着以下的意義與性質：(一)是客觀平等的法治精神。法律是『據一止亂』『去私塞怨』的客觀標準。法官審理案件，科處刑罰須完全以這客觀標準爲依據，決不准參雜絲毫的主觀好惡或私人情感於其間。且這客觀標準是執一的一致的，人人適用同一標準。管子任法篇說：『君臣上下貴賤皆從於法，此謂爲大治』，『不知親疏遠近美惡，以度量斷之，其殺戮人者不怨也，其賞賜人者不德也，以法制行之，如天地之無私也』。韓非子有度篇曰：『法不阿貴，繩不撓曲，法之所加，智者弗能辭，勇者不敢爭，刑過不避大臣，賞善不避匹夫』。這都是司法獨立平等客觀的意義說明。(二)所謂司法獨立是指法官審判訴訟案件以獨立自主的立場行使其職權，不受外界的干涉。法官審判案件，行政機關固不能加以干涉，即民意代表的立法機關亦不能提出質詢與攻擊，就是法官的上司或上級法院對於訴案的審判亦不得有所訓示或指揮。儘管社會團體及報章雜誌對某種訟案可以公開表示意見，但對法官審判不准有所威脅。法官審判訟案完全根據法律的規定與事實的確認，及理性與良知的主宰爲獨立自主的裁決。中國憲法第八十條規定：『法官須超出黨派以外，依據法律，獨立審判，不受任何干涉』，卽爲司法獨立精神的具體表現。㈢法官地位的保障，亦爲構成司法獨立的一大要義。法官有由選舉產生的，如瑞士的法官係由議會選任之，美國各州的法官係由公民選舉之。這是在表示法官有民意的支持，足與行政機關相對抗，而防止其干涉。法官有政府任命者爲多數國家所採行。法官任用率採公開選拔方式及依據一定的資格與客觀標準。一經依法任用便成爲終身職，地位獲得法律保障，非因違法失職，不得免除其職務。法官待遇，且多採按年資加薪晉級的辦法及養老金制度俾能安心供職，肯以其職務爲終身職。

## 第四節　考試機關

### (一) 美英的超然制

英美兩國曾有過分贓制 (Spoils System) 的流行，卽公務員的進退以其所屬政黨的選擧勝敗爲轉移。官位無異是酬賞競選出力黨員的勝利品。任官不依能力而視黨籍的分贓制致使行政道德敗壞，行政效率低減。於是引起政治改革者的攻擊與反對，主張實行用人唯才的功績制 (Merit System) 及考試方法。英國於一八五五年設置吏治委員會(Civil service Commission)由內閣總理遴選專家三人奏請英王任命爲吏治委員，一人爲主任委員，一人爲典試委員，一人爲祕書。三委員中不得有二人屬於同一政黨。

委員會的地位是超然性質，執行職務不受內閣的干涉。吏治委員會的職務，有以下四項：㈠辦理公務員的考選與分發；㈡公務員在任用前，須先由吏治委員審查其資格，予以合格證明，始得任用；㈢制定各種考試規程，規定任用標準；㈣決定公務員年齡、健康、性格、能力等條件，以爲任用之依據。

美國於一八八三年仿行英國制，亦設立聯邦吏治委員會，委員三人，由總統提名，經參議院同意任命之。委員中不得有二人屬於同一政黨，以保持其地位超然，不受政爭影響。美國的吏治委員會遠較英國者組織龐大，人員衆多，職權廣泛。舉凡公務員之考選、薪給、考績、獎懲、撫邮、退休等均由吏治委員會掌管之。辦理考試時全國劃分十三區舉行。

這種超然制的考試機關具有兩大優點：㈠考試機關超然於行政系統之外，行政首長不得加以干涉，可以保持考選的公平與客觀。㈡考試機關採行委員制，不得有半數以上者屬於同一政黨，使之擺脫政治影響，不受政黨控制。但是超然的組織亦另有其缺點：㈠考試機關與行政機關每不能密切聯繫，有時考試機關的措施未必切合行政機關的需要，有時行政機關便不與考試機關積極合作。㈡吏治委員會的職權廣泛，掌有準立法與準司法的工作，有時不免與立法機關司法機關的工作發生衝突或重複。㈢吏治委員有時仍不免受到政黨領袖的牽制與影響。

### ㈡　德法的部內制

在德法兩國，不於行政機關以外，另設超然的考試機關專掌其事。所有各部的官吏考選、任用、調轉、昇遷、考績等事宜，均由各部的首長負責，而交由部內專設的一科一處或指定的人員處理其事務。德國政府各行政部門內各設有人事總監察（Personal referent）掌公務員學習、任用、昇級、考核、獎懲等事宜。公務員考選則由臨時特設的考試委員會辦理之。法國於中央各部會內設有人事科或人事處，由部會首長委派科處長以主持之。人事機構掌人事管理如考核、任用、考勤、昇遷、轉調、薪給等事宜。至於考試、考績等事宜，則由各部會臨時由高級人員組織考試或考績委員會辦理之。

德法的行政制度多採集權主義與集中主義，對制衡原理的分權制度並無愛好，故將考試及人事行政權交由行政首長集中掌管，不另設獨立機關。且德法兩國在過去曾有歷史悠久成績尚好的官僚制度(Bureaucracy)。此種制度即係由行政首長掌管人事大權。有此歷史淵源與傳統，自亦不易全然打破其基礎另起新爐灶。這是德法採行部內制的重要原因。部內制的優點有三：㈠主管人事的人員對各部的實際情形與需要，較爲明瞭，易於爲對症下藥切合時需的措施。㈡人事行政機構與擔任實際工作的行政機關合爲一體，在職權上無衝突，工作上無重複，易收事權統一，步調一致之效。㈢在人事工作的處理上無甚迂廻曲折，往來輾轉的經過，且無須開會討論，相互商榷，自能推進敏捷，行動迅速，不致貽誤事機。但是這部內制的組織亦有三種缺點：㈠人力財力陷於分散，無力延攬專才，設備無法集中，無從建立規模宏大，力量充實的考試機關或人事行政組織，以適應時代需要。㈡部內制的人事機構以人才不足，力量不敷，祇能作日常的例行事務，無法作積極的人事制度的進一步的研究與改革。㈢人事行政關係於全體的公務人員，自須有統一的一致的制度以管理之，今分由各部自行辦理，將不免失之分歧與支離。

**㈢ 中國的獨立制**

中國現行的考試機關，其組織與地位與英美的超然制，德法的部內制均有不同，而爲考試權獨立行使制。考試院爲國家最高考試機關，掌理考試、任用、銓敍、考績、級俸、陞遷、保障、褒獎、撫邺、退休、養老等事項。（憲法第八十三條）考試院設院長副院長各一人，考試委員若干人，由總統提名，經監察院同意任命之。（憲法第八十四條）考試委員須超出黨派以外，依據法律獨立行使職權。（憲法第八十八條）這種制度乃 國父就中國的優良歷史傳統及各國政治經驗，融會貫通而倡導的學說。中國憲法即依據這種學說，設置獨立制的考試機關。中國自唐代起即施行着完備的科學制度，用考試方法選拔官吏。考官用人大權在體制上雖屬於君主；然在實際上主持考試的人員或機關尚能守正不阿，潔身自愛的去甄選人才，君主對之亦尙能尊重其職權，甚少無理干涉；故事實上儼然有一獨立的考試機關。這種考試權獨立行使的科學制度，在中國政治史上確有其重大貢獻與成就，自當接受這優良的歷史傳統。在美英等民主國家則曾有分贓制度的流弊。官吏的進退則以其所屬政黨選擧的勝敗爲轉移。國家名器成爲政黨的角逐物，成爲酬賞競選成功者的勝利品。官吏地位無保障，所用人員不稱職，行政效率大低減。有時國會議員可以干涉政府用人，官吏以議員爲背景爲奧援，不肯認眞的努力工作。有時行政首長獨攬用人大權，可以濫用私人，佈置勢力，以便個人操縱與把持。爲了免除這些的弊害，所以要設立一個獨立的考試機關，以公平的立場，客觀的方法爲政府選拔人才。

中國的獨立制雖與美英的超然制同是特立行政系統以外的，然尙有不同之處。㈠中國的考試院爲委員制，以考試委員會議爲權力機關。㈡考試院地位較高，與行政院、立法院、司法院、監察院立於同一水平線上，在獨立行使職權上較有保障。㈢中國的考試院爲純粹的治權機關，在從積極方面加强政府效能，而英美的吏治委員會則爲權能混同的機關，對政府有牽制與監督的作用。

就現行考試權能的運用言，尙有應待改進之處。㈠現行的考試方法多爲論文式或舊式的方法，其正確性代表性客觀性均嫌不足，應兼採新式的或測驗式的考試方法。各科考試內容皆偏於敎育程度的測驗，亦卽所謂成就測驗，除此之外，應兼及智力測驗，心理測驗及實際測驗演習等。㈡考試機關的獨立並非孤立，應與行政機關密切配合，使考試與任用相聯繫，考試與教育相銜接，以收分工合作之效。㈢公務職位分類制度爲人事行政的起點與張本，考試院若欲有效的推行現代化的人事行政，必須先完成這一重要工作。但考試院迄今在這一方面尚無顯著成就，實應朝此方面加緊努力。㈣考試院爲有效的推行考銓事項，全國應劃分爲若干區，分設考銓機構辦理各該區的考銓工作，俾使此項工作能普遍的迅速的展開。

## 第五節　監察機關

### (一) 監察權獨立行使的原則

現代的民主國家，多將監察交由議會或立法機關兼掌之。彈劾制度原起源於中世紀的英國，平民院有彈劾案的提出權，元老院有彈劾審判權。但追責任內閣制完全建立後，平民院可以用不信任案迫使國務員及國務總理辭職，彈劾制遂無行使必要。美國的衆議院對違法受賄的官吏有提出彈劾案之權。彈劾案經參議院審判確定後，被彈劾者卽受免職處分。依威瑪憲法，德國的總統和國務員如有違法失職，國會可以提出彈劾案於國事法院，由國事法院審判之。

國父認爲這種由國會兼掌彈劾的辦法，實有重大弊害：㈠狡猾的議員常濫用這權力以尅制政府，形成國會專制。若政府軟弱則敷衍國會，致百事莫爲，成爲政府無能。若政府强硬，將起而與國會對抗，引起衝突，造成政爭。㈡國會的行動，常爲政黨勢力所支配。政府黨對於政府官吏的違法行爲，以同黨利害攸關，則置若罔聞，不提彈劾。反對黨對政府官吏則不免吹毛求疵，盡量予以打擊，期損害其威信。

中國自秦漢迄明清，各朝皆設置御史台諫台都察院等機關以御史大夫、侍御史、監家御史、給書中等官掌糾擧百僚彈劾官邪。這些掌監察的官吏以獨立的地位行使職權，並有切實的保障，可以『風聞言事』，可以『封章密奏』。在這有保障能獨立的制度下，歷代的糾彈官吏多能風骨凌凌，氣節凛凛，不畏權勢，不避危險，盡忠職守，卓然不拔。獨立的御史台諫台制度，爲中國政治制度史上一絕大特色，對於整飭綱紀澄清吏治有極大的貢獻與成就，亦爲任何其他國家所不曾有的。

國父一方面鑑於英美各國以議會兼掌彈劾的流弊，一方面接受了中國政治史上御史制度的優良傳統與經驗，融會中外，參酌古今，取長舍短，乃主張設立獨立的監察機關專掌糾擧與彈劾。

## (二) 監察院的體制與職權

中國憲法依循國父遺敎特設獨立的監察院，與立法院，行政院，司法院，考試院立於同等的崇高地位，行使監察權能。監察院爲國家最高監察機關。行使同意，彈劾，糾擧及審計權。(憲法第九十條)監察院設監察委員，由各省市議會，蒙古，西藏地方議會及華僑團體選擧之，其名額分配爲：每省五人，每直轄市二人，蒙古各盟旗共八人，西藏八人，僑居國外之國民八人。(憲法第九十一條)監察院設院長副院長各一人，由監察委員互選之。(憲法第九十二條)監察院的職權，分析之，計有左列六種：

(一)同意權　司法院考試院院長副院長大法官及考試委員均由總統提名，經監察院同意任命之。『監察院依憲法行使同意權時，由出席委員過半數之議決行之』。(憲法第九十四條)依監察院同意權行使辦法第二條，監察院行使同意權，應由全院委員審查會審查後，提出監察院會議投票。

(二)彈劾權　依憲法第九十七條，『監察院對於中央及地方公務人員，認爲有失職或違法情事，得提出糾擧或彈劾，如涉及刑事，應移送法院辦理』；第九十八條規定：『監察院對中央及地方公務人員之彈劾案，須經監察委員一人以上之提議，九人以上之審查及決定，始得提出。』監察委員獨立行使彈劾權，監察院院長亦不得指使或干涉。（監察法第十二條所規定）彈劾案經審查成立後，由監察院向懲戒機關提出之。依憲法第一百條之規定：『監察院對於總統副總統之彈劾案，須由全體監察委員四分之一以上之提議，全體監察委員過半數之審查及決議，向國民大會提出之。』

㈢糾舉權　監察委員對於公務人員有違法或失職行爲，認爲應迅予停職或爲其他急速處分者，得以書面糾舉，經其他監察委員三人以上之審查及決定，由監察院送交各該主管長官或其上級長官，其違法行爲涉及刑事或軍法者，逕送各該管司法或軍法機關辦理。（監察法第十九條）主管長官或上級長官於接到糾舉書後，至遲於一個月內決定停職或其他行政處分；如認爲不應處分者，應向監察院提出聲復理由；如不予處分，亦不聲復或雖聲復而無可取之理由，監察委員得將糾舉案改爲彈劾案。

㈣糾正權　糾正權的行使是對事的，而彈劾權及糾舉權行使則是對人的。監察院得按行政院及其各部會的工作，分設若干委員會，調查其設施，注意其是否違法或失職。監察院經各該委員會之審查及決議，得提出糾正案，移送行政院及其有關部會，促其注意改善。（憲法第九十六條及第九十七條）

㈤調查權　監察院爲搜集事實與證據，期以有效的行使監察權，應具有調查權力。憲法第九十五條明定：『監察院爲行使監察權，得向行政院及其各部會調閱其所發佈之命令及各種有關文件』。憲法第九十六條又定：『監察院得按行政院及其各部會之工作，分設若干委員會，調查一切設施，注意其是否違法或失職。』

㈥審計權　依憲法第九十條所規定，監察院有審計權。依審計法，所謂審計權的行使，包括㈠監督預算之執行，㈡核定收支命令，㈢審核計算，㈣稽察財政上不法或不忠於職務之行爲。監察院設審計部行使審計權。審計部設審計長一人綜理部務，由總統提名經立法院同意任命之。審計人員獨立行使審計職權，不受干涉。重要的審計事務由審計長、副審計長及審計以審計會議之決議行之。

# 第十六章　地方制度

## 第一節　中央與地方事權的劃分

### (一) 事權劃分的方式

國家爲推行政務，事實上自需設置通籌全局的中央政府與分區管轄的地方政府。但中央與地方的事權，究當如何劃分，確爲一重要的實際問題，應加研討。各國對於中央與地方事權劃分的實施，就理論言，有集權主義，分權主義與均權主義的分別；就方法言有憲法規定與法律授與的不同。

在聯邦國家採分權主義，中央與地方的事權於憲法中明文劃分之。聯邦國家對中央與地方，卽聯邦與各邦間的事權劃分的方式，可分別爲三種：㈠是美國制，將中央事權列舉明定於憲法中，其未列舉的事權則歸之於各邦。中央事權復分爲兩種：一是中央的專有事權（Exclusive Power），一是中央與地方的共有權（Concurrent Power）。前者只有中央才能行使；後者在中央未行使前，各邦亦得行使，但在中央一經行使，若各邦法律與聯邦衝突者，卽不能繼續行使。㈡是加拿大制，卽將中央與地方的事權，同時分別列舉，明文規定於憲法中；其有未列舉的事權，全國性質者屬於中央，地方性質者屬於各邦。㈢是南非聯邦制，卽將各邦的事權，一一列舉明定於憲法中，其未列舉的事權則屬中央。美國視各邦爲主權者，除依自己的意志將一部份事權歸於聯邦外，各邦仍保留著其固有事權（Inherent Power）。南非聯邦憲法與此大異其旨趣，各邦事權列舉，聯邦事權概括，不免偏於集權精神，在理論上似未視各邦爲主權者。

在單一國家多採集權主義，地方政府的事權則由中央政府以法律授與之，法律授與方式可分爲兩種：一爲概括式的一次授與方式；一爲列舉式的逐次授與方式。前者率係於中央頒行的地方政府組織法中概括規定其事權，所有政府的一般事權，地方政府均可行使之。這種授權方式，在表面上好像地方政府的權力很大，但實際上，地方政府行使其權力時，隨時受到中央政府的指揮與監督，須秉承中央意志以爲措施，故自主權力甚小。一爲列舉式的逐次授與方式，中央政府係以普通法（General Act）將地方政府的事權明文列舉之，地方政府只能行使其法律明文規定的事權。地方政府若欲行使未規定的事權，須呈由中央通過特別法(Special Act)授與之，方能行使。地方政府在這種授與方式下，所獲得的權力係淵源於多數的不同法令，其權力是特定的而非一般的，是有限制的，而非廣泛的。地方政府在行使這種特定權力時，中央政府則不加以指揮與監督，只要在不違犯法律規定的範圍內，地方政府有自由處理的權限。

**（二）事權劃分的事例**

中國爲單一國，而中央與地方政府的事權劃分，則於憲法中明文規定，這亦是中國憲法的一大特色。同時，這足以說明中國所採行的中央與地方事權劃分的理論，既不是集權主義，亦不是分權主義，乃是均權主義。「凡事務有全國一致之性質者，劃歸中央；有因地制宜之性質者劃歸地方；不偏於中央集權制或地方分權制。」這樣的設計，在使中央與地方的政治力量有平衡均適的相互攝引，使中央與地方的機能，能發生分工合作異事同功的效果。

中國憲法依據均權主義，明白劃分中央與省縣的事權。外交、國防、國防軍事、國籍法、刑事、民事、商事之法律、司法制度、航空、國道、國有鐵路、航政、郵政、電政、中央財政、國稅、國稅與省稅縣稅之劃分、國營經濟事業、幣制、國家銀行、度量衡、國際貿易及涉外財政經濟事項等，由中央立法並執行之。（憲法第一〇七條）省縣自治通則、行政區劃、森林、工礦、商業、教育制度、銀行、交易所制度、航業、海洋漁業、公用事業、合作事業、二省以上之水陸交通運輸、二省以上之水利河道及農牧事業、中央及地方官吏之銓敍任用糾察及保障、土地法、勞動法及其他社會立法、公用徵收、全國戶口調查及統計、移民及墾殖、警察制度、公共衞生、賑濟、撫卹及失業救濟、有關文化之古籍古物及古蹟之保存等事權，由中央立法並執行之或交由省縣執行之。（憲法第一〇八條）省教育、衞生、實業及交通、省財產之經營處分、省市政、省公營事業、省合作事業、省農林、水利、漁牧及工程、省財政及省稅、省債、省銀行、省警政之實施、省慈善及公益事業、及依國家法律賦予之事權，則由省立法並執行之或交由縣執行之。（憲法第一〇九條）縣教育衞生、實業及交通、縣財產之經營及處分、縣公營事業、縣合作事業、縣農林、水利及工程、縣財政及縣稅、縣債、縣銀行、縣警衞之實施、縣慈善及公益事業、及依國家法律與省自治法賦予之事權，則由縣立法並執行之。（憲法第一一〇條）

中國憲法不僅依均權主義明白劃分中央與地方的事權，卽對執行事權的方法亦有合理的規定，不偏於中央集權或地方分權。在中央集權國家，如歐洲大陸的法、義及未行憲以前之中國，地方政府只是國家官署的地位，亦卽中央派出機關或代理人，中央對之有完全的指揮監督權，國家行政事務，中央概交由地方政府執行之，負擔過重，控制太嚴，地方遂無暇無力發展自治事業。在地方分權的國家如美、英，主權的各邦及獲得自治權力的市，在英曰 Borough，在美曰 City 則爲公共法團（Public Corporation）的地位完全以辦理自治事業或其保留的固有事權爲主旨，無代爲執行聯邦政府或州政府委辦事項的義務。聯邦政府的事權全由其自身所派出的機關或官吏執行之。州政府的事權由州政府及其分設機關卽郡政府

(County government) 執行，不得交由自治的市政府代爲執行。在中國，省與縣皆爲自治團體，得由省縣民代表大會制定省縣自治法。省縣政府的任務，自然是在辦各該省縣的自治事宜；但同時省有執行中央委辦事項，縣有執行中央及省委辦事項的義務。中央事權除其自身及其派出機關或官吏直接辦理外，並得交由省縣執行之。這便是大陸制與美英制的折衷應用，充份表現出均權主義的精神。

## 第二節　中央對地方的控制權力

### (一) 中央控制的理由

中央政府對於地方政府具有政治的或行政的控制權力。卽在高度地方分權的國家，中央的控制權亦是存在的，並非一經實行地方自治，地方卽享有完全的獨立自主權。蓋所謂地方自治者，乃指在某一地區的地方政府或自治團體依國家法令在其監督下，具有法人的資格，得以自行處理其公共事務。自治固不能與憲法及國家法律相牴觸。中央對地方何以須具有這種權力？其理由可申述如次：

㈠在保障人民的權益　孟德斯鳩曾說：『有權力者，若無適當防止必然濫用其權力。』主持地方政治，或行政的人，若無中央機關的控制或監督，自不免濫用權力，使人民蒙受財產上的損失，或遭受到自由的縛束。中央對地方的控制，卽在防止地方權力的濫用，藉以保障人民的權益。

㈡在防止地方的秕政　人是自私的，並且有惰性。地方政府是由人民組成的，自亦不免自私與怠惰，中央的控制權，一方面在防制地方政府的自私自肆而濫用權力，使人民權益不受威脅與侵害，一方面在予地方政府以督察與考核，使之努力奮發，免致流於腐敗與墮落，而杜絕秕政的發生。

㈢在予地方以技術與財力協助　現代政府職務，已日趨專門化科學化，非有專門人才及科學設備，不能勝任。地方政府範圍狹小，財力不足，無力延攬專才，充實設備，實有賴於中央代爲羅致，或協助供給。英人彌勒（J. Stuart Mill）曾說：『權力可分配於地方，但知識則須集於中央』，自不無見地。地方事務，日趨擴張，用費浩大，有非地方財力所能舉辦者須仰賴於中央的協助。

㈣在保持全國最低限度的行政效能　一國內的各地區，人口、經濟、文化、交通等狀況，多迥不相同，若欲使全國的地方行政，皆完全達於一致，自屬不易；然若任其參差不齊，自由生滅，致懸殊太甚，陷於偏枯畸形，亦非所宜。中央對地方能保有適當的控制權力，則可權衡輕重，統籌全局，維持各地行政的最低效能的標準，以期爲平衡均適的發展。

## （二）中央控制的方法

中央對地方控制的方法，大別之計有兩種：一爲行政控制，一爲立法控制。茲分述之：

㈠行政控制　行政控制的方法頗多，舉要言之，有下列幾種⑴補助金的給與：補助金制是中央對地方給與財政上的援助或接濟，俾使貧瘠地區的地方事業獲得平衡的發展。補助金的給與每附有一定的條件，必須地方自治事業或行政效率達於某一標準後，方能撥付。中央藉此遂得施行其控制的權力。⑵視察：中央政府遣派人員分赴各地方，作各種的調查、考察與視察，乃一種有效的行政控制。視察的功效有三：一曰報告地方實況，溝通內外，貫通上下，而免除彼此的隔膜。二曰明瞭地方工作進行的實況與優劣，以爲獎懲的根據，並供中央釐訂政策，改進方案時的參考。三曰中央對地方藉專家視察予以技術上的輔助與指導。⑶報告：地方政府將政務推行狀況，定期的或隨時的報告中央，報告的功用有二：在消極方面，使地方政府不敢怠忽工作，或蒙蔽欺騙中央；在積極方面則可以激動地方政府努力服務增進效率。⑷同意與批准：某種行政事務在推行以前，地方政府須申請中央政府同意或批准；否則不能發生效力。同意或批准的標準，則以合法與適當以爲斷。不合法者必予駁斥或糾正之。至是否適當，控制不嚴者則由地方自行裁量之，嚴格者，中央且代爲審定之。⑸審核：地方推行某種行政事務時，無須於事前呈請中央批准，但在執行期間或完成後，須報請中央審核之，以視其有無違反情事；有之，則科以法律責任。⑹審計：中央政府對於地方政府的財政收支，則依法於事前或事後審計之，以考查其是否忠實，是否合法，有無舞弊或錯誤情事。⑺任免：地方政府的官吏，中央政府得依法任免之。⑻解散：地方政府如有違背法律或蔑視命令的嚴重情事發生，中央政府可以下令解散之。解散都用於地方議會。解散爲中央對地方控制的最嚴厲方法，使用時每有一定限制，以防止其妄濫。

㈠立法控制　立法控制的方法歸納言之，計分爲五種。玆申說如次：

⑴一般法案制：就是中央政府制定一種法案，普遍一律的適用各地方政府，一般法案制，對各地方作一視同仁一律平等的待遇，不能畸重畸輕，厚此薄彼，是其優點，但各個地方政府所管轄的地區，人口、面積、交通、文化、經濟等每不相同，以一種法律以治理之，自難因地制宜，不無削足就履，閉門造車的弊害。

⑵特殊法案制：就是由中央根據各地方或各縣的特別情形，每一地方制定一種法案以規定其組織與事權。這種辦法的好處在於能因地制宜，適應各處的特別需要。但是中央常能藉此對於某一地予以特別寬厚或苛刻的待遇，致違犯公平立法的精神。

⑶分類法案制：就是將所有的地方政府，按其人口、面積、財政、政務等分爲上中下或甲乙丙丁若干類，中央卽於每一類的地方頒佈一種法案以適用之。這種辦法的用意，一方面在避免一般法案制下削足就履之弊，一方面在收特別法案制下因地制宜之效。

(4)選擇法案制：就是先由中央制定幾種不同地方政府的組織法，各地方的公民可以投票表決選擇此法案的一種適用之。這種辦法既不剝削上級政府統制地方政府的權力，亦不減損地方公民依地方情形決定其政府組織形式的機會。

(5)自治法案制：就是地方的立法機關或人民代表機關自行決定其政府的組織與職權。此制既合於民治的精神，又符於因地制宜之義，自亦不失為一種良好辦法。不過地方公民在行使此權力時，不能與憲法或國家法令相牴觸，且宜經上級核准後，這法案才能發生效力。

## 第三節　地方政府的法律地位

地方政府法律地位的高下，視中央對地方控制的强弱為轉移。在集權國家，地方政府乃國家官署(State Agency)。在分權國家，地方政府乃公共法團(Public Corporation)。依均權制度，政府乃自治團體(Local Self-governing Body)。玆分述之：

### (一)集權主義的國家官署

中國自秦漢延於清，向採集權主義，歷代的省縣都不曾獲得自治權，其地位是國家的官署。法意亦是中央集權的國家，其省(Department)縣(Commune)的法律地位亦是國家官署。地方政府乃中央派出機關，國家為達成其目的時所運用的工具，依中央意志而產生，其組織形式及權力大小，均由中央決定之，自身無獨立自主的權力。

主張降抑地方政府於國管官署地位者，其所持理由如下：(一)如此才足以保持國家統一，對全國政務才能作兼籌並顧的通盤打算；(二)行政力量易於集中，政府效能易於加强與提高；(三)層層節制，系統井然，指揮運用較爲靈活，命令執行易於貫徹。其實，這種過度的集權措施，亦有以下的缺點：㈠一切行政措施，每見及全體忽略構成部份，圖整齊劃一的外表，失因地制宜的實效，偏枯刻板，扞格不入。㈡各級官署，層級節制過嚴，一切秉命上級而行，奉命作事，態度消極，失却自動奮發的積極精神；公文往返，迂迴曲折，政務商決，上下推移，遲緩拖延，費時費事，最足遺誤事機。㈢在集權的體制下，各級官署構成一頭重脚輕的倒形寶塔，基礎脆弱，有顚撲傾覆的危險，且易形成政府專斷或個人獨裁。㈣地方利益易被忽視，地方事業因之趨於凋敝，各地的相互依需日趨減少，致足以動搖國家的統一基礎。

**(二) 分權主義的公共法團**

民主國家多採行分權主義的制度，美、英的都市 (City, Borough) 政府即是具有獨立自主資格的公共法團。分權主義者認爲地方政府乃是地方居民爲處理其公共事務時所組成的政治團體，乃爲達成自身的目的而成立，非國家所運用的工具，具有法人資格，爲權力與義務的主體，有其一定的固有權力，中央或上級政府不能隨意剝奪之。

主張以地方政府爲公共法團者，以爲如此便足以消除過度集權制下所發生的各種流弊，而發揮主權在民的民主精神，與自動奮發的積極作用，防止政府的專斷與官吏的腐化，並實事求是的充份發展地方事業。但是過份的分權制，亦有以下的缺點：㈠過度的分權，足以危及國家統一，因爲欲分工者必須合作，若只有地方的分工，而無統一的合作，則所謂分工者便成爲分裂，所謂自立者，將形同割據。㈡國家權力分散過甚，中央固將受地方牽制，不能有效的完成其使命，地方政府亦因人力財力不足，無能力舉辦地方事業。㈢各公共法團間因無中央的有力指導與控制，可能發生彼此的衝突與糾紛；而地方的政客與特殊勢力亦可操縱把持，變成少數紳董包辦自治的惡劣局面，反而違犯了民主精神。

**（三）均權主義的自治團體**

為參酌集權主義與分權主義的利弊優劣，就是採行均權主義確定地方政府的法律地位為自治團體。所謂自治團體者，就是同時具有雙重資格：一方面是公共法團，一方面是國家官署。他以前種資格，得以適應各該地方的特殊需要，而獨立自主的去發展地方自治事業；以後種資格，在統一步驟下去執行上級法令，處理國家行政。這樣地位的地方政府，可以叫做『準公共法團』(Quasi-Public Corporation)或『準國家官署』(Quasi-State Agency)。若給他一個特定的名稱可以叫作地方自治團體。依國家法令的規定，在中央指導監督下，以公法人資格，自行處理其地區內的公共事務的機構叫作地方自治團體。他除辦理自治事項外，並得依法執行中央委託的國家行政事務。而公共法團則只處理自治事項，不受中央委託執行國家行政事務。

依中國憲法的規定，省縣均為地方自治團體。所以『省得召集省民代表大會，依據省縣自治通則，制定省自治法，但不得與憲法牴觸』；（第一一二條）『縣實行縣自治』（第一二一）『縣得召集縣民代表大會，依據省縣自治通則，制定縣自治法，但不得與憲法及省自治法牴觸。』（第一二二條）由此足見省縣均是為實行地方自治的主體，可以自行決定其組織及制定單行法規，但不能牴觸憲法及省縣自治通則。同時，省縣不僅在於辦理地方自治事業，且有執行中央委辦事項的責任。憲法第一〇八條所舉列的各種事項得由中央立法並執行之，或交由省縣執行之。憲法第一二七條規定：『縣長辦理縣自治，並執行中央及省委辦事項。』凡此均說明省縣的法律地位是具備國家官署與公共法團雙重資格的地方自治團體；乃調和集權與分權精神的均權制度。

這種均權主義的地方制度一方面不會妨礙到國家的統一，可以力量集中，造成强有力的萬能政府，一方面不抹煞各地方的特殊需要，可以因地制宜，使各構成單位都能得到圓滿的發展。地方自治團體，所具的目的，所負的使命，固在於建設各地方，同時亦在於建設整個國家。

# 第十七章　公共行政

## 第一節　公共行政的重要性

### （一）行政功能的重要

公共行政乃是政府官吏執行其任務的活動，其功能在達成國家目的，完成政府使命，促進社會福利為全體人民謀求利益，地位十分重要。古德諾（Frank J. Goodnow）說：「政治是人民意志的表現，行政是人民意志的執行，有怎樣的行政就有怎樣的國家」。（見Politics and Administration）韋伯（Max Weber）說：「在現代國家中，眞實的政府所以能使其自身發生效力者，既不在於國會的辯論亦不在於皇帝的赦令，而繫於有關人民日常生活的行政事務的推行（見Porlement and Regierung）。皮格爾（Paul Pigora）說：「行政的重要作用在能安全社會及保衞傳統」（見Leadership and Domination）。亞當氏（Brook Adams）說：「行政的主要功能在促進社會進步（見Theory of Social Revolution）」。比雅德（Charls A. Beard）說：「行政是現代社會的鑰匙，行政科學乃是為人類謀福利的主要手段與工具。維持偉大社會權力的關鍵乃是行政並非槍刀」（見Public Policy and General Welfare）。現代政府的行政權力日趨擴張，三權分立的制度已見動搖，行政立法的數量大為增加，行政裁判亦漸趨重要。於是行政成為眞實的政府，性質積極，範圍廣大，對於人民的日常生活、生命、財產、自由權利有着極直接深切的效果與影響。

### (二) 行政功能的種類

政府功能包羅萬象，然概括分之，不外四類：一爲保衞功能 (Protection) 在保護國家與民族的獨立，維持社會安寧與秩序及人民的生命財產，如國防、外交、民防工作、戰時動員、警察、消防、衞生等工作均屬之。二爲扶助功能 (Assistance) 在由政府以技術輔導、宣傳、示範、工作獎進等方法使人民的社會的農、工、商、礦、文、敎等事業日趨發展與進步，如工礦登記、農業改良、學術發明的獎勵，版權及商標的維護等均屬之。三爲管制功能 (Regulation) 政府依公益的要求與標準，對於涉及社會生活的人民團體的活動施以控制或檢查，使勿以「私利」害「公益」，如國際貿易、外滙物價的管制、工業安全的檢查、戰略物資的控制等均屬之。四爲服務的功能 (Direct Service)，即政府直接辦理各種事業，以供人民使用，爲社會造福，如公用事業、公園、圖書館的設立均屬之。保衞功能的推行，則憑藉强制性的統治權保安權以軍事管制、保安處分，行政執行方式出之。扶助功能的推行則藉領導權，指導獎助權以宣傳、示範、輔導、輔助及獎勵等方式出之。管制功能的推行則憑藉裁制權、檢查權、制止權等以登記、給照、檢查、許可、制止等方式出之。服務功能的推行，本於平等互惠及自由交易的原則，以科學管理方法企業經營精神直接辦理各種事業爲民服務。

## 第二節　現代公共行政的特質

### (一) 事態的表現

現代的公共行政，在事態上表現有以下的諸特徵，一曰規模龐大 (Size)，政府職能日見擴張，工業繁復，用人衆多，組織龐大。二曰性質複雜 (Complexity) 現代的政府行政不僅在數量上大爲膨脹，就是在性質上益趨艱鉅複雜，盤根錯結，牽涉甚廣，關係錯綜。三曰專業化（Specialization），公共行政包羅萬象種類繁多，所有各行各業的人員都被羅致到政府機關工作，專業化達於極高的程度。美國聯邦政府的職位分類多達五三六個職系，今日中國二十四萬的公務員亦包括一五九種不同性質的工作。四曰協調困難（Difficulty of Coordination），政府的工作繁複，人員衆多，組織龐大，若欲謀求行動一致，步伐整齊的協調與合作，確是艱鉅困難的。五曰多元參加（Multiple Participation）政府的行政決定，每涉及複雜的程序，有衆多的行政單位與人員的參加。無論政府預算的通過與行政計劃的決定都要經過很多單位及人員的思考，研究與處理。六曰相互依賴（Mutual Dependence），政府各機關間各單位的關係至爲密切，彼此的相互依存性大爲增加，不可作閉門造車或孤立自囿的措施。七曰人情味缺乏（Impersonality），因人員衆多，組織龐大，個人與個人間，長官與部屬間甚難有私人的往來與接觸，一切都是公事化、法令化，過去同事間長官與部屬間人情味和私人關係大大減削。八曰官僚化的傾向（Bureaucratic），在大規模的組織下，一定形成層級節制的結構形態。這便是所謂官僚制度，重階級、尙服從、奉命行事、自動自發的精神不足。九曰社會目的的重視（Social Goals）公共行政目的與作用，不祇在處理辦公廳內的文書而實在於爲人謀利益爲國家求富強，達成政治經濟和社會的偉大目標。十曰業務的機密性（Secrecy）行政業務益趨專門化深刻化，其內容與性質漸不易爲外人或普通人所瞭解，其機密性大爲增加，有關業務處理的資料與情報常祇在有關單位與人員中流通，不使向外宣洩或公開，期以保障國家安全與國防機密。十一曰衝突利益的調和（Harmonizing Conflict Interests），現代政府的每一行政措施，皆牽涉到多方面的利益，而且這些利益，每是彼此衝突的。行政的主旨卽在使這衝突的利益得到調和。十二曰接受公衆批評（Public Criticism），在民主政治下，一切的行政措施應以民意爲依歸，所以現代的行政權力者應顧及輿論並接受公共意見的批評。十三曰受法律限制(Legal Restriction)，民意代表機關爲主權者的人民的代言人，行政機關須對民意機關負責，前者的一切措施應受後者所通過的法律之限制。十四曰研究發展(Research and Development)，現代科學的進步，一日千里，日新月異，行政須適應時代需要，特別注重研究與發展，俾能與時代精神並駕齊驅。十五曰國際影響(International Impact)，現代的公共行政每受國際情勢的刺激與影響，不能不作適時與有效的適應。

## (二) 管理的要求

現代公共行政，在客觀的事態上既表現這些徵兆或特點，爲對這種的政務作有效與成就與成功的處理，勢不可不注意到以下的要求：㈠現代行政既已高度的專門化科學化，且人員衆多，組織龐大，性質複雜，必須建立協調與合作的制度與方法。㈡達成協調與合作的首要措施，即在確定機關的共同目標與政策，並使每個職員深切瞭解之，俾在共信的狀態下共赴事功。㈢依據政策與目標，審察現勢，展望將來，適應能力與資源，訂立切實可行的工作計劃。㈣爲有效的實行這工作計劃，須建立事權稱適，名實一致的合理機構，以爲推行的工具。㈤爲使工作人員能作協調的努力，對機關組織作有力的運用，在工作進程中須有統一的中心指導，控制與考核。㈥爲求對機關的人、財、物作最高的使用，須建立制度化系統化標準化效率化的科學管理制度、方法與程序。㈦機關組織不僅是一個靜態的權責分配體系，同時亦是感情交流意志溝通的心理狀態，所以蓬勃生動，服務精神高昂，士氣旺盛的機關，必須依仗於有效的溝通制度，俾能大家思想一致，養成堅强的團體意識，責任心、榮譽感。㈧在大規模的政府組織下，必然產生被動與暮氣的官僚制度，爲要消除這種弊害，機關首長，必須採行民主的行政領導，並善爲運用人群關係，以激勵職員的士氣與服務精神。㈨現代的公共行政必須適應動態的環境爲政治的、經濟的、社會的、技術的演變與進步，以爲因時制宜的措施，俾能不落伍的作及時與適時的發展和生長。

## 第三節　公共行政與科學管理

### (一) 科學管理的由來

文藝復興後思想界先發生大轉變，歸納法替代了演繹法。由於科學方法的應用，而有科學技術與知識大發明。這種發明的推演結果造成了十八世紀的第一次產業革命（指機器的使用和大量的工廠產生）和十九世紀的第二次產業革命（指產業的極度集中與聯合經營）。在第二次產業革命完成的過程中，產生一種科學管理運動，這與現代政府的行政亦有極密切的關係和影響。

科學管理的意義原祇應用於企業經營上，指工業運作所設計的各種合理有效的理論與實施的總合而言。科學管理產生的原因，不外：(一)工廠規模過大，事務過繁，事實上不能不有科學的系統方法來處置；(二)勞資衝突日趨嚴重，資方因勞動者的反抗，不能不圖於勞動榨取的手段外，從管理與運作上謀改善，以期減低成本，提高利潤；(三)市場競爭劇烈，各企業家不得不潛心研究經濟有效的經營手段，以期戰勝競爭者。

提及科學管理便不能不述及此種運動首倡者泰勒（F.W. Taylor）。他於一八五六年生於美國本薛文尼亞的甲門鎮（Garman Town, Pennsylvania），幼年時代曾就學於法國，廿二歲時入美國米狄威爾鋼鐵廠（Middle Well Steel Co.）工作，六年間升爲總工程師，對工廠管理方法，有很精密的研究。四十歲改入白若爾漢鋼鐵廠（Bethlehem Steel Co.）任職，在三年間改組工廠管理方法，並作改善工作時間的考察，都表現出驚人的成效。一九〇三年著工場管理論（Shop Management）開始擴大其所提倡的科學管理運動。一九一一年著科學管理原理（The Principles of Scientific Management），風行一時，影響甚大。泰勒氏在工場管理中所提出的重要理論，是㈠每個工作員每日各有其明確的工作；㈡為完成這工作須給以標準化環境、設備、與工具；㈢凡有較高成績者須給以較高的報酬；㈣凡工作失敗者必將失卻地位與待遇。在科學管理中所提倡的，是㈠每人的工作須根據準確的知識與尺度來處理，不可僅憑臆斷或摸索的方法；㈡工作人員要以科學方法來選擇，並施以適宜訓練；㈢各工作員間及各組織單位要有眞誠密切的合作；㈣管理者與工作者之間要有適當的分工。

## ㈡科學管理的方法

泰勒死後，所提倡的科學管理仍然在繼續不斷地發展。時至今日，所謂科學管理的內容益形豐富與完備，未可一一詳擧；然依作者的研究和觀察所得，認為以下五點實為其重要因素：第一是要有系統。所謂系統就是一種自然而然的準確的有條理的工作程序或方法，人類的生理系統，無論是消化，是循環，是呼吸，或是排洩都是自然而然而準確，沒有半點錯誤或紊亂，事事有定時，物物有定所，每一官能或細胞皆在確定的地方與時間完成其工作。這是系統化的最好例子。一切事務皆要訂有系統的工作程序，免除一切不必要嘗試或摸索。第二是要有計劃。所謂計劃是指有準備有打算有遠見而言。凡事豫則立，不豫則廢，妙算多者勝，少者不勝。有計劃後才能按步就班的完成他的使命，事半功倍有條不紊。不然，臨時應付，頭痛醫頭，必至一事無成，徒勞無功。科學管理者凡作一事，必根據事實，精密計算，擬具完備計劃，以為實行的張本。第三是有效率。所謂有效率就是以最經濟的手段獲得最大的效果，無論在時間上、金錢上、人力上、物材上不得有絲毫的浪費，並且都要使之發揮最大的效用。且本日新又新，精益求精的精神，不斷的研究發展，能趕上時代最前端，以最新的方法與知識處理事務。且每作一事須本人才主義選用專家擔任之，方能勝任有效。當計劃決定後，須集中全力，貫徹執行；絕不可遲頓猶疑，或分散力量。第四要協調。就是一個機關的構成部份或人員間，都有密切的分工合作的協調一致關係，建立為完整的有機體。團結就是力量，合作才能生存。分裂招致滅亡，磨擦必趨失敗。協調一致是科學管理者必要要求。第五是要準確。就是說處理一切事務要依據可靠的事實和一定的標準和法則，不可依個人主觀感情用事或憑空摸索的方法。科學管理者處理事務，不僅要依據客觀的尺度，且須憑藉精確的數字計算，以為行動指引。歸納言之，科學管理的要素，便須包括邏輯思考的系統化，數學計算的準確化，工程建設的計劃化，生理機能的協調化，軍事作戰的效率化。

科學管理運動者所潛心研究努力提倡的理論與方法，早為有識的行政學者政府官吏所熱心贊同宣揚，並且大度的應用到行政管理上。因為工廠管理和行政管理所處的對象都是人、財、物、事，所企求的目的都是以最經濟的手段換得最大的效果。那以工廠管理為主的科學管理方法與技術，可以照樣的為行政管理者所應用。

## 第四節　公共行政的新趨勢

### (一) 由消極的到積極的

在農業社會及民主國家時代，政府的方策則是消極的，一般官吏所抱持的服務態度充分表現著推拖的放任色彩；認為「多一事不如少一事」、「得過且過，能推便推」；明明是畏難更張，無作事的魄力與勇氣，偏說是「與民休養生息」「無為而治」。聰明狡怠的官僚，其治事的祕訣是「大事小辦，急事緩辦」；「不得了之事不了了之」；苟且偷安，消極放任，對增進社會利益提高人民幸福的事業，決不肯毅然負起責任，作積極的進行。在人民方面亦均抱「不問國事」，「不在其位，不謀其政」、過著「日出而作，日入而息」的自由生活，或抱著「只掃自家門前雪，不管他人瓦上霜」的個人主義。認爲人民對於國家和政府除了繳納租稅外，便無其他義務和責任了。過去的政府行政，殆全爲消極性質，懲治犯罪，征收租稅是政府主要任務。所以人民視政府只是痛苦和恐懼的製造者，因之「政府最好，干涉最少」，便成爲上下一體所擧行的政治哲學。但是處在今日的世界裏，社會關係異常複雜，各方利害十分錯綜，在在易於引起衝突與糾紛，政府對此若不能出而爲積極的調整與統制，其結果必將危及政府本身的存在。再加以國防競爭十分劇烈，非有統籌全局的政府對行政活動作積極的推進與籌劃，對外亦不能以作有力的迅速應付，以維持民族的生存。因之，國家的目的乃不得不由消極的性質，進而爲積極的作用。政府的任務，不僅是懲罪與收稅，而尤在爲保衞國家，發展文化，及增進社會福利。政府的地位，已由消極的「守夜警察」，進而爲增進人民福利的積極的「社會服務機關」。政府行政活動的目的，不僅在防止或消弭社會罪惡，而尤在發展並增進人民利益。這種的行政趨向已爲擧世一致的共同要求，我國政府，如欲成功的完成其所負荷的重大使命，便不能不適應這時代潮流作「迎頭趕上」的勇邁努力。

**(二) 由被動的到自動的**

在過去的行政官署因兼理司法的原因，每側重於司法工作而忽略行政活動。因此負行政責任者於不知不覺之中，將其本身應爲自動意義的行政活動，亦見之爲被動性質。加以昔日政府的職務簡單，社會上的關係亦不甚爲複雜，所以其處理事務皆遵守所謂「民不告官不理」的原則，一切採取被動的方式；政府官吏深居衙署，養尊處優，無所用心。非待社會上或人民間發生事變禍亂及糾紛等事故，出而請求政府加以干涉或處理，他們很少有肯本自動的精神，對社會上一切應興革事宜，爲預先的計劃與推動。

譬如救濟災荒一事，舊式的行政官吏，必待災荒已經發生，始肯有所動作為事後的補救；而現在的行政官吏，便應不待災荒之至，而自動的預謀防範，能弭災患於未形。

照理論說，政府應有能的，居於領導的地位，其責任在於本眞知灼見，適應社會需要及人民要求自動的擬定各種行政計劃與方案，使之見請實行，固不必等待人民的要求，始有所行動。在現代的社會中，各方關係，皆甚密切，息息相關，大有掣一髮而牽動全身之勢，政府必須就其整個需要，全盤關係，預為自動的調整與措施，不可待衝突或糾紛發生後始謀有所補救。有能的有力的政府，必須本自動精神以領導社會與民衆，始能完成其任務與使命。況且今日的政府官吏，都是人民公僕，已不是從前的統治階級之比，更應本服務社會效忠主人的意義，作種種自動的工作與設施。行政活動已漸由被動地位而進入自動地位，這又是現代政治上一個顯明的趨勢。

**(三) 由浪費的到效率的**

過去的政府行政在工作方法上，一向是雜亂無章的，無系統無計劃的，公家財務，率多浪費，每不能使每種支出，皆恰當其用，發揮最大的效果；亦無完善的制度與科學方法，以資應用，致使工作遲緩而有吞款舞弊等情事的層見迭出。從前的行政工作至為單純，政輕事簡，支用較少，縱使行政管理方法，不甚科學化，稍為失之浪費，為害尚淺。然時至今日政府職能大為擴張，工作範圍，廣濶增大，行政的內容與性質，亦益趨複雜，支出數目，更見膨脹，若使無科學的經濟的方法，以為處理的憑藉則其為害之烈將有不堪言喻者。今日的行政方策為情勢所迫，不得不漸由浪費的錯誤的措施而趨於科學的管理，使能消除浪費與弊失，保愛人力、財力、物力，使之發揮最大之效用。應用現代的科學智識技能及管理方法對行政措施，作最經濟最合理的統制與運用，以增進工作效率而減輕人民負擔，成為今日行政重要方策之一。

## （四）由因襲的到創造的

從前社會組織簡單，現象單純，事務的變化亦不甚大，行政人員並不需要科學頭腦強大魄力和創造精神，以應付其所擔當的事務，其所依賴者率為因襲的傳統經驗；墨守成規，率由舊章，過著循環往復的習慣生活，不求創造與改進。現已由農業社會進入工商業社會，由簡單組織趨於繁複組織，由單純的現象趨於錯綜的現象，而事務的變化則日新月異，一日千里，若無嶄新的思想與靈活的方法，絕難以應付這瞬息萬變的局面。擔任現代公務的行政人員，必具備科學智識，創造能力，積極而自動的精神，然後可以擔負艱鉅的現代行政使命，否則必將歸於天然的淘汰。美國各大學的院長及系主任，近年來多選用三四十歲英氣勃發的壯年擔任之，因其有創造能力，足以促進教育的進步與革新。經驗實較創造差遜一籌，徒重經驗，忽視創造，必難勝任。所以在現在的行政中，經驗或因襲的方法已失其重要性，須憑新的方法與創造精神，才能應付這新時代的新要求。知識和技術永遠是向前向上的，歷史永遠是進化不已的。人類是工具製造與工具使用的動物。文物器用隨時代而演進。創造與發明是人類的特有秉賦。行政亦要發揮此種秉賦，而不斷作行政改革，創立新的思想制度和方法，以與時代並駕齊驅，俾能成功有效的達成政府使命。

# 第十八章　公務人員

## 第一節　公務員的意義與範疇

### (一)公務人員的定義

政府爲推行政務執行法令，自不能不任用合格的或勝任的人去擔任各種工作。這些工作員便叫作官吏（Officers）或公務人員（Public Service）。何謂公務人員？論者所爲定義並不一致。依刑法第十條：『稱公務員者，謂依法令從事於公務之人員』。這是刑法上的公務員乃最廣義的定義，擧凡政府官吏、民意代表、自治人員等均包括在內。公務人員的最狹義的解釋，則指依公務員任用法經考試或銓叙合格，由國家依法任用的工作人員。這是任用法上的公務員，只能包括事務官。至於不經考銓任用的政務官、選任官、提任官、特任官則均不能納入其中，自亦有欠妥當。著者擬爲如下的定義，或較屬適宜：『公務人員就是由政府就合格人員以特定的選拔任用程序，確定其地位，使之忠實的依法爲國家服務或執行指定任務的工作員。政府並依其工作性質由國庫支付一定的俸給報酬。其有違法或失職行爲者，則國家可依法懲戒之。』依此定義，所謂公務人員係包括政務官與事務官而言。至於民意代表、議員及義務職的自治人員，均不屬於此範疇內。這種定義不失之過廣或過狹，且與法理事實均皆符合。

### (二)公務人員的類別

公務人員依不同的角度或標準可劃分爲若干類別。(一)就擔任職務的性質論，公務人員可分爲軍官

(Military Service) 及文官 (Civil Service) 兩類。凡從事於武裝戰鬥行爲捍衛國家或其他法定軍事任務的公務員爲軍官。軍官以外的公務員或從事於民政任務者爲文官。軍官依種類言，有陸軍軍官、海軍軍官及空軍軍官；就其等級言，有將官、校官及尉官。文官依種類言，有行政官、司法官、外交官之分；就其等級言，有簡任官、薦任官、委任官之別。㈡就任用方式或地位高下論，公務人員可分爲高等官吏與普通官吏兩種。依考試法經高等考試及格者取得高等文官任用資格，經普通考試及格者取得普通文官任用資格。凡由總統提名經立法院或監察院同意後任命者（提任官），由總統直接任命者（特任官及簡任官）及由所屬官署呈薦經總統任命者（薦任官）均爲高等官吏。其由所屬官署逕自任命者（委任官）爲普通官吏。㈢就決定或執行國家政策論，公務人員可分爲政務官與事務官兩類。凡決定國家行政政策及方針，或隨內閣的更迭亦卽以政治影響爲進退的公務員爲政務官。事務官則在於執行國家的既定政策與方針，其地位獲有法律保障，不隨內閣更迭或政治影響爲進退。

## 第二節　公務員的權利與義務

### ㈠ 公務員的權利

合格的人員經特定程序由國家取得其職位，卽公務員的身份後，便獲得以下的各種權利：㈠俸給權：公務員在繼續任職期間，有向國家要求俸給給付的權利；亦卽國家對之有償付薪給的義務。薪給是國家對公務員的工作報酬，藉以供應其物資生活，維持身心健康。俸給的給付應遵守若干合理的原則：⑴俸給數額的決定應以事務繁簡、責任輕重、價值大小爲依據，俾符於『同工同酬』的原則。⑵所有的公務人員薪給待遇應遵守同一的標準，不可有厚此薄彼，畸輕畸重的分歧或不平現象。⑶公務員的薪給水準應與工商業界的薪資水準相適應，兩者不宜太相懸殊。㈡卹金權：公務員爲執行職務罹致傷疾死亡或身體耗弱衰老者，有向國家要求給予撫卹金的權利。撫卹金包括傷疾死亡卹金及退休金或養老年金而言。撫卹金的給予不是國家對公務員的一種恩賜；乃公務員應有的一種正當權利。卹金的積極作用在使公務員能安心努力的奮勇的爲國家服務，提高政治效能與行政效率；在消極方面則可以淘汰因傷疾衰老已失工作效率的人員，俾免影響到最低限度的工作標準。㈢保障權：公務員經依法取得其職位後，其地位即獲得法律的保障，非因違法失職及依法定程序不受減俸、降級或免職等處分。公務員如受到非法或不當的處分有依法請求保障的權利。爲謀人事安定及使公務員安心工作，這種保障是必要的。惟公務員以能勝任及依法執行職務爲前提，其地位能否保障應以其是否稱職守法爲轉移。

## (二) 公務員的義務

權利與義務是對等的，乃一事的兩面，有不可分離的關係。公務員既享有一定的權利，自亦須擔任一定的義務。公務員應擔負的義務，計有以下幾種：㈠執行職務的義務：國家設官，在於治事，公務員爲擔任國家職位的職員，職位者包括一定工作、責任、活動的法定地位，故公務員以執行職務爲第一義務。㈡服從命令義務：公務員在執行其職務的範圍內，有服從主管長官及上級命令的義務。政府爲推行政務，就公務職位多組織有層級節制的指揮系統以利工作進行，而收指臂運如之效。因之，公務員有服從命令接受指揮之義務。自然，上級命令如顯然違法時，可拒絕服從，或提出理由陳述意見。㈢忠實服務的義務：公務員執行職務，不僅要守法，且須忠實。所謂忠實者卽竭智盡力，一秉忠誠，篤實服務。公務員服務法對此卽有下列諸規定：⑴恪守誓言，忠心努力，執行職務。⑵不得假借權利，以圖本身或他人之利益，並不得利用職務上之機會，加損害於人。⑶執行職務，應力求切實，不得畏難規避，互相推諉，或無故稽延。⑷不得利用視察、調查等機會，接受招待或餽贈。⑸非因職務之需要，不得動用公物或支用公款。⑹對職務上所保管之文書財物，應盡善良保管之責。㈣保守祕密的義務：公務員負有不能洩漏祕密的義務。公務員服務法規定：『公務員有絕對保守政府機關機密之義務，對於機密事件，無論是否主管事務，均不得洩漏』。刑法上對公務員洩漏祕密的罪刑，並有明文規定。

**㈢違犯義務時的責任**

公務員對國家既負有一定的義務，對於義務如有違犯或不履行時，即構成違法或失職的行爲，因而受到國家的裁制或懲處。這就是公務員所應擔負的法律責任。公務員因違犯義務或違法失職時，所負的法律責任，可分爲三種：㈠是懲戒法上的責任。依公務員懲戒法，公務員有違法、廢弛職務或其他失職行爲，應按情節輕重，受到申誡、記過、減俸、降級、停職及撤職諸行政懲戒。㈡是民法上的責任。公務員執行職務，因故意或過失而違法的侵害他人權利時，應負損害賠償的法律責任。這在民法上有明文規定。這種損害賠償在英美則由公務員個人擔負之；在大陸國家則由國庫支付之。㈢是刑法上的責任。公務員違法失職行爲如觸犯刑法時，自應受到刑法上的科刑。中國憲法第二十四條明定：『凡公務員違法侵害人民之自由或權利者，除依法律受懲戒外，應負刑事及民事責任。被害人就其所受損害，並得依法律向國家請求賠償。』

## 第三節　公務員制度的演進

**㈠專制政治與官僚制度（Bureaucracy）**

在封建國家時代行着世卿制祿的貴族統治。官吏地位和統治權力的取得，既不靠才能，亦不由考選，而是憑着血統的關係，以繼承或世襲方法獲致之。在貴族世襲制下，『士之子恒爲士』、『公之子恒爲公』，四民不遷其業，身份不能流動，官位由世襲，行政依習慣。在封建政治下自無公務員制度之可言。雖然在春秋戰國時，亦曾有『布衣卿相』之局及『楚材晉用』之說，但這只是例外，且發生於封建制度已趨動搖的時期。

公務員制度的誕生則在統一國家及集權政府形成以後。就歷史事實言，中國在秦漢以後，歐洲在商業革命完成後的十七八世紀『朕卽國家』的專制政治時代始產生官僚式的公務員制度或官僚制度。當時的專制君主所以能維持國家統一及集中的統治權，是靠着大量的軍隊和這官僚制度。這官僚制度乃是專制政治及中央集權體制的必然產物。

官僚制度的實質與運用，可從以下諸點說明之：㈠官僚制度是一種由上而下由內向外的層級節制的人事體系。在這體系下，每一官僚皆負有君主指定的責任，對上有服從的義務，對下有指揮的權力，形成一金字塔式的指揮系統，最後權力集中於君主一人。㈡官僚祇對君主負責盡忠，代表君主鎭壓地方，統治人民，具有絕大的權力與尊嚴，人民對之存着高度畏懼心理。㈢官僚選用依君主主觀所定的標準，能否入選及能否繼續保持其官位，完全依君主主觀好惡爲轉移，以君主是否信任爲關鍵。

### (二) 政黨政治與分贓制度 (Spoils System)

迨美國獨立革命及法國民權革命成功後，專制君主被推翻，民主自由的政制經建立，人民自然要同時摧毀官僚制度，而主張以民選的代表和官吏替代君主御用的爪牙，以人民的公僕替代君主的走狗。所以民主政治就是以選擧方法表達民意，移轉政權的。民主與選擧是不可分的。而選擧的運用又必憑藉於政黨的組織，結果民主政治便是政黨政治。

選舉的勝敗乃政黨競爭的結果。某黨選舉勝利，即是說人民選擇了某黨。為要確定政黨的政治責任，及使官吏對人民負責，官吏便當隨所屬政黨選舉勝敗為進退。甲克生（A. Jackson）於一八二八年當選為美國大總統後，高唱『分肥者屬於選舉之勝利者』，（To the Victors Belong the Spoils）以為要確定政黨責任，政府官吏應隨所屬政黨選舉勝敗為去留。這是分贓制度所自產生的時代背景及理論根據。

分贓制度實行的結果，使政府名器成為政黨的角逐物及報酬政爭有功的獎勵品。所謂民主政治殆成為政黨鬥爭的別名。所謂公務（Public Service）者竟形同黨務（Party Affairs）了。分贓制度的弊害，簡言之有四：㈠官箴不修，行政道德，日趨敗壞。㈡官吏選用，不依治事才能，而靠政治背景，任用非人，以致行政效率，日見低減。㈢官吏不得其人，行政效率日減，無故增加政府支出，形成財政浪費，加重人民不必要的租稅負擔。㈣政黨傾軋日甚，挑撥播弄，唯官是爭，明爭暗鬥，惟恐政治安定。

## （三）服務政治與功績制度（Merit System）

分贓制度弊害百出，漸引起政治改革運動者攻擊與批評，謀有所救治之。加以自十九世紀末葉以來，政府職能日見擴張，法治國家進為服務國家，行政內容已趨專門化與科學化，需要有效率的專才政治和較為穩定的公務員制度。為要消除分贓制度下不勝任的官吏，期能以選用有效能的公務人員，於是有專業化永業化的功績制度的採行。

功績制度的內容包括選賢與能的考試制度及量材授職的任官制度。其要旨是：㈠在公務員的選用上本人才主義，經由公開的考試方法決定去取；完全以職務上所需要的學識、技能、經驗等為去取標準。客觀公平，不容有私人好惡或政治派系關係存於其間。㈡在待遇考核獎懲上皆依據一定的一致的標準，以期公平而謀和諧，不得因政治關係而有所偏私或歧視。㈢公務員經公開考試及格依法任用後，即獲得法律保障成為終身職業，非依法定原因及程序不得免職。

功績制度的採行，原為救治分贓制度的弊害，其作用本為消極的，其性質本為政治的。然近年來，功績制度的致力方向，更進一步趨向於積極的及行政的方面了。其進一步的注意有以下各端：㈠根據職務分析的結果與事實，把政府的所有職位作有系統的合理的分類與分級，以為選用、待遇、考核、昇遷的基礎。㈡採用科學管理的考核制度，根據客觀的工作成績與紀錄以為獎懲的標準。㈢採行有效的合理的退休制度或養老金制度，使公務員安心的永久的為政府服務。㈣對公務員施以進修與訓練，以增進其能力，補充其知識。㈤舉辦有關公務員福利的各種事業如消費合作、子女教育、醫藥衛生、體育康樂及疾病保險等。

## 第四節　公務員制度的類型

綜觀中外，各國所採行的公務員制度，依其性質與內容，要可歸納為三種類型；即㈠官僚制（Bureaucratic Type），㈡貴族制（Aristocratic Type）及㈢民主制（Democratic Type）。茲分別申論之：

### （一）官僚制

㈠官僚制　中國自隋唐迄明清的科舉制度及以科舉為基礎的公務員制度，即為這一類型的代表。官僚制具有三點意義與特色：⑴政府官吏係經公開競爭考試選拔之，考試及格經任用後，可永久為國家服務，即成為終身職。⑵政府的官吏在彼此的統屬關係上成為一自上而下由內及外的層級節制體系（Hierarchy）。⑶政府官吏自己成為一穩固系統與集團，不受政爭影響，不受選民控制。現代各國以考試為任用基礎的功績制度亦可列入此一類型。就行政效率、行政責任及政治穩定言，這種制度確有其貢獻與價值。德國的費特烈大帝（Frederick, the Great）亦曾建立起官僚型的公務員制度，表現有高度的行政效率及服務精神。直至第一次世界大戰德國戰敗後，這種制度的基礎尙未動搖。

㈠官僚制的優點有四：⑴官吏受到人民的特別敬畏，地位崇高，身份尊貴，自爲一般人所羨慕所期求，於是社會上的優秀份子易被政府所羅致，提高公務員的品質。⑵官吏的地位穩固，精神愉快，自尊自重，故肯安心樂意的奮勉從公，努力服務。⑶在層級節制的體系下，官吏的責任確定，無從推諉，組織嚴密易收指臂運如之效。⑷官吏自成系統，不受外界的壓迫與影響，故易於貫徹行政計劃的執行及保持其一貫。

㈡官僚制的缺點有三：⑴官吏只知對行政元首及上司或長官負責效忠，不受選民控制，不畏輿論裁制，足以造成離開民意的官僚統治。拉斯基（Laski）對此曾目之爲新專制政治。⑵官僚制的組織原則爲軍事主義，尙階級、重服從，自動自發的精神不足，最足形成習慣的硬化，因襲保守，畏難更張，暮氣沉沉。⑶官僚制既是對上負責的，易流於專斷，則人民的自由權利，常易受到威脅與侵害。

**（二）貴族制**

英國現行的公務員制度足爲貴族制的代表。依其實施，主要的內容和特色有以下各點：㈠英國的公務人員除政務官外，普通行政人員劃分爲行政級（Administrative Class）、執行級（Executive Class）、科員級（Clerical Class）及速記打字級（Shorthand Typist and Typist class）四等，略與中國的簡任、薦任、委任及雇員相當。這四級職務或地位有嚴格的劃分界線，次一等級的人員絕難昇轉於高的等級。身份不能流通昇轉，有似封建時代的貴族制。中國的公務員則可依年資及考績等由委任入薦任，由薦任昇入簡任。二者的精神頗不相同。㈠英國各級公務員的選拔任用各定有嚴格的教育資格及年齡限制。例如行政級人員的應考資格便必須大學畢業，年齡不得超過二十四歲。因此，則無力在大學讀書者或苦力自修的人便無從投考。年齡的限制，用以防止在其他職業上失敗的人轉入政府，專以選拔優秀青年，俾便於造成所期欲類型的公務員。中國的高等考試，應考資格規定較寬，年齡並無限制。第三、英國行政級、執行級、及科員級的考試內容皆以學校課程及一般教育程度為準，並不考試職務上所需的技能。因之，非受有良好學校教育者決難望入選。

這種公務員制度實以不平等的重門閥尚階級的貴族思想為基礎，和現代的民主精神不無違背，自遭受到一般人的批評與攻擊。但擁護這種制度的人，却有其理論根據。他們認為政府的職位，就其內容與性質言，有高下難易輕重的不同，則擔任這職位的人，所需要的才具、學識、氣度、能力便亦當有優次高下的分別。各人因為先天的遺傳及後天的教育與修養是有優劣高下的差異。大材大用，小材小用，高能高用，低能低用，方能事得其人，人當其用，而收適材適所之效。否則，大材小用小材大用或高能低用低能高用均必造成極惡劣的後果。

### (三) 民主制

美國現代的公務員制度具有較多的民主精神，這裏所說的民主精神，尙非指官吏民選或『官職輪換』及分贓制度的實施而言。乃指功績制度採行後的吏治設施。綜其要旨，約有三端：㈠美國各級類公務員的考選，其應考資格無學校畢業的嚴格規定，亦無年齡的限制，故曾從事於其他職業的中年人，均有參加考試的機會。教育與年齡均放寬尺度或不予限制，廣開羅致之門，予人人以服公職的平等而公開的機會與權利，實合於平民政治或民主政治的精神。㈡美國公務員選用考試課目或內容純以職務上所需的特殊知識及專門技能爲對象；至於一般的普通知識及教育程度均不在考試之列。投考者的知能可以從服務的工廠商店中或職業經驗上獲致之，不必於正式學校教育中求得之。㈢英國的高級官吏只有上層社會階級的青年，始能應考取得之，貧寒子弟便無法進入。美國對官吏階級的劃分，只着重性質的不同，技術的難易，尊卑觀念並不重視。社會比較平等，官吏不重高低，羅致之門大開，流轉之路暢通，機會均等，人人有份，確是民主與平等的。

民主的公務員制度，最大的優點是符合於民主、自由及平等的精神。但同時，他却具有以下的缺點：㈠考選不定資格，不拘年齡，則在其他職業上失敗的人員可以轉入政府；且各人年齡懸殊，經驗不同，參差錯雜，良莠不齊，足使公務員的品質低減，且無法造成所期欲的整齊標準化的公務員優良堅强的陣容。㈡公務員祇具專門技能與特殊知識而缺乏一般的文化教育修養，均屬專家而非通才，易流爲『俗吏』而非『通儒』。其流弊所及，知偏而不知全，見樹而不見林，偏陂畸形，欠平衡的頭腦，過重本位，乏整體的觀念，則在行政的適應與創造上必感能力不足。以此而欲獲致高度的行政效率，自屬不易。第三、官吏在社會上無崇高的地位，人民對之亦乏特別的敬重與喜好，故一些優良特殊的人才多向工商業界謀發展求出路，對入政府服務不視爲求職立業的上選。因之，人才集中於工商社會事業，官吏的品質與水準不免受到影響。以此而欲建立人才的或賢能的萬能政府，自必十分困難。

# 第四篇 人民論

## 第十九章 基本民權

### 第一節 人權序說

#### (一) 人權的意義與內容

基本民權亦稱為人權，即個人對國家對政府關係的界限或分際。亦就是國家權利的限度與個人自由的範圍。人權觀念係與民權革命及民主的政治思想同時產生的。盧梭 (J.J. Rousseau) 在社會契約論中說：『人是生而自由平等的。』洛克 (J. Locke) 在政府論中說：『天賦人權，是一律平等。』自由與平等乃是人類與生俱來的，亦即天賦的自然權利，不可剝奪，不能轉讓。所謂基本民權或人權，乃指這種的平等權與自由權而言的。

人權觀念首見於公文書者為一七七四年九月美國渥金尼亞 (Virginia) 州的權利宣言，一七七六年七月美國獨立宣言及一七八九年七月法國人權宣言。當時他們是以『人』的資格去革命去爭取自由的，並非以英國國民或法國國民的資格而發言。因為如此則獨立與革命便是合理的，應當的，不能以叛逆目之。美國一七八七年的憲法將這人權首次列入憲法條文中，以後各國多見仿行。在第二次世界大戰時，羅斯福、邱吉爾宣布大西洋憲章提出言論自由，信仰宗教自由，免於匱乏之自由，免於恐懼之自由，人權觀念又入新的階段。

無產階級專政和法西斯主義的極權國家，由獨裁政府以專治殘暴的手段，剝奪了人民的人權，確是違犯天理，違犯人性的。奴役暴戾的政治，必爲平等自由的人權思想所推翻。不過『天賦人權一律平等』之說，亦與歷史事實，不相符合。人是動物中的最弱者，單以自由平等的自然人，是不能生存的，自然必須靠『合羣』靠『組織』，才能自衞，才能生存。有組織的合羣生活，各人便必須遵守分工合作的規範而守着有分際有界限的自由。人類天然秉賦，事實上本是參差不齊的，有聖、賢、才智、平庸、愚劣的差別；所謂平等者乃指機會的平等，卽『法律之前，一律平等』，故人權者乃依社會及個人的共同需要，經『一致同意』（卽法律），彼此相互尊重所享有的自由與平等權利。

## （二）人權保障的方式

人權旣係依『一致同意』而產生的。『一致同意』的具體表現就是憲法與法律。故人權保障亦有憲法保障與法律保障兩種方式。玆分述之：

㈠憲法保障方式　這亦叫直接保障。國父說：『憲法者，國家之構成法，亦卽人民權利之保障書也』。故憲法直接保障人權的方式是正當的。否則行政機關可以威脅侵害人民自由權利，而立法機關或亦可利用立法技術以侵害民權。中國憲法第二章凡十八條均規定人民之權利義務是採憲法保障主義。這種方式的保障，有以下三種意義：⑴使立法、行政、司法等機關及官吏，有一行爲準則，可資遵循。⑵人權得到直接的有效保障，不待法律補充，卽可享受基本民權。⑶防止政府權力的專制與武斷。

㈡法律保障方式　這亦叫間接保障，卽由立法機關制訂普通法律以規定人民自由權利的範圍及保障方式的實施。主張採用法律保障主義者，所持的理由如次：⑴依社會連帶關係言，個人自由並非絕對的，個性的發展，應以不妨害國家自由爲限度，故應以法律規定自由的範圍。⑵法律並非命令，乃由民意代表的立法機關所制定，當不致於危害民權。(3)人民可以否決法律，司法機關可以解釋法律是否違憲，故以法律保障人權亦無不妥。(4)憲法保障不免太硬性，難期與變動不居的社會環境相適應，且掛一漏萬，無補實際。

### (三) 人民在國家中的地位

人民與國家的關係，即人民應具有的權利與義務，可從以下的四方面觀察之，而窺見其在國家中所處的政治地位：

(一)消極的地位(Negative Status) 即人民處在不受國家統治權的干涉，而發生人民的自由權。

(二)積極的地位(Positive Status) 即人民可以要求國家運用其統治權而領受一切的利益，由此地位而發生人民的受益權。

(三)主動的地位(Active Status) 即人民可以參加國家統治權的行使，由此地位而產生人民的參政權，包括選舉權、罷免權、創制權及複決權。

(四)受動的地位(Passive Status) 即人民領受國家統治權的支配的地位，由此而有人民義務的產生。

## 第二節 平等權

自由爲人民的基本權利，而平等則是自由的前提。人必須在法律之前得到平等才足以言自由，即在法律之前人人享受同等權利，負擔同等義務。自積極言，國家對人民不得有特權的設置或義務的特免；就消極言，在消除各種歧視與不平等。所謂平等，包括男女平等、宗教平等、階級平等、種族平等及黨派平等五項。茲分述之：

### (一) 男女平等

過去，各國皆有重男輕女的習慣與法律。英國以 Man 一字，同稱人與男人。法國亦以 Homme 一字同稱人與男人。而女人則另以他字名之，似有男人才算人的意思。中國的女字原取人跪拜狀。這是男女不平等的明白證據。在第一次世界大戰前，各國女人率無參政權。然由於下列事實，女子漸已取得與男子平等的地位：(一)工業革命後，生產界分工細密，許多工作，女子可以擔任，婦女經濟地位，因以提高。(二)義務教育普遍推行，婦女知識，得以提高。(三)在第一次大戰時，婦女同樣的可以參加戰時工作。故戰後許多國家給女子參政權。第二次世界大戰後，一九四六年的法國新憲法亦採行了男女平等的制度。中國憲法不但採行了男女平等的原則，且對婦女當選名額有一定的保障。

### (二) 宗教平等

這宗教平等的用意，即所以保障信仰自由。歐洲經過許多的宗教戰爭，都是爲了爭取宗教自由與平等。這種精神與權利已爲多數國家憲法所採行，不因宗教信仰不同而使法律地位或政治權義有所差別或歧視，然在若干國家有採國教制者，如回教國家對於異教徒即不承認其與回教徒享有同等的權利。波蘭一九二一年憲法規定羅馬舊教爲多數國民的宗教，居於優勝的地位。

### (三) 種族平等

種族一詞每與民族相混用。中國的國族與民族是合一的。然在很多的國家，則國家與民族並非是一致的。在種族或民族複雜的國家，多作這種族平等的規定，所以求政治的安定。蓋藉此用以消滅種族的歧視與仇恨而求國家的團結。美國曾因種族問題而引起著名的南北戰爭。蘇俄、波蘭、捷克憲法均有種族平等的規定。中國憲法除第七條規定種族平等的原則外，第一六八條並明載：『國家對於邊疆地區各民族之地位應予以合法的保障。』國民大會代表立法委員皆爲邊疆民族特別規定其當選名額。

**(四) 階級平等**

在古代社會有領主與奴隸的不平，在封建社會有貴族平民之分，在專制社會，則君主與皇室亦有種種特權。卽在今日的英國，尚有貴族爵位的給予，英國貴族可列席上議院，有叛逆及重大犯罪不由法院審判而由上院審判，又無充任陪審員的義務。在資本主義國家，資本家與勞動者乃經濟上或事實上的不平等，非法律上之不平等。蘇聯的無產階級專政剝奪資產階級的參政權，則大違平等的眞義。美國憲法絕對禁止頒給爵位。中國憲法第七條亦明白標定階級平等的主旨。

**(五) 黨派平等**

民主政治離不開政黨，而結社集會乃爲人民的政治自由與權利，故不應以黨派關係而差別其政治待遇。蘇聯、德、意的一黨專政殊有背民主精神及平等眞義。

## 第三節 自由權

自由原有自由自在之意，卽各適其所，得以自由發展，完成其完美人格。自由對義務有連帶關係，爲使其盡義務，所以讓之有自由。自由所以促進社會進步及維持和平與團結，以其具有社會的價值。自由以不妨害他人的自由及不違反國家承認個人自由的目的爲範圍。自由可分爲人體活動的自由，精神活動自由及團體生活的自由三類。玆分述之：

**(一) 人體活動的自由**

所謂人體活動的自由，包括左列各項：

㈠身體自由——身體自由就是人身不可侵犯的權利，爲一切自由的前提。所謂身體自由包括兩大含義：⑴任何人民非因犯法，不受任何刑罰；⑵人民縱有犯法行爲，亦必須由依法具有審問處罰權的機關依法定程序處理之。美國採行出庭狀（Writ of Habeas Corpus）制度以防止非法的逮捕，拘禁，審問處罰。惟現行犯則任何人均可加以逮捕，逮捕後須立卽送司法警察或檢查官。犯罪行爲在實施中或實施後卽時發覺者爲現行犯。中國憲法爲保障人身自由，採取了相同的制度與精神。憲法第八條曰：『人民身體之自由，應予保障，除現行犯之逮捕，由法律另定外，非經司法或警察機關，依法定程序，不得逮捕，拘禁；非由法院依法定程序，不得審問處罰；非依法定程序之逮捕、拘禁、審問、處罰、得拒絕之』。『人民因犯罪嫌疑被逮捕拘禁時，其逮捕拘禁機關應將逮捕拘禁原因，以書面告知本人及其本人指定之親友，並至遲於二十四小時內移送該管法院審問，本人或他人亦得聲請該管法院，於二十四小時內向逮捕之機關提審』。『法院對於前項聲請，不得拒絕，並得先令逮捕拘禁之機關查覆，逮捕拘禁之機關，對於法院之提審，不得拒絕或遲延』。『人民遭受任何機關非法逮捕拘禁時，其本人或他人可向法院聲請追究，法院不得拒絕，並應於二十四小時內向逮捕拘禁之機關追究，依法處理。』

中國憲法第九條規定『人民除現役軍人外，不受軍事審判』。這是對身體自由的又一具體保障。軍法與司法有以下四點不同：⑴普通刑事訴訟採三級三審制，而軍法審判則係一審終結；以普通人民受軍法審判，無異剝奪了他的上訴權利。⑵刑事訴訟採律師辯護制度，而軍法審判則多僅由被告自行防禦，以其不諳法律，自難免受寃抑。⑶普通法院獨立審判不受上級干涉，而軍法機關則受長官的指揮。⑷普通法院採公開審判制，而軍法審判則以不公開爲原則。

㈡居住自由——居住自由就是人民的居住處所不受侵犯的權利。英諺曰『一個英國人的住所就是他的堡壘』（An Englishman's house is his castle），這最足以說明居住自由對一個人的價值。居住自由乃身體自由的延長。其含義有三：⑴不得無故侵入；⑵不得無故搜索；⑶不得無故封錮。

中國自漢以來即有『無故入人家宅格殺勿論』的條律。刑法第三〇六條明定：『無故侵入他人住宅，建築物，或附近圍繞之土地或船艦者，處一年以下有期徒刑，拘役或三百元以下之罰金；無故隱匿其內或受退去之要求而仍滯留者，亦同』；第三〇七條明定：『不依法令搜索他人身體、住宅、建築物舟車處二年以下有期徒刑，拘役或三百元以下罰金』。依法令執行職務不視爲無故。檢查官、法官、司法警察等得依法搜索被告的住宅。有行政上的必要時，官吏亦得侵入他人住宅。行政執行法第十條規定：『對於住宅或其他處所之侵入，非有左列情形之一者不得爲之：⑴人民之生命、身體、財產危害迫切，非侵入不能救護者；⑵有賭博或其他妨害風化或公安之行爲，非侵入不能制止者。』

㈢遷徙自由——遷徙來往爲身體自由的表現，應視爲身體自由的延長，包括旅行自由及擇居自由。墨西哥第十一條憲法規定：『在共和國領土內，各人有不需保證書，旅行護照，安全證或其他類似之證件而往來旅行及變更住所之權利』，最足表明遷徙自由的意義及內容。惟國際間的遷徙或旅行，則須持有兩國認可的護照。即在國內，各國亦多有下列限制：⑴國防地帶或軍事設防區域，不許人民任意旅行或定居；⑵在戒嚴地區內的旅行得加以限制；⑶在戰時得限制或强制遷徙；⑷爲防病疫的傳染得加以限制。

### （二）精神活動的自由

精神活動的自由亦可稱爲思想或意見表現的自由。這種自由是交換意見傳遞知識所不可少的，亦是促進社會進步一種動力。中國憲法第十一條所定：『人民有言論、講學、著作及出版之自由』。第十二條所定：『人民有秘密通訊之自由』，均屬於精神活動自由的範圍茲分述之：

㈠言論自由　言論自由乃指人在羣衆中或集會中發表演說或參加討論自由而言，其含義有三：⑴在公共集會中，凡屬會員，皆有發表言論的權利，不容他人侵奪；亦不得應某種關係而拘束其發言權的行使；⑵所發表的內容在法律範圍內不能限制，不能預審講稿；⑶發言者應不以發表某種言論的關係，而受到不利的影響。惟言論自由權行使，普通皆有兩種限制，即所爲言論不得煽動罪惡，敗壞道德或妨害社會安寧。此蓋所以保障社會公共利益。第二是私益上的限制，即言論自由權行使以不侵害他人的自由爲限制。發言不得侮辱或誹謗他人。

㈡講學自由　講學自由雖與言論自由相接近，然其含義究尙有不同。講學自由的含義，包括以下三點：一是學校講學的自由，設立學校教育國民，雖已成爲國家的重要責任之一，然私人設校辦敎育仍爲國家所允許所保障；二是研究內容的自由，某種主義，制度，宗教，雖可由國家禁止其作公開宣傳；但在純學術的研究立場上仍可作爲研究的對象不受干涉；三是研究結果，在不超出言論自由與出版自由的範圍內，可以自由發表。

㈢著作自由　著作自由乃指撰文字繪圖畫影片以表示意見的自由而言。其實這著作自由可以包括在出版自由中。因就範圍言，著作與出版的內容，同包括文字著譯，樂譜劇本，發音片，照片，電影片等；就目的言，兩者同在要求『發表』與『流行』的自由，以反對政府的非法干涉。

㈣出版自由　出版自由又稱刊行自由，乃指出版或印刷品的自由發行而言。所謂出版品指用機械印製或化學方法所印製而供出售或散佈的文書圖畫。惟所謂出版自由，亦受有一定的限制。爲保障社會共同利益，凡刊印流傳下列各事者爲犯罪行爲：⑴敗壞風化的淫辭淫畫；⑵煽動暗殺及搶刼的言論；⑶揭示軍事外交秘密的文件。爲要保障私人的利益，出版品不得妨害私人的安全，名譽，信用或秘密的記載；出版品印行不得侵害他人的著作權；刊載如有失實，當事人有要求更改或請求答覆的權利。

各國對出版品的管理，大別之有兩種制度：一是預防制，即在出版前由政府干預之，以防其濫用出版自由，亦稱警治主義，歐洲大陸國家如德法均採行之。其實施辦法有四：(1)檢查制，出版品送經政府檢查許可前，方得付印。(2)特許制，凡經營出版事業者，須經政府許可，領得出版執照，方准開業。(3)保證金制，預向政府繳納一定數額的保證金，出版品如有違法即沒收之。(4)報告制，出版之初，報告政府以便隨時注意。二是追懲制，即在出版前，不受政府干預，出版後，如有違法情事，則予以法律上的懲罰，亦稱法治主義，英美等國採行之。中國的出版法，對經營出版事業者須經政府許可方能設立，出版品的刊行則採審查制。

(五)秘密通訊的自由　秘密通訊自由含義，包括兩點：(1)是人民通訊不得無故被人扣押隱匿；(2)是通訊內容不得無故被人拆閱。刑法第一三三條規定：『在郵務或電報機關執行職務之公務員，拆開或隱匿投寄之郵件或電報者，處三年以下有期徒刑，拘役或五百元以下罰金』。

但所謂秘密通信的自由亦受有以下的限制：(1)未成年子女的通信得由父母或其監護人加以限制，甚或可以代行之，乃所以盡保護敎養的責任。(2)犯罪及嫌疑犯的通訊得由法院限制或禁止之。依刑事訴訟法第一〇五條：『在管束羈押之被告得與外人接見，通訊，受授書籍及其他物件。但押所得監視之或檢閱之。如有足致其逃脫或煙滅僞造證據，或勾串共犯或證人之虞者，並得禁止或扣押之。』(3)郵局於特殊情形下得拆閱通訊函件。郵件規則二一〇條：『小包郵件之包裝方法適用包裹包裝之規定，遇必要時，郵局得拆閱驗其內容』，蓋防止其逃稅；至於無法投遞的信件，公布期滿，郵局亦可拆閱之。(4)依戒嚴法十二條：『在戒嚴地區內軍事機關得拆閱郵件，必要時並得扣留或沒收之』，所以維持地方治安及保持軍事機密。

㈥信仰宗教的自由　國家對人民的宗教信仰，採取不干涉政策或中立態度，只是近代的政治事實。在若干基督教及回教的國家對異教徒常剝奪其參政權。一八五八年後，猶太教人在英國始取得衆議員的被選舉權。信仰宗教自由的含義，包括兩點：第一是人民對於教義的信仰不受干涉，此之謂信教自由；第二是人民對於宗教儀式的擧行應不受干涉，此謂之禮拜自由。就前者言，國家不應强制人民信仰某一種宗教，以免妨害人民的精神自由；至於人民信仰與否，應由人民自行決定之，人民對各種宗教有從學理上研究或批評的自由。就後者言，人民有擧行或參加宗教儀節的自由與權利。刑法第二四六條：『對於壇廟、寺觀、教堂、墳墓或公衆紀念處所，公然侮辱者處六月以下有期徒刑，拘役或三百元以下罰金』，『妨害喪、葬、祭禮、說教、禮拜者亦同。』惟擧行宗教儀式須以不妨碍公共秩序或安寧，及善良風俗爲原則。爲確保宗教自由不受妨害，政府的措施，應守以下的限制：⑴不得因宗教信仰的不同，而剝奪或差別其政治待遇；⑵政府不得以國庫支出去津貼某一種的宗教團體；⑶在學校不得强迫學生肄習宗教教義。

## (三)團體生活的自由

人爲社會動物，不能離開社會過孤立生活，所以團體生活的自由，與人體活動自由及精神活動自由有同等的重要與價值。團體生活的自由，包括集會與結社之自由兩種。玆分述之：

㈠集會自由——集會自由的含義，乃指多數人民集合一地以講演形式表示其思想或知識，或以辯論形式互換其思想與知識的自由。在美英認爲這種自由，乃是人身自由與言論自由的合併。而大陸國家則認爲這是另一特殊的自由，並有特殊法規如集會法以管理之。美英對集會手續只採追懲制，如在集會時有犯法情事則依普通法律予以裁制或懲罰之。在大陸國家，對於人民集會，則採預防制，或許可制，卽集會事前報告警署取得其許可後方可集會；或採報告制，卽於開會前報告警署使之知曉，卽可集會，不必取得其正式許可文書。露天集會或政治性集會採預防制。室內集會或非政治性集會則採追懲制。

中國除在憲法上規定集會自由的權利外，並於刑法第一五二條規定：『以强暴脅迫或詐術，阻止或擾亂合法之集會者，處二年以下有期徒刑。』這又是集會自由的具體保障。惟依各國通例集會率受有以下的限制：⑴集會不得攜帶武器；⑵集會時不得有擾亂治安或强暴脅迫行爲；⑶警察得蒞臨會場維持秩序；⑷集會不得妨害交通安全；⑸在戒嚴地區內，戒嚴司令得限制或禁止人民集會；⑹集會若有擾亂治安行爲，行政官署得依法解散之。

㈡結社自由——結社自由乃指人民爲達到其特定目的而組織團體之自由而言。集會與結社顯有區別。集會是若干人民的暫時聚集。結社乃是若干人民所成立的長久時間的固定組織，有一定的宗旨，規章與職員。結社的種類有二：一是以營利爲目的的，如商店、公司等；一是不以營利爲目的的，如學術、文化、社會、職業等團體均屬之。結社的管理制度，一如集會有預防制與追懲制兩種辦法。結社不能妨害公共安寧，或違犯善良風俗，更不能以犯罪行爲爲結社的目的。刑法第一五四條規定：『參加以犯罪爲宗旨的結社者，處三年以下有期徒刑；首謀者處一年以上七年以下有期徒刑。』

社團的成立，率有一定的程序，經過發起、籌備、成立等手續方告完成。經依法成立的社團，具有法人的資格，成爲權利義務之主體，可以表現意志，承擔責任。如爲非法結社，主管機關得取締之，或由法院裁定，予以解散。

在過去，各國法律均禁止勞工結社及官吏結社的自由。現時各國對此禁止皆已取消。勞工結社且有於憲法中明定保障者。威瑪憲法卽有：『不論何人何種職業，爲維持及改良勞動條件及經濟條件而作結社，均保障其自由。』官吏或公務員亦得組織職業團體，但此團體不得干預公務員所管理的職務，並不得罷工，致中斷公務的執行。

## 第四節　自由權利的維護

自由權利雖於憲法中明文保障，然若立法機關或行政官吏濫用或誤用其職權，對於這基本民權亦可有所侵害。爲防止這種流弊，切實維護人民自由權利，則對立法權就不得不加以限制，對行政官吏亦就並應課以法律責任。玆分述之：

**(一) 立法權的限制**

自由權利雖受憲法保障，然在實際上自由權的行使須受法律限制。惟爲防止立法機關的侵害人民自由權利，立法機關通過限制自由的法律時，必須遵守以下的條件或限制：第一、除非爲了防止妨害他人的自由不可通過法律限制自由，因爲自由是以不妨害他人的自由爲前提的。第二、國家爲避免緊急危難，可以施行戒嚴法，限制人民的自由。第三、必須爲了維持社會秩序及增進公共利益時，始可以通過法律限制自由。所以中國憲法第二十三條明定：『以上各條列之擧自由權利，除爲防止妨碍他人自由，避免緊急危難，維持社會秩序或增進公共利益所必要者外，不得以法律限制之。』

**(二) 公務員的責任**

公務員若因執行職務或假借職務上的權利與機會侵害人民的自由權利，除應受行政懲戒處分外，若觸犯刑法而構成瀆職罪則應負刑事上的責任；若構成民事上的侵權行爲，並應負民事上的責任。民法第一八六條規定：『公務員因故意違背對於第三人應執行之職務致第三人權利受損害者，負賠償責任；其因過失者，以被害人不能因他項方法受賠償時爲限，負其責任。』人民受損害固應向公務員請求賠償，但公務員無賠償資力時，則依法向國家請求賠償；其有法律明定由國家賠償者無須請求公務員賠償。中國憲法第二十四條規定：『凡公務員違法侵害人民之自由或權利者，除依法律懲戒外，應負刑事及民事責任。被害人民就其所受損害，並得依法律向國家請求賠償。』就是這種意義。

# 第二十章　間接民權（選擧權）

現代的民主政治，實際上只是代議政治，就是由選民選擧議員組織議會，代表人民行使政權；有時亦選擧行政官吏代爲處理政務。這種辦法是人民的間接參政，而非直接參政，故選擧權在實質上祇是間接民權。選擧權或間接民權的性質及運用如何，實爲政治學上的一個極重要的問題。本章在對此一問題扼要論列之。

## 第一節　選擧權的性質

### (一)固有權利說

主張『人權天賦』的政治學者，認爲選擧權乃是人民固有的政治權利，不可剝奪，不能轉讓。盧梭、洛克的學說就持着這種觀點。但這說法似欠合理，且天賦人權說與歷史事實亦不相符。若承認選擧權是人民固有的不可剝奪的自然權利，則未成年的孩童及精神病患者亦當可以行使之。這豈能是應該的或行得通的？選擧權若果是固有權利，則人民有選擧與不選擧的絕對自由。政府對選擧權如何行使，亦將不能加以絲毫的過問了。這與各國的政治施設，是大有出入的。

### (二)社會職能說

另一種說法，則認爲擧權乃是社會職能；就是國家爲適應社會利益與政治需要而賦予人民的職務或職能。選民構成的選擧團體乃國家機關之一。所以國家可以用法律規定選民的資格，並可施行『强迫投票制』。白朗芝齊說：『國民選舉權，並不是人類的天賦權利，而是屬於國家的，乃國家所賦與的，是國家使之爲社會謀利益的職能』。這種說法亦不無問題。㈠若選舉權是屬於國家的，則國家當有權停止給與人民以任何選舉權，而成爲專制國家。㈡國家係由人民組成的，人民是一切政治權力的淵源，若不經人民同意，國家何來這種權力。

**㈢ 法定權利說**

選舉權的性質應視之爲人民的法定權利。這是說選舉權兼具有『權利』與『職能』的雙重意義。人民既是一切政治權力的淵泉及主體，所以選舉權是屬於人民所有的一種政治權利。國家或政府決不能任己意剝奪之。但這種權利如何行使，則依人民的同意可以法律規定之。所以說，選舉權就是人民依法律而享有的一種政治權利。換言之，他是法定的一種公權。這種公權不能委託他人或轉讓他人代爲行使。這與私法上的權利，顯有不同。

## 第二節　選舉人的資格

**㈠ 限制選舉 (Limited Suffrage)**

選舉權既是人民依法律規定享有的一種政治權利。因之，選舉人應具有何種資格方爲適當，方與國家有利，率由法律規定之，各國對選舉人資格的規定，寬嚴並不一致。在民主政治施行的初期，選舉資格，限制較爲嚴格。其後，則隨民主政治的演進，人民參政權的範圍逐漸擴大，選舉人的資格，便因之而逐漸放寬。凡規定必須具有一定數額的財產，受有一定程度的教育的男性公民，始能行使選舉權者爲限制選舉。玆就財產、敎育、性別對選舉人資格作爲限制的理論與實施，分別申述如後：

㈠財產限制　用財產限制選舉人資格的事例甚多。一八三〇年前，法國規定每年納稅達三百法郎以上者始有選舉權。一八三二年以前，英國規定每年至少有四十先令以上所得的自由地主才有選舉權。在十九世紀前，美、德、荷、義等國莫不有此財產限制。其所持的理由有三：⑴有財產者愛護政治秩序，以之參政，足以維持社會安寧；⑵有財產者對國家或政府才有直接利害關係，才會對政治發生興趣，才肯負責；⑶財產為納稅的表徵，對國家盡納稅義務者始能獲得選舉的權利。這種主張，只是一偏之見，不能成為定論。大多數人不能參政，恐不足以維持政治安定；若政權被少數有產者所把持，反足為亂源。且財產與人民的選舉權利，顯然為兩事，不應使之發生必然的連帶關係。經過人民的積極要求與努力，今日除蘇俄將選舉權給予農工階級外，各國都撤消財產對選舉權限制。

㈡教育限制　有些人認為選舉乃是一種政治抉擇與判斷，若無相當的教育程度或知識，必無正確的判斷能力，故以教育程度列為選舉人資格限制之一。但現在各國多已實行採用强迫的國民義務教育制度。人民的知識水準已普遍的提高了，教育限制事實上已無必要，故各國對此種限制多已撤除。縱然有少數國家如巴西、智利、匈牙利及美國的紐約、密士色必等州尚有選舉人須能誦讀書寫或能誦讀憲法條文的限制，然限制甚寬鬆，事實上亦等於無限制。

㈢性別限制　在第一次世界大戰以前，只有挪威、丹麥、芬蘭、瑞典少數國家的女子有參政權。在大戰期間，女子對戰爭有良好成績表現，所以戰後英、美等國亦採行了女子參政權。第二次世界大戰後，法國、希臘、南斯拉夫、羅馬尼亞、土耳其、意大利、葡萄牙等國亦給予女子以選舉權。反對女子有參政權者持以下理由：⑴女子的生理與心理狀況不適宜於參加政治活動；⑵生物愈進化，分工愈細密，使女子參政與男子擔任雷同工作，乃是退化現象；⑶女子未服兵役，故不應使之有選舉權；⑷女子的工作效率低下，故不應使之參政，免致影響政治效能。其實這都是男子對女子一種成見或偏見，並無科學的事實的根據，未必能成立。且選擧權爲人民的政治權利，不能以性別關係而剝奪之、歧視之，致危害了平等的基本民權。至於女子生育教養子女的工作，對保衞民族與國家的貢獻，實不亞於男子的服兵役；即戰事職務，女子亦照樣能擔任之。

### （二）普通選擧（Universal Suffrage）

選擧人的資格不作財產、教育、性別上的限制，祇就年齡、國籍、行爲能力及未受刑事處罰，爲條件者，爲普通選擧或普及選擧。國家主權屬於國民全體，人人應具有參政權，方能表現人民總意，故選擧權應力求普及。國家在爲最大多數人謀最大幸福，國民對自身的利害知之最切，應由其自己直接判斷之、抉擇之。選擧人須具有本國國籍，乃是各國的通例。選擧人年齡，大多數國家皆規定須達於法律上的成年；但亦有較此略高或略低者。日本舊選擧法，選擧年齡二十五歲，而法律成年則祇二十歲。德國定選擧年齡爲二十歲，成年則爲二十一歲。在選擧區內須居住一定時間，才能註册，行使選擧權，亦爲各國通例。英國爲三個月，比利時爲六個月，波蘭爲一年，挪威爲二年。凡因犯內亂、外患、貪汚罪經判決確定者，經褫奪公權尙未復權者，受禁治產之宣告者，患精神病者皆不能行使其選擧權。

### （三）被選擧權問題

被選擧權就是說具有何種資格的人由選擧人選爲代表或官吏方爲有效。各國的選擧制度率皆承認有選擧權者即有被選擧權，然對於某種代表或官吏的當選多有提高其年齡或其他條件者。在實質上，各國對選擧權與被選擧權率皆等量齊觀。　孫中山先生對此則另持精闢獨到的見解。他認爲選擧權的取得基於權，應屬於國民全體。被選擧權的取得基於能，應屬於有能的專材。所以他主張候選人應經考試銓定其資格，以救選擧制度之窮。在其手訂的建國大綱中並明定：『凡候選及任命官員，皆須經中央考試銓定資格者乃可』。

## 第三節　選擧權行使的依據

### (一) 地域代表制

選擧權行使的依據計有兩種：一是選擧人所居住的區域；一是選擧人所從事的職業。凡以區域如省縣等爲選擧依據者，曰地域代表制，(Geographical Representation)。現代的民主國家，如英、美、法、德、義等國的選擧皆採行地域代表制。採行地域代表制的國家，爲辦理選擧，則將全國劃分爲若干選擧區。每一選區只選擧當選人一人者爲小選擧區。每一選區能選擧當選人二人以上者爲大選擧區。在小選擧區制，選擧人對候選人關係較密切，認識較清楚，故容易作較合適的抉擇，是其優點。但因選擧人數較少，容易操縱及賄選，且區內有時人才缺少，不能選擧更優異的人才，則是其缺點。大選擧區制雖足以救人才偏枯之窮，有較多人才可供選擇，且舞弊不易；然選民過多，於候選人的關係較疏遠，認識亦自不足。在中國，國民大會代表以每縣市選擧一人爲準，乃小選擧區制。立法委員的選擧數額以人口爲比例，係採大選擧區制。

### (二) 職業代表制

以選擧人的職業爲選擧依據者，曰職業代表制 (Professional Representation)。工團主義者，基爾特主義者便皆主張以工會、商會、農會等職業組合爲選擧單位或團體。主張職業制者持以下的理由：(一)工商事業日趨發達，職業團體的勢力，日趨强大，議會或政府中若無其選擧的人以爲代表，議會或政府將失却其眞實的代表性，而不足以保持其實力與權威。⑵現代議會的立法內容已日趨複雜與專門化，且與農、工、商、醫等職業問題，均發生密切關係，若不容納職業界代表，羅致專才，議會必難勝任地擔當其立法職務。⑶區域選民組織渙散，對當選者無指導與監督力量，其代表性是虛僞的。職業團體有嚴密組織，意志統一，對選出人能作有效的指導與監督，其代表性是眞實的。

反對職業代表制者，則持以下的論說：㈠職業選舉在實行技術上頗爲困難，計票分配皆甚費力。㈡職業代表制足以引起議會內部的分裂與衝突。㈢職業代表制爲獨裁極權的蘇俄及法西斯的義大利所採行，有背民主政治的精神。其實選舉技術乃瑣細問題，不難解決。職業衝突乃一社會的實際問題，會議即爲謀求解決的適當場所，固不必逃避現實推脫困難。在民主國家如英、法等國亦已有採職業代表制，不可視爲極權國家的專有品。

完全採行職業代表制者爲實行無產階級專政的蘇俄，及法西斯主義時代的義大利。有同時採行地域代表制與職業代表制者。英人韋柏（Webb）、法人狄驥（Duguit）均主張除由地域代表組織政治國會外，應另由職業代表組成經濟國會。英國於一九三〇年，法國於一九二五年均有全國經濟顧問會議的設立，卽師其意，而由職業代表組成之。德國威瑪憲法中的全國經濟院，亦採用了職業代表制。中國的國民大會代表及立法委員除地域代表外，尚定有職業代表的名額，由職業團體選擧之。

## 第四節　選擧權的代表效能

### （一）平等選擧與不平等選擧

所有選民每一人只有一個投票權，其效力復相等者爲平等選擧（Equal Suffrage）。普通選民只有一個投票權，特殊選民有二個以上投票權者爲不平等選舉（Unequal Suffrage）。選舉人投票數目不等者，曰複數投票制（Plural Vote System）。一八九三年比利時憲法規定普通選民有一票權；其有不動產值二千佛郎以上者有二票權；若且畢業於高等學校者有三票權。選舉票效力不平等者，曰等級投票制（Class Vote System）。普魯士一八四九年的三級選舉法，便爲一例。不平等選舉與民主精神相違反，與普通選舉的原則亦有衝突，今日已被淘汰。

### （二）直接選舉與間接選舉

由選民一次投票逕行選出其當選人者，曰直接選舉（Direct Election）。先由選民選出第二選舉人，再由第二選舉人選出當選人者，曰間接選舉（Indirect Election）。主張間接選舉制者，認爲第二選舉人知識、能力、品德都較一般選民爲高，故選舉結果比較良好，而少危險性。英人彌勒（Mill）在所著代議政治（Representative Government）一書中，即作如是主張。反對間接選舉制者，認爲這不足以表現選舉的眞正代表性，居間的選舉人可能違反一般選民的意志；且選舉人數大減，予競選者以大好的操縱及舞弊機會。現今各國上院議員多採間接選舉，下院議員皆由選民直接選舉之。

## 第五節　選舉權行使的方法

### （一）多數代表制

得多數選票者爲當選，少於此數者即落選者曰多數代表制（Representation of Majority）。得票須過選票半數始能當選者，曰絕對多數代表制；得票比較多數的票，即可當選者，曰比較多數代表制。在比較多數代表制下，得票數相等者，普通皆以抽籤方法決定之。在絕對多數代表制下，只有最大的政黨，或得票最多的政黨方能獲勝。若行比較多數代表制，小黨分立時，可能因票數分散，少數黨支持的候選人亦有當選希望。採行絕對多數代表制，若第一次投票無人得過半數票時，解決方法有五：㈠重行舉行第二次第三次第四次選舉，一直至有人獲得過半數當選票數時爲止。㈡舉行第二次選舉以得票比較多數者當選。㈢就第一次得票最多的二人舉行決選。㈣選擇投票（Preferential Ballot）。其法是令選舉人就其意願選舉的人按第一第二第三等志願依序連記數名。開票時先計第一位或第一志願者的票數，不過半數時，再開第二位的票數，加入各人已開得的票數上，順序開票計算，至有人當選爲止。美國各地選舉多有用此方法的。㈤交替投票（Alternative Ballot）。其法亦是使選舉人就所欲選舉的人，按次序連記數名，先開計第一位的票數，若無當選者，則先處分得票最少者的票，加入各該票上所指定的第二位的人得票之中。若仍不過半數，再處分得票次少者的票，加入各該票上所指定的第二位的人得票之中，依次處分，直至當選爲止。

### （二）少數代表制

在大選舉區制下，爲使少數黨亦有選舉出少數代表的機會與權利計，有採少數代表制（Representation of Minorities）者。其實行方法有四：㈠限制投票法（Limited Vote）亦叫減記投票法。即選舉人就當選名額，減少一名或數名投票，以得票較多者當選，例如當選名額本爲五名，投票時選舉人於選票上只能圈寫三名。若允許圈寫全額，多數黨可以當選五名。今限定圈寫三人，則多數黨最多只能獲選三名。少數黨有獲選二名的機會。㈡累積投票法（Cumulative Vote），亦叫重記投票法。即選舉人可以圈寫或選舉當選者的全數名額，但所選舉的人可以連記數個不同的人，亦可以重記或合計一個或幾個重複的人，以得票較多者當選。例如當選額爲四名，選舉人於選票上可以選舉甲、乙、丙、丁四人，亦可選甲、甲、乙、丙三人，亦可選甲、甲、甲、乙二人。每張選票仍均各按四票計算。如此，則少數黨可以把自己的票集中投選一人或二人，便可有當選的把握。㈢遞減投票法（Graduated Vote），即選舉人可於選票上連記全數當選人額，但投票的價值則依連記順序而遞減。例如當選額爲三名，則選票可連記三人，但第一位候選人的票一票算一票，票之價值爲1，第二位者則二票算一票，票值爲$\frac{1}{2}$，第三位者三票算一票，票值爲$\frac{1}{3}$。㈣單記投票法（Singular Vote），即當選名額有數人時，選舉人於選票上只能圈寫或選舉一人。如此，則各黨將能以按其實力或掌握票數，可選出其應當選的名額。

### （三）比例代表制

爲使各政黨按照自己的實力或掌握的票數，能依比例的選舉其應當選的名額，叫做比例代表制（Proportional Representation）。這種制度在實行上應加說明者有兩點：一是當選商數的決定，一是餘票廢票的移轉。玆分述之：

*A*當選商數的確定：普通的選舉法係於選舉後開票，就各人得到最多或較多票數者爲當選。在比例代表制下，係以政黨爲標準並依所算定的當選票數，亦叫當選商數(Quotient Electoral)，決定當選人。可以按此商數，獲出應得數額的當選人。當選人能否當選是依所屬政黨及得票數額兩個因素衡量之。當選商數的決定方法有下列四種：

⑴赫爾計算法　這方法爲英人赫爾（T. Hare）所創，匈、荷、瑞士等國曾採用之。其法是用選區內當選名額數字除選區內投票總數，所得商數即爲當選商數。式爲：

$$Q=\frac{V}{M}$$（Q爲當選商數，V爲投票總數，M爲當選人數）

譬如投票總數爲三千，當選人爲五名，則當選商數爲六〇〇票。若甲黨得票一、八〇〇，則當選三人，乙丙兩黨各得票六〇〇，則各當選一人。

(2)楚濮計算法　這方法爲英人楚濮 (H. R. Droop) 所創，捷克、匈牙利曾採用之。其計算方法是用『當選人數加一』除『投票總數』，所得商數加一，卽爲『當選商數』。式爲：

$$Q=\frac{V}{M+1}+1$$

譬如當選名額爲五人，投票總數爲六、〇〇〇，則當選商數爲：

$$\frac{6,000}{5+1}+1=1,001\text{票}$$

若甲黨得票三、二〇〇則當選三人，乙黨得票二、三〇〇則當選二人，丙黨得票五〇〇，不及當選商數，無人當選。

(3)鄧特計算法　這方法是比利時人鄧特 (V. Dhont) 所創，瑞典、挪威、丹麥曾採行之。其法是先用1 2 3 4 5 6 7 8等數字順序除各黨所得票數，除得的商數依大小次序排列，所取商數的排列至與當選數額的數字相同爲止，這一個商數，卽爲當選商數。再以這當選商數除各黨所得票數，卽得出各黨應當選的人數。例如當選數額爲五名，各黨得票數爲：甲黨一、六八〇票，乙黨爲八二〇票，丙黨爲四六〇票。今以1 2 3 4順序除各黨票數，所得商數的大小順序爲：

1,680　840　820　560　460

則第五個商數爲四六〇，這便是當選商數。因當選名額爲五，所以取第五個商數爲當選商數。再以當選商數分別除各黨所得票數，則

甲黨當選數爲 $1,680\div460=3\frac{300}{460}$人，卽三名；

乙黨爲 $820\div460=1\frac{360}{460}$人，卽1名；

丙黨爲 $460\div460=1$人，卽1名。

(4)何根巴哈計算法　這方法是德人何根巴哈（Hagenbach-Bichoff）所創，比利時曾採行之。其法是先用楚濮計算法求出當選商數，再用這商數除各黨所得票數決定各黨當選名額。若尚餘有當選名額待分配，則用各黨『當選額加一之數』，除各黨所得票數，凡得最大商數者，卽多當選一名。

B餘票廢票的轉移：在比例代表制下，某候選人得票已達到當選商數時，可把多餘的票轉移於其他候選人；某候選人得票過少，決無當選希望時，亦可把廢票轉移於其他候選人。如何轉移，其方法有左列各種：

(1)單記比例代表法（Single Transferable Vote）　這方法爲赫爾（T. Hare）所創，南非聯邦、加拿大曾採行之。選舉人於印就的選票上各候選人姓名上填寫（一）（二）（三）（四）表明其志願選舉的次序，若（一）已當選或無當選希望，可將餘票或廢票轉移於第（二）人。

(2)名單比例代表法（List-System of ProportionalRepresentation）　這方法爲瑞士人納威（Ernest Naville）所創，各國採行者頗多。其法係以政黨爲單位，同一政黨的候選人編成一組名單，選舉人只投某一政黨的票(名單投票)不能選舉個人。何人當選以名單上候選人的次序爲標準，餘票或廢票的轉移，由政黨自行決定之。有者則允許選舉人於選票上作個人投票，何人當選以個人得票多少爲標準；若有餘票或廢票時必須轉移於同一政黨的其他候選人。

# 第六節　選舉權的行使方法

**（一）祕密投票與公開投票**

選民投票須於選票上記明選舉人姓名者曰公開投票（Open Voting）或記名投票；其無須記明選舉人姓名者曰祕密投票（Secret Voting）或無記名投票。前者雖足以加强確定選舉人的投票責任；然易受威迫與利誘，足以妨害選舉人的自由，遠不若祕密投票的比較民主與自由。所以今日各國選舉率皆採無記名投票。

**（二）自由投票與强迫投票**

選民行使或不行使其選舉權，完全由選民自由決定者曰自由投票（Free Voting）。選民不得無故放棄其選舉權，國家加以强制者曰强制投票（Compulsory Voting）。現今的多數國家皆採自由投票，蓋視選舉爲一種權利，行使與否，宜聽自由。實則選舉權的行使關係政府組織，國家利益者甚大，非私人權利可比，由國家强制行使，亦所應當，瑞士各邦多有採行强制投票者。

**（三）單記投票與連記投票**

選舉人於選票上只能書寫或圈定一個候選人者曰單記名投票（Singular Voting）。選舉人於選票上可以書寫或圈定若干或數名候選人者曰連記名投票（Plural Voting）。當選名額只一人時，自須採單記投票。當選名額爲三、五人或數人時亦有採單記名投票者，其用意則在防止多數黨獨佔選額，並減少計票時的繁多工作。惟若當選名額較多時，單記投票可能使選票過於集中，不能選足其當選名額，勢須重行投票，亦不可不加以顧慮。

## （四）當場投票與缺席投票

選舉人必須親自到選舉會場投票方爲有效者曰當場投票（Present Voting）。選舉人因事故於選舉時不能親自到場投票，允許其委託他人代爲投票，或以通訊方法投票者曰缺席投票（Absent Voting）。選舉人係居住於選舉區內者，當場投票當無困難；且必須親自到場方能防止冒名等選舉弊端。所以各國皆採行當場投票制。但選民確以正當原因，如以職業關係或公務執行離開選舉區者，亦應有所補救。其補救方法有三：一是預寫委託書狀，由受委託人持書向選舉管理員領取選票代爲選舉。二是由選舉管理員將選票寄給本人，由本人塡寫後寄還之。三是事前向選舉事務所領取選舉證，於選舉日可持證至當時居住的選舉場所，親自投票。

# 第二十一章 直接民權

## 第一節 罷免權

### (一)罷免權的理論

公民以投票方式使議員或官吏去職的權力曰罷免權，爲直接民權之一。人民有了這種權力，才能貫徹選舉權的行使，能有效的控制政府和議員，使之不敢違犯民意。如此，則政府才能成爲『能放能收』的良好機器，代議政治才能成爲全民政治。反對罷免權者持以下的理由：㈠被選舉人懷恐懼心理，畏葸退縮，不敢負責，將減低政治效能。㈡罷免案的提出及表決，宣傳轟動，範圍甚廣，對被罷免者的打擊太大，致潔身自愛之士，不肯參加政治活動。㈢選任官吏及議員，任期不甚長，與民意距離，不會太遠，故無罷免的必要。其實這些反對理由，都欠健全。議員或官吏只要能依從民意，努力負責，人民必竭誠擁戴之，何必畏懼人民罷免，如不負民意與民望，無異有愧職守，其自身已構成莫大恥辱，影響其名譽者乃其自身，並非罷免。罷免權對官吏及議員具有一種警惕作用，且以是否違反民意爲行使前提，與任期久暫無甚關係。

### (二)罷免權的行使

在第一次世界大戰前，採行罷免權的國家，只有瑞士和美國。今日則多數的國家已採行了這種制度。罷免權適用的對象，各國並不一致，或爲官吏或爲議員，間有適用於法官者。中國則國民大會代表，立法委員，監察委員，省縣議員，總統，副總統，民選縣市長均得依法罷免之。爲防止罷免權的濫用，各國對罷免權行使的程序，率就下列三端規定限制：㈠罷免時間的限制。被選人是否稱職，須經過相當時期，方能證實。若當選不久卽予罷免，旣欠合理，又失公平，時間限制少者三個月，多者一年不等。中國規定，選民對國民大會代表，立法委員，監察委員非經過六個月後不得罷免；國民大會代表對總統任職未滿一年者不得聲請罷免。㈡連署人數的限制。提出罷免案時須有一定人數的連署方爲有效，少者十分之一，多者四分之一，所以防止少數人操縱利用，淆亂聽聞。聲請罷免國民大會代表，須有原選舉單位，當選時投票總數百分之十以上選舉人的簽署，立法委員的罷免聲請書亦須原區選民百分之十以上的簽署；監察委員的罷免須有各該選舉會選舉人四分之一以上的簽署；國民大會代表六分之一以上的簽署始能提出對總統副總統的罷免案。㈢再罷免的限制。罷免案經提出被公民投票否決後，則對同一被聲請罷免人，在原任期內或未經過一定時間，不得再爲罷免的聲請。

選民不僅可以運用罷免權罷免官吏或議員個人，在瑞士及德國，選民尙可以運用罷免權解散議會。瑞士各邦規定，邦內公民若達一定人數提議解散議會時，得交付公民投票表決之。投票結果，若達一定的贊成人數，則議會卽須解散，重行選舉。德國各邦亦有相類似的規定；惟提案經公民表決通過後，由政府下令解散議會，重行選舉。

## 第二節　創制權

### ㈠ 創制權的理論

創制權就是公民直接立法的權力；就是由法定人數公民的連署，將其草擬的法案提付立法機關或逕付公民表決成爲法律。主張採行創制權者，其所持理由如下：㈠主權屬於國民，立法爲實行主權的具體有效表現，故主權地位的公民應掌握有這種重要的政治權力；否則，只有代議士才可以立法，未免與民主政治的眞義相違犯。㈡議會有時由於短見，有時爲了私見，常於有意無意中違犯民意，而不制定人民所需要的法律，採行公民直接立法可以救濟這種毛病，人民逕行制定其自己所需要的法律。㈢議會有時會爲某一階級或集團所控制所操縱，其所通過的法案，可能失之偏陂，不足以代表全民利益，人民握有直接的立法權，自能防止這種流弊，實現全民利益。㈣人民爲了行使創制權，對於政治問題及法律問題，將足以增進其參加及研究的興趣，藉此則發生了重大的政治教育作用。

反對施行創制權者，持以下的理論：㈠一般公民知識不足，教育不齊，缺乏立法的經驗與技術，則所擬定的法案，必難期其完備愼密。㈡選民爲數衆多，對政治問題的抉擇，有時不免感情用事，有時則固執成見，在社會心理或羣衆心理的支配與影響下，所表決的法案可能過於急進或太保守。㈢創制權的施行，足以分散議會的立法權。議會與選民分掌立法權，則事權不專一，責任無歸宿，若立法失策，二者將可相互推諉。㈣創制案的提出與表決，手續繁複，用費浩大，頗不經濟。

自然，任何制度都是優劣互見，利害相連的。創制權是否行使及如何行使，當然是個決策的問題，並應視其是否適合國情及時代需要爲前提。創制權幾爲各國普遍採行，亦未見如反對者所指的惡劣情形。『需要就是法律』，『存在就是理由』，時鐘不會倒轉，創制權仍必繼續的發展施行下去。

### （二）創制權的行使

就創制權行使的範圍言，有者只限於憲法修正案，有者只限於普通法律案，有者則兼及於憲法修正案和普通法律案。瑞士聯邦只准公民對憲法修正案行使創制權。一九三一年的西班牙憲法只採用了普通法律案的創制權。美國的各邦及瑞士的各邦，創制權的行使範圍則兼及於憲法案及法律案。依中國憲法，選民對於憲法修正案及中央立法範圍的法律案均無創制權；選民只能依法對縣市自治事項的法規行使創制權。

就創制權提出的方式言，有者採行立法原則的創制，即由選民表決立法的重要原則，由立法機關依據這原則制定完整的法律，頒佈施行；有者採行具體法案的創制，即由選民逕行表決具有具體完整條文的法律案。瑞士聯邦之制，選民對全部憲法修正，只能提原則創制，對憲法的部份條文的修正可任意採原則創制或具體條文創制。美國各邦及瑞士各邦，對創制權的行使則採完整法律創制權。

就創制案提出的程序言：有者只祇選民向議會提出法律創制案，不再交付公民票決，一九二〇年的奧國憲法即祇規定選民的創制要求權，而無表決權；有者則許選民於其所提創制案經議會否決後，再交付公民票決之，威瑪憲法對創制權的行使即有這樣的規定。

各國對創制權的行使，率採有以下的兩種限制，以防止其濫用：㈠創制案提出須達一定數額連署人，瑞士聯邦憲法修正案的提出，須有八萬公民的連署，德國聯邦規定創制權的提出須有選民十分之一以上的連署。㈡創制案的內容，各國亦有加以限制者，如預算案、租稅案、俸給法案則不列入創制權的行使範圍，因此等法規皆直接涉及人民擔負，恐其利用創制權，藉以減免擔負，致妨害到國務的進行。

## 第三節　複決權

### (一) 複決權的理論

複決權就是公民對於立法機關通過或否決的法案得重行表決以決定其效力的權力。議會若不通過人民所需要的法律，公民可以運用創制權逕行制定之。議會若通過人民所反對的或不爲人民所需要的法律，公民可以運用複決權否決之。這兩種的直接民權，相互爲用，相得益彰。複決權應當採行的理論，和創制權者相同。簡言之，複決權的行使足以實現眞正的民主政治，人民藉此可以控制議會使之服從民意，不能放肆專橫，並足以提高公民的政治教育及促進其參加政治的活力與興趣。反對者則以爲：㈠人民的知識不足，無判斷法律內容是否正確的充份能力；㈡選民易爲社會心理所左右，不是趨於偏急，便會過於保守，很難表決溫和適中的法律；㈢複決權的行使足以分散議會的立法權，使立法責任莫由責成；㈣複決權在實行上有種種困難，人力財力均不經濟。但進步的政治理想與力量已掃平了反對者所說的障礙與困難，『事實勝於雄辯』，複決權的行使仍在繼續擴展中。

**㈡ 複決權的行使**

就複決權行使的範圍言，有憲法案的複決與法律案的複決。憲法爲國家的根本大法，經議會或制憲機關通過後，交由公民複決，事所應當。若議會通過的普通法律亦須交公民複決，則議會形同虛設，公民亦將不勝其煩。所以美國各邦率採憲法案的複決權，很少對普通法案亦採複決制者。在德、奧、瑞士則憲法複決與法律複決兼行之。就複決權行使的方式言，有任意複決與强制複決兩種。强制複決者，即議會通過的法案或否決的法案必須再交公民表決，才算完成手續，發生效力。强制複決常限於兩種情形：一是公民創制案經議會否決者；一是經議會通過的憲法修正案。任意複決者，即立法機關通過的憲法修正案或法律案，經選民或有關機關提出複決請求時始提付公民表決。任意否決有兩種情形：一是經議會否決的法案，經要求提付公民表決，其目的在使該法案能以成立；一是經議會通過的法案，經要求提付公民表決，其目的在否決此法案。瑞士對於憲法修正案採强制複決制；德國對此則採任意複決制。

除一定數額的公民外，可以提出複決請求的機關有政府、有各邦、有議會議員。複決權的行使，普通亦有兩種限制；一是複決案的聲請，須有一定數額公民的連署；二是條約案、自治法律案、租稅案、政府例行公務及緊急法案皆不列入複決權行使的範圍。

# 第二十二章　國民受益權

受益權又稱要求權，即人民由於其積極的地位，要求國家有所作爲，藉以享受一定利益的權利。自由權的觀念，基於個人主義而產生，在限制政府權力，保障人民自由。受益權則基於社會主義的思想所促成，在使國家及政府能成爲積極爲民服務的機關。國民受益權可別爲經濟的與法益的兩種，玆分述之。

## 第一節　經濟的受益權

經濟的受益權包括人民的生存權、工作權及財產權，奧國學者孟哲（A. Menger）稱之爲社會權。在資本主義的經濟制度下，個人的經濟生活完全由個人負責，每發生種種困難與流弊。爲謀補救計，國家應負相當責任，規籌經濟措施，保障個人生活，解決社會問題。故中國憲法第十五條明定：『人民之生存權、工作權、財產權應予保障』。

### （一）生存權

國家對社會上的經濟弱者有給予最低限度生活條件的責任。國民有要求此種條件以維持其生存的權利。但此與救濟不同，救濟只是一種恩賜，此則是國民的正當權利。所謂經濟弱者指機器生產下的勞動大衆。他們所以成爲經濟弱者，並非由於個人的不努力，乃環境與制度使然，故國家應扶植之，方爲公平。其實施的方法包括社會保險，職業介紹，失業救濟，工人住宅，福利及衞生等設備，最低限度工資，工廠安全檢查，工作時間的限制，童女工的特別保護及集體契約等。

## (二) 工作權

工作權亦稱勞動權，其含義有二：(一)人民向國家要求工作機會的權利，所以中國憲法第一五二條規定：『人民具有工作能力者，國家應予以適當之工作機會』。國家對於有工作能力的人民有介紹職業、救濟失業及使之充分就業的責任。(二)人民有自行選擇其職業種類的權利。因爲如此才可以適應各人的身體、性情、能力的不同，發揮最大的工作效率。國家不能强迫人民擔任某種職業，違背職業自由。但個人所作職業的選擇或經營，不能違反社會利益、善良風俗及國家的財政經濟政策。

## (三) 財產權

財產權的受益意義，包括着兩點內容：(一)財產所有權應受尊重與保障，不能非法侵佔或沒收；(二)各人對自己的財產有使用及運用的自由，不受非法的限制。不過今日的財產權觀念，在政治學上已與過去的看法異其旨趣。在往昔財產權被認爲是人民的一種神聖不可侵犯的個人權利，國家和政府的責任，就在於保護生命財產。今日則財產權被視爲一種社會職能；亦就是說私人的財產須擔當其社會功用時方能受到尊重與保障。財產所有權人有運用其財產的義務，若不作運用足以妨害社會利益時，政府可以强制使之加以運用；例如地主擁有大量土地不加墾殖或耕種者，政府得干涉之。個人使用或運用其財產時，須有助於社會，不能侵害他人利益或社會公益。政府爲了國防需要或實現公共利益，對於私人財產得依法徵用之。由於社會的進步及公衆的努力，私人財產的增值，應歸公有，如土地增值稅，過份利得稅卽屬此類性質。財產權的繼承，國家可加以限制或課以重稅，以防止不當的不勞之獲。

## 第二節　法益的受益權

### （一）請願權

人民對政府機關議會或地方自治團體，表達意願或請求，希望其有所作爲以增進人民福利，或有所不作爲以免發生弊害者，是謂請願權。人民提出請願，乃是對公共苦痛或不便提出申訴，希望對於有關的法令作部份的或全部變更以適應環境或滿足公共需要。行使請願權的主體，雖是國民個人，然實際上率皆以集體行動出之。就請願權行使的對象或客體言，則爲行政機關及立法機關，審判機關卽法院不接受人民的請願案。請願只能表達其希望，請願者不能强迫行政機關或議會必須採取行動。請願若有强迫或威脅情事則視爲違法。一八六〇年阿根廷憲法明定：『凡用武力，或由羣衆大會，以人民名義，行使請願權時，以內亂犯論』。一九三一年西班牙憲法亦有相類似的規定。中國憲法第十六條明定人民有請願權，但請願權如何行使，應依請願法的規定。

### （二）訴願權

人民因國家機關的違法或不當處分致使其權益受到侵害時，請求原處分機關的上級機關以行使程序撤消或變更原處分的權利，謂之訴願權。上級機關所爲的決定，人民若有不服時，可向再上級機關提起再訴願。人民對於一種處分依訴願法的歸定，只能提起訴願與再訴願兩次。若原處分係違法處分而非不當處分，人民於再訴願後尚可提出行政訴訟以爲最後的救濟。依行政訴訟法第一條的規定：『人民因中央或地方官署之違法處分，致損害其權利，經依訴願法提起再訴願，而不服其決定，或提起再訴願逾三個月不爲決定者，得向行政院提起行政訴訟』。

訴願與行政訴訟均屬於行政救濟性質。訴願係以行政程序作行政救濟以確保人民權益，乃行政訴訟的先行程序。行政訴訟則係以審判程序由行政法院作行政救濟。訴願爲大陸系統的法制，在英、美則無所謂訴願制，因人民權益的保障及救濟均訴請普通法院爲之，根本無掌理行政訴訟的行政法院。

請願與訴願不同，其差異之點如次：㈠請願適用範圍甚爲廣泛，訴願只適用於行政機關的違法及不當處分；㈡請願不以個人關係事項爲限，訴願必須爲利害關係的當事人；㈢請願可以口頭或書面爲之，無一定方式，訴願必須備具訴願書狀；㈣請願無次數的限制，訴願則有一定級次；㈤受請願者是否採取決定有自由決定之權，而受訴願者則必須有所決定。

**㈢訴訟權**

人民權益因官吏或官署的違法或不當處分受到侵害，可以訴願及行政訴訟的方式請求救濟之。人民若因他人的違法行爲侵害及其權益時，得向司法機關提出要求，請其採取行動，排除其侵害，使其權益得到安全與保障。這種請求即爲訴訟權。請求國家保護私人權益者，爲民事訴訟權；國家處罰犯罪的程序爲刑事訴訟。在合法程序下，人民行使其訴訟權時，司法機關有必須受理的責任與義務，決不能憑司法人員的主觀好惡喜怒，隨意決定其是否接受。訴訟權包括原告的追訴權及被告的抗辯權，訴訟權的行使有民事訴訟法及刑事訴訟法作詳切的規定。

# 第二十三章　國民的義務

## 第一節　服兵役的義務

### （一）服兵役的需要

權利與義務是相對稱的，二者相互依存不可分離。國民既受國權保護，得到自由的權利與平等的幸福，自當提供自己的力量，以支持國權的行使，維護主權的完整。服兵役的義務乃換取自由權利的必要代價。

人是政治動物，不能離開國家與政府而生存。而國家的實質乃是對外獨立自主，對內和平統一的政治體。若對外的獨立自主，遭遇到外敵威脅或侵略，對內的和平統一有叛逆之徒企謀破壞，自不能不以實力或武力抵禦之，敉平之。這種抵侵略平叛亂的武力，卽維持國家生存與安全的力量，依國民服兵役的義務由國民供應之。執干戈以衞社稷乃男兒天職。所以說服兵役乃是維持國家及個人生存與安全的必要手段。因之，中國憲法第二十條明定：『人民有依法律服兵役之義務』。

### （二）服兵役的制度

在封建國家時，國家有貴族平民的區別，實行『貴族兵制』，服兵役乃是貴族階級的特權，藉此以維持其統治權，深恐被壓迫的平民或奴隸，獲得武器與組織，將會發生反抗的危險。在專制國家時代，或行『寓兵於農』的『民兵制』，或行金錢僱傭的『募兵制』。中國自漢迄唐的『府兵制』，卽『寓兵於農』的民兵制度。自宋朝起『募兵制』始見盛行。在民主國家，主權屬於國民全體，人人是國家的主人翁，即人人有捍衛國家的責任，亦即人人有服兵役的義務，於是多實行『徵兵制』。

民主國家實行法治主義，徵兵制如何實施，須由民意代表機關制定法律，作爲客觀標準，由行政機關執行之。中國國民服兵役依立法院通過，政府明令公佈的兵役法實行。依兵役法的規定：『中華民國男子，依法皆有服兵役的義務』。（第一條）『男子自滿十八歲之翌年一月一日起役，至屆滿四十五歲之年十二月三十一日除役』。（第三條）『合於兵役年齡之女子，平時得依其志願，施以相當之軍事輔助勤務教育，戰時作徵集服任軍事輔助勤務』。（第三十四條）

兵役施行應遵守三平原則：一曰平等，即不分階級貧富貴賤，凡屆兵役年齡的男子，均須依法服兵役。二曰平均，即常備兵役的徵集，應按各地區適齡壯丁的人數多寡，爲比例的平均徵集。三曰公平，即公平允當，不偏私，不枉法。

有人認爲科學已大爲發達，軍事知識與技術亦高度專門化，戰術運用與兵器裝備均異常精密，職業軍人，勢所必需，徵兵制似不切合時代需要。殊不知，現代的科學戰爭，已成爲立體式的全面戰爭，無前方後方之分，無戰鬥員與非戰鬥員之別，必須全民總動員，方能以支持現代戰爭。事實上仍需要人人服兵役。儘管服兵役時，各人擔當的任務不同，種類有別，然其服兵役的義務則並無區別。且社會日趨進步，國民的軍事教育日趨普通，軍事知識日見提高，『水漲船高』，國民隨時代以並進，服兵役的能力與知識，固不成問題。

## 第二節　納租稅的義務

## （一）納稅的必要

中國憲法第十九條規定：『人民有依法納稅的義務』。國家爲了維持其生存與發展，政府爲了有效的推行其政務，自必須有足用的資財，以供應各項的支出。國家與政府所需用這種支出，自應向其『構成員』或『主人翁』征取之。國民爲了維持國家與政府的存在和發展，便應提供財力，以備使用。國民要達成或維持其成立國家，設置政府的原來目的，便須擔當繳納租稅的義務。

國民既受到國權的保護，自應擔負這種的保護費用。政府在爲國民服務，服務的代價，應由國民償付之。國民繳納租稅於國庫以供公共開支，實際上無異國民自用之。所謂『取之於民，用之於民』。納稅雖爲國民應盡的義務，然政府課征租稅的對象則是國民所持有的財產，並非國民自身。財產在國權所及的範圍內，皆爲課征的對象。在專制時代，持『普天之下，莫非王土』之說，所以君王可以任意征稅。在民主時代，財產爲人民的權利，受法律的保障，非依法律程序，不能征收租稅。因爲租稅權若不加限制，可以成爲財產的沒收權。在民主政治發展的初期，人民持『無代議士在國會者不納租稅』，美國獨立革命時，亦揭此爲口號之一。民主國家課征租稅須由人民代表所組成的議會制定法律以行之。

## （二）租稅的意義

租稅的簡單定義，可以說是國民對政府的强制捐納，用爲彌補爲公共利益所發生的一切開支，並不顧及納稅人的特別利益。由此定義，應作三點說明如下：㈠租稅的用途爲謀增進一般的社會利益或公共幸福，並不顧及納稅人的特別利益，納稅多者不必得到較多的保護或利益；納稅少者亦未必得到較少的保護或利益。㈡租稅實含有强制性質，既非上古時代的自由捐助，亦非封建社會的地租貢賦，乃是主權者的國家，向其構成員强迫課征。㈢租稅是國民的一種政治義務。國家既是由國民所組成，國民對國家便有擁護支持基本義務。納稅便是這種義務的一種。納稅的客體雖爲財產、特權、或行爲，但追溯其本意，則是屬人的普遍義務。儘管有人說：『無代議士的租稅爲暴君』，然代表權與租稅畢竟是不相關連的兩件事。

**（三）稅制的要則**

政府若欲建立或施行合理有效的租稅制度，應該遵守以下的幾個要則：第一是收入應充裕。租稅的目的既在增加國庫收入，自以收入充裕爲尙；然所謂充裕者，不僅指當時的進款而言，尙須顧及稅源的豐富與經久；否則，焚林而畋，竭澤而漁，實爲失敗政策。第二、租稅的課征，在人民擔負上應力求平等。所謂平等者應以其擔負能力爲標準，或以各人的進款數額爲計算依據，或以其『主觀犧牲相等』爲衡量準繩。稅率採累進制者，便是根據能力擔負平等的具體設施。第三是租稅經濟的原則，即租稅在征收上，應是行政費用最少者；否則征收的稅款，大量爲行政支出所消耗，不免徒勞無功，有違征稅主旨。第四、良好的稅制，應當有適當的彈性，俾能隨時與變動不居的社會經濟環境相適應。

## 第三節　受國民教育的義務

**（一）國民義務教育的意義**

中國憲法第二十一條規定：『人民有受國民敎育的權利與義務』。受國民敎育一方面可視爲人民權利，一方面亦可視爲人民義務。國家的功能在增進國民福利，使各人的個性與內在潛能皆得到最高的發展，個性受到尊重，個性得到發展，是民主政治下，國民應享的權利。國家與政府應建立學校，供應設備與師資，使國民享受敎育，發展個性。惟敎育有初等、中等、高等的分別。若使人人受高等敎育，非國家所能擔負，事實上亦甚困難。而最低限度的基本敎育或國民敎育則應由國家供應之，不能推卸責任。就這一觀點論，受國民敎育乃是國民權利。

自另一方面言之，國民爲國家的構成員與主人翁，應貢獻其體力與智能，支持國家。國民爲國家效力，爲國家服務，必須具備一定的條件。在文化水準日見提高，社會知識已大進步的科學文明時代，國民若不受到適當的敎育，則能力低劣，智識不足，愚昧低能的人實不足以擔當現代國民應盡的責任。國民要盡國民應盡的責任或義務，必須具有基本知識，受國民敎育，乃是國民欲盡其國民天職時，必不可缺少的條件。所以說受國民敎育，亦可視之爲國民應負的一種義務。

**(二) 國民義務敎育的內容**

在自由主義的經濟制度下，國民的經濟狀況與能力，並不相同，事實上有很多的經濟弱者，並無力量進入學校，享受敎育，接受知識傳遞，鍛鍊身心能力。所以文明進步的國家，則將國民接受國民敎育的責任，由國家或政府負責供應之，規定國民敎育爲强迫的義務敎育。國民義務敎育的內容包括以下各點：㈠接受國民敎育所需的敎育費用，完全由國家擔負之，國民皆免費就學。㈡凡在規定受國民敎育年齡中的學齡兒童，均須入國民學校就學，其父母或監護人負有使之入學的責任。㈢學齡兒童的父母或監護人不得使之從事其他工作而不就學。㈣凡成年人而未受國民敎育者，其本人有接受補習國民敎育的義務。

## 第四節　遵守法律的義務

**(一) 法律的意義**

何謂法律？先就廣泛的意義言之，法律乃是生活的規範，行爲的準則。人是動物中之最弱者，單獨的自然人決不能生存，亦決不能存在。所有活着的人均是『社會人』。社會者衆人過合群生活的互助體。人是合群動物，離開了團體或社會便莫由生存。要想過團體的合群生活，就必須在一定的規範下與準則下約束自己尊重別人。在互尊與自律的情形下，大家才能過互助合作的團體生活，共存共榮，利己利人，在相互依存的關係下，大家皆能各安其生，各遂其生。若就實質的意義言之，法律乃是規定人與人之間的權利與義務的範圍的規則。社會中人與人的關係乃是權利與義務的對等關係。盡義務者方能享權利。享權利者一定要盡義務。取予平衡，受授不踰，因之，人不能損人以利己，亦不必損己以從人，更不能因私而害公。權利與義務的對等關係，是十分合理的，彼此平等的。法律的性質就是在規定權利與義務平等關係的政府命令。若就形式的意義言之，法律乃是經國民或民意代表的立法機關依一定程序所創制或通過的條文，經國家元首明予公布施行的公文書。在民主的政治制度下，國民爲國家的主人翁。一切行政措施及官吏行爲應悉以民意爲依歸。法律乃是民意的表現，亦即民意之所在。政府依法爲治，就是以民意爲依歸的民主政治。法律者乃『大定至公』之制，故應公布周知以便遵行。在衆所周知的明示法之下，民知所恪守，官莫由濫權。

**（二）法律的要旨**

法律要爲國民所樂於遵守，方能推行盡利，而宏揚法治的效果。如何才能使國民樂於遵守法律呢？那必須法律的本身是健全無瑕的。健全的法律，必須符合下列三大要旨：一曰公平。法字從水，水取其平。不平爲禍亂的根源。公平爲治國安邦的正道。法之古字爲灋。從水取公平之意。廌爲一種靈獸，能辨邪正，見不直者卽觸而去之。故法律本身要正直無邪。公平正直，就是所謂正義或公道（Justice），天下爲公，直道而行。法能爲此，必爲國民所樂於遵行。二曰合理。天生烝民，有物有則。所謂則者，就是自然的法則，亦就是天理或公理。這種自然法則乃是人類在求生謀存的過程中所必須遵守的規範。順之則生，逆之則亡。這法則就是人與人相處的分際，君君、臣臣、父父、子子、夫夫、婦婦的人倫關係，各安其分，各盡其責，勿殞勿越。道並行而不悖，萬物並生而無害。互尊互重，自由平等，各盡其能，各遂其生。這法則在客觀的社會中爲天理或公理；在主觀的心靈上爲良知或良心。法律的本質要不背於公理，無悖於良知，才爲國民所樂於遵守。三曰有利。政在養民。法律的目的，亦在於增進國民幸福，解決其生活問題。政之所興，在順民心，順之之道莫如利之。政之所廢在逆民心，逆之之烈，莫如害之。法者制也。制者指制作器物而利用之。法律必須對國民生活是有利益的，有效用的，才能爲國民所樂於遵行。

### (三) 守法的義務

遵守國家法律乃是國民必須承担的責任和應當盡守的義務。其原因和理由可以從下列三點說明之。第一、守法足以固團結。法律是生活的規範，行爲的準則。必賴此，人類才能成爲合群動物，營團體的生活。法律是團結的韌帶，是組織的凝固劑。人人守法則團結堅固，組織健全，合作密切。否則，法律被破壞，團結無從維持，組織趨於瓦解，合作變爲衝突。生存基礎因以發生動搖，人生的存在自必發生嚴重問題。第二、守法能以止爭亂。法者大定至公之制，執簡馭繁的工具，撥亂止亂的手段，齊民使衆的方法，定分止爭的準繩。法律是共同遵行的大道，各有標準，各守分際，無所殞越，並行不悖，自可以息亂止爭。法律是行爲和生活的準繩，有標準有法則，大家當可以和平相處，相守無。故公輸子雖巧，不以規矩，不能成方圓，師曠雖聰，不以六律不能正五音。法律者就是成事的規矩，正事的律則。

守法則歸於正道，事理井然，條貫分明，綱擧目張，事有攸歸，治之至者也。否則，紀綱蕩然秩序混亂，枉法背紀，大亂必起。第三、守法合乎民主制。依純粹的民主理論言之，固然人人平等，個個自由，誰都無指揮誰的權力。誰亦無服從誰的義務。但在事實上，主人翁的國民，自己有約束自己的權利和義務；自己有服從自己的權利和義務。法律是民意的表現，是民意之所在。遵守法律，就是服從國民自己的意志。守法不是旁人管自己，而是自己管自己，完全符合民主政治的精神和原則。

# 第五篇　政黨政治論

## 第二十四章　政黨的組成

### 第一節　政黨的定義

#### (一) 政黨的定義

政黨是什麼一問題，各政治學者因觀點和立場不同，持說紛紜，迄今尚無一個公認的正確答案。所以在這裏無須引述他人對於政黨一詞所爲定義。著者認爲定義就是對某一事物的屬性與內容的簡明正確的界說。政黨的定義如何，自亦應就各國政黨在事實上所表現的屬性與內容上描述之。依此而論，著者認爲『政黨就是一部份人要以集體的努力與奮鬥，去爭取民衆控制政府，藉以實現其共同的政治主張時依志願結合成功的一種有組織有紀律的政治團體』。

#### (二) 定義的說明

依上述的定義，政黨的實質可作以下的說明：㈠政黨是人的結合，但是只是一部份國民的結合。全體國民的政治結合是國家，不是政黨。政黨黨員只是國民中的一部份人，所以政黨一字在英文曰Party，即一部份的意義。㈡政黨是一部份人，依志願或自由意志的結合。人之參加家庭或家族的結合乃由於自然力量或自然法則。國民參加國家或政府的組織則由於法律的規定。各人參加政黨既非基於自然法則，亦非由於法律規定，乃出於其自由意志。民主政黨的黨員入黨退黨均有完全的自由。即獨裁的共產黨或法西斯黨黨員入黨亦由各人志願決定之。㈢政黨是政治主張相同的人結合成功的團體。主張相同，才能行動一致，所以同黨黨員率互稱『同志』，即『志同道合』的人。『道合』是行動的一致，『志同』是主張的共同。政黨的共同政見，包括永久性的主義和一時性的政綱與政策。㈣政黨是以黨員的集體行動實現其共同政治主張的團體。政黨不僅有共同的政治主張，而且要以黨員的集體努力與奮鬥去實現這共同的政治主張。㈤政黨是要以爭取民衆或控制政府的活動方式與手段以謀實現其共同主張的政治團體。政黨藉這種的活動或以謀致選舉的勝利，使自己的黨員當選官吏或議員，藉決定行政政策及制定法律實現其政治主張，或以直接行動奪取政權，自行組織政府，推行其主義，政綱及政策。㈥政黨爲達成其目的，推行其任務必須設置中央的、中間的、基層的組織，使成爲層級節制體系，以爲指揮運用的憑藉，所以政黨乃是一種有組織的政治團體。㈦政黨爲維持其組織，約束其黨員，自必須有一定的裁制紀律與行動規範。所以政黨乃是一種有紀律的政治團體。

## 第二節　政黨的要素

政黨構成的要素，簡言之約有四端：一曰黨人；二曰黨綱；三曰黨紀；四曰黨費。玆分述之：

### (一) 黨人

政黨是人的結合，故政黨的第一要素爲黨人。所謂黨人者，分而言之，有領袖、幹部、及黨員三種。政黨的領袖，對外代表政黨，對內統一黨員的行動，乃政黨感情的旗幟，人望的焦點。各政黨的領袖權力，有歸於一人者則爲黨魁制，有以之屬於若干人者曰委員制。領袖的產生率經過選舉方式。既由選舉，領袖亦有一定任期。幹部爲介於領袖及黨員之間的更爲熱心，更爲活動的黨員，接受黨的命令擔任較黨員爲多的一定的工作。其作用在輔導領袖聯絡黨員。若以政黨喻爲機器，則領袖爲發動機，黨員爲工作機，幹部爲傳力機或變力機。幹部的產生或由黨員選擧或由領袖甄拔，然其獲選標準皆由能力高强，成績優異及忠誠努力。黨員是政黨的構成員，乃贊成該黨政綱及願遵守該黨法紀，加入爲組成份子的人。黨員乃政黨的基石與細胞。政黨的成敗視黨員的優劣爲轉移。黨員對政黨的責任爲：㈠參加黨的組織與活動，㈡繳納黨費，㈢服從黨的命令與決議，㈣宣揚政綱，及㈤介紹黨員。

**（二）黨綱**

黨綱亦曰政綱，即『有系統、有條理，眞確不拔的政見』，係根據政黨所崇信的主義，適應時代環境的需要，對現實的政治問題所標示的解決綱領及努力要點。政綱的作用在團結黨員，策勵鼓舞之，使作一致的努力與行動，對外則用以號召社會，爭取民衆，使黨的活動力量，滲透於社會各階層。政黨的政綱與其主義及政策尙有區別。主義乃是政黨所信奉的最高原則，是永久不變的根本立場。政綱乃根據主義，適應需要，所規定適於某一時期的行動綱領，可以隨環境需要而改變的。政黨有的可以無永久不變的主義，但不能無應付現實問題的政綱。政策乃是政黨依據政綱對處理某種政務或解決某一問題時所擬訂較具體的工作方針或方案。政策乃是實行主義或政綱的實際方略。政綱本乎主義，較爲廣泛概括；政策基於政綱，較爲具體切實。良好的政綱應保持其與主義的一致性，對環境需要能切實配合，具妥當的適應性，內容不可陳義過高，要能切合實際，平易可行。

**（三）黨紀**

政黨要維持其行動的一致，與團體的穩固，必然有一定的黨紀以爲行動約束的規範。所謂黨紀包括組織與紀律兩項。黨人必歸納於組織中，才能成爲團體。所謂組織就是構成員與團體間有一致的關係。

黨員與黨聯繫爲一個脈息相通休戚相關的有機體。個人意志凝結爲團體意志，個人行動統一爲集體行動。分工合作，異事同功，各有責任與權利，因彼此聯繫，上下統屬，成爲指揮如意，運用靈活的組織系統。紀律是政黨爲保持統一及行動一致時對黨員的有效約束，如有違犯，黨員卽受到黨的裁制。如遵守黨章，服從決議，奉行命令，黨員不得同時加入其他政黨，在黨內不得自成派系或成立小組織等均屬於黨紀範圍。黨員違犯黨紀，輕則受警告，重則遭開除。各黨的黨紀，寬嚴雖不一致，然均有一定的黨紀則是相同的。民主政黨（如英國的保守黨、自由黨，美國的共和黨、民主黨）的黨紀是相當寬弛的。獨裁政黨（如蘇俄的共產黨、德國的納粹黨、義國的法西斯黨）的黨紀是十分嚴厲的。

**（四）黨費**

政黨爲推行黨務達成任務，自必須有充裕的資金或經費以維持其開支。政黨的經費籌措或來源約有下列幾途：㈠黨員繳納的黨費，各人平等繳納，每年率有一定數目；㈡黨員的特別捐助，由富有黨員或熱心的黨員自動繳納之，其數目無一定的限制；㈢由同情或支持各該黨的資本家或產業界捐助之；㈣在實行一黨專政的國家，黨國不分，黨費可由政府於國庫中撥付之；㈤政黨可以自行經營生產事業，以其盈餘撥充黨費；㈥受國際組織或外國操縱的黨，例如各國的共產黨則接受共產國際情報局或蘇俄的津貼，以充黨費。

## 第三節　政黨的種類

**（一）普通政黨與革命政黨**

就政黨取得或維持政權的方式言，可分爲普通政黨與革命政黨。前者係以爭取選擧勝利的和平方法，卽藉議員席次及官吏職位的獲得，以攫取或保持政黨的政權。後者則憑藉實力推翻統治者，以革命流血運動奪取政權，並以一黨專政的實力統治維持其政權。民主國家的政黨率爲普通政黨。極權國家的政黨則爲革命政黨或專政政黨。

**（二）執政黨與在野黨**

就政黨是否執掌政權爲標準可分爲執政黨與在野黨。這種分類只有在民主的國家才存在。因爲在極權國家，只有一個黨行着專政的或獨裁的政治，不容許其他政黨合法存在，除非有其他的革命黨起而以革命手段推翻之，他永不肯放棄政權；所以只有一個執政黨，並無在野黨。在民主國家則有若干黨（最少兩黨）同時合法存在，那一黨在選擧中獲得勝利，能控制議會的多數議席便成爲執政黨；他黨便成爲在野黨。執政黨在議會中佔有過半的多數議席，故亦曰多數黨。他黨以議席較少，稱爲少數黨。執政黨亦曰政府黨，少數黨亦曰反對黨。

**（三）右翼政黨與左翼政黨**

在民主國家，依各政黨所持政綱或政見的保守與急進爲依據可分爲右翼政黨與左翼政黨。持較保守性質的政綱者被稱爲右翼政黨；其政綱性質較急進者曰左翼政黨。因在歐陸國家，國會議席的排列，依各黨主張的保守與急進的與程度而定其座次，不論其爲政府黨或反對黨。保守黨派的議員坐於議長的右方，主張較自由者接之坐於稍左，較急進者坐於更左方，於是左右轉爲保守與急進的別詞。各政黨或政團依其席位有極左翼黨、左翼黨、中央黨、右翼黨、及極右翼黨等分別。

# 第二十五章 政黨的演進

## 第一節 政黨的產生

### (一) 政黨的重要性

彭威廉(William Penn)曾說:『政府猶如時鐘,其所以然能發生行動,是由於人民所加入的動力』。由是以論,政府乃是人民控制的機器。不過人民控制政府,在實際上,不是由於人民的單獨行動,而係人民的集體力量推動之。這集體力量的表現與產生,就是靠政黨的運用。政黨是人民藉以表現並實現其政治主張的有效工具。無論在何種政體的國家,政黨的組織是勢所難免的。儘管政黨的組織與運用各有不同,然均有政黨組織的存在則無二致。英人蒲萊斯 (Bryce) 說:『有國家就有政黨,政黨乃是政治社會中所不可避免的必然產物』。

### (二) 政黨產生的原因

儘管有人反對政黨,厭惡政黨,或持『君子不黨』,『黨者尙黑』的腐論,或抱『黨是朋比爲奸,自私好鬥的組織』的成見。然事實上,政黨則遍見於世界各國;甚而在『禮義之邦』的中國,歷代亦不絕黨爭的記載。事實源於需要,存在必有原因。政黨何以不得不產生呢?論者持說不一,然歸納言之,不外左列諸說:㈠社會心理學者,以爲人類乃社會動物,好羣或合羣的天性,乃是促成政黨成立的原動力。這種說法失之過於廣泛,未及於本題,合群天性只是政黨產生的一種助力,不能視爲根本原因。

㈠歐美的民主主義者，以爲政黨乃是代議政治的副產物。人民爲了爭取選擧勝利，乃分別組織政黨，以爲運用選擧的憑藉。這種說法不免失之偏狹，僅足適用於美英等民主國家的政黨。至於往昔專制君主時，已有政黨一類組織的存在；而反民主的共產黨及法西斯黨的成立，則並非爲了爭取選票。㈢若干歷史學家。認爲政黨乃由戰鬥團體演變而來。他們認爲在野蠻社會及中古時代，所有重大爭執問題，幾全由戰鬥方法解決之。因爲人數多者總勝利，爲避免流血計，遂以計算雙方人數的多寡，爲決定勝敗的標準。計算方法，先則以喝采聲音大小，繼則以擧手多少，最後則演變爲『以選票替代槍彈』的政黨。此說似亦言之成理，然考之各國政黨成立經過，事實並非如此；至於蘇俄的共產黨，中國的同盟會反是先有政黨組織，後有戰鬥行動。㈣有人以爲人類的天性與氣質各有不同，性格有動、靜、遲、速的分別，感情有愛、惡、悲、樂的不同，有者重保守，有者尙改革，有者喜急進。物以類聚，人以羣分，於是性情相投，感情相若者，便相互結合而成立爲政黨。其實同黨者間的性格感情的差異，並不比其與異黨者爲低少。政黨乃政見相同者的結合，並非性格相同，感情相投者的團體。㈤有人認爲人類的根本慾望，爲求生存。而維持其生存的依據，則爲經濟實利。人們爲了實現或維持其經濟利益以滿足其生存慾望，於是經濟利害相同者、或一致者乃起而結合，成立政黨。這種動機雖不能完全否認，然政黨的經濟目的只是間接的，而非直接的。這種經濟觀點解釋，尙不能認爲圓滿。㈥著者認爲政黨是一種政治事實和現象，應從政治的立場，說明其產生的原因。人類是政治的動物，不能離開國家與政府的政治組織與政治權力而生活。人民爲了要透過這政治組織，運用這政治權力，以圖謀其幸福，保障其權利，增進其幸福，於是那政治主張相同的人，便結合起來成立政黨。政黨的直接目的，在以選擧的和平方法，或流血的革命手段奪取政權，實現其政治主張。

## 第二節　政黨的發展

政黨與國家雖亦可以說是同時產生的，然政黨活動成爲明顯的事實，並發生重大的政治影響者，還是十六世紀以後的事，綜觀現代政黨發展的階段，可分爲左列四個時期申論之：

### (一) 政黨的發生時期

在政黨發生時期，國家對之則持厭懼或反對的態度。英國在十七世紀光榮革命時，始有政黨的組織，可稱爲政黨的發生時期。當時及其後的政治學者及政府對之每懷敵視之見。盧梭在民約論中認爲『政黨足以妨害人民總意的完全表現』，『要使國民意見自由發表，不可容許政黨妨害之』。摩爾 (R. Von Mohl) 說：『議員在議會中，應使政見不同的人交雜而坐，以減少黨員的衝動，使各本良知爲最佳抉擇，不至盲從政黨的決議』。美國首任總統華盛頓 (G. Washington) 在致友人書函及講演中都表示過對政黨的畏懼與厭惡，警戒國人勿陷入黨派紛爭；雖然，當時在事實上他已不知不覺的爲聯邦派 (Federalists) 幫了忙。

### (二) 政黨的成長時期

儘管有人在主觀上敵視和厭懼政黨，然在客觀事實上，政黨却在發生、生長以至成熟。政黨日趨發展，力量日大，組織益密，足以運用選擇，獲得勝利。議員的選舉勝利，旋由於政黨的支持，於是他們在議會的發言與表決便受到政黨的支配。政黨發展達於成熟階段，選舉勝利的多數黨卽能控制議會，政黨政治便於這時宣告誕生。這時候，國家與政府對於政黨既無力反對，亦無方法壓制，勢不得轉過頭來，與之作事實上的聯絡與承認。不過這只是事實上的承認，而非法律上的承認，只是默許，而非公認。所以各國議會內，雖有政黨的存在，然議會的法制如會議規則（Sessional Orders）及議事法例（Standing Rules）均無一字提及政黨者。

### （三）政黨的發達時期

政黨進一步的發展，則由國家和政府的事實承認到法律承認，由默許到公認。這時的政黨不僅能控制議會，並且要控制政府與官吏了。美國民主黨領袖傑克遜（A.Jackson）於一八二八年當選爲總統後，高唱『分肥者屬於選舉的勝利者』（To the Victors Belong the spoils），及『官職輪換說』（Rotation of Office）主張所有政府官吏應隨所屬政黨選舉勝敗爲進退，以確定政黨責任。於是政黨最發達的時期便是『分贓制』（Spoils System）最猖獗的年代。在這一時期，國家便以法律承認政黨的政治地位，不但選舉提名准由政黨主持，選舉票上標明候選人的黨籍，印出各黨標幟以憑選擇，就是當選名額，各國亦多採比例代表制，按各黨的實力，作確切的分配。

### （四）政黨的轉變時期

『盛極而衰』，『窮則變』，這亦許是事物演進的一種自然法則。政黨於異常發達的階段後，接着的是一個轉變時期。所謂轉變包含兩種內容：一是因國家採取了各種措施，政黨活動受到限制；一是因有新型政黨的產生，使傳統的政黨受到打擊。就前者的情形言：㈠政黨的過份發達，致多黨林立，造成政爭日烈及政局的動盪不安，於是國家法律便限制新黨的組織，美國各邦多有這種法律，期以維持兩黨對立的局勢，德國各邦在威瑪憲法時代亦有保護現存政黨的法制；㈡政黨操縱選舉，致民意不能得到完全的發揮與表現，於是各國都採行了直接民權的行使或公民投票制，以減少政黨操縱的機會；㈢分贓制度的流行，致降低官吏品質，影響到行政效率，於是各國先後建立用人唯才的文官制度，使事務官脫離政黨控制。就後者的情形言，政黨政治以分權過甚，牽制太多，不能集中力量，提高效能，建立强有力的萬能政府。於是自二十世紀以來，先後產生了極權專政的蘇俄式的共產黨，德國納粹黨，義國法西斯黨及革命民主的中國國民黨，對傳統的政黨政治無異是一種根本的變革。

# 第二十六章　政黨的功能

## 第一節　政黨的活動

政黨的目的在奪取政權，實現其主義或政綱。要達到這種目的，自必須積極努力，奮勉活動。政黨的努力途徑和活動方向簡言之有三端：一曰爭取民衆，二曰戰勝敵黨，三曰控制政府。玆分述之：

### (一) 爭取民衆

政黨必須有大多數民衆的支持擁戴，方能取得政權，實現政綱。在民主國家，政黨若失却民衆支持，便無法在選擧中獲勝，在極權國家，專政的黨若無力控制民衆，使之服從，便會革命爆發，致被打倒。政黨爭取民衆的方法與活動，可分以下各端：㈠爲民衆服務。政黨的機構、職員、黨員以人民的公僕和至友的態度，很熱心的爲社會服務，辦理賑災、卹貧、慈善福利等事，進行社交、聯結、通存問、致慶弔等活動，於平時培植民衆的眞切感情，建立個人間良好關係，於選擧時自易獲得其選票，有需求時，自易獲得其支持。㈡適應民衆需要，擬定健全的政綱，公開揭示，並就此作廣泛深入的宣傳，向民衆說以理智、動以感情、喩以利害，博致人民對此政綱的眞誠信任及支持，由此進而信任支持揭示此政綱的政黨。㈢根據事實及理論對執政黨或敵黨的措施，作有效的批評與攻擊，並提出改進的主張與辦法，以削減民衆對他黨的信賴與支持，轉而支持本黨。㈣若是執政的黨，便當以良好切實的政治措施，表現優異政績，能眞正的促進社會幸福，增加人民利益，期以保持民衆的繼續擁護。

**（二）戰勝敵黨**

爭取民衆固然亦是戰勝敵黨的一種方法，然對敵黨的致勝鬪爭，最有效的方法是在對敵黨的組織與黨員作直接的打擊與進攻。極權專政的政黨，如蘇俄的共產黨，德國的納粹黨，意大利的法西斯黨，不惜採取武裝的戰鬪和軍事行動，由戰勝敵黨進而消滅敵黨，期以永久的掌握政權，控制政府。民主國家的政黨雖不能使用這樣訴諸武力的野蠻方法，然事實上亦多不顧道義，不守信諾，不擇手段，勞心焦思，用各色花樣，各式的運動，期在政爭的戰場上戰勝敵黨。為競爭選舉，有時聯甲以制乙，縱橫捭闔，期出奇制勝；有時製造矛盾，進行分化，謀以少而勝衆；有時威脅利誘，極拉攏傾軋的能事；有時虛構事實，使是非顛倒，眞僞莫辨。在議場中為了進行政黨鬪爭，或怒吼咆哮，擾亂秩序，使議事不能順利進行；或實行退席以為抵制與牽制；或利用冗長的發言，使議案失却表決的機會。凡此種種，都是戰勝敵黨的鬪爭方法與技術。

**（三）控制政府**

政黨要實施其政綱，必須掌握政權。所謂掌握政權，就是控制政府。政黨是政府的原動力，政府的機能由政黨在背後推動，政黨的目的則經過政府機構而達成之。政黨控制政府的方法有二：一是操縱議會，使其政綱能變為法律。現代政治是民主法治的政治，政府及官吏的活動與措施。皆須以議會所制定的法律為依據。政黨要掌握政權，首在於議會中獲得多數席次，以操縱議會。在議會中能取得多數，便能依照本黨的政綱制為法律或方案交由政府執行。二是以本黨的黨員充任官吏，組織政府，藉以實行本黨政見。由本黨黨員組織政府的方式可分為以下三種：㈠民主國家的政黨則以和平的方法，透過選舉使本黨黨員當選為政府官吏或議會議員；㈡蘇俄式的共產黨及墨索里尼的法西斯黨則以武裝的軍事行動，奪取政權，由本黨黨員直接組織政府；㈢希特勒的納粹黨則先由選擧方法控制議會，再運用議會的力量徹底改組政府，使自己的政黨獨攬政權。

## 第二節 政黨的功用

『需要就是法律』，『效用決定存在』。政黨既然普遍存在各國，自然是因爲他有一定的需要與效用。政黨的功用，不一而足，簡單言之，就是政治教育的提高，人民意志的集中，及調節政治的運用。茲分述之：

**㈠ 提高政治教育**

實行民主政治，就需要每個國民有政治的自覺，肯自動參加政治活動；有政治的自知，對政治問題發生興趣與關切。但一般國民每因忙於生活，無暇過問政治，或因知識不足，無能力參加政治活動，致民主政治的實施，爲之失色。政黨爲了爭取選民，控制政府，便不得不向民衆宣傳解說其政綱與政見，並就實際政治問題加以分析與批評。這樣自足以激發民衆引起政治興趣及注視，而肯自覺自知的去參加政治活動。

在民主政治下，人民對於政治問題須有起碼的認識與判斷能力。但一般人多因資料不充足，事實不明瞭，致無從認識與判斷。而政黨爲進行政治競選，常利用報紙、畫刊、標語、講演、訪問等工具與方法，向人民提供資料，報導事實，並批評得失，指陳利害，增進人民對政治問題的認識，以爲其判斷依據。

國民是國家的主人。國民要運用選擧、罷免、創制、複決四種政權的行使，去控制政府，監督官吏，制定或廢止法律。眞正的民主政治，必須國民肯踴躍熱烈去行使這種政權。然而事實上有許多人或迫於生活，或缺乏興趣，常漠視或放棄政權的行使。政黨爲了爭取民衆，則不惜以種種方法鼓勵國民，拉攏國民，誘導國民，訓練國民，促使之去積極的行使各種政權。國父孫中山先生說：『政黨的作用，在提攜國民以求進步也』；『改造國家，非有大力重之政黨不可』。足見政黨對於促進國民政治教育，提高國民政治能力與知識的重要功用。

**(二) 集中人民意志**

民主政治就是民意政治。國民人數衆多，利害不一，對於國家事務或政治問題，總是意見分歧的。在民主政治的實施下，就要讓人民各本其理智與認識以辯論、研討、測驗等和平方法溝通意見，交換觀點，相互容忍，彼此瞭解，在交相激盪，多方反映的情勢下，使分歧雜亂的意見，成爲分類歸併的少數意見。有了這種集中的意見，才能對政治問題有所決定有所行動。這樣才可以保持政府的統一與國家的團結。但是在這種散漫分歧的意見歸納合併成爲集中統一意見的過程中，政黨却扮演着極重要的角色，發生很重大的作用。因爲政黨原是政治主張相同的人所組織成的團體；並根據其政見制爲政綱，向人民作廣泛切實的宣傳與解說，使之認識之，信服之，進而贊同支持之。於是，政黨便由是能以凝聚國民意見，集中人民意志，使分歧者趨於統一，複雜者變爲簡單，抽象者進於具體。

**(三) 調節政治運用**

在民主國家，政黨的重要作用在於能有效的調節政治制度的實際運用。政黨調節政治運用功能具體言之，計有以下數端：(一)調節立法與行政的分權與對峙。在民主國家，爲要防止政府權力的專斷，率採立法、司法、行政三權分立的制度，使之相互牽制監督。然分權與牽制的結果，每造成立法機關與行政機關的對峙、磨擦，甚至形成僵局。立法的議員與行政的官吏，常可以籍隸同黨的關係，於法定的途徑外，用非正式的方法或集會，交換意見，獲致協議，使立法與行政的關係趨於和諧。英人房納（H. Finer）在所著現代政府的理論與實際（Theory and Practice of Modern Government）一書中說：『政黨制度的運用有使憲法上所已分配的政治權力，而重行分配之的傾向』。這在政黨能使牽制制衡的分權政治趨於合作的事實中可以證明之。㈡調節中央與地方事權行使的扞格。在聯邦國家，中央與地方的事權率於憲法中明文劃分之。國家行政與地方事業顯然異其旨趣。各有專責，彼此不能侵越或干擾。然在實際運用上，上下溝通，彼此合作，尚是必要的。且每格於法律規定，這種的溝通與合作，若不能正式的運用政府機構與權力，這時就可利用那分佈於全國各地的政黨組織，透過黨的機構及人事關係，作各種調和與運用，以調劑中央與地方的扞格，而收分工合作的效果。㈢監督政府的行政。民主政治爲責任政治，政府的一切行政措施須向人民負責。而人民則失之渙散，無有力的組織，責成政府；於是有賴於政黨的從中運用，監督政府行政，使對人民負責。在實行民主的政黨政治的國家，固然有在野黨以監督政府，批評政府；就是一黨專政的國家，黨爲維持其政黨與信譽，亦必對其從政的黨員加以輔導與監督。㈣時代是進步的，社會是變遷的，國家的政制，因受憲法與法律的拘束，每不能隨時代變遷而作自動的適應，如何使政治與事實並顧，而爲靈活的運用，作實際的調劑，便有賴於政黨的功能。例如，依美國聯邦憲法，總統本由間接選舉產生，然政黨有預選會（Primaries）的運用，實際上殆已變爲直接選舉，總統選舉人團（Electorate）徒有其形式罷了。美國比雅德（C. Beard）視政黨爲憲法的實際解釋者，自不無相當理論。㈤推薦公職候選人。在民治國家，議員及若干政府官吏，皆由人民選舉產生之。然人民對於競選人的能力、學識、政見、品德如何，每不知詳，致無從作適當的選擇。於是有政黨組織的運用，以集體的決定，向人民提出候選人，並向人民作切實的介紹與宣傳，使選民對各候選人有較切實的認識，以為投票的根據。

# 第二十七章　政黨政治的型式

現代各國的政黨政治，其理論根據與實際運用，各有不同，大別言之，不外三種類型：一是民主法治的政黨政治，實行於美英等國；二是極權專政的政黨政治，實行於俄、德、義等國；三是革命民主的政黨政治，爲中國所特創獨行的政治制度。本章就此分別論列之。

## 第一節　民主法治的政黨政治

### (一) 理論與運用

在實行民主法治的黨治國家，其所依持的政治理論與政黨政治的實際運用，可從以下各點說明其要旨：㈠持天賦人權的政治學說，以爲個人是目的，個人是主人，在不侵害他人權利的範圍內，各人有圖謀發展的完全自由，國家與政府只是達成個人目的或爲個人謀幸福的手段。在法律範圍內，個人有信仰及結社的自由，故一國之內應准許多數政黨的存在，國家不應阻擾之；且宜使各黨分庭抗禮，彼此對立，以防止一黨專政，侵害個人權利與自由。㈡認爲『人是理性動物』，各人皆有辨別是非善惡的良知與能力，故人人應有平等的參政權，以政見的不同，可以組織不同的政黨，且應使之立於平等地位，公平競爭，各求發展。㈢國家有多數政黨的存在，政黨則聽由人民選擇，最後主權仍操於人民手中。㈣在民主國家議會代表人民行使主權，議員地位甚爲重要，爲要使民意能充分的反映於議會中，自應結合各階級各地域各部份人的意見，以造成一接近大多數人的意見。多數政黨的存在，就是要藉之以表現並反映各方面的民意，並使人民有較多選擇的機會。

## (二) 兩黨對立制

實行兩黨對立制者，最重要的國家，首推美英爲例。在理論上法律上雖容許多數政黨的存在，但實際上最有勢力者只有兩黨，其他小黨皆力量薄弱，在政治上無決定作用。美英的黨派勢力，雖時有變化，但總是兩黨對立的局面。甲黨競爭獲勝，取得大多數議席，進而掌握政權；乙黨則處於在野地位以監督批評政府。若下屆選舉，民意轉向乙黨，則乙黨進而爲執政黨，甲黨退居在野地位。政權的移轉，循此常軌。

英國實行內閣制，內閣執掌國家的行政大權。議會中多數黨領袖則受命爲內閣總理。國王任免內閣總理，須以其能否得到議會信任爲標準。如此，一個議會的多數黨不但掌握到立法權，同時亦拿到了行政權，自可以實現其政綱。在法律上，議會固可投不信任票，迫使內閣辭職，內閣亦可解散議會；然實際上內閣閣員均屬於同一政黨，且可出席議會，內閣無異是議會的一個委員會，分工合作，表裏爲用，僵持與對抗的情形，實非常態。

美國實行總統制，行政大權掌於總統，故政黨欲實現其政綱時，必須努力競選，使其領袖當選總統。同時，美國的行政權與立法權是分離獨立的，總統有行使行政權的自由，不對議會負責；議會不能作不信任投票，迫使總統去職，議會有立法全權，國家法律須經議會通過，總統亦無權解散議會。所以，在美國，政黨要掌握政權，實現政綱，一方面要能使其領袖膺選爲總統，一方面還要在議會中取得多數的席次。總統與議會中的多數議員若同屬一黨時，自然可以彼此配合，使立法與行政分工合作，運用自如。否則，二者之間，因黨籍不一，政見不同，必難免齟齬與摩擦。

兩黨對立式的政黨政治具有以下的優點：㈠立法與行政相互配合，分工合作，意志統一，行動一致，足以揮宏政治的效能。㈡議會的多數派與政府的負責人屬於同一黨，政策一貫，責任確定，政權交迭，政績分明。㈢政府基礎穩固，不致因黨爭引起政潮，而使政府改組；在內閣制下，倒閣與解散議會，事實上非屬必要，在總統制下，這種事件爲不可能；故政局安定，政府穩固。㈣國家有兩大政權，責任明確，易於比較，其政績優劣，無所逃於人民的判斷中，兩黨爲取得人民擁護，自必努力作政治的競賽，謀在政績上有符合民意的表現。但自另一角度觀察，兩黨對立制亦有兩大缺點：㈠近代產業發達，社會複雜，議會須爲社會的縮影，反映各階層各職業的意見，一國只有兩大政黨不足以代表各階層各職業的意見。㈡在兩黨對立下，政綱只有兩種，內容簡單範圍窄狹，非此卽彼，使人民無多所比較，多方選擇的機會與自由。

**㈢ 多黨聯立制**

在民主法治的黨治國家中，有的一國之內，常有若干政黨，彼此各不相干，政府的組成，必須求得多黨妥協或聯合。議會中沒有一黨佔過半數席次者，必須兩黨或三黨聯合才能構成大多數；因之，內閣閣員亦由這聯合的各政黨黨員分任之。歐洲大陸國家，多行多黨聯立制。法國今天的黨治型式仍爲多黨聯立制。希特勒專政前的德國，墨索里尼獨裁前的義大利亦都實行着多黨聯立制。

法國亦採內閣制，內閣總理掌行政大權，總統徒爲一虛位，並無統治實權，不過英國議會中有多數黨，內閣總理由多數黨領袖擔任之，故組閣工作頗爲簡單，亦甚容易。而法國議會中則小黨群立，無任何一黨佔多數席次者，欲獲到過半數，必須兩黨三黨或四黨聯合之。然各政黨政見不一，利害不同，這種的聯合與妥協，便很不容易作到。因之，內閣總理人選亦難於得到共同的支持。所以法國內閣改組有經月兼旬尚無法完成，陷於僵持或無政府狀態。內閣縱然勉强組成，基礎亦不穩固，議會隨時可以倒閣。加以總統在事實上很難於解散議會，使議會無所顧忌，形成議會的專橫，政局的動盪。英國的內閣閣員負有聯帶責任，共同負責，一齊進退。而法國的內閣閣員間既無同舟共濟的道義，亦無同進共退的集體責任。個人有過失時可以單獨去職。就是內閣更迭，舊閣員仍然可以轉入新閣，甚而內閣總理亦可以不更換。總之，在多黨聯立制下，任何一個政黨都不能完全掌握政權，只能與他黨聯合，取得部分政務的執行權。

多黨聯立制雖說可以補救兩黨對立制下兩種缺點，不無存在的理由，然究其實際，却是弊多利少，為人所病詬。多黨聯立制的缺點有以下各點：㈠內閣構造，份子複雜，意志不集中，力量薄弱，不易堅毅以赴，貫徹政策的實現與命令的執行。㈡內閣既由各黨黨員拼湊而成，施政責任莫由責成，功則相爭，過則相諉，使責任不清，分際不明。㈢議會與內閣都是派系複雜，意見分歧的，爭論傾軋，意見齟齬，鑿枘不入，每因之貽誤國事。㈣政爭紛起，政潮起伏，國家政局動盪不安，國家建設不易推行。㈤議會黨派既意見紛歧，內閣閣員亦不能精誠合作，遇事則爭論不已，猶疑不決，行動遲緩，每致貽誤事機。㈥多黨聯立，共組內閣時，相互妥協，討價還價，暗中交易，敗壞政治道德。

## 第二節　極權專政的政黨政治

### ㈠極權專政的理論基礎

極權國家所信持的政治理論和民主國家的是大不相同的，甚而是完全相反的。理論是行動的指導原則和動力。理論既不同，制度便異趣。極權國家所信持的理論，足為一黨專政或一黨獨裁的基礎者，應從以下諸點論列之：

第一、民主國家把人當作人看待，認爲個人是目的，國家只是爲人民謀福利的工具，達成個人目的的手段；而極權國家則認爲個人只是國家或階級達成其目的時所使用的工具和手段，國家本身和階級本身就是目的，而非實現目的的手段。只有國家和階級的自由和利益，而沒有個人的自由和利益。列寧、史達林叫人『爲無產階級的利益去犧牲一切』，『絕對的服從階級意志』；希特勒、黑索里尼根本不承認『個人的自由與意志』，叫人去『爲國家民族的利益去奮鬥去犧牲』。階級意識或國家意識只有一個，所以只能有一個政黨來代表。

第二、民主國家實行着以理性爲基礎的和平政治，讓各人憑自己的良知與理性經和平方法解決政治紛爭與問題；而極權國家則崇尙武力，相信强權，要以矛盾對立鬥爭方法或迫害恐怖的高壓手段去統治國家，處理政務。蘇俄的共產黨奉馬克思的『唯物史觀』與『階級鬥爭論』爲經典。所謂『物質』與『鬥爭』都是以力量爲基礎的。巴枯寧的虛無主義，俄國民粹派的恐怖主義和沙皇的專制主義都爲蘇俄的統治者相當的採納了。所以只相信力量，不承認理智，只知『鬥爭』『恐怖』『鎭壓』與『專制』，不用和平的討論與表決。黑索里尼接受馬克維里主義（Machiavellism），認爲一個成功的霸王（The Prince）必須同時是兇猛的獅子和狡猾的狐狸。那就是說，治理國家必須同時靠着『武力』和『詐術』。希特勒承受了尼采（Nietzche）的超人哲學，崇拜權力，追求權力。俄、德、義的『領袖』，既然崇信權勢與武力，爲求力量强大，自然要主張力量集中；要集中力量，所以只能讓一黨專政或獨裁。

第三、民主國家主張『天賦人權，一律平等』的平等主義，而極權國家的政治理論，則是反平等主義的階級主義和貴族制度。反平等主義的推演結果和施行的極致，便成爲個人的獨裁。蘇俄實行無產階級專政，把資產階級固然壓抑到非人的不平等地位；就是無產階級，而工人的地位則遠較農民爲優越。共產黨黨員高居一般人民之上，爲政治的優越者。而共產黨員及幹部亦有種種的差別待遇。實際上，儼然是一種新封建社會和貴族制度。墨索里尼認爲『人頗的不平等是不可變的，有益的，有成效的』。他又說：『所謂政治上的平等，就是大家不負責任』；『人類才智不平等，正好組織成功層級節制的統治系統』。希特勒認爲德意志人是『天之驕子』，乃世界上最優秀的民族，應該征服其他民族，統治其他民族。他自己又是這優秀民族的『超人』，應該是天然的領袖或統治者。人既然是不平等的，有優秀的區別，所以只有那『最優秀』或『最覺悟』的人們才可以組織政黨，去統治別人，領導別人。

## (二) 蘇俄階級專政的黨治

蘇俄實行無產階級專政，只容許最優秀，最覺悟的農工生產份子參加共產黨。這共產黨被認爲是『社會中堅』，且是國家唯一的合法政黨，人民不能有政治性的結社。共產黨成爲國家與社會的支配核心及領導重心，實際上掌握着國家的政治大權。而共產黨則幾爲無產階級所獨佔，爲無產階級的利益而鬪爭，所以說蘇俄的政治是無產階級專政的黨治。

蘇俄爲實現無產階級專政政治，在選擧上並不採行普通、平等、直接、秘密的民主選擧制度。其所施行的乃是限制的，不平等的，間接的，公開的選擧制度，以便控制而達到階級專政的目的。(一)只有無產階級或勞動階級，才有選擧權和被選擧權，至於所謂剝削他人勞動力或依賴地租、利潤、利息爲生的資產階級都沒有參政權，是謂限制選擧。(二)平等選擧是一人一票制，而蘇俄的選擧，都市的工人則有重複的選擧權，旣有直接選擧權又有間接選擧權，而鄉村的農民只有間接選擧權，是謂不平等選擧。(三)在蘇俄只有由各工廠工人所組織的都市蘇維埃，可以直接推選代表參加各邦及全俄蘇維埃代表大會；至於各農村社會所組成的地方（縣）蘇維埃只能推選代表參加郡蘇維埃代表大會，不能直接參加全俄蘇維埃代表大會。是謂間接選舉。㈣各級選舉人選舉代表，均用記名投票方法，以明責任而便控制。是謂公開選舉。

### ㈢ 德義一黨獨裁的黨治

德國在納粹黨（Nazi）專政前，原為多黨聯立的國家，一九二三年十一月八日，納粹黨（亦曰國社黨）領袖曾進軍閔行（Munchen），擬組織國民政府，而為中央政府所敉平。渠以武力革命未成功，乃轉而採議會政策，一九三二年七月，納粹黨在議會中佔到二三〇席，成為第一黨。一九三三年一月，希特勒出而組閣，立即解散議會，重新選舉，納粹黨增至二八八席，由議會通過授權法案，國家法律由內閣制定，公佈於公報上即生效力，議會形同虛設，希特勒實際上兼掌了立法權與行政權。希特勒藉此大權壓迫其他政權，或予解散，或加逮捕，或沒收其財產，或禁止其活動，卒於一九三三年七月由政府公佈法律，規定納粹為德國的唯一合法政黨；凡設法維持其他政黨或另組新黨者均予嚴重的刑罰。當年十二月公佈防護黨國統一法律，第八條規定：『內閣總理為納粹黨魁，兼挺進隊司令官，得發布一切施行命令』；於是黨與國合為一體，一國只能有一黨。一九三四年八月總統興登堡（Hindenhurg）逝世，希特勒公佈法律，使內閣總理兼任總統，改稱為國家領袖，於是黨國的一切權力均集中於一人，成為一國一黨一人的獨裁政治。

義大利原亦為多黨聯立的國家。一九二二年十月底法西斯黨領袖墨索里尼進軍羅馬，受命組閣。次年，即強迫國會通過新選舉法，以全國為一大選舉區，一政黨能得票占總數四分之一者，即可在下議院占三分之二議席。選舉結果，法西斯黨在下議院佔到絕對多數，取得國家政權，進而壓迫其他政黨，使之一一消滅，使法西斯黨成為國家的唯一合法政黨。一九二八年十二月墨索里尼更公佈法律，使法西斯黨的全國大會，成為國家的最高權力機關，使黨與國連鎖一致，成為一黨一國，黨國合一的獨裁政治。法西斯黨全國大會對於國家的大政，尚有以下各種職權：㈠圈定並指定下議院議員候選人名單；㈡依內閣總理的申請，預先作成內閣總理的閣員候補人名單，於內閣總理或閣員有缺職時，奏請國王任命之；㈢對於義大利領土的變更，王位的繼承，發布代替法律的命令，國家與羅馬教皇的關係，內閣總理的權限及特權等事宜均有受諮詢的權力。

## (四) 極權專政黨治的批評

一黨專政的黨治，無論在理論上軍事上有極大的缺憾，應加批評與檢討，其根本的癥結，則有下列三點：㈠極權專政的黨治，否定了個人的理性與價值，摧毀了個人的自尊心與責任心，國家的統制權只落在少數人手中，政府基礎不够廣大，不够穩固。民主政治是人人負責，主權在民的全民政治，力量雄厚，基礎穩固，無隙可乘。極權國家是少數人的或個人的政治，自然不及全民政治的偉大力量。極權專政的國家是經不起考驗和戰鬪的，統治者與被統治者的中間有極大距離和空隙，一遇危機，便會突然崩潰。在第二次世界大戰中，德義兩國的慘敗，便是事實證明。㈡在極權專政的黨治下，人民根本無自由的可言。豈不知道自由着根於每個人的性靈深處，乃人類進化的原動力。個性能獲得充分發揮與進展，才能促進人生價值，提高文化水準。沒有自由的地方，就是沒有空氣與日光的地方，社會必陷呆滯，人生必淪單調，無蓬勃生氣，在文化上必難有飛騰猛進的發展。㈢極權專政的國家既崇尚武力，相信强權，則對外必進行擴張與侵略，對內必施高壓與恐怖。然事實上，壓迫力愈强者，反抗力亦必愈强，侵略愈烈者反侵略者亦必愈烈。武力統治與强權政治必然是與革命和戰爭一起的。所以說這極權專政的黨治國家，無論對內對外均無和平安寧的可言。

## 第三節　革命民主的政黨政治

### (一) 革命民主黨治的特質

中國近六十年來的國民革命運動，始終由中國國民黨領導着，作不屈不撓的英勇奮鬪，其目的，在求中國的自由平等，實現富強康樂三民主義的新中國。其第一期的革命對象爲滿清政府，在推翻君主專制，創造中華民國。自辛亥革命至抗戰勝利，是國民革命第二期，革命對象是軍閥，及軍閥依以生存的帝國主義，其任務在撤銷不平等條約，打倒侵略強權，爲國家爭取得獨立自由的地位。自抗戰勝利以來，國民革命進入第三期，革命對象，是共產國際第五縱隊的中共匪黨，革命本質是人民生活方式的社會鬪爭，其任務，是要求社會生存、國民生計和羣衆生命獲得確實的保障。中國國民革命的目標，是在實現三民主義。三民主義是順應世界潮流，切合中國需要民有、民治、民享的救國主義，在於『促進中國國際地位的平等，政治地位的平等，和經濟地位的平等，使中國永久適存於世界』。

綜觀中國國民革命的歷程，探研三民主義的精蘊，則知中國所採行的黨政關係制度，乃是革命民主的政黨政治。這種型式的黨治自有其獨特性質與精神，既非民主國家的普通政黨所可比擬，亦與極權國家的一黨專政，或一黨獨裁大異其旨趣。革命民主的黨治，其所依持的政治理論與運用的方式，應從左列各點申說之，以見其獨特的性質與精神：

第一、中國遭遇了滿清與各帝國主義者的雙重壓迫，淪爲『次殖民地』的地位，國家民族已失掉自由。中國國民爲了爭生存求自由，必須先犧牲個人的自由，爭取國家民族的自由。爲了爭取自由與獨立，必須集中力量統一意志，一致團結於爭自由與獨立的革命的旗幟下，以革命手段，排除中國自由獨立的一切障碍。所以國父說：『自由如果用到個人，就成一片散沙。自由要用到國家上去。個人不可自由太過，國家要得完全自由。……這樣做去，要使大家犧牲自由，結成很堅固的團體，去抵抗外國的壓迫』。可見犧牲個人自由，乃是爭取國家自由時的手段。爭取國家自由，正所以保障個人自由。革命成功後，三民主義的新中國，在政治上是『主權在民』，『人人都是主人，大家都一樣的可以管國事』的民主政治，人民皆享有自由權與平等權；在經濟上是『各盡其能，各執其業』，『地盡其利，物盡其用，貨暢其流』，『男女老幼都可以享安樂』的大同社會。個人的人格和價值是被尊重的，個人的才能和個性可以自由發展的。這種理論與觀點，和個人自由主義，或極權國家主義都是不同的。在爭取自由時，要集中力量，使一黨領導革命；當國家民族爭到獨立自由後，各人依憲法享有結社自由，政黨可以分別合法存在。

第二、民主國家持『天賦人權說』，蘇俄實行『階級專政論』，德、義曾採行『優越統治』，或『權勢統治』的制度；而中國則持『革命民權』的主張。中國國民黨第一次全國代表宣言說：『國民黨之民權主義與所謂天賦人權者殊異，而惟求適合於現在中國革命之需要。蓋民國之民權，惟民國之國民，乃能享之，必不輕授此權於反對民國之人，使得藉以破壞民國。詳言之，則凡眞正反對帝國主義之個人及團體，均得享有一切自由及權利，而賣國殃民以效忠於帝國主義及軍閥者，無論其爲團體或個人，皆不得享有此等自由及權利』。這就是必須是效忠於民國之人才能享受政治的自由權利。效忠民國者自必信奉民有、民治、民享的三民主義。因之，組織政黨的政治自由與權利，亦不能輕授於人。在革命時期以武力掃除障礙，民國基礎建立未固，自不便任人自由組黨。當訓政工作已著成效時，人民政治信仰已定，政治教育已高，民國基礎漸固，人民在一定條件下，可以從事政黨的組織與活動，到憲政時期，民國建設，完全成功，國民全皆效忠民國，遵守憲法，自可有完全的結社或組黨的自由。這和民主國家所行之放任的自由組黨，及極權國家所行之嚴格的禁止組黨，都有區別。

第三、民主法治國家的政黨，以選擧的和平方法掌握政權，且定期輪換或更迭其政權。極權專政國家的政黨以武力的革命方法奪取政權，且奪取以後便企圖永遠的掌握下去，不被推翻，決不放手。革命民主的中國政黨以革命方式奪取政權，革命政權建立後，則以和平的方式推行建設，教育國民，俟訓政完成，便還政於民。革命的政黨，便退處於普通政黨的地位，以選擧的和平方法，與其他政黨競爭政權。這是伊尹輔太甲，周公輔成王的精神。中國國民黨 蔣總統曾剴切的對此作過以下的說明：『總理一生在政治上奮鬥的目的，是要實現三民主義而歸政於民，但是不經過訓練的人民，是決不能主政的。總理生前勉勵我們知識份子與革命同志，要作民衆的保姆，要以公僕的地位，實行保姆的責任。中國歷史上有兩段故事很可以說明訓政的精神，一是伊尹訓太甲，一是周公訓成王。太甲即位，年齡尙幼，伊尹慇懃告誡，後人輯爲伊訓篇，太甲不能聽納，習於不義，伊尹使他住在桐宮，反覆訓導，何等忠誠切至，後來太甲悔悟了，負責了，施政的本領具備了，伊尹歸政於太甲，自己退休。周公受武王之託，輔翼成王，那時成王還小，不辨是非眞僞，周公一方面防止武庚的反叛，一方面忍受管叔蔡叔的流言，周公的處境，十二分的困難，但是他任勞任怨，忍辱負重，雖然經過無數艱難苦痛，弄得憔悴不堪，終是一心一意的要安定國家，輔教成王成立，絕不辭勞苦、避責任。詩經上鴟鴞四章，描寫周公愛國愛民苦苦訓導成王的忠心，百世之下，讀之還令人感動。 總理創軍政、訓政、憲政三個時期的政治革命，是要先把人民訓練成熟，然後才還政於民』。（見民權主義講演）

## （二）革命民主黨治的實施

國父著『革命方略』說：『余之於革命建設也，本世界進化之潮流，循各國已行之先例，鑑其利弊得失，思之稔熟，籌之有素，而後訂爲革命方略，規定革命進行之時期爲三：第一軍政時期；第二訓政時期；第三憲政時期』；在其手訂的『建國大綱』第五條規定：『建設之程序分爲三期；一曰、軍政時期，二曰、訓政時期，三曰、憲政時期』。所謂『革命進行之時期』或『建設之程序』，都指『期於循序漸進，以完成革命之工作』；其含義是一樣的。中國國民黨承奉　國父的三民主義擔當革命建國的艱鉅工作；在各時期中的任務與地位，均不相同。所謂革命民主的黨治，就在這各時期的政治實施中，明顯的表現出其實質與運用。

軍政時期是革命建國的第一階段，亦可以說破壞時期，在此時期施行軍法，即『軍法之治』，基本工作是『建立革命武力，以掃蕩革命的一切障碍』。建國大綱第六條規定：『在軍政時期，一切制度悉隸於軍政之下，政府一方面用兵力以掃除國內之障碍，一方面宣傳主義以開化全國人之人心，而促進國家之統一』。因爲『不經軍政時期，則反革命之勢力，無由掃蕩，而革命之主義，亦無由宣傳於民衆，以得其同情與信仰』。在軍政時期實行『以黨治國』的政治制度，『黨權高於一切』，『一切權利屬於黨』。所有軍政首長或軍政機關重要官吏，都要經由國民黨的權力機關通過，方能任命。專門培養革命武力幹部的黃埔陸軍軍官學校，爲黨的學校，乃國民黨　總理所創設，今　總裁蔣公任校長，國民革命軍爲黨的革命武力，亦由　總裁蔣公任總司令。國民革命軍以　蔣總司令的英勇領導，卒以於短期內完成掃蕩軍閥統一全國的北伐革命大業。

『凡一省完全底定之日，則爲訓政開始之時，而軍政停止之日』。（建國大綱第七條）訓政時期爲一過渡時期，施行『約法之治』。約法是『以之規定人民之權利義務與革命政府之統治權』。訓政時期的工作，在政治上要建設地方自治，促進民權行使訓練，在經濟上要推行公共事業以充裕民生。在『訓政時期，政府當派曾經訓練合格人員，到各縣協助人民籌備自治。其程度以全縣人口調查清楚，全縣土地測量完竣，全縣警衞辦理妥善，四境縱橫道路，修築成功，而其人民曾受四權使用之訓練，而完畢其國民之義務，誓行革命之主義者，得選舉縣官，以執行一縣之政事，得選舉議員，以議立一縣之法律，始成爲一完全自治之縣』。（建國大綱第八條）在訓政時期，各縣要以自治精神，推行民生主義的經濟建設。其重要者，爲：㈠『每縣開創自治之時，必須先規定全縣私有土地之價。其法由地主自報之，地方政府則照價徵稅，並可隨時照價收買。自此次報價之後，若土地因政治之改良，社會之進步而增價者，則其利益應爲全縣人民所共享，而原主不得而私之』。㈡『土地之稅收，地價之增益，公地之生產，山林川澤之息，礦產水力之利，皆爲地方政府之所有，而用以經營地方人民之事業，及育幼養老濟貧救災醫病，與夫種種公共之需』。㈢『各縣之天然富源，與夫大規模之工商事業，本縣以資力不能發展與辦，而須外力乃能經營者，當由中央政府爲之協助，而所獲的純利，中央與地方各佔其半』。（見建國大綱第十條第十一條及第二條）

訓政時期的黨政關係，依民國十七年中國國民黨中央常務委員會所通過的訓政綱領，其應加引述的要點如次：㈠中華民國於訓政時期，由中國國民黨全國代表大會，代表國民大會，領導國民行使政權。㈡中國國民黨全國代表大會閉會時，以政權付託中國國民黨中央執行委員會執行之。㈢依照　總理建國大綱所定選舉、罷免、創制、複決四種政權，應訓練國民逐漸推行，以立憲政之基礎。㈣治權之行政、立法、司法、考試、監察五項，付託於國民政府，總攬而執行之，以期立憲政時期民選政府之基礎。足見訓政時期，國民黨是以師保的地位，領導國民，訓練國民以爲實行憲政的準備，在輔導國民使之自立自治。其立場與態度自與軍政時期顯然不同。

『凡一省全數之縣皆達完全自治者，則爲憲政開始時期』。『憲政時期爲革命建國的完成階段』，施行憲政，即『憲法之治』。自憲政開始至憲法頒行爲憲政完成時期。建國大綱第二十二條規定：『憲法草案，當本於建國大綱及訓政憲政兩時期之成績，由立法院擬訂，隨時宣傳於民衆，以備到時採擇施行』。第二十三條曰：『全國有過半數省份，達到憲政開始時期，即全省地方自治完全成立時期，則開國民大會，決定憲法而頒佈之』。第二十四條，曰：『憲法頒佈之後，中央統治權，則歸國民大會行使之；即國民大會對於中央政府官吏有選舉權，有罷免權，對於中央法律，有創制權，有複決權』。第二十五條，曰：『憲法頒佈之日，即爲憲政告成之時，而全國國民則依憲法擧行全國大選擧，國民政府則於選擧完畢之後，三個月後解職，而授政於民選之政府，是爲建國之大功告成』。憲法頒佈，憲政政府成立後，民主革命的國民黨即由革命政黨變爲普通政黨，由師保地位退居平民地位。

抗戰勝利後，由民選代表組成的國民大會制定中華民國憲法，於三十六年元旦公佈施行。依憲法成立的第一屆國民大會選擧出首任總統，於三十七年五月二十日正式就職，行憲的立法院、行政院、監察院、司法院、考試院亦均於是時相繼成立，憲政體政，宣告完成。惟最足痛心者，就是中共匪黨於行憲未久，即全面叛亂，於三十八年底竊據大陸，致使憲政政府退守台灣。今日中國國民黨仍本其推行民主憲政的一貫政策與革命初衷，以民主政黨的實質而爲憲政的支柱；同時中國在俄帝及傀儡朱毛侵略下，大陸失地尚未光復前，仍以傳統的革命精神和革命立場，擔負國民革命第三期反共抗俄的使命。

# 第二十八章　政黨政治的改造

## 第一節　政黨政治的弊害缺失

政黨政治在現代各國的實際政治，確佔著極重要的地位，扮演著主要的角色，且發生了不可忽視的功用，對政治建設亦有極大的貢獻；但是同時，我們亦必須知道，他具有不少的弊害與缺失，和我們的政治理想相去尚遠，還需要加以切實的改造。本章即在指出政黨政治的弊害缺失之所在及應採取的改造途徑。首就政黨政治的弊害缺失，言其重大者計有左列各點：

**(一) 少數被犧牲，不合民主理想**

政黨政治與主權在民的全民政治理想並不相符合。政黨以競選取勝，在議會中能佔過半數的席次，即可組織政府，完全掌握行政權與立法權。一切表決採多數通過制。所有少數黨派的意見，均被犧牲。多數統治只是一種不得已的政治措施，和全民政治的理想相去甚遠。議員及政府領袖的一切措施與發言，皆秉承著政黨的意志與指揮，並非眞正的直接對選民負責。所以他們所代表的不是『民意』，乃是『黨意』。而政黨只是一部份公民所組成的，一黨或兩黨控制的政府，自亦不足以代表全體人民。況現代的產業已大見發達，社會組織，日趨複雜，職業團體，已見重要，民意的反映，最好透過職業團體，方爲有效，方稱切實，以地域爲基礎的政黨組織並不足以反映或代表職業界的意見。

**(二) 武力金錢作祟，敗壞政治道德**

政黨政治在實際上，成爲『財權政治』（Plutocracy）或『强權政治』，致政治實質趨於敗壞與墮落，所謂『理性統治』與『正義政治』，都成爲徒託空言。極權國家實行以武力爲基礎的一黨專政政治，厲行高壓，毫無理性與自由，奴役政治，罪戾萬千，自然不值得批評。就是在民主國家，實行民主法治的黨治，以和平方法移轉政權，然事實上所理想的『理性統治』竟流爲『金錢統治』。因爲在民主國家，政黨能否掌握政權，係以選舉的勝敗爲轉移。而選舉的勝敗每視競選經費的多寡爲關鍵。卽以美國爲例，每次選舉，各政黨所消耗的金錢數額，實大有可觀，甚至於到達驚人的程度。這鉅額經費的來源，率出於工商鉅子或大資本家的捐助，因之政黨便不免與經濟權威相聯合而成爲實際的統治者。於是民主政治幾變爲金錢政治，致政治道德敗壞，危及國家前途，政黨政治自不能辭其罪咎。

**(三) 操縱國家用人，減低行政效能**

政黨爲了控制政府，掌握政權，自不惜以種種方法，操縱或干涉國家的用人行政。官吏的任用標準，視其是否屬於同一黨籍，或對黨的忠誠程度與貢獻大小。至於其職務上所需要的知識技能如何，都不是他們所欲加考慮的因素。在極權國家，直接了當的認爲只有黨員才是『最覺悟』『最優秀』的，乃是當然的統治者。統治權爲這專政的黨所獨佔，非黨員在實際上並無自由參政及表示意見的權利與機會。在民主國家亦流行著分贓制度的觀念與遺毒，公務員每隨所屬政黨選舉的勝敗爲進退。國家用人行政，受到政黨操縱，用人標準，以『黨籍』而不以『才能』，自然會使公務員的素質趨於低劣，降低了行政效能。這些官吏以有政黨作背景，靠著有政治勢力的支持，當亦不會專心一意的埋頭苦幹，努力工作。況且現代的行政內容已日見專門化科學化，非有特殊的技能與訓練是不克勝任的。今以『黨籍』爲用人依據，自難以擔當現代的國家行政；因長於『黨務』活動者未必有專門的行政能力與經驗。

### （四）囿於政黨偏見，不免感情用事

政黨是政見相同者所組成的政治集團，感情較親切，利害較一致。政黨為爭取勝利，對他黨則作過份的攻擊與批評，對本黨則作渲染的宣傳與辯護，蔽於一黨之私，難期廓然大公，在在『是己非人』傾全力於『黨同伐異』。政黨為競取勝利，常拋棄理智，只顧現實，公私不分，每偏於感情用事。囿於政黨偏見，只顧一黨的利害，而忽視全國全民的整個利益。政黨以相互攻訐為能事，彼此傾軋為當然，甚則以武力鬥爭，搶取政權。這都是以『理性』為基礎，『和平』為骨幹的民主主義者所不能引為滿意的。

### （五）銳化階級對立，危及國家團結

社會與國家本是一完整的有機體，其構成員間，互依互需，共存共榮，息息相關，脈脈相通。這完整有機體的繁榮與生存，要靠構成員間的分工協進與通力合作。雖然，在經濟分工的過程中，有所謂階級對立的事實。然階級協調應為社會常態，階級鬥爭則是社會病態。政黨的理想功能，最好是融合各階級的利益，使之分工合作互助協調作社會正常的生理發展。但今天各國的政黨每只代表一特定階級或經濟集團的利益，厚此薄彼，偏陂發展，因政黨的鬥爭傾軋及推波助瀾的影響，致使階級對立的情勢，益趨尖銳化，分化社會組織，危及國家團結。

## 第二節　政黨政治的改造途徑

政黨政治既有種種的弊害與缺失，不能令人滿意，自不能不有所行動，以期有所改造。各國為了診治及補救政黨政治的弊害與缺失，曾採取有若干的有效步驟，以期有所改造。其所採行的改造途徑，扼要申述如次：

## （一）職業代表制的採行

現代產業發達，職業分化漸細，凡同一職業的人，以生活相同，利害一致，關係至爲密切，因之每能組織成功堅固的職業團體。英人柯爾(Cole)曾說：『無任何人可以代表他人的，只有同一職業的人，才能代表其利益』。同一職業的人，職業意識旣強，團體組織亦固，政黨的『政客』，若欲打進去操縱選擧，自然是很困難的。若採地域代表制，以地區廣大，居民利害不一，意見亦不相同，組織渙散，政黨有龐大的組織與普遍的勢力，在地域的選擧中，必然能發生操縱與把持的重大作用，爲了減少政黨操縱選擧的弊害，俾能使代表性更趨切實與有效，有若干國家已完全的或部份的採行了職業代表制。不過，完全採行職業代表制，亦易銳化階級對立及職業分離，致危及國家團結。因國家團結的有效維繫，要靠著『縱』與『橫』的兩種靭帶。縱的靭帶是職業代表制的各種經濟利益。橫的靭帶是區域代表制的綜合利益。這雙重靭帶方能有效維繫國家團結。故區域代表制外，兼採職業選擧則可；廢區域選擧，全行職業代表制則不可。

## （二）文官制度的建立

政黨的弊害，旣然會操縱國家的用人行政，致降減公務員品質，影響到政府的行政效能。爲了免除這種弊害，不少的民主國家都先後採行了用人唯才的文官制度。這人才主義的文官制度亦叫作功績制(Merit System)。國家官吏被劃分爲政務官與事務官兩類；在美國則稱爲非分級人員與分級人員。政務官的數額則儘量縮小。除政務官的進退依政治影響或政黨選擧的選擧勝敗爲轉移外，事務官的任用，必須經過公開競爭考試，視其是否具有職務上所需要的知識與技能。主持考試的機關則超然獨立於行政系統以外，不受行政首長的干涉，並獨立於黨派之外，以公平客觀的立場，行使其考試權，爲國家選拔人才。美英兩國的吏治委員會及中國的考試院是這類性質的機關。文官制度建立後，不但可以防止政黨操縱或干涉國家的用人行政，就是行政首長在用人上亦不易任用私人或偏袒黨人，造成個人勢力。

**（三）民間團體的興起**

政黨所以能夠運用選舉，操縱政治，以黨意代表民意，不外兩種原因：一是因為人民迫於生活，忙於衣食，無暇過問政治，遂予政黨以可乘的空隙；一是因為人民對於政治問題，缺乏充份的資料與報導，以為其判斷及選擇的依據。為要診救這種弊害，遂有超政黨的民間團體的興起，其任務一方面為供給人民以各種的政治資料與報導，以作判斷的參考，一方面根據各方利益，表示其意願以供各黨制定政綱時的採擇。美國近年來，民間團體的工業組織聯合會（Congress For Industrial Organizations）及政治行動委員會(Political Action Committee)在這方面曾有不少的努力與貢獻。置身政黨之外，以民間團體的姿態，從事政治活動，一切活動力求公開，儘量與平民利益的團體合作，而不爭功或居功。

**（四）公民投票的實行**

現代的民主政治，實際上只做到一種間接民權的代議制度。在代議制度下，政黨便可乘機運用，爭取選民，操縱議會。為防止這種流弊，各國更進而採行公民投票制，即直接民權的行使。人民對議員及官吏除有選舉權外並有罷免權，對於重要法案有創制權與複決權，對國事可以直接表示意見並參與。人民有了這種權力，在積極方面，可以直接制定其需要的法律，廢棄其所反對的法律；在消極方面，議會因畏懼人民創制，即將制定人民所需要的法律，因畏懼人民複決，不敢制定人民所反對的法律。這樣，議會已非最高的立法機關，無所肆其跋扈與專橫。縱使一個政黨在議會中佔到過半數的席次，亦不能壟斷立法，為所欲為。政黨的政綱有相當的固定性，不便隨時變更。而人民對國家的重大問題，則可以隨時表示意見，有時左袒，有時右傾，非政黨的政綱所可限制。這樣，政黨便不易操縱民意，控制選民了。

**(五)候選人考定資格的倡議**

爲了防止政黨操縱選擧，達到『選賢與能』，建立『賢能政治』的理想，國父曾倡權能區分的政治學說，主張無論官吏或議員都要先經過考銓以確定其資格。依權能劃分的學說，選擧資格的取得基於權，被選擧資格的取得基於能。選擧權應屬於國民全體，不當加以限制。被選擧權應屬於勝任的專門人才，應有所限制。所以 國父在五權憲法的講演中說：『當議員或官吏的人，必定是要有才有德，或者有甚麼能幹，才能勝任愉快的』；『我們又怎樣去斷定他們是合格呢？我們中國有個古法，那個古法，就是考試。』在中華民國建設基礎一文中又說：『以爲人民之代表與受人民委任者，不但須經選擧，尤須經考試，一掃近日金錢選擧，勢力選擧的惡習』。在建國大綱中又說：『凡候選及任命官員，無論中央與地方，皆須經中央考試銓定資格者方可』。這種的創見與倡議，確是救治政黨操縱選擧或救濟『選擧制度之窮』的一種良好而有效的辦法，可惜對此有充份瞭解與認識的人不多，各國政府對這項倡議尚無採行者。卽在中國，亦因有若干困難，尙未實行，亦可以說是一種缺憾。

**(六)政治道德與教育的提高**

政黨政治弊害缺失的根本救治與改造，則在國民政治道德與國民教育的提高。國民爲國家主人，若人人有崇高的政治道德及責任感，對一切政治問題能眞正的本自己的『良知』與『理性』，去作最明智的抉擇，不爲威迫，不受利誘，個個人在政治上抱『威武不能屈，富貴不能淫，貧賤不能移』的大丈夫氣慨與人格，政黨自無從施其操縱與把持的伎倆了。政黨能夠欺世盜名，興風作浪的根本原因，是由於人民的政治知識不夠，政治興趣不高。若能普及並提高國民的政治教育，增進其對政治的認識，提高其政治興趣，政黨從中操縱與舞弊的機會自然可以減少。民間有健全的輿論，人民對國事有正確的判斷，政黨當不易假藉民意，玩弄政治，假公濟私，罔民而利黨。

# 第六篇　政治治道論

## 第二十九章　政治治亂的關鍵

古人論政治治亂之關鍵者，不乏其人。孔丘爲政必先『正名』，且着重『足食』、『足兵』、『民信之』。孟軻治國曰『不嗜殺人者能一之』，並重在『行仁政』、『講道德』、『說仁義』。荀卿以『禮治』爲治國的關鍵，主張『制禮義以分之』。韓非崇尙權勢，要『集勢以勝衆，任法以齊民』。管仲認爲『國之所以治亂者三：一曰德不當其位；二曰功不當其祿；三曰能不當其官』(立政篇)。管仲是以重德、崇功、尙能爲治國的要圖。但是今天的政治益趨紛繁複雜，牽涉甚廣，治亂的關鍵，亦不似昔日的簡單。依著者的研究與觀察，當今政治治亂之所繫者計有十大關鍵：一曰經濟的富裕 (Affluence)，二曰政治的參與 (Participation)，三曰理由的信服 (Rationalization)，四曰目標的領導 (Objectives)，五曰政府的有能 (Competence)，六曰國民的團結 (Association or Affiliation)，七曰健全的制度 (Systems)，八曰發達的教育(Education)，九曰適中的治道(Mean)，十曰均衡的權利(Equilibrium)。就此言之，政治治亂的關鍵在於APROCASEME。玆就這十大要素分別論述如次：

### 第一節　經濟的富裕

**(一)理論的說明**

政治是經濟的手段。經濟是政治的目的。政治活動的要旨在爲人民謀福利，解決其食、衣、住、行、樂、育的生活問題，亦就是經濟問題。論語，哀公問政，孔子答以『政在養民』。管仲亦說『倉廩實而後知禮義，衣食足而後知榮辱』。國父孫中山先生認爲『民生是歷史進化的重心』。人生而有慾。慾而不能無求。求而無度則亂。故要制禮義以分之。這是荀卿治國的大道理。其實他不知道，人要有了飯吃，才會知禮守分。否則，人在饑寒交迫的情形下，必然會挺而走險，攘食奪衣，以致天下大亂。饑寒的產生乃是維持衰竭的結果。人生而有慾，人之大慾就是求生存。要想國家太平，社會安寧，端在發展經濟，增加生產，能以養其慾，遂其生。

儒家雖然主張行仁義，尙道德，但同時對經濟問題，亦並沒有完全忽視。孔子認爲經濟富裕的方法，在『生之者衆，食之者寡，爲之者急，用之者舒』。孔子認爲治國的關鍵，在於『足食足兵，民信之』（論語，顏淵）。足食就是經濟的富裕。孔子的弟子有若亦說：『百姓足君孰與不足，百姓不足君孰與足』。其意是說百姓富裕是國家富裕的基礎。治國的關鍵在於富民。孟子治國主張行王道，施仁政。然究其實質亦是着重經濟的富裕，解決人民的生活問題。他的政策是『富而後教』，承認經濟的需要優先於敎育；要『五畝之宅，樹之以桑』，使黎民不饑不寒，衣帛食肉，斑白者不負載於道路。

## (二) 事實的佐證

國家的治亂，繫於經濟是否富裕，民生問題是否解決。這種政治治亂與衰的關鍵，於理論固屬有根據，講事實亦有其證明。衡之中國自秦漢以來的歷史事實，凡當經濟富裕，物阜民豐的時期，則是國泰民安四海昇平的政治隆盛修明；凡當荒旱流行，經濟枯竭，民不聊生的時期，必是盜賊蜂起，社會紛擾，天下大亂的情況。漢代文、景之治，唐代貞觀之治，淸初康、乾之治，都是物阜民豐的富裕經濟有以致之。漢末黃巾之亂，唐代黃巢之亂，宋代方臘宋江之亂，明末李自成、張獻忠之亂，都是經濟困窮時，失業及飢餓的農民所發動的革命或暴亂。

就今天世界各國的情形看來，凡科學技術進步，生產發達，經濟富裕的國家，都是民生順遂，社會安寧，一片幸福歡樂的祥泰氣象。舉例以言之，如英、美、法、德、挪威、瑞典、荷蘭、比利時等國便都是富庶康樂的國泰民安的社會；共產黨徒對之亦難以施展滲透、顛覆、分化、挑撥等伎倆，煽動暴亂，亦所不易。凡經濟落後，生產不振，民生困窮的國家，都呈現社會不安，變亂迭起的現象；且最易爲共產黨徒所滲透顚覆而引起暴亂。西非若干國家的不安與暴亂，與經濟困窮，有着密切的關係。經濟困窮的地方，就是共產暴亂滋長的溫床。防止共產病菌的傳染，最有效的免疫劑和預防針，就是增加生產，推行建設，使經濟趨於富裕。

## 第二節　政治的參與

### （一）理論的說明

『政治是管理衆人之事』。大家的事務由大家管理之，才能擺得平，站得穩，亦才能行得通。這就是所謂政治的參與。政治的治亂關鍵，以人民對政治參與的人數多寡及程度高低爲轉移。人民政治參與的人數多，程度高則治，反之則亂。在古代，政治權力掌握在貴族或君主的手中。人民政治參與不够，所以才引起不斷的革命與暴亂。美國學者阿爾蒙（G. A. Almond）曾說：『假如世界上有一個共同的革命，那就是人民要求政治參與的革命』。爲要防止革命及謀求政治的長治久安，就在於實行普遍參與的『全民政治』。

人們在多次的長期的革命和暴亂的經驗中得到教訓，才發現出現代的『民主政治』，才是治國的良策。依民主政治的理論，人民是主權者，是國家的主人翁，政治的一切措施，要依民意爲依歸。民主政治實行『多數統治』（Majority Rule）要少數服從多數，多數尊重少數。個個受到人格尊重，人人都有政治參與的滿足感。如此大家方覺得心安理得，自我滿足，覺得國家和政府都是我自己的，政治措施亦是我自己所決定。因之，人民就會自動自願的愛護國家，擁護國家，支持政策。這樣，社會必趨於安定，政治自必歸於修明。

今日企業經營的新方策，有所謂『參與管理』。那就是說要企業經營成功就要使工廠的員工，對廠方的行政與管理有發言權，有參與決定的權力與機會。藉此使員工覺得工廠的事業就是自己的事業，俾以養成其『人人主人翁的事業觀念』。企業經營不必以『營求利潤』爲重心，而應以『養成人人主人翁的事業觀念』爲重心，因爲人人有了這種觀念和抱負，人人必能自動自發的負起責任，完成任務。能如此，則不言利潤，自然會獲得很高的利潤與成功。企業經營的『參與管理』的道理，可以同樣的適用於政治運用上。

人類的歷史可以說是一部政治參與的擴展史。政治愈進步，政治參與愈擴展。政治參與愈擴展，社會愈安定，民生愈順遂。封建社會少數貴族把持政權，平民無參政權，基礎欠廣大，情勢不穩。野心國王乃起用平民打倒貴族，建立統一國家。秦國所以能滅六國，成一統，就是因爲秦能任客卿，用平民，不囿於世襲的貴族制。張儀、范睢、百里奚、李斯諸宰相均是窮苦的平民出身。專制君主靠平民而成功後，竟忘本自專，而壓迫平民，終於激起民權革命，建立民主政治制度。民主政治的政治參與則與時俱進，日趨擴大與提高。先則採行間接民主制的代議制度，人民僅有選舉權；後則採行直接民主制的全民政治，人民更有罷免權、創制權、複決權。就選舉的參政權言之，先則行限制選舉，只要有一定財產數額，受過一定教育者，且須爲男性，始能行使選舉權。後則採行普遍選舉制，不分男女，只要是法定成年人，均有選舉權。這是與時俱進的政治參與的大進步，亦是謀致長治久安的好方法。政權基礎愈擴大，政權愈穩固，社會愈安定。

**(二) 事實的佐證**

貴族政治平民無參政權，政治參與不够，基礎不穩，以致戰亂頻仍，爭城爭地，殺人盈野，兵連禍結。中國春秋戰國時代的戰亂，及中古歐洲的不安寧是其明證。在專制君主政治時代，政權未給人民開放，參政權全被剝削，政府的基礎不穩，所以常有人民的暴亂革命。中國歷代固然有不斷的農民暴亂與革命。歐洲亦曾有兵連禍結的三十年戰爭，薔薇戰爭等。這些的變亂與戰爭都直接或間接的與平民要求政治參與有關。

實行民主制度後，一切政治措施悉以民意爲歸依；政爭問題的解決，於議會以講理或辯論的和平方法行之，或用人民政治參與的投票方法行之。因之，政爭的解決，由選票(Ballot)替代了槍彈(Bullet)。足見投票的政治參與，是維持和平，促致安寧的最有效方法與途徑。英國採行民主政治，擴大參政權後，迄今二百多年未有內戰發生。美國於解放黑奴的南北戰爭後，黑人獲得參政權，故迄今一百多年亦未有內戰發生。

今日的世界，分爲兩個集團：一是民主自由的集團，一是極權專政的集團。在前者國家中，實行民主政治，參政權普及於全體公民，人人對政治有參與的權力與機會，自由討論，自由投票，各人的人格與意見受到尊重。人人對政治問題都覺得心安理得，心平氣和，無怨言，無憤懣。所以這些國家大多是歌舞昇平，國泰民安，無內戰，無暴亂。在後者國家中，實行獨裁政治，統治大權掌握在少數的政黨領袖，民意被壓制，言論不自由，在高壓的政策下，恐怖的環境中，人民敢怒不敢言，憤懣鬱積於心中，一有機會便要反抗。所以這些國家永遠在不斷的鬪爭中整肅中。只有人人參政的民主國家，才是最團結的、最安定的、最有效率的、最經得起戰鬪的。而不民主不自由的獨裁國家則是敵對的、混亂的、無效率的、經不起戰鬪的。

## 第三節　理由的信服

### (一) 理論的說明

理由的信服是說人民對政府的命令與措施，在思想上認為是正當的、有理由的、應該服從的，甚而是心悅誠服的、信仰的、佩服的。這是治國平天下的關鍵，亦是促進政治安定，社會安寧的要徑。治國的關鍵是一個思想問題。故曰得天下者得民心。民心就是思想問題。得民心者王，失民心者亡。『馬上得天下，不能馬上治之』。得天下是軍事問題，可以憑武力，行殺戮。治天下是政治問題，端在運用思想交流意見溝通，得民心，一民心。政治乃是要人民自願的甘心的和平服從，不是靠軍隊和警察的武力強制或壓迫。一個政府到了要靠軍隊和警察維持政權時，那他的垮台必然就在眼前。民猶水也，可以載舟，亦可以覆舟。載舟與覆舟，都是一個思想問題。民心信服則政權鞏固。民心背離則政權崩潰。

治者的權力建築在被治的同意上。命令的有效性是以受令的服從為前提。受令者肯否服從，要視理由上是否信服為轉移。有人認為政治是力量的統治。豈不知人民人多勢衆。人民的力量最大。衆怒難犯，專欲莫成。縱使政府有軍隊，亦不能槍口對住老百姓。果然那樣，那還成什麼政府！叫什麼政治！何況民不畏死，奈何以死懼之。以力服人者叛。以理服人者從。獨裁政治訴之以力，情勢不穩。民主政治訴之以理，和平安寧。

管子牧民篇稱：『政治所興，在順民心，順之之道，莫如利之』，是利民爲治道的關鍵。不過所謂利不利固然是客觀的事實問題。但同時亦是個思想認定問題。這屬於主觀判斷。判斷就是思想問題。國民政府下有些達官貴人，封疆大吏，擁有高官厚祿，多財廣資，且有嬌妻美妾，實在得有大利；但當民國卅八年春大陸變色時，他們竟賣身投靠共匪。試問在共產政權下，他們能得到什麼利呢？所謂利不利亦是一個思想認識問題和理由信服問題。』

治國既然不能靠武力，而是靠思想。那麼，最簡單的統治辦法，就是實行『愚民政策』，使人民沒有思想。但是人是生而有『智慧』的，並有堅强的『求知慾』。人是有思想有理性的動物。所以用高壓政策，會激起叛亂。用愚民政策，則是作繭自封，行有不達。古代的專制君主像秦始皇曾用愚民政策以施政，但其結果，則是慘然失敗。治國的最佳途徑，則在於思想溝通與政治教化，使人民歸心，博得其衷心的信服和擁護。

管子牧民篇曰：『刑罰不足以畏其意，殺戮不足以服其心，故刑罰繁而意不恐，則令不行矣；殺戮衆而心不服，則上位危矣。』管子雖然是法家，亦不主張完全以刑罰殺戮去治國，而重在『畏其意』、『服其心』。管子治國認爲『立信』是實行法治的前提。他說：『信之爲聖』、『賞罰莫若必成，使民信之』。『意』、『心』、『信』都是使民信服的思想問題。

**(二) 事實的佐證**

古今的統治者均致力於以思想治國，博得人民的信服，謀求政治的安定。貴族政治時代，以宗法思想以治國使在尊尊、親親、遵禮儀、守名分的思想下各安其位，勿相殞越。專制政治時，以神權思想以治國，倡什麼『天子授命於天』、『天子聖明，臣該萬死』的謊言，以愚民，以服民，以保持自己的政權。今日的民主國家，靠民主思想以治國。共產國家靠共產思想以治國。中國則靠三民主義的思想以治國。

共產黨徒雖高唱：『槍桿子出政權』的邪說，但是在實際上，共產國家今天所以能維持其政權暫時於不墜者，並不是完全靠槍桿子；其所使用的有效工具，主要的還是在運用馬克斯共產主義的思想，麻醉住了人民，欺騙住了人民。理由的信服與否是治亂的扭轉關鍵。當人民信服『眞命天子』的說法時，專制君主便能安然無事坐在『龍位』上，到了滿清末年，民主思想漸爲大衆所接受，國父乃能登高一呼，掀起辛亥革命，推翻兩千年的專制政體。北洋軍閥，兵强勢衆，但因其殘民以逞，失去民心，三民主義與國民革命爲全民所歸心，乃能在蔣總司令中正的英明領導下，義旗北指，一擧而北伐成功，完成全國統一。日寇侵華，全國抗戰，齊心愛國，同志抗敵，意志統一，思想一致，故在艱苦中浴血抗戰八年，卒能使日本無條件投降。大陸變色，政府遷台，是因爲當時的不少人民受了共產黨徒的思想欺騙有以致之。今日的全國軍民只要團結一致，同心同德，堅信反攻必勝，反共必成，則光復大陸河山，拯救同胞，可以企足而待之。

## 第四節　目標的領導

### (一) 理論的說明

諺曰：『士爲知己者死』，又曰：『士尙志』。這都是指當權者要靠目標的領導，使士衆矢志如一的踴躍將事，共赴事功。個人有工作，國家有目標。個人對本身的工作不會感到興趣或重要，除非他的工作與國家偉大的目標相結合。爲了要實現三民主義的偉大目標，人民便不避艱險，不畏犧牲，而獻身國民革命。福特（Henry Ford）有一次派幾十位推銷員到歐洲去推銷汽車。臨行之前，他向他們說：『你們不要看輕自己的地位，而僅以汽車推銷員自居。你們的使命實在於發展世界交通，爲人類謀幸福。』這就是用目標領導激勵其責任心與榮譽感。

目標就是志向。個人有志向則會奮發有爲，努力向上。國家有志向，就能團結一致，致勝圖強。志同者方能道合。國家若能揭櫫正確偉大的目標，並向此目標作有效的領導，全國上下當能團結於這一目標下，一心一德的，矢勤矢勇的協力前進，互助合作，爲實現這目標，而作奮勇的努力，以期達於成功。國家若無有效的目標領導，必會導致意見分歧，各自爲政，步伍零亂，而陷於分崩離析，四分五裂的慘局。

**（二）事實的佐證**

政治家爲作有效的目標領導，常倡美麗動聽的政治口號，如『正義』、『和平』、『自由』、『民主』、『福利』、『安全』等以爲號召，以激勵士氣，團結人心。有時政治家則把目標化爲『政治符號』以爲統一意志及共同努力的旗幟。在中國歷史上，改朝換代後，成功的君主則改年號、易服色，行正朔。這『年號』、『服色』、『正朔』就是政治符號。政治的人群，一生都受著他們並不甚了解的政治『口號』和『符號』所領導，並爲此而甘願孜孜不息的去努力，去奮鬪。至於所謂『國父』、『國旗』、『國號』、『立國主義』、『憲法』、『國策』等都是推行目標時所使用的政治符號。

湯武革命提出『替天行道』、『弔民伐罪』的政治口號，以爲目標領導。劉邦起義的目標領導是『除暴秦苛政』、『拯民於水火』。國父倡導國民革命，提出謀求中國人在政治上經濟上國際上的自由平等，使中國永遠適存於世界，以爲目標領導，乃能引起國民風起雲湧的景從及衷心悅服的信仰。實行民主憲政制度的英美等國以維護民主主義及爭取平等自由爲目標領導。實行極權專政制度的蘇俄等國，以實現『無產階級專政』及推行『世界革命』爲目標領導。中國政治的目標領導，在於實現三民主義及建設自由平等富强康樂的新中國。在第二次世界大戰以前，義大利的墨索里尼叱吒風雲，以重建羅馬帝國號召國人，以爲目標領導，德意志的希特勒雄視一世，以爭取『生存空間』，實行日耳曼人的優秀者的統治爲目標領導。

## 第五節　政府的有能

### （一）理論的說明

國家是人民求生圖存的政治團體，有一定的任務、使命和目的。政府乃是一種機構，是國家用以完成其功能時的憑藉和工具。諺曰：『工欲善其事，必先利其器』。國家要能成功有效的達成其目的，就必須依仗於有能的政府。國家的成敗興衰，恒視其政府是否有能爲轉移。所謂有能是指治事的知識、方法、權能及能力而言。昔日的農業社會，政府的任務，僅在於收稅款，理訟事，政輕刑簡，政務簡單，公事容易，縱使政府才能不足，尚可勉强勝任。在初期的民主政治時代，政治哲學是消極性的，主張自由與放任，認爲『政府最好，作事最少』(Government Best,Government Least)，其地位猶如『守夜警察』(Night-Watch-Man)僅在維持治安，保障民權；即使政府無能，亦無大碍。但是自二十世紀以來，政治哲學進爲積極性的；政府地位已由『守夜警察』進爲『服務機關』(Social Service Agency)。政府的功能不僅在維持治安，保障民權，更在爲人民服務，爲社會造福，於是舉凡教育文化、醫藥衞生、農田水利、交通運輸、科學發展、經濟建設等都成爲政府職能。因之政府職能大見擴張，數量紛繁，性質複雜，責任艱鉅，非有有能力有效率的政府以擔任之，不但不能勝任，且必招致失敗。 國父爲適應這種的時代需要，所以主張要實行權能區分，建立爲民服務的『萬能政府』。

政府是由官吏構成的。有怎樣的官吏就有怎樣的政府。政府能否有能恒視官吏是否優良爲轉移。故曰：『爲政之道，首重得人，得人者昌，失人者亡』。禮運大同篇亦曰：『大道之行也，天下爲公，講信修睦，選賢與能』。孟子亦主張：『賢者在位，能者在職』。政府的有能，要從兩方面看。在消極方面要不貪汚，不腐化；在積極方面，要能成功，有效率。官吏要有忠誠服務，廉介自持的品德，才能使政府不貪汚，不腐化。官吏要具有職務上所需要才智與知識，才能使政府成功與有效率。

英儒房納（Herman Finer）在所著『現代政府的理論與實際』（Theory and Practice Of Modern Government）一書中曾指出：一個君主要想成功的維持其政權，必須具備兩個條件：一是『慈惠』，一是『英明』。有前者的條件，他才會行仁政，愛人民，摒棄殘酷的暴政，而受到人民的愛戴，不致引起革命或叛亂。有後者的條件，他才能對他的官吏作有效的指揮與監督，保持一定的政治功能水準與效率，不致流於腐敗與無能。實在說，這兩個條件不僅是君主政府所需要的，而是一切想求安定與成功的政府都所需要的。

### （二）事實的佐證

就中國自秦漢迄明清兩千年的政治史觀之，事實證明，政治的治亂興衰與政府是否有能有著極密切的關係。每朝的開國君主率皆精明强幹，奮發有爲，而能選用賢才建立制度，使官吏有爲，政府有能，得以奠國基致治隆。到了每朝的末代君主，率多軟弱無能，昏庸腐化，親小人，遠君子，綱紀敗壞，朝政不修，卒至於政權傾覆。漢高祖雖是市井之徒，然能用張良、韓信、蕭何等傑出人才，建立有能的政府，用能爲其子孫奠定四百年統治天下的基業。迄至桓帝、靈帝以後，官吏昏庸，政府無能，政權遂轉入奸險强梁者的手中。唐太宗雖不講情意，手足相殘，然能用魏徵、姚崇、宋璟等傑出人才，使政府有能，創業垂統，而有貞觀之治。但到了唐代季世，君主無力，政府無能，卒形成藩鎭割據，以致國祚他移。明太祖雖刻薄寡恩，然能用劉基、徐達、宋濂等傑出人才，乃能以一天下成帝業，使政府有能，社會安定。迄至神宗、熹宗綱紀不振，政府無能，遂至盜賊蜂起，外寇入侵，君死國亡。

就外國的事實言之，普魯士的君主威廉大帝精明有爲，勵精圖治，奠立起健全的開國規模，成立有能有效的政府，爲德國打下致勝圖强的基礎。普魯士有能政府靠著兩大支柱：一是組織嚴密，訓練精良，能以作戰的軍隊；一是綱紀嚴明，效率高强，能以治國的文官。德國的文官制度久已馳名於世，德國的富强，這是一大關鍵。英國自一八五五年起成立文官委員會，採行健全的文官考選制度，提高了公務員的品質並改善其關係與結構，使政府有能，效率增進。英國因以能於十九世紀躍居於世界第一等强國的地位。

## 第六節　國民的團結

### (一) 理論的說明

政治的治亂，繫於國民是否團結。因爲『團結就是力量』，聯合則力强，分離則勢弱。凡富强的國家，均以國民的精誠團結，一心一德，通力合作爲基礎。否則，國力分離，自相衝突，紛擾雜亂，未有不歸於敗亡者。在下列的情形下，國民則易於團結：㈠種族簡單。國家如係由一個單純的種族所構成，國民則較易團結，如英國、法國、義大利均種族單純，國民頗爲團結。國家如係由多種種族所構成，國民團結必生困難，如蘇俄國境內就有很多的不同種族，內部問題甚多，若非在高壓的控制下，早已趨於分崩離析。㈡宗教一致。宗教是一種信仰。信仰相同則行動一致。行動一致則國民當能團結無間。在歷史上因宗教信仰的不同，固曾引起國際戰爭；若英、德、法等國因新教與舊教之爭，亦有過慘烈的內戰。實行國教的國家，信仰雖不自由，但內部則較易團結。㈢財富均衡。國家的財富分配若陷於畸形，使多數財富集中於少數人手中，貧富懸殊，階級對立，不平則鳴，很易引起社會的暴亂和紛擾。若使國家財富較為均衡，貧富距離不遠，大家都可以生活下去，則人與人間易於和平相處，維持社會與國家的安寧。

民族構成的客觀要素，固然在於血統、語言、宗教、文字、生活習慣、歷史背景等，但最重要的條件，還在於主觀認識，那就是所謂『民族意識』。美國的國民包括膚色、語言、血統、宗教、生活、歷史不同的許多種族，但他運用了教育、政治、溝通、宣傳等有效方法使這些客觀要素大相區異種族，鎔化融會在主觀認識上成為一個自認同一的『美利堅民族』(Americans)。中國的民族歷史發展乃是由小而大，不斷鎔化融會，擴大團結。今天中華民族就是鎔融漢、滿、蒙、回、藏、苗、夷等民族而成功的。民族形成的要件，乃是『共同的自覺』、『一致的認同』和『強固的同屬感情』(Sense Of Belonging)。這三種東西的『交織體』(Network)就是所謂民族意識。國父革命救國，一再强調要喚起民族意識，以為國民團結的韌帶與動力。

### (二) 事實的佐證

近五百年來的人類歷史，可以說是一部『民族醒覺』、『國民團結』的發展史。羅馬帝國及羅馬教皇均以世界統治者的姿態控制歐洲的各民族，深為各民族所憤怨。迄乎中古世紀末葉，帝國崩潰，教權衰落，民族統一的國家遂於十六、七世紀相繼而應運興起。現代德意志、法蘭西的興盛，義大利的統一，都是民族醒覺、國民團結的勝利成果。十八世紀美國獨立革命成功後，中南美的不少的西班牙殖民地亦紛紛醒覺與團結，能以脫離帝國主義者的壓迫，而宣告獨立。第二次世界大戰後，亞洲、非洲的很多的殖民地，在『民族醒覺』、『國民團結』的推動下，先後成爲獨立國家。醒覺就能奮發。團結就有力量。能奮鬪、有力量未有不日趨自立自强，與旺盛達者。

最近的事實，表現民族醒覺最爲强烈，國民團結最爲堅固者，首推以色列。這個國家受著這種偉大精神力量的鼓舞，而能以寡擊衆，以弱勝强，在衆敵環伺，地小人寡的情勢下，屹立不移，卓然自立。就中國歷史言之，中國曾屢遭異族侵略，受到嚴重外患損害，幸賴有民族的自覺，國民的團結，堅定不移，愈挫愈奮，用能化險爲夷，轉危爲安，維持國脉於不墜。民族醒覺意識表現最爲强烈，國民團結精神表現最爲堅固，就是八年的堅苦慘烈的對日本的浴血抗戰。民族自覺意志不屈，國民團結精神不破，卒能勝强敵，逐外寇而獲致最後的光榮的抗戰的成功與勝利。

## 第七節　健全的制度

### (一) 理論的說明

制度是生活的規範和準則。制度的好壞關係於人民生活者至深且鉅。制度健全，人民的生活卽可安樂。反之，人民的生活必陷於痛苦。制度一詞首見於易經節卦，曰『節以制度』。仲尼燕居曰：『制度在禮』。是制度的作用在『節』，其實質爲『禮』。節所以使人群行動納於規範，勿相殞越。禮所以定社會名分，調整關係，以止亂息爭。古者主權在君主，設政施治，出諸君令，故天子之言曰令，又名制書。成法亦曰制。度卽標準，亦就是法度。制度與法令殆可以互訓。就政府的活動或施設言爲法令。就實施的效果或關係言爲制度。

社會制度的建立，乃是大政治的責任。如能有健全制度的創建，其造福於人群與社會者，實不可數計。不管婚姻制度是否是周公姬旦所創建，但正常婚姻制度立，而亂婚制度止，人類乃能世代相傳不絕，而綿延至於今日。否則亂婚行，性病厲，人類可能早已滅絕。選擧制度立，以和平方法解決政爭，用選票替代槍彈消弭戰爭，拯救了無數生靈。至於銀行制度、股份有限公司等的發明與使用，對增加生產，促進經濟建設，亦有莫大的貢獻。由此觀之，社會科學家不可妄之菲薄，其地位的重要，貢獻的偉大，並不亞於自然科學家。

健全的制度要符合以下的條件：㈠適合國家環境。健全的制度必須適合國情。最好的制度就是最適合國情的制度。某種制度在某國行之有效，未必能適合於他國。制度是生長成功的，不能移植。東方國家的國情、文化、環境和西方國家者並不相同。所以美國的民主制未必能成功的施行於中國。中國可有其自己的適合國情的民主制度。㈡能以解決問題。制度是否健全，視其能否解決問題爲標準。制度是解決問題的工具，能解決問題，才算是健全的制度。『多數統治』(Majority Rule) 並不一定是最理想的制度，但因爲他是『行得通』、『辦得到』的辦法，能以解決問題，所以是好制度。㈢隨時代進步。制度既是解決問題的工具，而問題則是隨時代而變遷的。所以健全的制度必須日新月異，隨時代而進步而適應，方能達到目的，維持生存。㈣自身的完整。制度構成的要素，包括執行任務的人員角色、工作單位、行爲規範、價值觀念及共同目標。這些要素，必須精巧配合，形成一個完整統一，行動一致的合作體，才是健全的制度。

### (二) 事實的佐證

就中國四千年的政治制度發展史觀之，國家的治亂與衰，與制度的是否健全有著極密切的關係。每朝建國的開始，賴有明君賢相的精密規劃，率能適應時代環境的情勢與需要，建立健全的政治制度，解決其所遭遇的問題，而獲致政治的修明與社會的安寧。但是制度多是固定性、成文性的或習慣性的，不有及時的修正與改革，每不能隨時代而進步而適應。因之，這制度不但不再是解決問題的工具，反而成爲社會的障碍，時代進步的絆脚石。於是原來的健全制度，此時却變爲不良制度。在不良制度下，功能不彰，運用失效，遂導致社會的不安與政治的混亂。中國政治史上『一治一亂』的週期循環，就是這健全制度與不良制度交互更替的結果。

就今日的世界情勢觀之，制度的是否健全與政治的治亂亦是緊相扣合的。共產主義國家的政治制度，尙權勢，重殺戮，厲行階級鬪爭，嚴格生活控制，抹煞人性，滅絕倫理，不合情理，乖戾失常，所以人民恐怖，生活困窮，社會不安，永遠在無休止的整肅與鬥爭中。民主國家的政治制度，尙理性，重和平，以民意爲依歸，用和平方法解決政爭，移轉政權，愛好自由，各人的人格皆受到尊重；實行法治，法律之前，人人平等，制度健全，規範合理，遂能使民生安樂富裕，社會和平安寧，共享幸福，同慶昇平。

## 第八節 發展的教育

### (一) 理論的說明

治國不能靠暴力，因爲『暴政必亡』。治國不能靠『愚民政策』，因爲這是辦不到的。智慧與判斷力乃是與生俱來的。治國的最佳途徑，在於遵循理性，藉理由的信仰以導致太平。要發揮理性，就非借助於教育不爲功。教育乃是百年樹人的大計，亦是立國的根本。教育的是否發達，關係於國家的治亂興衰者至深且鉅。知識就是力量，欲致富圖强，應以發展教育爲第一要務。有人以爲教育是一種費錢業務，政府不勝負擔。豈不知教育的支出，乃是一本萬利的最佳投資。

教育的功能，能以陶冶性情，發展理性，養成健全人格。凡受過良好教育的人，率能行爲合度，生活合理，守法安分，不殞不越。所以教育發展的國家，率皆人民守法，社會安定。一個國家若教育落後，人民以知識不足，道德不良，作奸犯科者，自必爲數衆多，造成社會的不安。知識就是道德。道德是共生共存的要件，是互助合作的手段，是致富圖存的工具。

教育的功能，在於傳授知識，增益智能，培養人們的上進思想與創發意志。在教育發達的國家，國民的知識高，智能强，上進心切，創造力大，當易於促進經濟生活，文化向上及社會進步，使國家日趨於富强與康樂。否則，國家的教育不發達，國民的知識低，智能差，缺乏進取心與創造力，則生產低減，文化落後，自然陷於人民貧窮，生活困苦，使社會不安，國家衰弱。

**(二) 事實的佐證**

國勢的强弱，不能僅以人口的多寡爲衡量的尺度。國民的素質與數量佔有同等重要的地位，甚而質量重於數量。所以國家的强弱以文化水準的高下爲測量的指標。而文化水準的高下，又以國民教育水準的高下成正比例。凡教育普遍，國民教育水準高上者，則國家富强，社會安寧，生活康樂。凡教育落後，民知低下者，則必國勢衰弱，社會不安，民生困窮。美、英、法、德等先進國家，教育發達，文化進步，科學昌明，故均民富國强，社會安泰，民生順遂。反觀非洲、亞洲新興的發展中的國家，則教育落後，民智不開，以致社會陷於不安，政治瀕於紛亂。

民國初年，中國的國民敎育尙不夠發達。據民國十八年的統計，全國文盲竟高達人口的百分之八十三。民智低下，敎育落後，科學不够昌明，生活尙不足，國力欠雄厚，竟引起野心日本的輕視，以致冒然對我國發動全面的侵略。日本以區區三島竟敢欺侮我人口在五億以上的堂堂大國者，因其國民敎育普及，國民知識較高的緣故。一九六七年以色列以人口僅三百萬的小國，竟能對人口衆多的埃及等阿拉伯國家發動閃電戰爭，於六日內獲致輝煌的勝利戰果。其中的一個重大原因，就是以色列的國民敎育水準頗高，而埃及等阿拉伯國家國民敎育程度遠不及之。戰爭不僅在鬥力，而且在鬥知與鬥智。我國有鑒於此，乃延長國民義務敎育，由六年而至於九年。

## 第九節　適中的治道

### （一）理論的說明

國於天地之間必有以立。立國要有立國的精神。治國要有治國的道理。這精神和道理，就是有關政治治亂的治道。爲謀求國家的長治久安及政治清明修善，治道必須不偏不倚，既不過亦無不及而適得其中。治道既不可失之偏激，亦不可過於保守。偏激必導致變亂與不安。保守則陷於呆滯與停頓。良好的或致治的治道，則爲既不偏激（Radical）亦不保守（Conservative）的大度雅量的『磊落開拓』（Liberal）的治道，就是在安定中求進步，進步中求安定；乃是一種『穩進』（Steady）的狀態。書經曰：『人心惟危，道心惟微，惟精惟一，允執厥中』。論語曰：『執其兩端，用其中於民』；中庸曰：『致中和，天地位焉，萬物育焉』。足見中是金律（Golden Mean），治道貴乎適中。中不偏，庸不易，『中庸其至矣乎』。所以政治的修明與國家的安寧，實以適中的治道爲基礎。中不是二一添五的折半思想，中者中也，猶如射擊之擊中鵠的或目標。凡能達到目的的治道就是適中的治道。勝任與能幹均謂之中。故適中的治道，就是能達成政治使命與任務的治道。

希臘有句格言說：『最高的理想是一種持久的平衡狀態，過一種適可而止的中道生活』(The Ideal Is a Steady Balance and Equilibrium, a life as it is a half-way house)。希臘哲人亞里斯多德認爲中道的生活是最理想的幸福生活。中道的政制是最理想的優良政制。他反對平民政制和寡頭政制；而主張兼採二者之長，避去其短的混合政制。因爲平民政制在爲窮人謀幸福，寡頭政制在爲富人謀求利益。混合政制以中產階級爲基礎。中產階級是窮人與富人鬬爭中的自然調解人，不使二者各走極端。窮人易流於犯罪，富人易流於荒淫，中產階級自食其力，自給自足，對於二者的短處可以避免。

## (二) 事實的佐證

中國歷代先哲所持的治道，要可分爲三大派：一是法家的治道，以韓非、商鞅的思想爲代表，崇尚權勢，厲行法治，嚴刑峻法，以勢力以勝衆，憑威力以治民，導之以政，齊之以刑，民免而無恥，以力服力，不能心悅誠服，樂意服從。這種治道失之暴虐。而暴政不能持久，必趨滅亡，非治道之適中者。秦始皇行法家的治道，以爲可致子孫帝王萬世基業，孰料國祚不久，凡三世一十五年而竟滅亡。二是道家的治道，以老聃莊周的思想爲代表，崇尚自然，清心寡慾，無爲而治，反對法律，卑棄知識，主張自由放任，反對權力，有似無政府主義。這是烏托邦的政治空想，自難成爲事實，所謂返樸歸眞，乃是違反進化原則的反動思想。這種治道失之空妄。而空妄不切實際，非治道之適中者。三是儒家的治道，以孔丘、孟軻的思想爲代表，崇尚道德，推行仁政，親親而仁民，仁民而愛物，導之以德，齊之以禮，正名分，守中庸，以德化民，以理治國，合情合理，不偏不倚，坦蕩正直，寬厚和平。這種治道不失爲適中的治道。中國歷代君主，皆持儒家思想以治國，行之兩千年而未改，其中實有至理。

考之西洋政治，歐洲各國的專制君主政制，僅有約二百年的歷史。而中國的專制君主政制，則長達二千年的長久。這是否因爲中國人富有奴役性，甘願忍受專制君主的壓迫。答案是否定的。因爲中國的專制君主政制並不甚專制，而是適合於適中的溫和君主制，故能爲人民長期接受。溫和適中的事實，可從以下三點說明之：㈠中國歷代的政治記載是『多庸主而少暴君』，殘民以逞的君主，幾乎是絕無僅有。庸主無能，多待民寬厚。㈡歷代君主均持儒家思想以治國，行仁政，尚王道，以德化民，以理治國，使民『有恥且格』，不尙嚴刑峻法。㈢中國先後施行鄉擧里選及考試制度以選拔人才，使各地皆有人至政府服務，具有相當的代表制的意義，軟化了專制政制，使趨於溫和。

自一七七六年美國獨立革命，一七八九年法國民權革命成功後，歐美各國相繼推翻專制君主，採行民主政治，實行自由放任政策，崇尙制衡制度，以致競爭過甚，引起紛爭；政府無能，效率減低，行動遲緩，貽誤事機，發言盈庭，莫衷一是。過份崇尙自由，有背適中的治道。所以到了十九世紀之末，民主政治已病態百出，引起世人病詬。二十世紀以來，反民主政治的逆流，洶湃洶湧，向民主政治進軍，先有蘇俄的共產主義革命，而有無產階級專政制度的興起，繼有義大利的墨索里尼及德意志的希特勒倡行法西斯主義，實行獨裁，崇信極權。這兩種主義均抹殺民主，取消自由，厲行控制，反人性，抑生機，矯枉過正，亦違犯了適中的治道，故難以維持政治上的長治與久安。近年以來，資本主義國家的英、美、法、德採行自我改造政策，對傳統的民主政治大加修正，遏抑放任政策，推行計劃經濟，施行社會安全制度，保障社會福利；實行累進稅率，縮短貧富距離；厲行政治集權，提高行政效率。這是和平的民主社會主義，既不過份放任，亦不無情控制，不偏不倚，剛柔相濟，實是適中的治道，誠是治國的良圖。

## 第十節　均衡的權力

### （一）理論的說明

權力是能以命令他人，使之服從的力量。憑藉權力可以滿足自己的相當慾望。所以人多有權力的追求和掌握慾。浩布士（Hobbes）在所著『巨靈論』（Leviathan）一書中曾指出：『人類的一般趨向，是永無止境的追求權力，權力復權力，死而後已』。權力的運用，固然可以為民造福，但亦可以擅作威福，貽害社會。所以孟德斯鳩（Montesquieu）在所著『法意』一書中曾說：『有權者必濫權，防止之道，在以權制權』。他的意思是說，權力傾向於濫用，有絕對權力的人，絕對會濫用其權力。因之，不可使一個人或一個機關掌握到絕對的權力，應使權力分散，運用『牽制』的方法，謀求權力的平衡。這就是他所發明的權力『制衡原理』（Principle of Checks and Balance）。雖然說『權力牽制』不一定是最好的辦法，但是『權力均衡』或『權力平衡』則確是謀求政治安定的正理與治道。

盧梭（Jean J. Rousseau）在所著『民約論』一書中曾說：『若能使權力（Power）成為權利（Right），化服從（Obedience）為義務（Duty），縱使最强的人，亦不能成為永久的主宰者』。這種意思就是在謀求權力的均衡，以消弭不平的强暴統治。權力是强制的力量，可以發號施令，强人服從，而形成上重下輕，高强低弱的權力不平衡狀態，難期穩定。權力是普及性的，有合法依據，與義務有不可分離的連帶關係。享有權利者必須負擔一定的義務。權利與義務趨於均衡，法律之前，人人平等。這是謀求社會安定，政治修明的正道與眞理。

國父　孫中山先生對權力均衡最爲稱道，認爲是治國的要道，政治的至理。他在五權憲法講演中說：『政治裡頭有兩個力量：一個是自由力量，一個是維持秩序的力量。政治中這兩個力量，正如物理學裡頭有離心力和向心力一樣。政治裡頭的自由太過，便成了無政府；束縛太過，便成了專制。自由同專制這兩個力量，不要各走極端，像物體的離心力和向心力保持平衡一樣』。他在中華民國建設之基礎一文說：『權之分配，不當以中央或地方爲對象，而當以權之性質爲對象。權之宜屬於中央者屬之中央可也，權之宜屬於地方者屬之地方可也』。他在建國大綱中指出：『凡事務有全國一致之性質者劃歸中央，有因地制宜之性質者劃歸地方，不偏於中央集權制或地方分權制』。因爲自由與專制，集權與分權，都各有所偏，非事理之至當者，故　國父主張實行均權主義，使權力趨於均衡。這是謀治求安的正道和坦途。

## (二) 事實的佐證

就中國的歷史政治觀之，當政治權力分配達於均衡狀態時，則政局安定；否則，就引致政治的混亂。就中樞政治制度言，漢初，君權相權均衡，君義臣忠，君不奴臣，臣不抗君，遂致政治修明。漢末，君主昏庸，相擁强大，權臣出現，乃演成王莽、曹丕的篡竊。唐採三省制，中書、尚書、侍中權位相若，一相不能專斷，權臣不易形成。宋代相制名實不符，顚倒錯亂，多相分權，牽制制衡。故唐宋的中樞政治尚少大亂。明清兩代不設宰職，使六部尚書及殿閣大學士多人分掌相權，權力分散，使之均衡，故未有權臣篡竊的禍亂。就中央與地方關係言，凡當內外權力分配均衡時，則上下無事，政治安定。中央集權與地方分權都非求治的正道。只有內外權力均衡的均權主義才是長治久安的治道。歷代的最高統治者，誤認統一必須集權；集權在於控制與集勢，致使集權引致叛亂。地方當權亦未能分辨『權』與『力』的不同，認爲分權就是割據與獨立，致使分權成爲分離。秦始皇厲行中央集權，導致山東豪傑揭竿而起，以致國祚不保。宋代中央集權過甚，知密不知疏，地方空虛無力，導致外夷入侵，州縣迎降。至於春秋戰國時代的諸侯爭戰，唐代末年的藩鎭割據，民國初年的軍閥混戰，都是地方分權的貽害。權力的集中與分散，均非所宜。權力的均衡乃是致治的至道，不僅有理論的根據，亦有事實的證明。

今日的民主國家，或採行美國式的總統制；或採行英國式的內閣制，或採行中國式的五院制。總統制則立法、司法、行政三權分立，相互牽制制衡，沒有專斷的機關和獨裁的個人，司法獨立，法治至上，人權有保障，政局得安定。內閣制則元首、內閣、國會相互合作，平衡運用，分立中有整合，三位而趨於一體，團結一致，均衡平穩，不偏不倚。五院制則立法、司法、行政、考試、監察五權分工而合作，各有專責，各盡其能，互不干擾，足以儘量發揮其管轄權的功能。這三種類型的民主政制均符合權力均衡的原則。故能得到政治修明，社會安定的治績。至於法西斯主義的獨裁政制，權力集中在少數人手中，基礎不寬穩，權力失均衡，經不起考驗和戰鬥，所以爲期不久卽告滅亡。共產主義的國家實行一黨治國及無產階級專政，少數核心人物，掌握大權，靠威勢與恐怖以統治人民，人心不服，危機隱伏，所以反抗迭起，必須靠不斷的流血整肅與殺人鬪爭才能維持其政權。這是由於權力分配的不平衡和人民的未能普遍的平等的參政有以致之。

# 第三十章　政治治亂的治道

政治的治亂關鍵在於政治措施是否得當。然政治措施的是否得當則隨治國者所信持的治道是否正確爲轉移。所謂治道就是治國的思想。思想是行動的原動力和指南針。思想生動，則行動有力，思想消極，則行動萎縮。思想有偏差，行動必走入歧途，思想合正道，行動自合理，自古迄今，講求治國的治道者，爲數甚多，不勝枚擧，古代中國有儒家、道家、法家思想的分立，今日有民主主義、共產主義、法西斯主義、社會主義思想的並陳，各是其是，各非其非，衆說紛紜，莫衷一是，玆就此治道分加評介，並衡量治道的難求，且提擧治道應遵守的準則。

## 第一節　治道的評介

### (一) 中國的治道

中國的政治治道，要可以儒家、法家和道家的政治思想爲代表，玆分加評介如次：

(1)儒家　孔丘、孟軻、荀卿三人的政治思想足爲儒家治道的代表，孔丘持正名主義，認爲爲政應以正名爲先，因爲不正則言不順，言不順則事不成，要搞好君君、臣臣、父父、子子的倫理關係，使各安其分，各盡其責，春秋時代已是動盪不安的社會。他想以名分維持搖搖欲墜的宗法制度，孔丘又主張德治主義，認爲其身正不令而行，其身不正雖令不從；以身教者從，以言教者訟，君子之德風，小人之德草，草上之風必偃，他認爲子率以正孰敢不正；要導之以德發之以禮，人民就『有恥且格』；若導之以政，齊之以刑，人民徒『免而無恥。』

孟軻的政治思想在行王道，施仁政，講道德，說仁義。孟子見梁惠王。王曰叟，不遠千里而來，亦將有以利吾國乎。孟子曰，王何必曰利，亦有仁義而已矣。他反對霸道，所以說：『仲尼之徒，無道桓文之事』；『以德行仁者王，以力假人者霸，五霸三王之罪人也』。他所謂王政，就是『定於一』、『行井田』、『正境界』、『世卿制祿』。實在說，這種主張乃在於維持封建制度。有人問孟子說：『天下烏乎定』？他答曰：『定於一，不嗜殺人者能一之。』行王道乃以維持人倫爲基礎，他說：『敎以人倫，父子有親，君臣有義，男女有別，長幼有序，朋友有信。』

荀卿的政治思想在實行禮義主義，他說：『人力不若牛，走不若馬，而牛馬爲人役者，何也？曰，人能群，而牛馬不能群也。人何以能群？曰分。分何以能行？曰義，分以和之，義以一之，一則力多，力多故能役物。』他的主張就是依名分以制義。依理義以生禮，用禮以治國，他說：『禮起於何也？曰，人生而有欲，欲而不得，則不能無求，求而無度量分界，則不能無爭，爭則亂，亂則窮，先王惡其亂也，故制禮以分之。』

儒家的治道，可惟以下四點批評之：㈠德、禮、仁、義確是治道的要道。沒有這些規範，人便不能和平相處，互助合作，以維持其生存，不過這些都是人類求生存的手段，其本身並非目的，儒家把手段當成目的，無異畫餅充饑，須知，政治在解決民生問題，倉廩實而後知禮義。㈡人是包含理、氣、情、慾四大要素和需要而形成的動物，儒家只看到理性人的一方面忽視了人的氣、情、慾的需要，以偏概全，照顧欠周全，故難以成功有效的解決政治問題。㈢儒家政治理想着眼在講政治應如何，而未面對事實，觀察政治實況是如何，解決政治問題要瞭解實況，以憑對症下藥，不能離開地面，高抬望眼，空談理想。(四)徒善不足以爲政，只有好心，僅存好望，沒有切實的能力與方法仍然是不能成功。儒家的治道就是有好心，存好望，而缺少切實的能力與方法。

(2)法家　法家的政治思想可以韓非、管仲的主張爲代表。他們反對德治主義與人治主義而主張法治主義。因爲人各自有所好惡。人治則能行私見，行私見則引起不平，不平則怨尤滋生。怨尤生則亂。法是『據一止亂』的客觀標準，法律之前，人人平等，以法爲治則不能行私。所以法是『去私塞怨』的有效工具。他們反對仁義與德治，因爲這些都是不切實際的，不能眞正解決問題，認爲仁義道德猶如兒童遊戲的『以塵爲炊』，並不能眞的充饑當餓。法家從人是自私的觀點以立論，主張興利以利民。所以管仲說：『政之所興，在順民心，順之之道，莫如利之。』法家認爲政治就是『集勢以勝衆，任法以齊民，因術以御衆；』『王也者勢無敵也。』（呂氏春秋，愼勢篇）『凡人君之所以爲人君者，勢也。』（管子，七主七臣篇）『法者所以一民保下也。』（管子任法篇）法者所以齊天下之動，乃至公大定的制度。韓非認爲：『治民無常，唯治爲法。』『聖人之治，不恃人之爲是善，而恃其不得爲非；』『明主之道，一法而不求智。』

法家的治道，可從下列五點以批評之：(一)法家所主張的『任法』與『利民』，不但是正當的，而且是有效的，乃是爲政求治必由的途徑。(二)法家的弊失在於憑藉力量權勢以統治人民，形成集權的專制政治制度，和現代民主政治以理性爲基礎的法治主義，大相逕庭，民主制度的法治所以限制政府的濫權以保障人民的權利與自由。而法家的法治則在加强君主的權勢，使具有絕對的力量以壓制人民。(三)法家的主張要用法以制人之慾，用利以養人之慾，接觸到政治的核心，把握住政治的要點，是值得稱許的，而他們却忽略了人情與理性，乃是知其一，不知其二。(四)人固然多是畏力而怕死，用權勢以統治人民，祇能使之作消極的服從；因爲法家的法治缺乏仁愛、熱情與溫暖，人民畏懼而不敬愛，所以得不到眞誠而積極的擁護，團結不固，基礎不穩，易趨於傾覆。㈤以力服人者非心服也。未得到人民心服的政治，隱藏着無限的變亂和反抗的危機，並非治平的正道。以力服人，抹殺了人性和人格尊嚴，乃是不道德的罪惡的。

⑶道家　老聃、莊周的政治思想可爲道家治道的代表。他們主張順乎自然，返樸歸眞，無爲而治；反對智能與法令，信尙個人自由。老聃曾說：『人法地，地法天，天法道，道法自然；』『剖斗折衡而民不爭；』『聖人事省而治，求寡而瞻，不施而仁，不言而信，不求而得，不爲而成；』『我無爲而民自化』；『以智治國國之賊；』『法令滋彰，盜賊滋多。』莊周曾說：『天無爲以之淸，地無爲以之甯。』這些主張充分表現出是反政府反法律的無政府主義。崇尙自然，卑棄智能的自由主義。

道家的治道，可從以下三點批評之：㈠道家的政治理想可以說是最高的，但是事實上決辦不到，乃是烏托邦，近乎空想和幻想。人若在原始的自然狀態，生活得很好，就不會由野蠻社會進步到文明社會。而今道家要由文明社會返回野蠻社會，乃是要使時光倒流，時鐘倒轉，那能辦得到。㈡人若能順乎自然，過無拘無束的自由生活，當然是很好的。但是如果有人違犯自然，妨害自由，又將用什麼方法去解決。如用自然方法則得不到解決。如用干涉方法又妨害了自然與自由的原則。空有理想，而無實行辦法，徒託空言，無補實際。㈢法家是直接了當的有什麼說什麼，憑實力，尙霸道，乃是陽性的剛性的霸道。道家無爲而無不爲，乃是以退爲進，以柔克剛的陰性柔性的，口是心非的騙術。

## (二) 西洋的治道

西洋的政治治道，擧其要者，可分爲無政府主義、個人自由主義、民主社會主義、國家社會主義、法西斯主義及共產主義。玆就此分加評介如次：

㈠無政府主義　近代的無政府主義由英國的哥德文（William Godwin, 1756-1836）開其端倪。他認爲人性是善的，每個人都能治理自己，無須他人干涉。强制權力和私有財產制度都是禍亂的根源。法國人蒲魯東（Pierre J. Proudhon, 1809-1865）著『貧困的哲學』（Phylosophy of Poverty）一書，首用『無政府主義』（Anarchism）一詞。反對私產，否認政府，攻擊共產主義，而提倡無拘束無干涉的自由社會，對宗教亦加以斥責。俄國的巴古寧（Mikhail Bakunin, 1814-1876）亦是無政府主義者翹楚，反對私有財產制度，反對政府權力，反對法律，反對宗教，而主張人類應生活於自由平等的志願結合之下。俄國的克魯普特金（Piotr A Kropotkin, 1842-1921）著『互助論』，認爲政府、私產、宗教都是阻止社會進步的障碍物，應予以廢除。

無政府主義可以說擴大的絕對的個人自由主義。把放任政策從政治的經濟的方面而應用到社會方面，無政府主義可以從下列三點批評之：㈠人類的原始社會本是無政府、無法律、無私產的，因生活痛苦，謀求進化，改善環境，乃有政府、法律和私產的產生，而無政府主義竟欲開倒車，使時光倒流，實違犯社會進化的原則。㈡在平等自由的社會中，難保無衝突與糾紛事件的發生，無政府主義者對此等事件並無有效的解決辦法。㈢無政府主義者認爲政府權力與自由有衝突，故反對權力，殊不知權力正所以維護自由，保障自由。惡政府勝於無政府，惡法勝於無法。無政府無法律，人類將無法生存，政府可能有罪惡，但是他是必要的，不可避免的。

㈡個人自由主義　英人洛克（John Locke, 1632-1704）著『政府論』（Two Treaties on Civil Government）；亞當斯密（Adam Smith, 1723-1790）著『原富論』（Wealth of Nations）；彌勒（John Stuart Mill, 1806-1873）著『自由論』（On Liberty）；斯賓塞（Herbert Spencer, 1820-1903）

著『社會論』(Social Statics)。法國人盧梭（Jean Rousseau, 1712-1778）著『民約論』(Social Contract)。這些著作都是個人自由主義的經籍。綜觀他們的政治治道，計有以下各點：㈠天賦人權，一律平等。自由、平等、生命、財產是天賦人權，不可剝奪，不能轉讓。㈡政府乃是必要的罪惡(Necessary Evil)。政府的權力應限制到最低的限度。政府最好，干涉最少。㈢政府的地位猶如守夜警察；其功能應僅限於對外抵抗侵略，對內維持秩序。㈣政府的責任在保障人權與自由，並提供發展自由的環境與便利。㈤人是自私自利的動物。這自私自利的動機乃是社會進化的原動力。㈥政府對人民的活動應採放任政策(Laissez Faire)不加干涉，因爲人是有理性的動物，對自己的活動，都會作最佳抉擇。㈦主張自由競爭；因爲如此才能促進社會進化。㈧政府係依社會的產生，治者的權力建築在被治的同意上。

個人自由主義有下列的理論基礎：㈠就倫理的觀點言，平等自由、天賦人權的說法，是合乎公道、正義與理性的。㈡就政治的觀點言，社會契約說，以法治政治與限制政府的理論基礎，所以防止政府的專制與濫權。㈢就科學的觀點言，自由競爭的說法，合乎達爾文物競天擇，優勝劣敗的自然法則。㈣就經濟的觀點，本自私自利的動機以追求利益，競進奮發，足以促進社會進步。

個人自由主義可以從下列五點批評之：㈠天賦人權，一律平等的理論和社會契約學說都是思想家的假設構想，並無歷史事實的根據。㈡自由競爭的結果，常造成嚴重的糾紛與衝突，引起社會的不安，且會引致貧富懸殊的不平等的罪惡，和因無計劃的自由競爭而產生經濟恐慌，成爲無比的浪費與慘劇。㈢物競天擇，優勝劣敗的原則，只能適用於異類的競爭，而人與人之間同類生活，應以互助合作爲原則。㈣由自私自利動機所產生的行動，足以導致糾紛和衝突及社會問題。政治問題的合理解決應以公理與公益爲基礎。㈤政府不是必要的罪惡，其地位不僅消極的守夜警察，而是求生圖存的必要手段，其地位乃是積極的社會服務機關。

㈢民主社會主義　因個人自由主義的實行，發生了很多的流弊，民主社會主義乃應運興起，謀有以救治之。自由競爭及個人發展的結果，致形成貧富懸殊、勞資對立經濟恐慌、政治無能的不良現象。民主社會主義者乃主張國家和政府採取積極的與有計劃的行動，期以消除這些弊害；並應由保障人權和自由進而爲人民造福，爲社會服務。民主社會主義者的主旨在運用和平的方法，達到社會改造的目的。和平方法的具體應用，就國家採行社會立法、勞動立法、社會保險及累進稅率制等以謀求社會安全與福利及財富的平均化與社會化。這樣就可避免階級鬪爭與流血革命。

民主社會主義的政治思想復可以分爲以下的諸派別：

⑴費邊社會主義　英國的費邊社（Fabian Society）成立於一八八四年係以羅馬大將費邊（Fabius）爲命名。這一大將的戰術係以『迂迴緩進』、『穩紮穩打』而著名。費邊社的政治及社會改革政策，係採和平緩進的立法途徑，反對階級鬥爭和流血革命；既不視國家爲罪惡，亦不目之爲神聖，而認爲是一種爲民服務的機關。這一派的重要代表人物，應推蕭伯訥（George Bernard Shaw）、威爾斯（H.G. Wells）、韋柏（Sidney Webb）、華列斯（Graham Wallas）、及馬克唐納（Ramsay MacDonald）等人。

⑵德國的修正主義　德國在十九世紀後半葉有社會民主黨的成立，原掌握在馬克斯派的手中，持激烈的急進主張。其後這一政黨的權勢轉入溫和派的掌握，對馬克斯主義要加以修正，而成爲德國修正主義（German Revisionism）。這派的主要代表人物是羅伯特斯（J.K. Robertus, 1805-1875）、拉塞爾（Berdinand Lassalle, 1825-1864）、博斯泰因（Edward Berstien, 1850-1932）。這派的主張反對馬克斯的階級鬥爭及流血革命，而要採行和平的漸進的途徑與方法進行社會的及憲政的改革。這派的思想是

法國烏托邦社會主義與德國理想主義的混合體，對國家的價值，頗爲重視。

⑶英國的工黨政策　英國的工黨成立於一九〇六年。成立之初，黨員人數並不甚多，但經過約半世紀的發展，即躍居爲英國兩大政黨之一。工黨的所信持的政治經濟政策與思想多來自費邊社，主張以和平的漸進的途徑與方法完成社會的、經濟的改革。第二次世界大戰後，工黨曾幾度組織內閣掌握政權，注重勞工福利，解決勞工問題，採行社會安全制度，把若干產業置於國有化的基礎上。

⑷基爾特社會主義　基爾特社會主義(Guild Socialism)於二十世紀開始時，產生於英國，乃是費邊社運動所產生的一個支派。這一派的重要代表人物是柯爾(G.O.H. Cole)及郝布生(S.G.Hobson)等。這一派的人，厭惡現代的國家權力及大規模的工業生產，有意回復到中古世紀的分權自治與行會(Guild)的經濟組織。綜其重要主張，計有以下五點：㈠主張政治的經濟的分權與分工，反對國家的強制權力干涉。㈡要把現代化的集中的龐大的經濟生產，回復到中古世紀分權的分散的經濟生產。㈢爭取政治的與經濟的自由，反對干涉與控制。㈣採行職業代表制，反對地區選舉制。㈤主張多元主權論，認爲國家不是最高的或唯一的主權者。

⑸美國民主黨政策　美國係兩大黨對峙制，更迭執政。共和黨代表大企業家的勢力，維護富有階級的利益，其政策比較保守。民主黨代表農工階級，維護勞苦大衆的利益，其政策比較進步，主張以和平方法推行政治經濟改革，有似民主社會主義。羅斯福 (F.D. Roosevelt) 於一九三三年至一九四五年任總統時推行『新政』(New Deal) 復興工業、調整農業、興建公共工程、解決失業問題，都是進步的重大改革。杜魯門 (Harry Truman) 於一九四五年至一九五三年任總統時，推行『公政』(Fair Deal)，積極推行社會安全制度，盡力推行社會福利政策，具有民主社會主義的重大意義。詹森 (Lyndon B.

Johnson)於一九六三年至一九六九年任總統時，推行『大社會』(Great Society)計劃，解決貧窮問題，推行充份就業，均是和平的重大改革。

㈣國家社會主義　民主社會主義的更擴大，進一步的加强國家權力和政府干涉，即形成所謂國家社會主義（State Socialism)。這一派的政治思想是由下列兩條路線滙合而成功的：⑴反對亞當斯密（Adam Smith）的『自由放任』（Laissez Faire）的學說及『私利等於公益』的理論，主張採國家行動干涉私人事務；經濟控制爲必要手段。⑵採取社會主義的政策，代表勞工的立場，實行政治的經濟的改革。這一派的代表人物應推德國的李斯特（F. List）及法國的布朗（L. Blanc)。國家社會主義的要旨如次：⑴國家是人民求生謀存的必要手段，並非『必要罪惡』或榨取工具。⑵國家的力量與政府的功能應予以加强和擴充。⑶國家與政府應採取有效措施，以防止自由競爭所產生的流弊。⑷人民的經濟生活應予以合理的管制。

㈤法西斯主義　義大利的墨索里尼（Benito Mussolini, 1883-1945）倡法西斯主義（Fascism）組法西斯黨（Fascist Party），於一九二二年奪獲政權成立法西斯政府。法西斯主義的要旨如次：⑴反對共產主義的階級鬪爭，主張全民合作。⑵反對民主主義的自由放任政策，主張對人民生活加以嚴格控制。⑶倡國家至上，民族至上的理論，主張『協作國家』(Cooperative State)以統一協調抵制階級鬥爭。⑷要限制個人自由，擴大政府權力，控制人民行動。㈤主張種族優秀論，謳歌戰爭，要向外侵略與擴張。

德國的希特勒（Adolf Hitler,1889-1945）於一九一九年倡國家社會主義，組織國家社會主義黨，簡稱曰『納粹黨』(Nazi)。這一政黨於一九三二年取得政權，實行一黨專政與黨國合一的政策。其所倡行的國家社會主義，實際上就是法西斯主義。希特勒在『我之奮鬥』（Mein Kampt）一書中揭示其重要政治主張如下：⑴撕毀凡爾賽條約重建德國在國際間的完全平等的地位。⑵聯合所有日耳曼民族組織強有力的『大德意志』，不屬於日耳曼血統的人，特別是猶太人予以排斥。⑶廢止現行腐敗無能的議會制度，建立有力有效的極權政治體制。⑷實行積極的社會與經濟改革政策，沒收戰時的一切非分利得，廢除不勞而獲的利得，防止一切土地投機。⑸積極擴充軍備，以加強德國的戰力，作爲向外擴張的資本。⑹堅決反對共產主義，馬克斯主義，國際主義及和平主義。

㈥共產主義　德國的馬克斯（Karl Marx, 1818-1883）、恩克斯（Friedriah Engels, 1820-1895）、俄國的列寧（Nikolai Lenin, 1870-1924）、史達林（Joseph Stalin, 1879-1953）的思想可爲共產主義的代表。綜其主旨計有以下諸端：⑴持唯物史觀，認爲生產力與生產技術的經濟結構爲社會的基礎，上層文化由此基礎決定之。⑵倡階級鬥爭。反對勞資合作，認爲鬥爭是進步的原動力。⑶創勞動價值說，認爲資本家剝削勞動者的剩餘價值，乃是不勞而獲，爲罪惡行爲。⑷主張流血的暴力革命，實行無產階級專政，對資本家施以無情的報復。⑸消除私有財產制度，無論消費財生產財均置於國家控制之下。⑹消滅資本主義，反對自由競爭，人民生活均受嚴密的政府控制。⑺無產階級的利益高於一切，個人須爲階級利益而犧牲一切。⑻實行共產黨一黨專政，黨國合一，黨權高於一切。

前所介述的六種治道，可作以下的評價：㈠無政府主義雖然理想很高，描畫出一幅完好美景，但無實行的方法，徒託空言，殊無實現的可能；可視之爲烏托邦。㈡個人自由主義，在人類進化史中確曾扮演過重要的角色，促進社會進步，提高生活水準，對人類文明作了重大的貢獻，但自由放任的結果，流弊叢生，罪惡百出，已到了不得不予診治和改造的境地。㈢法西斯主義反對階級鬥爭，厭惡個人自由，主張國家至上及民族至上不無其立論根據及時代價值，但崇尚暴力，謳歌戰爭，抹殺自由，肆意擴張，乃是暴戾的治道，實不足取。㈣共產主義原意雖在消除資本主義制度下所產生的流弊與罪惡，但矯枉過正，過猶不及，完全抹殺自由，不承認個人價值，崇尚暴力，謳歌流血鬥爭，奢言報復，違犯人性，實是背天悖理的謬說。㈤國家社會主義，反對階級鬥爭，立意甚善，然過分崇尚國家權力，稍一不愼，便易流爲法西斯主義，並非治道之至者。㈥民主社會主義，一方面顧及個人自由，一方面贊成國家控制，使控制無碍自由，自由不生弊戾；一方面銳意改革，除流弊求進步，一方面反對流血鬥爭，安定中，求進步，進步中，求安定，合乎中國不偏不倚的中庸正道，不失爲良好正確的治道。 國父所倡導的三民主義，實質上就是救國家的民主社會主義。現在及今後當是三民主義或民主社會主義的時代。

## 第二節　治道的衡量

自古以來，有多少的大思想家和大政治家都曾精心擘劃的講求政治的治道。但是求其中正不偏，通達無碍，眞足以作治國平天下的正道行之久遠者，實不可多得。因政治是非常錯綜複雜，幻變無常的人群活動現象，作有條不紊的耙梳，求洞察底蘊的認識，提正確無誤的指針，確屬不易。玆就治道難求的原因，政治乘除的契機與治道衡量的準繩。略加論述如次：

### ㈠左右爲難，進退維谷

治道是爲政的準則。然依某種治道所採行的政治措施，每產生顧此失彼，左右爲難，進退維谷，扶得東來西又倒的情勢。共產主義尙暴力，重控制，而損害人權尊重，自由發展的權利與幸福；製造矛盾，鼓勵鬥爭，違犯人類互助合作，和平共存的天性。資本主義尊重個人與自由，讓各人各本良知作自以爲是的競爭與發展，對促進經濟繁榮，增加財富生產，確有偉大的成就與貢獻，但無計劃的自由競爭，每造成循環性的經濟恐慌，成爲社會悲劇；且自由形成貧富懸殊及勞資對立，亦是人間罪惡。重視團體則有害個人。重視個人則不利團體。欲速則不達，但遲延亦足遺誤事機。速戰速決固然是軍事致勝的一項戰略；但羅馬大將費邊（Fabius）却能以穩紮穩打的拖延與緩進戰略戰勝迦太基强敵漢尼巴（Hannibal）。衡察治道，眞是左右爲難，進退維谷，守正持平，不偏不倚，遲速適當，乃是治道的正鵠。簡言之。能謀致長治久安的治道，當是折衷至當，左右不偏，遲速得宜的『中』道。

**（二）背向相拒，陰陽激盪**

一切事物都存在着兩種相反相成，相拒相吸的力量，以維繫其持續。男女的結合，陰陽的乘除，離心力與向心力的引攝，就是明顯的例證。這兩種力量似相反而實相成，似矛盾而實合作。孤陽不生，孤陰不長。如只有男或只有女，便不成其爲世界了。若一切皆是善而無惡，則善亦便將失去其存在了。純理性的生活，或純物慾的生活，都是無法生活的。節慾以復理，宏理以適欲方是正當的生活。徒善不足以爲政。徒治不足以自行。儒家的治道，重人而疏法，尙德而輕法，看到了人類的理性需要，但忽略了人類的物質慾望，不免有所偏失。而法家的治道，重法而疏人，尙法而輕德，知人性的惡劣面，而忽略了人性的善良面，亦是一偏之見。知有餘而守不足，節物慾而尙理性，戒惡而崇善，懼有背而持其向，避偏而守全，知己亦知彼，正確的治道，端在於能持『平』，守『正』。

**（三）弛張相續，分合相承**

諺曰：『事有必至，理有固然』。這是說宇宙萬物之間，皆存在着一些不得不然的科學定律或因果關係；這亦就是自然之理。事不能久弛不張，亦不能久張而不弛。寬之後宜濟之以猛，猛之後宜承之以寬。天下大勢，分久必合，合久必分。這其中的道理，就如人不能怒而不喜，久飽而不饑一樣。怒之後繼之以喜，喜之後繼之以怒。饑則飽之，飽則饑之。這是『生命之流』，這是『進化之則』。分權分治的封建國家以後，而有中央集權的統一的專制君主國家的產生。專制集權過甚引起民權主義的革命爆發；廢專制，建共和，產生了分權的自由的民主主義的政治制度。但民主的自由的政治制度亦有無能無力和散亂而流弊；於是產生反動的極權的法西斯主張和共產主義；完全以暴力實行控制，反人性滅自由，天下大勢，不能久張不弛。這種怒張的極權制度必將自我修正或將爲溫和適中的民主社會主義所替代。中國二十多年『分久必合，合久必分』的政治史，就是集權主義的誤用和分權主義的貽害所造成的紀錄。凡事要適可而止，不可過走極端。所以治道的正道，就在於能維持『均適』與『平衡』。

**（四）理有反正，事見兩端**

一切的事物皆有表裡反正和前後左右。世之論者或講求治道者，每只見及一面而忽略了另一面；每見及這一端，而忘了那一端。他們不是以偏概全，如盲人摸象，各作可笑的結論，就是强不知以爲知，犯了主觀和自囿的毛病。山地人如坐井觀天，從不見廣無邊涯的天，一旦到了平地，抬頭見到廣大的天，就驚嘆的說，如此大天，雲要佈滿，至少需時半年。平地從來不見山，以爲『所謂山者猶如麒麟鳳凰之爲物，姑有此一說耳，其誰見之!?』。民主主義者謳歌自由，而共產黨徒則把自由罵得體無完膚。共產主義者崇尚鬥爭與控制，但誰甘心情願的去過那牛馬不如，機器人似的無生趣無快樂的生活。競爭固然可以促進社會進步，但却亦引起許多矛盾與衝突。所以衡論治道，要無所私，無所蔽，要毋必、毋意、毋固、毋我，必須作全面的整體的研究與分析，以能識大體、顧大局、見及全面，執其兩端，見及反正，方是治道的正確者。

**（五）優劣互見，利害相連**

人無全才，物無全用，理論並無盡善盡美而無缺失；制度亦不能全屬優良而無弊劣。任何制度和理論都是優劣互見，利害相連的，有優亦有劣，有利亦有害；甚至可以說優點就是劣點，劣點就是優點；利就是害，害就是利。所以講求治道者要明辨事理，善作抉擇。如何善作抉擇，用以作衡量標準者，要不外以下四端：㈠兩害相權取其輕；兩利相權取其重。㈡就生態學的觀點以作衡量，凡最適者就是最優者，最能適應生存與成功的。凡是最能適合環境與國情的制度和理論就是最好的制度和理論。執兩端，見全體，取長舍短，存優汰劣的混合制度和中庸之道，乃是治道的正途。㈣制度與理論應以能否成功的達到目的、解決問題及是否有用爲取舍標準。凡是有用的就是最好的。治道的取舍抉擇，在於無私蔽的『明鑑』。

**㈥ 桴鼓相應，因果不爽**

衡之事理，善有善報，惡有惡報，有如桴鼓相應，絲毫不爽。這不是無稽的迷信，亦非勸善的格言，實是具有因果關係的科學至理。因爲這是種瓜得瓜，種豆得豆，敬人者人恒敬之，愛人者人恒愛之的自然法則。秦始皇行暴政，本想立子孫帝王萬世的基業，豈知暴虐招來速禍，國祚僅歷二世一十五年而竟滅亡。西漢採封君制度，封君勢衆權大，枝强幹弱，遂引致吳楚七國的叛亂。宋代重文輕武，中央集權過甚，遂致地方空虛，於是遇到外夷侵略，而州縣多無力抵抗而拱手就降。滿淸的積弱，由八旗的世襲兵制養尊處優，坐領乾餉而流於腐化無力。北伐的迅速成功，由於三民主義深入人心號召，强大革命火種，勢成燎原。大陸的變色由於北伐成功後放棄了民衆路線，共產黨徒乃得乘虛而入，以邪說麻醉人心，以騙術誘人上當。禍福無門，均由自招。行有不得，反而求諸己。發射不能中鵠的，非箭之不能中，而是射者的瞄準。如何才能『射其正鵠』，要靠執政者的『眞知灼見』，大公無私的品德修養，有力的組織，有效的領導和正確的決策。治道必得其『正』，方能達到目的，射中鵠的。

### （七）人以制擧，制由人彰

人具有可塑性。其行爲模式和生活表現常隨所處的環境與制度有所改變。所謂性相近，習相遠，蓬生麻中，不扶自直，近朱者赤，近墨者黑，就是這種道理。赤裸裸的一個自然人，決不能生存。所有生存的人都是社會人，組織人或制度人。人在什麼社會中，組織中或制度中，就有什麼表現。人被置於共產主義的制度下或組織中，就會表現出殘暴鬥爭的行爲，過奴役性機械式的生活。人若生於民主主義的制度下或組織中，就會表現出友好合作的行爲，過自由性創造式的生活。故曰人以制擧，亦可說是時勢造英雄。但是人是萬物之靈，具有無上的潛能。人具有理性，能以克己自約，人有好奇心，能追求知識。人有創造慾，能以建立制度，發明器用。社會是由人建立的。制度是由人創造的。制度固然可以影響人，而人亦可以改變制度。而且徒法不足以自行，制度亦要靠人去運用，靠人去恢宏。人能弘道，非道弘人。故曰制由人彰，亦可以說是英雄造時勢。換言之，人以制擧乃是法重於人，就是法治是尙。制由人彰，乃是人重於法，就是人治是務。其實，法治與人治二者不可偏廢。治道的正道，應擷取二者的長處『合』而用之，勿使人、法畸輕畸重。

## 第三節　治道的正道

萬事萬物，存在於天地之間，宇宙之中，呈現出一有系統的和諧秩序，衆道並行而不悖，萬物並生而無害，運行不息，川流不已，成爲一大生命之流，整個之體。天生烝民，有物有則。這其中有所謂自然法則，永恒道理。依這法則與道理以行事，則生則治。違這法則與道理以行事，則死則亂。何處去求治道的正道。其正確所在，就在這永恒不變的天理中，自然和諧的法則中。在這些法則與天理中發現有所謂生道，人道、常道、中道、和道。這五種道理或思想，是天人合一，義利兼顧的正道，本此以治國，可達於長治久安的境界，眞是治道的最佳者。玆就此分加論說如次：

### (一) 生道

治道在解決民生問題。治道的精蘊，就在於生道。這不僅是政治學上的答案和課題，實亦是哲學上的眞理和論斷。就本體論言之，宇宙萬物的本體爲『生』，天地之大德曰生，宇宙是一偉大的生命鉅流。近世的英國哲學家懷海德(Whitehead)倡『唯事論』，認爲宇宙本體，乃是一連串的『事規』(Events)。這些『事』皆具有生的意義和活動。宇宙進化的法則乃是生生不息的『易』。天行健君子自强不息，就是乾爲天的天道。天道是生生不息、自强不息、運行不息的易。易是變易即化。進化含有資生、廣生、優生、益生、樂生的意義。這亦就是生存、安全、和平、快樂、享受、發展等。宇宙是生的運行，人爲生活而活動。民生是歷史進化的重心。就人生論言之，正確的人生觀或倫理觀，應該是合於『生』及『生生』的互助合作的仁愛哲學。仁道乃是由杏仁、桃仁、麥仁的仁引伸而來，其特性在於能『生』。

生的含義可以從下列三點闡說之。第一、生就是養。周禮天官太宰稱：『生以馭其福』。注曰生猶養也。賢臣之老者，王有以養之。養在使民生順遂。其內容包括：㈠身心的完全發育，健康長壽，藉體育、醫藥、衞生的力量促成之。㈡精神的充份愉快，重在自由、安全、和平與幸福。㈢內在潛能的最高發揮。㈣現有知能的最佳利用。第二、生就是生產或生長。廣雅釋親曰：『人十月而生』。生就是生產或生長。這是使個人的人格和社會的人格獲得充分的發展與完成，亦即成就慾與創造慾的滿足。第二、生是生財。詩經邶風曰：『既生既育』；箋註曰『生謂財產』。無論養生或遂生，總要有資源與憑藉。

財產就是這種資源與憑藉。

治國的生道，在增加生產，發展經濟，使人民能解決民生問題，就是養生。其次在推行敎育，倡導科學，促進道德，使人民能以安生與遂生。互助合作，共存榮是生道；仁愛和平，親善友好亦是生道。鬪爭殘殺，戰爭暴亂是死道；仇恨衝突尋釁報復亦是死道。

## (二) 人道

政治是管理衆人之事。政治的對象是人。所以爲政者應瞭解人性，適應人性以從事治理。人爲萬物之靈，說文曰：『人，天地之性，最貴者也』。釋名曰：『人，仁也；仁，生物也』。天地以生物爲心。仁者二人並行之謂，卽合作共存人倫關係和生活規範。人爲社會動物，離開『二人並行』的人群組織卽不能生存。人們合群乃是爲了求生存，求生存是歷史進化的重心。

人性包括四方面：一是生理人的人性。二是心理人的人性。三是社會人的人性。四是超越人或神性人的人性。換句話說：一是獸性，二是理性，三是群性，四是神性。獸性若不加戢抑，可能流於罪惡。而理性、群性、神性乃是人之所以異於禽獸者的眞正人性，是善的。合獸性以言人性，人性有善有惡。舍獸性以言人性，則人性有善無惡。

就生理人言之，人有飮、食、男、女、衣、住、行、樂、育等生活需要。就心理人言之，人要受到人格尊重過友愛互助，精神快愉，和平安寧的理性生活。就社會人言之，人要發展其群性，過共存共榮，協同合作的團體生活。就超越人言之，人有革命犧牲的精神，成仁取義，舍小我而成大我，自我延續，永垂不朽。治道的正道，就在於順應人性，作適當的因應，使向正當方向作充分的發展。人性的性質、需要及其表現，特作表如次以示之：

| 發展的動力 | 需要性質 | 需要層次 | 人性種類 | 人性性質 |
| --- | --- | --- | --- | --- |
| 永生慾 (Perment life)<br>超越慾 (Super-Human) | 昇華的 | 超層需要 | 天地的 | 神性的 |
| 創造慾 (Creation)<br>成功慾 (Success) | 成就的 | 高層需要 | 社會的 | 群性的 |
| 發展慾 (Development)<br>顯達慾 (Domination)<br>社交慾 (Affiliation)<br>參與慾 (Participation)<br>自尊心 (Recognition) | 生長的 | 中層需要 | 心理的 | 理性的 |
| 安全感 (Security)<br>和平感 (Peace)<br>生存慾 (Existence) | 維持的 | 基層需要 | 生理的 | 獸性的 |

### （三）常道

政治的正確原則，要合乎正常的道理。常道實是治道的正道。反常之道乃是政治的亂道。所謂常道乃是正常的道理。其含義包括正常、恒久、普通、平穩等因素。玆就其含義扼要申說如次：

(1)恒久之道　易經坤卦曰：『後得主而有常』。常指萬古常存，永垂不朽。常謂事理能垂之久遠，乃歷久不渝，長治久安的道理。事理如何才能垂之久遠要計不外以下三端：一曰有用。不偏之謂中，不易之謂庸。不易指歷久而不渝。庸者用也，故用人曰僱傭。有用則能歷久不渝。需要就是法律。有用就能存在。二曰韌性。韌性指有毅力，能忍耐，經得起考驗，不屈不撓，愈挫愈奮再接再厲，不屈服，不投降。三曰高遠。治國爲政，要作有效的思想領導，揭示高遠永久的目標與理想，眞知灼見，高瞻遠矚，以爲奮進不已，共同努力的鵠的。

⑵衆多之道　常者就是普通和平凡，不尙奇異，不競怪巧。史記司馬相如傳曰：『蓋世必有非常之人，然後有非常之事』。然非常之人和非常之事都是『不世出』的稀有事件，不足以爲正常的治道。且人與事之非常者每造成禍國殃民的災害。統計學上的正常分配曲線，最大多數均爲普通的常人。治國爲政的道理，須合乎爲數衆多的普通人。法者常也。法乃是爲數衆多的普通人而設。如人皆爲聖賢，就無人會作背道悖理的事情，則根本上就不需要法。如人皆爲盜跖，雖有法律亦屬無用。所以法律的頒行，乃是爲一般的普通常人而設的。常人因畏法而守法，故法律對於常人乃是極有用的工具。

民主政治就是常人政治，實行『多數統治』（Majority Rule），就是要少數服從多數。其實多數的意見和決定，不一定是最佳的，而是因爲如此才能行得通，辦得到。這是管理衆人之事的最有用和最有效的道理和方法。而且若採『全體一致制』，則一人可以否決衆人，形成一人獨裁，決非正當的事理，若採『少數統治』，則同時有幾個少數，將無所適從。衆人是聖人，老百姓總是對的，就是道德標準和價值觀念亦是以衆人的認定爲是非。

⑶穩進之道　『穩健的進步』（Steady）乃是可以行之久遠，不衰不墜的常道。因爲急風暴雨不終朝，過於急進的事物均不能維持長久；而輕風細雨則可以吹行多日而不息。遲延固足誤事，然欲速每致不達。在生理上，新陳代謝慢固然是病態；新陳代謝快，亦是疾患。治國爲政的治道，不可流於急烈躁進致引起暴亂與不安；亦不可失之呆滯保守，致形成陳腐與落伍。平穩下有進步。進步不失穩。這就是動中有靜，靜中有動。只有進步才能保持安定。而安定又是進步的先決條件。安定中求進步，進步中求

安定。社會的傳統或保守力量和革新或進步的兩種力量，保持平衡發展，就是穩進的治道。

## （四）中道

中庸有曰：『喜怒哀樂之未發謂之中，發而皆中節謂之和。中也者，天下之大本也。和也者，天下之達道也。致中和，天地位焉，萬物育焉』。所以中道，實是治國爲政的正道。玆申說其義如次：

(1)中正　中道是不偏不倚的中正正道。中者乃是『允執厥中』，執其兩端，用其中於民，折衷至當的含義。堂堂正正，光明磊落，走大路，行正道，站得正，立得端，三條大路走中間，不偏左，不偏右，都是中正中道的正解。中庸曰：『舜其大知也與，舜好問而察邇言，隱惡而揚善，執其兩端，用其中於民，其斯以爲舜乎』。足見中道難能而可貴。

(2)中定　中是中定，就是站穩脚根，屹然自立，作中流砥柱，縱有洶濤狂浪，不動不搖。堅定自守，中立而不倚。秉正義正氣正道而自立，不搖、不擺、不動。胸有成竹，心有定見，以靜制動，以不變應萬變。泰山崩於前而色不變，站得穩，立得住，深厚着根，正直立身，昂首靑天外，屹然獨自立，中定以持躬，不負不阿曲。

(3)時中　中庸有曰：『君子中庸，小人反中庸。君子之中庸也，君子而時中；小人之反中庸也，小人而無忌憚也。』中道在能適應時代與環境的要求與變遷而作及時的適切的調整而使得其中。所謂中，就是適。物競天擇，優勝劣敗，適者生存。最佳的制度和理論就是那最能適合時代與環境的要求者。法儒孟德斯鳩著法意一書，指出最好的法律，就是其精神最合於時代與環境的需要。時代與環境是變動不居的，故法制與治道亦須『與時俱轉』，期得其中。

(4)中誠　史記韓安國傳曰：『深中寬厚』。中指心而言。諺曰『言不由中（衷）』，中猶心也。治國爲政，以得民心爲第一要義，一切政治措施，要能順應民心。革命在順天應人。順天者指順天理。應人者指應人心。治國者出令行政，要本乎誠心，不可心口相違。治國爲政者不可心存偏私，要處心中正，一本大公。

**（五）和道**

和本是一種樂器。爾雅釋樂曰：『大笙謂之巢，小者謂之和』。治國爲政的理想，在求政通人和。人和則協調一致，步伍整齊，互助合作，團結無間，無亂無爭。和道乃是治國的正道。玆扼要申說其義於次：

⑴和悅　爲治在使人和悅，歡欣鼓舞，精神快愉。政治的目的是要民生安樂。所謂安，指在生存的維持，安全的保障，社會的安寧。所謂樂，指精神快愉，人生和諧，情緒舒康；即民得其情，和樂且親，大家過歡欣鼓舞，親愛精誠的生活。民主主義的國家經濟繁榮，社會安定，民生樂利，大家歡天喜地的過快樂生活。而共產主義的國家則生產落後，社會不安，在恐怖與控制的環境下過恐懼憂鬱的日子。

⑵均和　音樂的演唱，所以能使人悅耳，因其音調調和。圖畫、雕刻等藝術品所以能使人歡心悅目，因其構造配合有均衡和諧的美。治國爲政的正道，就在於謀求社會與民生的均和。孔子曾說：『不患寡，而患不均；不患貧，而患不安。』因爲不均將形成貧富懸殊的不平現象，不平就是革命和變動的基本原因。均則平，平則和，和則安，安則無傾。

⑶平和　書經五子之歌曰：『關石和鈞』。和是指平而言。不平則鳴。革命和變亂的原因，均由於不平而起。平則和，和則安。所以和與平有着不可分離的密切關係。和道乃是平道，和由於平，平則

和。損有餘而補不足則得其平，能平則能和。打麻雀牌有所謂『和』。和就是取其所需，讓其所餘。餘與缺相補使得其平，就是『和』。

(4)不爭　國策趙策有云：『故不若亟割地求和。』論語子路篇曰：『君子和而不同』。所以和就是免於戰爭或鬪爭。和是與人無爭的自立自存的道理。和道的反面就是戰爭或鬪爭。和道在於互助合作，團體一致，共謀生活問題的成功解決。如何才能和呢？和的先決條件是人民生活問題。因爲無恒產者無恒心，衣食足而後知榮辱，倉廩實而後知禮義。政在養民，政治的目的在解決民生問題。和字從禾從口，就是以禾苗以養人口。資本主義雖能增加生產與財富，但富而不均，乃引起勞資衝突，致富而不安不和。共產主義雖以强制方法實行『均貧』，但生產力衰退，在貧困的狀況下，人民的生活問題不得解決，致使愁苦變亂迭起，仍不能造成和樂且親的理想社會。

# 第三十一章　民主政治的治道

## 第一節　民主治道的基本原理

今日的世界分爲兩大集團，一爲民主自由的集團，一爲極權獨裁的集團。兩者之間，固然有政策上的矛盾和利害上的衝突，然而其基本的差異，則在於基本思想或治道的不同。因爲思想是行動的原動力，有什麼思想就產生什麼制度。於此民主自由集團的基本政治原理。民主政治的思想或治道，概括言之，計有四端：一曰理性主義，二曰個人主義，三曰平等主義，四曰自由主義。特就這四種政治原理分加論述於後：

### (一) 理性主義

民主政治就是法治政治，而法律代表民意，爲民意之所在在於法律。因爲法律乃是民意的表現或民意代表機關的決議。所謂「法治」就是「依法爲治」。這是民主政治的第一張王牌。沒有它，民主政治就會落空或者成爲虛僞的怪物。然則，法意之所在爲何？古今中外學者各持不同的看法，有持强權說者，以爲法律的基礎建築在力量上，法律乃是一種强制執行的命令。有持契約說者，以爲法律乃是治者與被治者所締結的契約，以爲共同遵守的準則，政府權力及法律效力之所在，基於被治者的同意上。有持功利說者，以爲法律乃是謀求最大多數人的最大幸福的工具，所以「避害趨利」之所在卽爲法律之所在。有持模仿說者，以爲法律乃是習慣的積餅，法律乃是生長的，而非製造的，是發現的，而非發明的。

其實法律的基礎，應該是正義（Justice）。法律須依理性而制定，其目的在於維持正義，有效的法律必須是公平與合理的，所謂理性者，就是「天理」與「公理」。此理充塞於宇宙天地間，爲世所公認的行爲準則，亦卽「考諸三王而不悖，百世以俟聖人而不惑，放諸四海而皆準」的正道與至理。「萬物一理」，「人同此心」，故理性者實人所同具，物所共有者，法治應以理性爲基礎，天理、國法、人情雖爲維持社會秩序的三大要素，然人情符於王道，國法本於天理，其實均是公平正直的理性。諺曰：「天理昭昭，國法恢恢」，可見法律是不能背於天理的。

法律應依據天理，但天理之「天」，並無宗敎色彩與迷信意味。此處所謂「天」，乃是指「自然」而言，老子曾經說過：「人法地，地法天，天法道，道法自然」，故法律的原則，不僅存在於自然界，天且垂象以示人，以爲人生之至道，治國者的責任，端在本此天理、天象以制定法律而規範人群。民主政治旣爲法治政治，而法意之所在，卽爲正義之所在，因此，民主政治是理性的，而所謂理性者乃指天理而言，亦卽自然的理則之謂，故與西人所謂的「自然法」（Natural law）實有異曲同工之妙。

其次，民主政治在解決社會問題時，它不是憑藉武力與覇道，而是訴諸民意，講究天理的。在解決問題的過程中，大家均要能平心靜氣的去討論，去研究，使得大家有一個共同的了解與「心心相印」，「民之所好好之，民之所惡惡之」。在處理問題的態度與精神上，它是科學的（Scientific），對不對都是講證據而非武斷的，這種態度便是研究自然科學的一種精神，拿這種精神來處理社會問題，就是所謂「民主精神」，它是科學的，也是理性的。實證主義（Empiricism）的創建者洛克（John Locke），以及以後美國杜威（John Deway）都是此一精神的代表人物。民主政治不僅講究理性，也著重實證，故艾本斯坦（William Ebenstein）在其「今日主義」（Today's Isms）一書中曾說：「民主政治就是一種理性的實證主義」。(Democracy is a rational empiricism.)

復次，由於民主政治堅信這麼一項原則，認爲：「人是理性的動物」，因此，在政治上不獨應服從多數，也要尊重少數，對於反對的意見尤應容忍與考量，法國伏爾泰（Voltaire）曾說：「何謂民主政治（Democracy）？民主政治是這樣的一回事：我完全不同意你所說的話，但是，却要以我的生命去保障你說這話的權利。」各人的意見，不論對與不對，都是受到相當尊敬與重視的，民主政治它是一種「民意政治」，因之，英國鄉下的酒吧間（Tap-room）的輿論，要比亞當斯密（Adam Smith）的國富論更能受到政府的重視。英國爲民主憲政之母，學者論及英國的政治實際時曾說，它是一種「向大衆低頭」的政治，故民主政治它是一種人民統治的政治，或是一種多數統治的政治。

最後，民主政治在處理問題時乃是和平的，而非武力的，其所使用的手段乃是討論與表決或選擧。過去，問題的解決全靠暴力、戰爭，因此，有「强權卽是公理」之說，影響所致，形成一種「弱肉强食」的凌虐現象，社會不能安定，問題永遠無法解決。因爲，權力的爭鬥乃是無止境的。浩布士（Hobbes）曾經說過：「永無止境地追求權力，乃是世界人類普遍的傾向，權力復權力，不至死亡，永不止息。」政治的穩定，不能靠武力和戰爭解決之，應本乎理智，用和平方法解決之。這種方法的具體應用就是選擧。民主政治是人類歷史的一大進步。其傑作就是「以理性替代武力」以「選擧替代槍彈」、以「數頭代替砍頭」。這是今天民主政治的最大貢獻。美國一百多年，英國三百多年沒有內戰不是偶然的。實乃理性主義的政治思想有以致之。

### (二) 個人主義

民主政治從「個人」爲出發點，旨在求得個人的自由與解放，並求得個人的發展與幸福。視個人爲目的，國家是一種工具與手段。極權獨裁則從「集體」爲出發點，重視階級、國家、黨國。「國家是主人，個人是僕人」，個人是沒有自由的，假若有，也正如黑格爾 (Hegel) 所說的：「個人發現他的自由是服從國家，效忠國家。」民主政治的一切措施，係以個人的幸福與意志爲前提。而極權政治的一切措施，係以集體（階級、黨、國家）的需要爲前提。

民主政治的產生在反對君主專制的壓迫及其作威作福的無上威權。因此，它的基本理論是「個人主義」的，在這一觀念下，國家被視爲一種必要的罪惡，一種討厭的東西，但不要它又不行。國家的各種活動應儘可能的縮小到狹窄的範圍內。個人主義者認爲國家權力的擴大，就是個人自由的縮小。個人主義者又認爲：國家之所以能存在，亦有其不得不然的需要，不過：國家它是一種工具，在爲人民謀福利，替社會解決問題。個人的目的，國家僅是手段而已。因此，國家在行使每一職掌時，必須以其能增進個人和社會的最大利益所得的結果而加以決定。個人的幸福與需要乃是政治的目的。國家只不過是達成這目的的一種工具。

個人主義學說在十八世紀的後期中曾風行一時，這一思想是在反對當時專制政府所做的過份干預而產生的罪惡之一種反應。同時，也是當時一般人對於政治、經濟、和生物世界中一項「自然法則」(Law of Nature) 所表示的信念而產生的一種結果。這種自然法則乃是任個體自然發展的，爲任何人所不得干預的。

個人主義之所以能成爲民主政治的一項基本學說，是有它的理論根據的。擧其大要者如下：

(1)就倫理性觀之　由於每人最能明瞭其本身的利益，故應聽任個人發展，讓其實現生存的目的。限制自由，就是破壞其自恃心和進取心，以及削弱其特性，限制其發展。政府過度的干涉就會破壞人的個性，使人會降至平凡一律的水準。人的自由是天然的，他們具有固有的，應該受到人的尊重。限制個人的自由，其唯一的結果，必爲罪惡。

⑵就政治性觀之　民主政治反對君主政體，因爲在君主政體之下，君主行使着廣大的權力，暴虐腐敗，不負責任，成爲一種罪惡。所以民主主義者强調個人的權利，而不强調國家的權力。民主政治的基本理論，認爲人本是自由而平等的，具有一些「自然的權力」，國家只是人類所訂的一項「協定」或「契約」，國家的目的在保障或保證個人的權利，國家是工具，其職掌應限於消極性的目的。其權力應受「契約」的限制，國家若侵害了個人的天賦權力，個人就有正當的理由去抵制它或推翻它。於是民主政治與個人主義就成爲同一時代的寵兒，相因而生，相需而成。人民渴望自己管理自己，又希望力量微不足道的政府，他們深信：「政府最好，管理最少」。

⑶就經濟性觀之　個人主義者對經濟原則曾有如下的一項主張：「卽自由競爭與沒有約束的工業與商業，其利必超過在政府法律規定之下或在政府經營之下的經濟之活動」。他們曾用「天賦權利」來支持「個人應任其從事於經濟之活動，國家應儘量減少其對經濟活動之干預」的原則，他們深信：「自然秩序」（Natural order）是確實存在的，在自然秩序之下的一切安排是完美的。根據他們的意見：認爲這種自然秩序應該任令其在經濟世界中自行發展，國家不得加以干涉。有了極其開明的自我利益，就能充份實現個人和公衆的福利。也只有那沒有約束的競爭，才能够刺激生產，才能保持工資和價格於正常的水準，並足以促進個人與社會的幸福。

⑷就科學性觀之　個人主義者認爲：大自然的進展，就是一種對生存的競爭，競爭的結果就是「適者生存」，這一理論與生物學上的「進化論」是極爲調和的。他們主張：國家若干涉個人行動，就會妨

礙自然的發展，是有害而無益的。個人應該創造其命運，不必由政府來協助或加以控制，以便適者生存，不適者受到淘汰，俾達到社會全體的最大利益。政府雖是必要的罪惡，但應隨文明進展的程度，而縮小其活動的範圍，國家的行動如在一方面加以擴大，都會發生有害的後果。

總而言之，個人主義者認爲：利己爲人性的普遍原則，人類在經過長久的時間以後，每一個人都能明瞭其自己的最佳利益，在沒有專制性的約束時，一定會奉行此一原則的。假如取消了外來的約束就將發生了自由的競爭，這種自由競爭因爲能使每一個人致力於其最適宜的事情，消滅了不適宜的條件，所以能永遠使人類作最大的發展，從而增進全體國民之福利。

最後，我們要指出的，個人主義的理論，雖然有些已受到修正或補充，甚至有些早被揚棄，但其視「個人爲目的，國家爲手段」的此一思想，至今還是民主政治的一塊瑰寶。

### （三）平等主義

「平等」並非是近代的名詞，早在上古，即已有平等思想的發生。柏拉圖與亞里斯多德都是主張平等的人。在柏拉圖的觀念中，平等有兩種，一是絕對的，一是比例的。絕對的平等是指各個公民應有同等機會爲公家服務，盡己之責之謂。比例的平等係指參預政府的程度應以各人的「德」、「能」爲比例而言。關於經濟，柏拉圖主張共產，也爲一極其平等的制度。亞里斯多德繼其師柏拉圖之意，以爲一切科學、藝術的最後目的是至善（Good）或共同利益（Common interest），至善即是正義，正義就是平等。在柏拉圖與亞里斯多德的觀念中「不平則鳴」，「不平等是革命的因子」。因爲，平等不僅正當，而且是便利的。

柏拉圖與亞里斯多德二氏之論平等，不可謂不精闢，二氏之信仰平等，也不可謂不堅定。但是，二氏所倡導的平等，只是局部的平等與片面的平等而已。他們所說的平等，僅有自由民可得享受，而奴隸則不與焉。亞里斯多德的名言：「平等的人才應平等」，此一學說，不僅替當時希臘時代自由民與奴隸兩種階級的存在，作了理論的根據，影響所及，形成了西洋人的一種普遍政治觀念，居之不疑，卒釀成西洋中古世紀一千多年的階級制度。

中古世紀的政治學者西塞祿（Cicero）認爲宇宙間有一種自然法（Law of Nature），順應自然，萬古不滅。自然法的要義就是：一切人類都是生而平等。另一位羅馬思想家孫尼嘉（Seneca）則從自然狀態的觀點加以立說，認爲：在初民的自然狀態之中，每人都享受天眞而自然的生活，在人性上固屬平等，在生活上也極自由。

基督敎的敎義中對於人類的平等，是不惜再三致意的。聖保羅（St. Paul）曾經說過：「不分猶太人，不分希利尼人，不論自主的，奴隸的，或男的，或女的，因爲你們在基督耶蘇裡都成爲一了。」此一「一」便是一律平等的意思。

降至近代，洛克與盧梭之流，再從自然狀態論及平等。在他們的觀念中，自然狀態乃是一種善良、和諧、平等、自由的狀態。洛克曾說：「自然狀態中，大家彼此都是平等的、獨立的。任何人都不應當損害他人的生命、健康、自由或財產」。又說：「我願意他人如何對待我時，我也應如何對待他人」。在他們看來，初民社會就是這樣狀態的社會。所以平等、自由是與生俱來的權利，是自然的權利。講到平等，在洛克與盧梭的觀念中，是指一切權利的均等而言。因此，倘若有治者與被治者，主人與奴隸，富者與貧者諸種現象的存在，就是一種不平等的象徵，而此一象徵是違反自然法則的。人類建立政府的目的，就是要藉它的力量來維護一切平等的現象，而不是要藉它的力量來維護某些特權與不平等的現象。所以，凡是任何政府之製造不平等現象或維護不平等的現象，人人均可以推翻之。這一觀念，影響所及就成為日後美國革命與法國革命所揭櫫的理由與堅定不移的信念。美國革命元勳哲斐生(Jafferson)於一七七六年曾經說過：「人類天生平等是明顯的眞理」。法國一七九三年的人權宣言也說：「創立政府的目的，在保證人類可以享受他們自然及永久的權利，這權利就是平等、自由、安全、與財產。」

在十八世紀的中葉，英國有一位上校名叫做雷卜羅 (Rainboro) 曾經說過一句名言：「我想，在英國最富的人要生活，最窮的人也同樣的要生活。」德國哲學家康德 (J. Kant) 曾說：「所有的人類都是理性的動物，因此，所有的人民都應平等。」英國功利學派的始祖邊沁 (Bentham) 曾用一句最簡單的話來說明其對平等的看法，他說：「一個人算一個人，沒有任何一個人能多算一個人。」今天「一人一票，一票一值」的選舉制度就是根據這種思想而來。人民是國家的主人翁，亦就是國家的股東。各個股東的股權，都是一樣的，平等的。

一部政治思想史，亦可說是平等思想的演進史，一部政治史，也可說是平等思想演進所反映而成的歷史。平等思想雖然曾影響了英、美、法等國的革命，但其在實際的運用上還是脫離不了希臘時代的局部平等與片面平等的觀念。美憲就曾有三個黑人等於一個白人之規定，而那個高喊「一切人類都是天生平等」的哲斐生却是反對婦女行使選擧權最力的一個人。究其原因，仍然是亞里斯多德所說的：「平等的人才應平等」的一句話在從中作祟。

「平等」這一概念是民主政治思想發生的主因，而民主政治在實際上的誤用一半也出於此一概念的誤解，那麼，民主政治下的平等主義的實際應用，應包括如下幾方面：

(1)政治平等　所謂政治平等，就是國內全體人民，或全體成年的人，都有平等參預政治的權利，不因財產、教育、性別、階級、宗教、黨派等條件在政治權利上受到歧視或限制。「一人一票，一票一值」(One man one vote;One vote one value) 是政治平等的最基本主張。

(2)法律平等　民主政治是法治政治，法律之前，人人平等，「王子犯法與庶民同科」，權利與義務是相對的，而非絕對的，盡了多少的義務，就可享受多少的權利，凡是犯了同一法律，就要受到同樣的處罰，並適用相同的程序，無例外，無特權。

(3)社會平等　社會平等也叫做「機會平等」(Opportunity equity)。這是說每個人在社會予以相同的發展機會，就思想言，是說在社會上人對人的看法，無貴賤尊卑的觀念，社會中各分子的接觸都沒有存門第高下與財產多寡之歧視成見。簡而言之，社會平等應包括有三義，一爲受教育機會的平等，二爲就業機會的平等，三爲社會地位的平等。

(4)經濟平等　人類一切不平等的現象，起源於政治，而歸結於經濟。由於政治上的特殊地位，往往造成貧富的懸殊，使得富者愈富，窮者愈窮。民主政治就在藉著國家與政府的力量，征收累進率所得稅、遺產稅，以達成社會的均富。美國自廿世紀以來沒有「大王」的產生，就是一例。　國父孫中山先生的節制資本與平均地權就是達成經濟平等的一種有效手段。

**(四)自由主義**

在西洋相信自然法的人，莫不反對干涉主義，而主張自由主義。在他們的心目中，以爲天下萬物，都受著自然法的支配，而這自然法的支配，乃爲至當不易的眞理。若對自然法加以干涉，就是違反眞理，戕賊天理。

民主政治是爲反對君主專制的壓迫與打倒君主的無上威權而產生的。自由主義與民主政治是相提並進，相需而生的。而此一思想的產生受到洛克 (John Locke) 與盧梭 (J.J. Rousseau) 的影響甚大。盧梭在其名著：「民約論」 (Social Contract) 一書中曾開宗明義地說：「人是生而自由的」，又說：「否認一個人的自由，就是否認他是一個人」。

在十九世紀，英國的彌勒 (John Stuart Mill) 著「自由論」 (On Liberty) 乃是一部維護自由的經典。他認爲：「思想及言論自由是人類最基本的自然權利，政府絕對不應當加以干涉。壓迫人民的思想與言論，就等於壓迫眞理。因爲：眞理愈辯愈明。只有懼怕眞理的人，才會壓迫自由，也就是說，只有懼怕眞理的人，才會壓迫人民的思想與言論。他主張政府或個人對於他人的意見，應當有容忍的雅量，每一個人應當尊重他自己的意見，同時，也應當尊重別人的意見。各人的意見儘管不同，但是，應當互相尊重，互相寬容，擇善而從，這樣，社會才有進步，國家才會發達。自由乃是社會進步的原動力。

就理論而言，「自由」本是一件好的東西，因爲，它能夠發展個人的品質與個性，使其能自由自在的向上與向前發展，用而增進社會的幸福。因爲自由乃是社會進步、國家發展的原動力。而所謂：「個人自由」，乃是指國家保護個人的活動至最大的限度而言。其存在的目的，並不祇爲維持個人無限的最大額的快樂，並且是爲公共的福利。因爲「個性」 (Individuality) 是最爲可貴的，國民的良善心靈之自由活動，和健全品格之無限的發展，都是對國家、社會很有裨益的。

自由不僅是社會進步的原動力。也是社會安定的一大重要因素。因爲：「壓迫愈大，反抗也愈大」。使有言論、出版等自由以發洩其內在的怨懣，就可消弭暴亂之因。因爲「爲川者疏之使導，爲政者宣之使言」。自由更是個人的一種快樂與享受。自由是民主政治的前提，也是民主政治的手段。自由雖有諸多利益，但是自由並不是渙散，自由也非混亂，自由的眞正意義，是指在法律範圍以內的自由，自由以不妨害他人自由爲限度；自由亦不能妨害公共的道德與善良風俗。

自由主義是民主政治的一項基本理論，它的成績雖然沒有如從前人所想像與希望中那樣大，但是，由於個性的自然發展，和智慧的自由活動，而此一結果，是當初熱衷於自由主義者所不能預料到的。

## 第二節　民主治道的實際應用

民主政治的基本理論，是理性主義，個人主義，平等主義及自由主義。這些的基本理論的實際應用就產生出民主的政治制度。政治理論與政治制度是互爲因果的。有什麼樣的理論，就會有什麼樣的制度。政治理論，乃是時代環境的結晶，政治制度，每係政治理論的結果。政治理論與政治制度，可說是政治的一體的兩面。一面代表人類對於政治的想法和看法，另一面則是人類在政治生活中所作的實際活動。理論雖不一定成爲事實，但他也不會完全落空，事實固不能全如理想，但事實又不會完全脫離理想。依循民主政治的基本理論，所產生的民主的政治制度，計有㈠法治制度，㈡多數統治，㈢代議制度，㈣限制政府，㈤分權制度，茲就此分別論述如次：

### （一）法治制度

民主政治，就是法治政治。統治者行使權力必須以法律爲根據，爲拘束。因此，民主政治它是「以法爲治」（rule of law）的法治主義，而不是「以人爲治」（rule of man）的人治主義。民主政治又稱民意政治，政府的行政措施，均應以民意爲依歸。但民意何所在？各個人意見的總和不能代表民意，因爲各人意見不同，不能相加。報刊雜誌的社論也不能代表民意，因爲它們彼此的主張亦常有衝突。至於各種人民團體，如農、工、商會等決議案，也不能視爲民意，因爲他們的決議案亦是各不相同的。民意乃是多數人的共同意見。如何求得此共同意見？最好是把全國人集合起來，開會、討論、擧手、表決求得之。但這在事實上辦不到。不得已，乃將全國劃分若干區域而選出的人民代表，組成國會以爲民意代表機關。國會所制定的法律便是民意之所在。法律爲民意的結晶與歸宿，治者與被治者都要遵守法律，因爲法律既出自民意代表所制定，因此，法律就是人民的意思，人民遵守法律，就是人民自己遵守自己的決議案。這是自己管自己，人民還是居於國家主人翁的地位。

民主政治重視個人，輕視國家，個人的地位高於國家，個人是目的，國家是手段，由於民主政治既是民意政治，又是法治政治，所以，法律高於一切，當然，法律也優越於國家，艾本斯坦（W. Ebenstein）在其名著：「今日主義」（Today's Isms）一書中，論及民主政治的特質時，曾指出：「法律不是國家的產物，法律優越於國家」。生命權、自由權、財產權、以及幸福的獲得均來自於法律的賦予，而非來自於國家，國家對個人基本權利的職能只是保護，與防衞，而非製造與生產。國家純然是一種工具，法律是至高無上的，不可侵犯的。

民主政治下，法律既然如此崇高與神聖，於是代表民意的議會，便不能隨心所欲，胡亂非爲的去制定法律，它必須受到憲法與法律的各種限制，「沒有議會不經過正當程序可以制定法律的」，「法後有法」，立法者束縛於法律之內，立法權便不能成爲專制獨裁的工具，這種用「法」以限制國家機關的活動，就是法治政治。

法治政治以法律爲基礎，故德國法學家曲密特（C. Schmitt）曾說：「國家一切的活動，都是法律的適用。」管子也說：「不淫意於法之外，不爲惠於法之內」，便是這個意思。因爲，法律須依據理性而制定，其目的在於維持正義，有效的法律必須是公平、合理的正當法律，故法治政治就是一種理性的政治。這種「理性」，也就是一種「天理」與「公理」，它是充塞於宇宙天地之間，爲世所公認的行爲準則，亦卽「考諸三王而不悖，百世以俟聖人而不惑，放諸四海而皆準」的正道與至理。

民主政治的法律，它是一種「据一止亂」的客觀標準，是「執簡馭繁」的有效工具，也是一種「去私塞怨」的必要手段。政府機關及行政人員的一切措施，均應以法律爲依據，以法律爲準繩，如有陨越，便要負民事與刑事上的責任，法律之前，人人平等，「王子犯法與庶民同科」，統治者若非法的侵害到人民的權利與自由，人民得向法院起訴，申請保障或排除其侵害，補償其損失。議會制定法律，政府執行法律，法院解釋法律，分工合作，各守分際，不相侵越。故康德（J.Kant）曾經說過：「最好的政府，不是受人統治，而是受法統治。」法治政治，就是說，政府行政的性質和內容乃是人民自由權利的維護與合法利益的保障。

**（二）多數統治**

民主政治注重理性，着重個人，視國家爲一種工具，人民爲國家的主人翁，「主權在民」，服從多數，尊重少數，政府的一切決定均以「多數決」爲取捨。「治者的權力建築在被治者的同意上」。所以路德（Calton C. Roodee）曾說：「民主政治就是由全國人民較大多數統治的政治」。戴雪（Dicey）也說：「民主政治就是統治者在全國人口中比較佔多數的政治」。蒲徠斯（J. Bryce）也認爲：民主政治應是主權不操於任何階級，而操於社會全體的人民之謂。美國政治學者葛特爾（R. G. Gettell）在其所著：「政治學」一書中也指出：民主政治就是多數的人民，擁有權力去分享與行使主權之謂。民主政治爲多數統治（rule of majority）幾成爲學者所公認。

多數統治，不獨有需要，而且也有其理由。根據甄克斯（E. Jenks）在其「政治簡史」一書中的說法：原始社會是不知有「多數決」的方法，因此，遇到問題不能得到「滿場一致」的贊同時，就須訴諸腕力，舉行決鬥，以決定那一方意見得到勝利。所以「滿場一致」與「格鬥」乃是原始社會解決問題的兩種方法。後來，人們漸漸感覺到格鬥對於勝負雙方都是有害的，因此，就想出了多種代替格鬥的方法。諸如「吶喊法」，卽雙方發出喊聲，誰壓倒對方，誰便得到勝利；又如「分列法」，卽倘雙方喊聲不分大小，則雙方列隊比較長短，誰的隊伍長，誰的意見就會通過，便成爲實際的主宰者。這種「數頭以代替砍頭」（Counting heads instead of breaking them）的方法，便是「多數決」制度的濫觴。

希臘時代的雅典與斯巴達早已有多數決的制度。斯巴達選舉五位執政官（Ephors），就是以得票較多者爲當選，雅典的各種會議，或用擧手，或用投票，均依多數來決定一切。降至羅馬，「多數所表示者得適用於全體」，「民會多數所爲者視爲全體所爲」。多數決在當時已成爲法律上的制度。所謂：「滿場一致是必需的,但少數應該讓步,且也不能不讓步」。便是當時所深信不移的一種思想。多數決主義到了十四世紀，歐洲各國就漸次用之以作議決及選擧的方法，終於隨着英國憲政而傳播於全世界。

由是觀之，多數決制度自古卽有之，按理，今天民主政治所實行的多數統治，只是一種「復古」，而不是一種革新。其實不然，因爲，這種多數決制度並不是能夠存在於任何社會的，它實具有其存在的條件，第一，一個社會能夠採用多數決制度，必須社會的人一方有「同一性」，他方有「個別性」。換句話說：必須各人均有其獨立的思考與見解，同時，又有其共同一致的思想與信仰。第二，要多數決能夠發生眞正的意義與效果，一定要以眞正的自由與平等的兩個觀念爲基礎，因爲個人若沒有自由，意見便無法表達，參加表決也沒有意義，個人的意見若沒有平等的價值，那又何能以「數之多寡」來決定一切？準此而論，古代雖有多數決的制度，但嚴格說來，它是片面的，不切實際的。民主政治的社會，因爲它是建基於此二條件之上，故「多數統治」才會發生眞正的意義與功效。

多數決制度並非是一個十全十美的制度，但是，它畢竟是一個目前較好與可行的制度。本來，民主政治它既是人民統治的政治，一切的決定應該是「滿場一致」的贊同才可通過，但是，這不獨不可能，而且也沒必要。因爲，滿場一致就會形成一人否決的獨裁局面。譬如：九十九人贊成，而一人反對，以一人反對的意見來否決九十九人贊成的意見，這是很不合理的，而此一反對的人豈不成爲眞正的「獨裁者」？

多數決的意見，雖然不是一個最高明，最美好的意見，但是，它是一個比較客觀與比較行得通的意見。它雖然不能代表最高的智慧，但他是一個比較可以解決問題及可行的制度。蒲徠斯（J. Bryce）在其名著：「現代民主政治」（Modern Democracies）一書中曾說：「縱令最熱衷於民主主義的人，亦不一定主張：『多數人都是正確的』，『投票所作的決定都是賢明的』。民主政治是令少數人得用說服的方法，去變更多數人的行爲，或自己努力成爲多數人，而變更過去多數人所作的決議。」多數統治並沒有壓迫少數，因爲，既要服從多數，也要尊重少數，而所謂「多數」與「少數」也不是固定的與永遠不變的兩群，它是變動的，發展的。如張三對越南問題的意見可能居於少數，但是中東問題的意見上，可能又屬於多數，故多數與少數是變動不居，互爲更換的。所以，多數決或多數統治實合乎民主政治的意義。

總之，民主政治的多數統治，其產生，本來只是用以代替流血的方法而已，而今竟被應用而成爲民主政治的一項制度，無非是欲用之以防止少數人的專制。雖然，多數未必比較少數爲正當，也未必比較少數爲賢明，多數更不能創造眞理（Truth），不過，爲了實際上的需要，在解決問題沒有更好的辦法時，不失爲一個比較可行的權宜措施。

### (三) 代議制度

民主政治是民意政治，也是人民統治的政治，按理來講，應由全體人民來統治。但這除了古代希臘時代的「城市國家」那種「小國寡民」可以實施外，今天，由於國家人口衆多，幅員廣大，這種全民統治不獨不可能，而且也沒有必要。因爲，要那七億多的人口聚集在一起開會、討論、表決、而共同處理公務，這是一件不可思議的事。要大家來做官，那麼，農田由誰去耕種？全民政治雖有其優點，但利弊得失權衡之下，它的缺點是大於優點的。它不獨是一種浪費，同時，也容易形成無能。盧多西（Ludouici）所謂：「全民政治，領到死路；少數人政治，領導生路」，柏拉圖在其「共和國」一書中亦主張「貴族政治」，這是不無道理的。中國古代有所謂：「任官惟賢能」，「建官惟賢，位事惟能」，以及「惟仁者宜在高位」的說法，都是主張：「賢人政治」的，而對於全民政治的主張，則很少提及。

全民政治既爲不可能，也無必要，因此，便有所謂：「代表制度」的產生，所謂「代表」（representative）或「代議士」，根據德國晉林芮克氏（G. Jellinek）的說法，是指某一人用別人的名義，發表意見，而在法律上，前者的意思可以直接視爲後者的意思，而有效力。代議士是由全國分區選出者，代表人民，處理公務，他們是專家，既能勝任愉快，也能應付自如，既經濟，也實惠，故民主政治又叫做代議政治，或叫做「專家政治」。

代議制度，「權利屬於人民，而其行使則由代表」。因此，人民對代表不獨有選舉權，假若代表漠視民意，不尊重民意，人民對代表又可行使罷免權，人民有了這兩種權力，才能有效的控制政府和議員，使之不敢違犯民意。這樣，在代議制度之下，人民還是最後的主權者。

不特此也，假若代表不制定人民所需要的法律，人民可直接立法創制之，同時，人民也可對立法機關所通過或否決的法案，重行表決以決定其成立與否，這種創制與複決的行使，是爲直接民權，也爲代議制度之下的「門後之槍」或救濟辦法。代議制度雖不盡如理想，這對直接民權可以作相當的補救。

**（四）限制政府**

民主政治從「個人主義」與「自由主義」的理論出發，重視個人，輕視國家，個人是一種目的，國家只不過是一種手段而已。「個人重於國家」，「國家爲一必要的罪惡」。因此，「政府最好，管理最少」，國家和政府的功能應縮減到最少與最小的限度，使其只居「守夜警察」的地位。

十八九世紀，由於盛行「放任主義」的學說，在經濟上均主張自由競爭，舉凡資本的流通，物價的決定，貿易的往來，均應聽從自然經濟律的支配，政府最好不加干涉。法國的重農學派及英國的功利主義者，均對於國家的功能加以種種的限制。

爲了要限制政府的功能與活動，「法治國家」便因而產生。所謂法治國家包含有兩種的意義：第一，卽行政須受法律的拘束，行政必要「合法」。在此一觀念下，尙有一個前提，那就是立法權的優越——議會的至高無上。因之，白芝浩（Bagehot）曾說：「英國議會除了將男人變成女人或女人變成男人無能爲力之外，其餘無所不包，也無所不管。」所以戴雪（A. V. Dicey）曾說：「法治主義的成立乃與議會至上互爲因果的。」第二，法治國家之下，由於議會的優越，政府行政就相對的減少到最小的範圍之內。英國洛克（John Locke）便以爲政府的目的係爲謀求人類的幸福。並認爲人類之加入國家，其最大的目的，無非在保護其財產。亞當斯密（Adam Smith）更明確的指出，政府的目的有三：一爲保護國家，使免受其他國家或社會的侵犯，二爲保護國中的每一份子，使其免受其他份子的侵害或壓迫，三爲凡非一個人或少數個人所應舉辦，或所能舉辦的事，則由國家舉辦之。邊沁 (J. Bentham) 也說：「政府的職掌應當限於最小的範圍之內，安全與自由是人民所要求於政府者」。

總之，民主政治是法治政治，國家的目的局限於維持治安、自由及法令。而國家若要干涉自由，惟於自由妨害治安時才得爲之。這樣，利用法律來限制國家的活動，一方縮小政府的權力到最小的限度，他方伸張個人的自由至最大的限度，可以說是民主政治法治國家的特色。而那種「退去！勿遮蔽我的日光」之思想，正是此一制度的主要理論依據。

### （五）分權制度

分權制度的學說，肇始於亞里斯多德，而大成於孟德斯鳩 (Baron de Montesquieu)。亞里斯多德認爲政府的行政均可分爲三部份，即議事 (Deliberative)、行政 (Magistracies)與司法 (Judicial)。羅馬時代的波里畢斯 (Polybius) 亦謂羅馬共和國係由三部份所組成，一爲執政 (Consul)、二爲議會 (Senate)、三爲國民大會 (Popular Assembly) 三者互相牽制，維持平衡，有名的「制衡原理」(The Principle of Check and Balance) 便濫觴於此。由此觀之，分權學說希臘時代卽有之，而「制衡」的事實，在羅馬共和國時代亦早已形成了。

雖然，古代的分權學說與制衡原理與近代學者的說法是不盡相同的。近代持分權理論而能影響於實際政治者，應推孟德斯鳩。但孟氏的分權理論則又淵源於洛克。在洛克的觀念中，國家的職能有三，第一爲立法，第二爲行政，第三爲外交。孟氏雖繼承洛氏的衣鉢，但「三權」的分立究有不同。孟氏除接受洛氏的立法、行政（包括外交）二權之外，另添一司法權。在孟氏的看法，立法、行政、司法三權應分屬於三種不同的機關，使其互相牽制，然後，人民的自由始有保障。孟氏在其「法意」（Spirit of laws）一書中曾說：「長久的經驗告訴我們，無論誰掌握了大權，都會濫權與越權，欲救此弊，當以權制權。」又說：「若以立法、行政二權，同歸於一人，或同歸於一部，則國人必不能保其自由，蓋立法、行政兩權相合，則立法者既可設立苛法，而又可以苛刻之方法施行之。若司法權不與立法權、行政權分離，則人民仍無自由的希望，蓋司法與立法合，則裁判官而兼爲立法者，其弊必流爲妄斷，司法與行政合，則裁判官又可以任意壓抑人民，假若三權混而爲一，則人民之自由，便不堪設想矣」！由此可知，孟氏的分權理論是以「自由主義」與「個人主義」的思想爲背景的，其目的旨在保障人民的自由。

孟氏的分權理論是完全以英國政制爲背景的。在他的看法，歷史上唯有當時的英國政府是眞的實現了制衡原則，這也就是何以英國能政治修明，國家富强的原因。究其實際，當時以及現在的英國，並非嚴格的實行三權分立，因爲，行政機關是從立法機關中產生的。目前，對孟德斯鳩的分權理論能發揮得淋漓盡致的，莫過於美憲的實際運用了。當美國獨立建國的時候，正是孟氏三權分立學說最盛行的時刻，美憲就這樣一字不落地全盤吸收。因此，我們可以說：美憲是孟氏三權分立理論的具體實踐。政治理論與政治制度的交光互影於此又可得到一明確的例證。

美國制定憲法時，由於受了孟氏思想的影響，因此，分權學說成爲當時政治家的基本與唯一的信條。當時的制憲代表梅迪遜（J. Madisan）曾經說過：「吾人於分配權力之際，應使各種機關互相牽制與平衡。」又說：「假若立法、行政與司法三權集中於一人或一機關，這簡直可以視爲『暴政』（Tyranny）。」維吉尼亞州（Virginia）於一七七六年六月十二日的「權利宣言」第五條曾指出：「三種權力必須分離而分屬於三個機關，任何權力均不得行使別個權力的職務，任誰均不得同時行使一個權力以上的權力」。麻薩芝薩（Massachusetts）州於一七八〇年六月十六日憲法第一篇「權利宣言」第三〇條中有云：「本州政府乃法治政府，而非人治政府（a government of law and not of man.），故立法部決不行使行政權與司法權或二者之一，行政部決不行使立法權與司法權或二者之一，司法部決不行使立法權與行政權或二者之一。」美國聯邦憲法也本此宗旨，採用三權分立之制。立法權屬於國會，行政權屬於總統，司法權屬於法院。三權分立，相互制衡，孟氏的學說於焉實現。

總之，分權制度是建基於自由主義的理論之上。分權與制衡無非在保障個人的自由與權利。分權理論是基於這麼一個基本信念，認爲人性本惡，對人性採不信任的態度。梅的遜（J. Madisan）曾說：「人類若是天使，就不需要政府，若使天使統治人類，亦沒有控制政府的必要。」民主政治深信權力是人之所欲，愛權爭權乃人性的一部份，但「有權必濫」已成不易之論，艾克頓（Lord Acton）有言：「權力最容易腐化，絕對的權力更容易徹底腐化。」基於這些觀點，分權制度不獨有其必要，而且也有其存在的價值與理由。

理論是制度的靈魂。制度來自理論，有什麼樣的理論，便會形成什麼樣的制度，制度的運用亦影響到理論的內容。理論與制度是相互爲用的。

# 第三十二章　獨裁政治的治道

## 第一節　獨裁治道的基本原理

獨裁政治（Dictatorship）一詞，源自拉丁文的 Dictatura 一字，其意義爲「指揮」。最初，並沒有什麼特殊的含義。到了羅馬共和時代，由於時局的需要，常設有臨時的「獨裁官」（Dictator），獨裁具有政治的意味，便自此開始。當時羅馬共和時代的獨裁官，其獨裁權之取得，是依法律之規定，用合法的手段而獲得的，而其所以要獨裁，無非是在恢復或維持舊的國家秩序，亦卽要維護舊憲法，而不是破壞舊憲法。故學者對古代羅馬的獨裁，亦謂之爲「合法的獨裁」者，或「委任的獨裁」者。

降至近代，獨裁政治的政治意義就與古代的羅馬時代不盡相同。近代的獨裁政治，可以英國的克倫威爾（O. Cromwell, 1599-1658）及法國的雅各賓黨（Jacobins）爲例，在此一情況之下，獨裁者之能獲得獨裁權，完全是用武力的，其手段是革命的，至於獨裁的目的，在於推翻舊的國家秩序而建立新的國家秩序，也就是破壞舊憲法而創造新憲法。因此，學者對於近代英法兩國的獨裁，有謂之爲「革命的獨裁」者，有謂之爲「主權的獨裁」者。由此而論，古代羅馬共和時代的獨裁政治與英法兩國在革命以前的獨裁政治是大有差異的。

至於廿世紀所謂的獨裁政治，又有兩種類型，一是共產主義的獨裁，一是法西斯主義的獨裁。前者以俄國及中共的政治爲代表，後者以意大利的墨索里尼（Benito Mussolini 1883-1945）及德國的希特勒（Adolf Hitler 1889-1945）統治下的政治爲代表，兩種類型的政治運用雖有不同，但其基本理論則是大同而小異的。

總之，獨裁政治就是一人或少數人，爲了要排除異己，實現其强力統治的目的，集中力量獨攬國家的權力，而不受任何拘束的政治形態。至於其基本理論爲何？可歸納爲以下五點：即㈠權勢主義；㈡集體主義；㈢等級主義；㈣控制主義；㈤擴張主義。玆分別論述如次：

### （一）權勢主義

民主政治的基本理論，是理性主義。在處理問題時，是採用和平的辯論、投票的抉擇，以是否合理，爲取否，凡事訴諸理智。獨裁政治則不然，它們崇尚武力，認爲强權就是公理，誰有力量誰就是公理的裁判者，解決問題的方法，便是戰爭、革命、與鬥爭。共產黨高喊着：「槍桿子出政權」，「人類歷史是一部階級鬥爭史」，又說：「一百個謊言造成一個眞理」，就是此一思想的反映。

在中國，法家可以爲權勢主義的代表。在法家的觀念中，政治就是集勢以勝衆，任法以濟民，因術以御群的事務。韓非說：「勢者，勝衆之資也。」又說：「王也者，勢也，王也者，勢無敵也。」可知法家是主張權謀與勢力的，在他們的看法，勢力可以解決一切，可以決定一切。

在西洋，獨裁政治的權勢主義可淵源於中古世紀意大利的馬克維里（Nicole Machiavelli）。馬氏的權勢主義思想，充滿於其名著：「霸術論」（The Prince）一書中。在馬氏的觀點，人性是惡的，他常說：「人類通常都是壞的」，而且，人性大概都是自私自利的，大家無論在權勢或財產上都是貪得無饜的，因此，他說：「人類比較容易忘掉了他們的父親的死亡，但不易忘掉他們的遺產的喪失」。馬氏就基於此一論點而勸聰明的統治者應當以此爲根據而決定他的政策。在馬氏的心目中，他認爲政治的目的，就在於保持及增加國家的權力，假如能達到此一目的，一切的手段都是對的，不論這些手段是否爲殘酷，背義，合法或不合法。因此，他說過：『當一個國家的安全，到了極危急的當兒，他就不應當考慮何爲公道或不公道，何爲仁慈或殘酷，何爲光榮或恥辱了。他應當只顧慮到一件事，那就是：拯救其國家的生命或維持其國家的獨立』。爲了要達到此一目的，馬氏便主張，一個最成功的國王必須具有狐狸與獅子兩種野獸的能力，因爲狐狸狡猾有餘，而不能抵禦野狼，獅子氣力有餘，而不能避免陷井。他主張國王必須貌似仁慈，人道，忠誠，守信義，信宗教，但一到了必要的時候，你必須能立刻變到相反的方面，因爲，光是遵守着這些美德是危險的，貌似有此諸德是有用的。

獨裁政治旣崇尙武力，也歌頌戰爭，法西斯主義的希特勒，曾作如下的表示：「戰爭屬於永恒，戰爭屬於普遍，並且無所謂開始，亦無所謂和平。戰爭就是生活，任何爭執就是戰爭，戰爭就是一切事物之起原」。希氏旣然相信：「任何爭執就是戰爭」，故對於宣傳之作用，向極重視。其最有名的理論，便是：撒謊愈大，收效愈宏。

法西斯主義者的墨索里尼，也讚揚武力與戰爭，而反對和平，主張英雄主義而反對民主政治。在墨氏的演講中，表現他崇拜武力的最精彩之語便是：「雖然文字是很美麗的東西，但是來福槍、機關槍、軍艦、飛機與大礮卻更美麗得多哩」！墨氏又在他的「法西斯主義之社會及政治原理」上說：「法西斯主義……不但認爲永久的和平不可能，並且認爲不必要。……只有戰爭才能使人類的能力達到最高度的緊張，才能使一個勇敢的民族得到高貴的光榮。」墨氏之竭力稱讚「征服的意志」。這亦是大家聽慣了他的口頭禪。

馬克斯（Karl Marx）在所著：「哲學之貧乏」一文中，强調資本與勞力兩階級的對立，他說：「只要容許計工授資的勞力制度與資本關係存在一天，卽總有一個榨取階級和另一個被榨取階級」。他認爲「國家乃是在某種領域之內的一種最高的强制力，被某階級掌握着以壓迫其他階級」。列寧解釋馬克斯的國家定義時說：「按馬克斯的意見，國家就是一種階級支配的機構，一階級用來壓迫另一階級的工具」。

恩格斯（F. Engels）在其所著的「馬克斯傳」一書上說：「至今的全部歷史，都是一部階級鬥爭史。那就是說：在一切複雜錯綜的政治鬥爭中，實際上的要點，都是其階級在爭奪社會與政治的支配權——在朝者掙扎着維持政體，在野者掙扎着取得政權」。馬克斯也說：「一切的階級鬥爭，都是政治的鬥爭」。又說：「一切現實社會的歷史，乃是階級鬥爭的歷史。」按照這些共產主義者的說法，自有國家以來的社會，都是階級社會，不管社會上的階級如何錯綜複雜，你總可以分析出爲剝削與被剝削的兩大陣營，或稱爲壓迫與被壓迫的兩個階級。而在這些階級之間，常在進行着時隱時顯的鬥爭，並且都以攫取國家的政權爲鬥爭的最後目的。

總之，獨裁政治的基本理論是權勢主義，崇尚武力，歌頌戰爭，主張流血革命，講求鬥爭，採用暴力，實行高壓，他們迷信武力、權勢、詐術與鬥爭或戰爭。他們認爲，奪取政權的手段靠此，而保持政權的方法亦靠此。

### （二）集體主義

民主政治的基本理論是個人主義。個人是目的，國家是手段。人民是國家的主人翁，政府只是提供個人發展其才能與個性的一種工具而已。獨裁政治則不然，他們從「集體」爲出發點，重視階級、國家、黨團。視「國家是主人，個人是僕人」。個人是沒自由可言，假若有的話，也正如黑格爾（Hegel）所說的：「個人發現他的自由是服從國家，效忠國家。」

法西斯主義是一種「唯情論」者，因此，他們反對理知的思辨與客觀的眞理，也因如此，他們的理論基礎常建立在一種迷離惝恍的「神話」（myth）之上。神話是似有似無，似眞似僞的一種東西。不必有確切的根據與客觀的證明，如果一個人在直覺上信仰某種神話，這種信仰就可以給他一種熱情與勇氣，使他不顧一切地傾全力以追求他的目的。義大利墨索里尼的神話就是「國家」。他相信：義大利是羅馬帝國的後繼者，義大利的使命就是恢復從前羅馬帝國的紀律、統一與光榮。德國的希特勒的神話就是「亞利安或諾地克種族」（Aryan or Nordic Race）。他相信：德國的民族是亞利安種，亞利安人是世界上最優秀的種族，是創造世界文化的主人。所以他們自命非凡，認爲他們的使命便是統一歐洲所有的亞利安人種，創造一個大德意志帝國，驅逐非亞利安人種於國外，以保持亞利安種族的純潔，而負擔世界文化創造者的使命。

法西斯主義以「集體」爲出發，主張「種族第一」，「國家至上」。墨索里尼於一九二二年在拿波爾（Naples）講演時曾說：「我們已經創造出我們的『神話』來了……我們的『神話』就是國家，我們的『神話』就是國家的偉大」。法西斯主義者，把國家看成是絕對的，而個人或團體，均附屬於國家之下。國家是一個倫理整體，所有個人之精神，道德和生活，均自國家得來，而且必須於國家之中滋長、起飛。

法西斯主義者的希特勒，崇拜「亞利安民族」的神話，高唱「種族第一」。這種見解在希特勒的「我的奮鬥」一書中，到處都有狂熱的表現。希特勒由於迷信德意志血統民族之特殊優越，他說：

「我們必須瞭解：就是國家並不是目的，而是一種手段，國家只是人類建設更高級文化的基礎，但它絕不能創造更高級的文化。一個有創造文明的能力的種族，才是更高級文化的創造者呢！世界上說不定有幾百種形式的國家，但是假若保存文化的亞利安族滅亡以後，世界上絕對不會有現代這些高等國家的文化」。可見希特勒的心目中，民族是高於國家的。此與墨索里尼的「國家至上」思想則不同。不過，法西斯主義者均認爲集體高於一切，不論它是「國家」或「種族」，個人只是一種手段與工具。集體是永恒的，普遍的，個人只是一殺那而已。爲了成全生命，可以犧牲細胞（個人），個人應竭盡所能貢獻自己爲國家、民族而犧牲。

共產主義者的集體主義思想，重在提倡「階級」。按照馬克斯的說法，「階級」的存在有歷史的必然性與史實。如古代羅馬有貴族、武士、平民、奴隸；在中世紀有封建地主、佃戶、農奴、行會主人、散工、學徒；在現代的資本主義社會中有資產階級與無產工人。而在各種階級之中，「無產階級」高於一切。無產階級中最活躍和最覺悟的人，加入共產黨，黨的利益便高乎一切，「黨權至上」、「黨權第一」，無產階級的利益永遠高乎一切。

總之，獨裁政治崇尚集體主義。其所標榜的口號和理想雖有「國家」，「種族」，「階級」的不同，但輕視個人，犧牲小我的思想則是一樣的。其實，這種理論乃是一偏之見，殊不知人是合群動物，需要國家才能生存，而國家的目的則在爲人民解決生活問題謀求幸福。同時，人爲萬能之靈，有個性，有自由。個人與團體的融和，個人與組織的平衡，才是眞理之所存，才是正確的政治理論。這猶如車之兩輪，鳥之兩翼。個人固然應爲國家而效忠，但國家亦應顧到個人的需要與幸福。

民主政治主張平等主義，法律之前，人人平等，「王子犯法與庶民同科」。民主政治着重個人，視個人爲目的，國家爲手段，「一人一票，一票一值」，個人在國家之中都是等值的，持相等的股權。個人無論在法律上、社會上、經濟上、政治上都是平等的。獨裁政治者則不以此爲然，他們主張「反平等論」，他們視「平等是奴隸的道德」他們以爲不平等乃是一個生物的事實，因此，主張少數領導多數。

### （三）等級主義

法西斯主義者均認爲：人生而不平等，猶如狗有好壞之分然。希特勒以爲亞利安的民族是世界上的最優秀民族，而日耳曼民族又是亞利安的種族中更秀異份子，日耳曼民族的最好份子，便是國社黨黨員，而國社黨的幹部便是統治階級，在這統治階級之中，自必有其一位登峯造極的領袖，這就是他所標榜的「領袖原則」(Führerprinzip)。希特勒由於醉心於「種族優秀」之說，視亞利安人種爲天之驕子，因此，他就把其他人種視爲亞利安人的牛馬，在他的「我的奮鬥」一書中曾說：「若想要更高等的文化發展，我們就必須有那些低級文化的人們之存在，因爲，只有他們才能代替現代的生產工具，若無這種生產工具，那麼高等文化簡直就不可能存在於原始的社會裏。人類的文化並不大靠牛馬工作，而主要地是靠僱用文化低落的人力。……因爲，最初拉犂耕田的是奴隸，其後才是牛馬哩」！希特勒以爲世界上的人類，根本就不應當受平等的待遇，因此，德意志民族征服了其他民族之後，就應當把他們當作牛馬看待。

墨索里尼不相信民族政治中代表人民的議會制度，主張絕對的信仰領袖。法西斯黨爲義大利之「優秀人群」，他反對民主政治的「多數作主」，而主張「優秀人群」統率領導。在墨氏看來，人類天生就是不平等的，人類聰明才力不平等的現象，正可以使人類社會組織成一種層級領導的系統，使全國的人民最後都服從一個惟一的領袖。

毛共集團在大陸上曾經把老百姓分爲「國民」與「人民」兩種等級，前者爲資本家，大地主，國民黨時代的官吏等，後者爲農人，工人，共產黨時代的人民。「國民」不能享受任何的政治權利，在法律上是不平等的，「國民永遠是國民」，身份不能流通，而共產黨員及幹部受到種種優待，其子女容易得到較好地位，猶如昔之「公之子恒公」，「士之子恒士」，形成一種「新的封建社會」。在「人民」之中又有工人、商人、農人之別，無產階級的勞動者，是「人民」之中最活躍、最優秀的份子，惟有他們才有資格加入共產黨，惟有他們才能享受特殊的政治權利。權利與義務有何關係？那些人享什麼權利？那些人應盡什麼義務？不平等待遇在法律上均明白的加以規定。

總之，獨裁政治不論是法西斯主義，抑或共產主義，他們均不承認：人生而平等，他們迷信「種族優異」說，迷信「領袖統治說」，認爲社會中一定有一小撮秀異份子是統治者、發令者。在不平等的制度，優勢者永保其優勢，被壓迫者永遠難翻身。世代相傳，治者永遠是治者，形成一種新的封建制度與新的等級主義。其實，這種思想乃是違犯眞理，影響所及，在「不平則鳴」的情形下，將會導致革命。柏拉圖說：不平等乃是革命的原因，縱觀史實，誠非虛言。信持不平等主義的獨裁者，必難逃避革命的命運。

**（四）控制主義**

民主政治主張自由主義，因爲自由是社會進步的原動力，自由是社會安定的重要因素，自由也是人生的最大享受與快樂，自由有如此多的好處，無怪乎法蘭西革命時，他們高喊着：「不自由，毋寧死」

的口號。獨裁主義者則反對自由，也反對個人的權利。在他們看來，自由的結果會形成社會的混亂與渙散，由於他們深信集體主義，國家是至高無上的，國家權力應滲透在日常的生活之中，墨索里尼說：「無物不在國家之內，無物不是專爲國家，無物與國家相反」，因之個人自由是不存在的，也是不應該存在的。法西斯主義者認爲人從生至死是沒有自由的，一個人生下來以後，第一聲「哇」！的喊叫，便是意味着不自由。

法西斯主義者主張「國家至上」「民族第一」，所以他們不獨反對個人自由，也反對個人享受，主張個人應爲國家犧牲，個人應爲國家爭取榮譽。法西斯主義擷取了黑格爾的「國家本身就是自由」的主張，認爲國家本身是有思想，有意志的，並且有至高無上的權利。强迫人民的一切活動都應與國家的意志一致。國家是絕對的東西，國內的一切個人或社會團體都是相對的，只有在其與國家的關係上方能發生意義，個人的行動應受到國家的控制。

德國國社黨的控制主義論，是建立在種族的偏見之上，希特勒想用種種方法刺激德國人的種族團結的本能，利用國家作工具，以便擴張亞利安種族的雄威，進而控制其他種族，在他們看來，亞利安人種是世界文化的創造者，國家只是保存及維護文化的工具。希特勒以爲過去德國的弱點，在於內部種族的分歧，以及德國人缺乏「種族團結的本能衝動」，所以他認爲現在應當團結起來，以抵抗危害亞利安文化的公敵，並進而控制他們。

共產主義者認爲民主國家的自由放任，形成了定期的經濟恐慌，工廠倒閉，工人失業，乃是一種浪費，亦是人類的大悲劇，自由競爭無異是自殺與混亂。自由的結果，造成富者愈富，貧者愈貧，貧富懸殊的階級對立現象，乃是社會的大罪惡。財富雖增加，工人的幸福並未因之提高。因之，他們反對自由，而講求鐵的紀律，人民的公私生活均受到黨和政府的控制與干涉。共產主義者認為在無產階級專政時代，共產黨還要利用國家的强制力，實行絕對的極權控制主義以鎮壓反動，對資產階級施行無情的報復。這是由資本主義社會到共產主義社會的一個過渡時期。在這期間，厲行控制，消除自由。一切的個人利益是為階級利益而犧牲，黨權高於一切。個人沒有自由。但是這一過渡時期有多久，共產主義者並無說明，可能他們就會永遠的過渡下去，永遠的實行嚴厲的控制。

總之，獨裁政治有鑒於民主政治下的自由產生了諸多的缺點，形成了各種的浪費，因此，不相信自由為可貴，而主張控制主義。誠然，自由會發生了許多毛病，但毛病可以防止，可以修正，不可因鑒於毛病的發生而就取消它，反對它，這未免太矯枉過正了。而且控制的結果，會矽害進步，會引起反抗。

**（五）擴張主義**

民主政治主張平等互惠，共存共榮，在聯合國之中，一國一票，一票一值，大國小國一律平等，國與國之間講求信義，遵守國際公法，履行國際義務。獨裁政治者則反此，他們主張領土的擴張，生存空間的加大，崇尚武力，愛好侵略，主張「世界革命」或「赤化世界」。

法西斯主義的墨索里尼，認為對外戰爭，堪值稱道，因為，戰爭使人有抉擇死生而發揮理想的機會。法西斯主義者贊成帝國主義，主張向外擴張，爭取光榮，他們認為這種擴張和侵略很合乎自然定律，也合乎倫理道德。墨索里尼曾說：「法西斯主義的國家，必須認為自己是一個大帝國——那就是說，一個直接或間接統治他國的大國家，……因為在法西斯主義者看來，帝國的生長或國家的擴張，是國家活力的表現，否則，就是國家衰微的象徵」。又說：「在法西斯主義的國家裏，國民與軍隊完全是同一的名詞」。法西斯主義墨索里尼的黷武政策以及擴張主義由此可以概見！

納粹主義的希特勒，對於「地緣政治」特別迷信，他利用此一學說來揭櫫其對「生存空間」(Lebensraum) 的需求，以爲其對外擴張而辯護。在希特勒當政時代，「血緣」與「地緣」不啻爲全國崇尙之流行口號，對內則迫害猶太人，對外則從事侵略。他們崇尙擴張，歌頌戰爭，整套納粹的政治哲學，可說是一部反民主與反理智的哲學。

共產主義者主張「工人無祖國，要全世界的無產階級團結起來，打倒各國的資產階級。」因此，他們不以一國爲對象，一國爲範圍的共產主義爲滿足。進而擴大誇張要以各國爲範圍，要以世界革命爲對象。恩格斯曾經說過：「共產革命將不只是一國的現象，而且必定會在一切文化國家之中同時發生。——至少在英美法德諸國。」在史大林看來，資本主義國家間的衝突，無法避免，遲早必然火拚。長期言之，「世界革命」必然來臨。

總之，獨裁政治基於一種「國家至上」「生存空間」，以及「世界革命」的妄想，主張對外擴張，從事侵略。殊不知這種「大魚吃小魚」的侵略政策，乃是人類的罪惡，社會的大悲劇，它是不道德的，浩布士(Hobbes)的名言：「永無止境地追求權力，乃是世界人類普遍的傾向，權力復權力，不至死亡，永不止息」。獨裁政治的擴張主義，不獨不能救人，也不能自救，最後，只是「殺人者人恒殺之」，自掘墳墓自取滅亡。墨索里尼、希特勒的下場，可爲殷鑑。共產主義其速醒悟吧！

## 第二節　獨裁治道的實際應用

獨裁政治的基本理論是：權勢主義；集體主義；等級主義；控制主義；擴張主義。因爲有什麼樣的理論，便有什麼樣的制度，依循獨裁政治的基本理論，所產生的獨裁的政治制度，計有：㈠人治制度

(Rule of Man)、(二)一黨專制 (One-party System)、(三)一人獨裁 (Dictatorships)、(四)極權制度 (Totalitarian System)、(五)集權制度 (Centralization)。玆就此分別論述如次：

### (一) 人治制度

民主政治，就是法治政治。統治者行使權力必須以法律爲根據，爲拘束。法律高於一切。艾本斯坦 (W. Ebenstein) 所謂：「法律不是國家的產物，法律優越於國家」，「沒有議會不經過正當程序可以制定法律的」，「法後有法」(the law behind the law)，立法者亦束縛在法律之內，立法權便不能成爲專制的工具，這種用「法」以限制國家機關的活動，就是法治政治，也即「以法爲治」。

法律乃是「據一止亂」的客觀標準，是「執簡馭繁」的有效工具，也是一種「去私塞怨」的必要手段。法律之前，人人平等，「王子犯法與庶民同科」，按理，應是世界最好的制度，然而，獨裁政治則不以爲然，他們反對「以法爲治」的法治制度，而採用「以人爲治」(Rule of Man) 的人治制度。

獨裁政治之所以棄法治制度而採人治制度，是基於以下的理由：

(1)獨裁政治者認爲法律是死的條文，法律太呆板，太死滯，常不能作因時因事制宜的靈活運用。尤其遇到戰爭與危機時，法律便英雄無用武之地，故他們常以「政府措施的成功勝於合法」，「刀劍之下，法律無聲」(Inter arms silent legs) 及「必要之前無法律」(Necessity knows no law) 的理論，來反對法治政治，而爲其實行人治制度辯護。

(2)民主政治是法治政治，也是民意政治，政府的一切措施，均取決於多數。獨裁政治因迷信種族優越之說，而提倡「優越人群」及「領袖原則」。因此，他們反對「多數統治」，在他們看來，「多數」是一批平庸低能之流，是缺乏遠見之常人。故他們批評民主政治是一種「地痞政治」、「多言政治」、

「喧嘩政治」以及「平庸政治」。他們心目中最好的統治者是一群眞知灼見，聖賢豪傑之流的「優越統治」，而不是民主政治的「常人政治」。

(3)獨裁政治着重集體，輕視個人，主張控制，反對自由，進行擴張，否認互惠，一切講究時效，一切要求閃電。法律是一個死的東西，在若干年前由前人所制定的法律，今日未必適用。「此一時也，彼一時也」，在時間上，空間上，過去的法律很難適應於今天的環境與問題，獨裁政治者認爲前人所留下的法律不獨不能解決現代問題，反而碍手碍脚，自束自縛。他們深信：「法與時轉則治」，因此，主張以今日之人所制定的法律來處理當前的問題，不獨事半功倍，而且能勝任自如，故需要不受法律拘束的人治政治。

不過，我們應該知道，法者常也。法律乃是爲一般人、普通人而設置的，假使世界上的人都是聖人，法律就不需要了，因爲聖人不會作錯事，亦不會作壞事。然而，遺憾的是那些「全智全能」的聖人，世界上是找不到的。假使世界上的人都是壞人，一切的法律都屬無用。可是，世界上的最大多數的人均爲常人、普通人。法律對這些常人，乃是最有用的。因爲有法律的限制，他們就不敢爲非作歹了！

獨裁政治之所以採取人治制度，實淵源於古代希臘時代的柏拉圖（Plato）。因爲他們深信柏拉圖的那句名言：「法律對好人是不必要的，對壞人則未必有用」。在柏拉圖的理想國（Republic）中，根本沒有「法律」這一東西。柏氏認爲：醫藥是療治身體之疾病的，法律及法庭是懲罰精神之疾病的，理想國裏的教育，自兒童的幼年卽注意體育與音樂，前者使人民有强健的身體，後者使人民有健康的精神。所以，理想國裏根本用不着醫藥與法律。政治是「人治」的，而非「法治」的。柏拉圖由於主張人治，因此，他相信：「除非國王就是哲學家，或哲學家就是國王，國家是不會完善的，我們絕不能達到理想的國家」。這就是他所揭櫫的「哲聖之王」（Philosopher's King）。柏拉圖的理想國之所以要以哲學家爲國王，乃是因爲哲學家有極其發達的理知作用，因爲哲學家愛好並且瞭解「眞善美」的本身，他能超脫一切爲利（如農工階級）爲名（如軍人階級）的思想與習慣，完全以追求「眞善美」及實現理想的完美國家爲職志。不幸的是：柏拉圖的「哲聖之王」始終找不到，因之，人治制度便成了落空。在他老年的時候，思想有了大的轉變，在他老年的著作的「法律論」（Laws）對話上，顯然的，已傾向於「法治」了。

柏拉圖的人治思想。到了晚年轉變爲法治，乍看起來，好像柏拉圖前後的主張自相矛盾，其實不然。理想國所描述的是最理想的國家，統治者的「哲聖之王」必須要受過幾十年的嚴格訓練與淘冶，方能勝任，國家若能達到這種程度，當然是最理想的，可惜的是，此乃是一個「烏托邦」（Utopia）而已，「哲聖之王」不在人間，而是在天上。不得已求其次，柏拉圖在晚年乃主張法治，在其「法律論」一書中，他自認此乃「次優國家」（The second best state），在次優國家之下，法律居於最高的地位，統治者與人民皆應遵守法律。他在晚年致書給其友人杜恩（Dion）時曾說：「不要讓西西里（Sicily）及任何地方屬於人治，而要屬於法治」。柏氏的法治思想至其晚年於焉確定。

柏氏早年富於理想，重於想像，晚年傾向實際，趨於實踐。從他的人治思想轉變爲法治思想的這一史實，可知法治優於人治。人治只是一種「烏托邦」的理想而已。俄國諾哥林（Nogelin）在評柏拉圖的法治思想時曾說：「法律論不是次等理想，而是柏拉圖成熟的政治思想」。實爲中肯之言。

論者或謂：獨裁政治的國家，也有憲法和法律，與民主政治的國家一樣，何以說獨裁政治的國家是人治，而不是法治呢？不錯，獨裁政治有其憲法與法律，但問題在於：有其名而無其實，制度規定是一回事，實際運作又是一回事，明瞭了這一點，我們對於獨裁政治是人治就不足為怪了。在法治國家，有所謂「法律位階」之說，憲法高於法律，法律高於命令。命令與法律牴觸者無效，法律與憲法牴觸者無效。法律與命令的關係，有法律優越，法律保留，與法律主位之三種關係。獨裁政治則不然，他們深信：「政府措施的成功勝於合法」，因此，「倒行逆施」，命令優於法律，法律優於憲法，憲法與法律牴觸者修改憲法，法律與命令牴觸者，修改法律，最後的行政命令便是至高無上的，而命令的頒布出自於統治的獨裁者。這種「喧賓奪主」，「主客易位」的情勢是為人治。

總之，獨裁政治迷信「領袖原則」、「優秀人群」，輕視「多數統治」、「主權在民」，相信「命令」，不信「法律」，因此，主張人治，反對法治。誠然，法治亦有一些毛病，但法治比較安全，比較穩定。人治雖有「閃電」與快速的優點，但容易發生大禍，孔子曰：「欲速則不達」，信哉！

**(二)一黨專政**

民主政治主張個人主義，自由主義，人民有結社組黨的自由，故民主國家政黨林立，人民加入政黨也隨心所欲，以興趣、志向為依歸。民主政治為政黨政治，國家由幾個大的政黨輪流統治，而這種輪流統治是有定期的，其手段是和平的，其方法是選舉，國家最後的主宰者，乃是人民。故民主政治也謂全民政治。獨裁政治主張集體主義，國家、種族與階級高於一切，國家、民族和黨的利益只有一個，故他們主張「一黨專政」。希特勒的「國社黨」，墨索里尼的「法西斯黨」，共產主義的「共產黨」，便是此一思想的結果。

法西斯主義的墨索里尼對於傳統的民主政治，表示厭棄，他說：「法西斯主義反對民主政治，因為，民主政治是一種荒謬的傳統思想，他們以政治上的平等為名，而實行大家都不負責任之實。」在他看來，「多數作主」不能替代全體，實際上應由「優秀人群」來統率領導。法西斯黨是義大利的「優秀人群」，因此，他主張「一黨專政」。

法西斯主義的希特勒，由於迷信「種族優越」，因此，他對於「一黨專政」的主張更爲强烈。他認爲：國家是工具，種族與血統才是目的。種族必須純粹，血統不可混雜。亞利安種族乃是世界上最優秀的種族，在亞利安人種之中，德意志民族尤是天之驕子。而國社黨的黨員是德意志的「優秀人群」，希特勒之所以堅持「一黨專政」，其理由與根據，是說這黨爲優秀民族的精華。

共產主義着重「階級」，忠於其黨，認爲共產黨是最優秀的階級中最覺悟的份子所組成。因此，主張「無產階級專政」，主張「一黨獨裁」。列寧曾經說過：「共產黨乃是勞工階級的部份，它是前進的，具有階級意識的，因而，它是最革命的部份。共產黨乃是由最優秀與最智慧，而且高瞻遠矚的工人們所組成。……共產黨乃是一根有組織的政治槓桿，勞工階級之前進部份可以運用此一槓桿，領導著一切無產階級與半無產階級，向着準確路線而前進」。史大林繼承列寧在黨中的地位，一人獨斷，「黨即是我」，成爲名實相符的獨裁者，在事實上遠勝於法王路易十四的「朕即國家」。史大林認爲「一黨專政」在俄國是合理的，因爲，俄國只有一個階級，因此，只有一個黨，黨員階級是進步與秀異的份子，因此，黨員比其他人重要，黨員高於一般老百姓。

總之，獨裁政治從集體主義出發，認爲集體只有一個人格，一個意志，故主張一黨專政，「黨即國」，「國即黨」，國家的政策由黨來決定。他們不相信：人人平等的民主理論，立法居於最高地位的事實，以及黨與黨彼此競爭的好處，討論和批評的自由之優點。而主張一國之中的秀異份子，經過嚴格的訓練之後，加入政黨，而行一黨專政。在此一制度下，黨員受到嚴格的控制，黨員沒有發表意見的自由，入黨難，出黨更不容易。政府領袖掌握着最大的權力，國家的光榮寄託在獨裁者的身上。只講服從與義務，不講權利和自由，他們竭盡所能的攻擊立法機關之不能勝任以及各黨競爭之下所造成的缺乏團結之精神。誠然，多黨政治有其流弊，但是，問題在於一黨專政下人民毫無自由可言，國家採取高度的控制，人民便成為一種「機械人」，民主政治比獨裁政治進步，不是沒有原因的。

**(三) 一人獨裁**

民主政治主張平等主義，「一人一票，一票一值」。政府措施，取決於多數，因此，民主政治又叫做「多數統治」。獨裁政治因主張等級主義，迷信「優秀人群」，相信「領袖原則」，故國家的大政方針，完全由統治者獨斷專行。

希特勒反對自由、平等。他認為亞利安人種是天之驕子，其他的人種天生就應當作亞利安人的牛馬，世界上的人類，根本就不應當受平等的待遇。就是同一亞利安人種的國家中，人也並非都是平等的。他反對用民主的投票及多數議決的方法去治理國家。必須把那些「優秀人群」有意志力的幹部，組織一個自上而下的系統，以領袖發布命令來統馭全國，那才是最好的政治。希特勒說：「我們這種運動的原理及組織，都是反對議會政治的，那就是說一不論在原則上與組織上根本反對多數投票的辦法。因為這種辦法，足以降低領袖的地位，使領袖變成只執行他人意見的人物了。我們這種運動，認為事無鉅細，都應當絕對服從領袖的權威，領袖是負完全責任的」。希特勒又認為一國的領袖並不必有道德及學問，最重要的必須是一個曉得群衆心理的煽動家。他說：「大理論家很難成為一個大領袖，一個煽動家倒容易具有大領袖的條件」。這就是希特勒所揭櫫的「領袖原則」之理論，也卽其採行「一人獨裁」的先決條件。

獨裁政治，因是一黨專政，故一國的領袖猶如虎身添翼，更變本加厲的實行一人獨斷，「黨即是我」、「我卽國家」，是實實在在的獨裁者，他們大權在握，翻雲覆雨，「領袖的意志就是法律」，他們反對「民主」，因爲民主是一種浪費，一種無能。列寧說：「民主乃是一件無用而有害的玩具」。獨裁政治因爲對外主張「擴張主義」，對內主張「控制主義」，獨裁政治之所以要實行「一人獨裁」就是爲了適應這種需要。柏克（E. Burke）的名言：「侵略於外者，必專制於內」，正是獨裁政治的寫照。

論者或謂：獨裁政治也有國會，也常舉行人民大會，較之民主政治並無遜色，何能以「一人獨裁」目之？不錯，在獨裁政治下有國會，其組織型態與民主國家者，亦相類似，群衆集會亦復不少。但是，若對獨裁政治制度，加以深切研究之後，就不難發現：制度是一回事，運作又是一回事。先就蘇俄說，自理論而言，黨的最高權力機關爲「黨的代表大會」（Party Congress），其下爲「中央委員會」（Central Committee），其下爲「主席團」（Presidium），主席團有主席。但就實際觀察，恰恰相反，主席決定一切，主席團聽命於主席，中央委員會與黨代表大會則爲主席團的命令是聽。主席團之中的主席，便是唯一發號施令的獨裁者。法西斯主義的德意兩國雖然與俄國不盡相同，但是，國會的權限是被削減至最小的範圍，甚至形同虛設。民主政治的議會與獨裁政治的議會其最大的不同之點，除了權力的大小不同外，最主要的是前者的權力是由下而上，後者的權力是由上而下。

其次，獨裁政治也有開會，也搞選舉，爲什麼說它是一人獨裁？其實，問題很簡單，獨裁政治的開會，其出席率雖高達百分之九十九，但這些人都是被迫來聽取領袖（獨裁者）的訓話與報告的，並無自由發表意見的權力與機會。會議百分之九十的時間是領袖們的訓話與報告，討論提案並無機會，只能於很短的時間內很快的通過上邊的提案。所謂表決與投票，亦是在被控制的情形下，照所開名單喝采擧手，照案通過的一種形式而已。至於選舉，由於行一黨專政，故所謂候選人者，實由獨裁者所提出，任何人不獨無法提名候選人，就是選舉時，也沒有自由抉擇的機會，所謂選舉云者，只不過是一種執行命令，表示讚同與喝采而已。

**（四）極權制度**

民主政治主張限制政府，認為國家權力的擴張，就是個人自由的損害，因為，個人對自己的事最能瞭解，他自知其利弊得失。因此，個人應任其發展，對全體社會總是有益的，故民主政治主張「放任政策」。民主政治並認為：「政府最好，管理最少」，政府最好成為一個「守夜的警察」，國家的目的限於三點：第一，對內維持社會的秩序；第二，對外抵抗侵略，保護國家的安全；第三，舉辦個人所不應辦或不能辦的事業。獨裁政治則不然，他們主張國家的權力應擴大到極端，人民的公生活與私生活應在國家的嚴密控制之下，個人是不應講求自由的。

法西斯主義，高唱：「國家第一」，「民族至上」，認為那個「全智全能」的領袖，無所不通，應給與他無所不包，無所不管的大權。國家的權力高乎一切，個人與社會團體與之較量，只是相對而已。「國家本身就是目的」，個人只不過是一個工具而已。國家不獨可以干涉人民的一切社會、政治、學術及宗教的自由，甚至於根本否認客觀的眞理，完全以有利於其國家、種族或階級的主張為善惡眞僞的標準。法西斯主義是沒有寬容精神的。德國國社黨的宣傳部長曾說：「只要在德國有任何中立的或無政府的藝術，那就是我們的工作還未作完」。墨索里尼的格言：「無物不在國家，無物不為國家，不容任何東西反對國家」。國家就成絕對，國家形同「超人」。法西斯主義的國家，不論在理論上，或在實際上，都是要侵略他國，奴役其他民族的。所以他們無時不把其國的人民置於一種緊張的戰時狀態之中，希特勒不時樂稱普魯士軍隊的紀律爲：「自上而下的權威，自下而上的責任心。」他想把全國的人民完全造成普魯士軍隊的紀律與精神。墨索里尼也曾宣言過：「在法西斯主義的國家裏，國民與軍隊完全是同一的名詞」。這是最能代表極權國家的精神之好標語。

共產主義雖沒有像法西斯主義主張：「國家第一」而主張「國家消失論」，但是，在一黨專政時代，爲了反對資本家，仍然還要利用國家，假藉國家的强制力量來維持其革命的政權。按照共產黨的理論，一黨專政只是一個短暫與過渡的時期，「無產階級的社會」一經達到，國家隨卽消失。但就事實而言，所謂「過渡」乃是「永久」的另一名詞而已，國家不但未曾消失，反而繼續擴大，人民的活動更嚴格的受到控制。家庭被拆散，個人直接受制於國家，個人就是黨國的孩子。個人沒有自由，個人也沒有財產，個人變成了窮光蛋，國家權力擴張至極限。

總之，獨裁政治實行一人獨裁，不信自由，視國家本身爲目的，國家權力的加大與國家領土的擴張是他們致力以赴的目標。墨索里尼所謂：「帝國的生長或國家的擴張，就是國家活力的表現，不然，就是國家衰微的象徵」。正是極權制度的有力說明。

### （五）集權制度

民主政治主張個人主義與自由主義，因此，採用分權制度。孟德斯鳩（Montesquieu）曾說：「長久的經驗告訴我們，無論誰掌握了大權，都會濫權與越權，欲救此弊，當以權制權」。因此，便有所謂：「制衡原理」之說，美國的憲法便是依據此一理論而制定的。獨裁政治認爲在分權制度下，權力分散，政治低能，故主張集權制度。

所謂集權制度，係指一切事權集中於上級機關，下級機關的一切行政措施，皆須秉承上級的指示，或依據其法令辦理，不得逾越。換言之，全國大權集中於統治者一身。不錯，集權制度有諸多好處，如强幹弱枝，易於貫徹；統籌全局，兼籌並顧；指揮靈便，行動迅速。不過，由於集權制度的結果，往往產生了諸種毛病，卽：「能密不能疏」，「知控制而不知縱捨」，「四肢貧血，中樞中風」等現象。

或謂獨裁政治的國家也有國會，也有司法部門，儼然「三權分立」，何以謂：「集權制度」？誠然，獨裁政治也有國會，但希特勒，墨索里尼時代的國會，權力很小，甚至等於零，形同虛設，「備員」而已，權力仍然掌握於政府領袖手中，至於「蘇維埃」(Soviet)，雖爲委員會，但集三權於一身，且委員會的權力也是集中的，因爲「蘇維埃」它是獨任制，而非合議制，國家大政方針，取決於主席，委員只是提供意見以備主席參考而已。故獨裁政治雖有議會之名，但無議會之實，因此，它是集權制度，而非分權制度。

獨裁政治，對內主張控制主義，對外主張擴張主義，爲了履行極權制度，自然要採用集權制度。集權制度最大的優點，是行動迅速，動作敏捷，這正合乎獨裁者「快刀斬亂麻」，「先發制人」的私心。兩次世界大戰，獨裁政治均以閃電式的拉開了大戰的序幕，而在初期的戰場上均佔優勢，便是集權制度有以致之。然而，兩次世界大戰獨裁政治最後終於潰亡，集權制度本身也不能辭其咎。獨裁政治相信他們的領袖是一位全智全能的人，因此，大權交給其一身，實行一人獨裁的霸道政治。用霸道去統治天下，就會運用權謀的方法以達到其自己的最大利益，「荼毒天下之肝腦，敲剝天下之骨髓」，而不顧自己的道德與義務，以及人民的福利。只顧目的，不擇手段，傾全力於縱橫捭闔與鈎心鬥角之中。但統治者如「心勞日拙」，偶一思慮不周，就容易「禍起蕭牆」，危及宗室。因此，集權制度，就長遠處看，不獨無益，反而有害。美國是實行分權制度的典型國家，但富强甲天下，科學技術超越任何國家。行政學家狄馬克（Dimack）說：「分權是創造力與民主的寶藏」，費富納（J. M. Phiffner）也說：「分權制度是管理的眞理，是一種生活的方式」。美國今天能執世界之牛耳，但他却實行著分權制度。厲行集權制度的希特勒和墨索里尼早已敗亡。實行集權與獨裁的共產集團，亦正走向四分五裂之途，而有日趨衰敗之勢。

# 參考書目

## (一) 中文部份

1、張慰慈編政治學大綱，上海商務，十三年。
2、張士林譯 H. J. Laski 著政治典範，上海商務二十二年。
3、孫中一譯 R. J. Gettle 著政治學，上海大東，二十二年。
4、楊玉清著現代政治概論，上海商務，二十三年。
5、吳頌皐吳旭初譯 Aristotle 著政治論，上海商務，二十四年。
6、羅敦偉著現代國家論，上海中華，二十四年。
7、張金鑑譯 Edward Jenks 著政治簡史，上海商務，二十三年（此書卽嚴復所譯社會通詮的同書）
8、孫寒氷譯 G. W. Garner 著政治科學與政府，上海商務，二十五年。
9、李劍農著政治學概論，上海商務，二十五年。
10、胡道維譯 R. M. Maciver 著現代的國家，上海商務，二十六年。
11、陶菸人譯 Solomon 著政治學概論，上海商務，二十七年。
12、張金鑑譯 Charles Beard 著政治的經濟基礎，上海商務，二十八年。
13、林桂圃著孫中山先生的國家論，上海獨立，二十八年。
14、鄧公玄著政治藝術論，重慶文化服務社，三十一年。
15、陳之邁著政治學，重慶正中，三十二年。

16、黃儀華著政治學薈要，上海商務，三十六年。
17、劉靜文著政治學，重慶正中，三十四年。
18、張金鑑著現代政治學，台北中華文化出版事業委員會，四十二年。
19、陳世鴻著綜合政治學，台北自印四十三年。
20、薩孟武著政治學，台北自印，四十四年。
21、鄒文海著政治學，台北自印，五十二年。
22、張金鑑著政治學概要，台北三民書局，五十二年。
23、陳想容譯 Austin Ranney 著衆人的管理，台北商務，五十六年。
24、陳鑑波著現代政治學，台北憲政論壇社，五十九年。
25、詹同章著政治學新義，台北自印，六十一年。
26、張德光著政治學，台北學生書局，六十二年。

## (二) 英文部份

1. A. C. Kapur Principles of Political Science, Chand, 1954, N. Y.
2. R. N. Gilchrist, Principles of Political Science Longmans, 1953 N. Y.
3. H. Finer, Theory and Practice of Modern Government, Halt, 1956 N. Y.
4. H. J. Laski, Grammar of Politics, 4th ed. Allen, 1951.
5. D. Easton, Political System, Knopf, 1953. N. Y.
6. J. W. Garner, Political Science and Government, World Press, 1951.
7. R. G. Gettell, Political Science, Ginn, 1951, N. Y.
8. R. Rienon, Introduction for Government, Knopf, 1952, N. Y.

9. J. S. Back, Introduction to Political Science, Crowell 1952, University of Chicago.
10. J. S. Rouck and B. D. Huszar, Introduction to Political Science, Crowell, 1954, N. Y.
11. C. A. Jacobson & M. H. Lipman, An Outline of Political Science, Barnes, 1958, N. Y.
12. De Csdzia, The Elements of Political Science, Knopf 1954, N. Y.
13. R. V. Peel & J. S. Raucek, Introduction to Politics, Crowell, 1956, N. Y.
14. E. Voegelin, The New Science of Politics, Crowell, 1952, University of Chicago.
15. E. M. Alip & R. Oliveria, Principles of Political Science, Alip & Brion, 1952, N. Y.
16. A. Appadorai, Substance of Politics, Oxford, 1956, N. Y.
17. W. Esslinger, Politics and Science Philosophical Library, 1955, N. Y.
18. C. C. Rodee & T. J. Anderson. Introduction to Political Science, Mac Graw-Hill, 1958, N. Y.
19. Austin Ranney, The Governing of Men, Kropf, 1959 N. Y.
20. John R. Lucas. Principles of Politics, Oxford University Press 1966.
21. Austin Ranney (ed.), Political Science and Politic Policy, Markham, 1968.
22. Michael Haas & Henry S. Kariel, Approach to the Study of Poltical Science, Chaudler Co., 1970.
23. Austin Ranney, Governing: A Brief Introduction to Political Science, Haper & Wiley, 1971.
24. Oscar Ibele, Political Science, Chaudler Co., 1971.
25. Ralph Goldman Contemporary perspectives on Politics, Van Political, 1972.

# 三民大專用書書目——法律

| 書名 | 著者 | | 服務單位 |
| --- | --- | --- | --- |
| 中華民國憲法與立國精神 | 胡佛<br>沈清松<br>石之瑜<br>周陽山 | 著 | 臺灣大學<br>政治大學<br>臺灣大學<br>臺灣大學 |
| 中國憲法新論 | 薩孟武 | 著 | 前臺灣大學 |
| 中國憲法論 | 傅肅良 | 著 | 前中興大學 |
| 中華民國憲法論 | 管歐 | 著 | 國策顧問 |
| 中華民國憲法概要 | 曾繁康 | 著 | 前臺灣大學 |
| 中華民國憲法 | 林騰鷂 | 著 | 東海大學 |
| 中華民國憲法 | 陳志華 | 著 | 中興大學 |
| 大法官會議解釋彙編 | 編輯部 | 編 | |
| 中華民國憲法逐條釋義(一)～(四) | 林紀東 | 著 | 前臺灣大學 |
| 比較憲法 | 鄒文海 | 著 | 前政治大學 |
| 比較憲法 | 曾繁康 | 著 | 前臺灣大學 |
| 美國憲法與憲政 | 荊知仁 | 著 | 政治大學 |
| 國家賠償法 | 劉春堂 | 著 | 行政院 |
| 民法總整理 | 曾榮振 | 著 | 內政部 |
| 民法概要 | 鄭玉波 | 著 | 前臺灣大學 |
| 民法概要 | 劉宗榮 | 著 | 臺灣大學 |
| 民法概要 | 何孝元 著<br>李志鵬 修訂 | | 前大法官 |
| 民法概要 | 董世芳 | 著 | 實踐大學 |
| 民法概要 | 朱鈺洋 | 著 | 屏東商專 |
| 民　法 | 郭振恭 | 著 | 東海大學 |
| 民法總則 | 鄭玉波 | 著 | 前臺灣大學 |
| 民法總則 | 何孝元 著<br>李志鵬 修訂 | | 前大法官 |
| 判解民法總則 | 劉春堂 | 著 | 行政院 |
| 民法債編總論 | 戴修瓚 | 著 | |
| 民法債編總論 | 鄭玉波 | 著 | 前臺灣大學 |
| 民法債編總論 | 何孝元 | 著 | |
| 民法債編各論 | 戴修瓚 | 著 | |
| 判解民法債篇通則 | 劉春堂 | 著 | 行政院 |
| 民法物權 | 鄭玉波 | 著 | 前臺灣大學 |
| 判解民法物權 | 劉春堂 | 著 | 行政院 |

| 書名 | 作者 | | 單位 |
|---|---|---|---|
| 保險法論（增訂新版） | 鄭玉波 | 著 | 前臺灣大學 |
| 保險法規 | 陳俊郎 | 著 | 成功大學 |
| 國際商務契約——實用中英對照範例集 | 陳春山 | 著 | 中興大學 |
| 合作社法論 | 李錫勛 | 著 | 前政治大學 |
| 民事訴訟法 | 陳榮宗<br>林慶苗 | 著 | 臺灣大學<br>銘傳大學 |
| 民事訴訟法概要 | 莊柏林 | 著 | 律師 |
| 民事訴訟法釋義 | 石志泉<br>楊建華 | 原著<br>修訂 | 文化大學 |
| 民事訴訟法論（上）（下） | 陳計男 | 著 | 司法院大法官 |
| 破產法 | 陳榮宗 | 著 | 臺灣大學 |
| 破產法論 | 陳計男 | 著 | 司法院大法官 |
| 商標法論 | 陳文吟 | 著 | 中正大學 |
| 刑法總整理 | 曾榮振 | 著 | 內政部 |
| 刑法總論 | 蔡墩銘 | 著 | 臺灣大學 |
| 刑法各論 | 蔡墩銘 | 著 | 臺灣大學 |
| 刑法特論（上）（下） | 林山田 | 著 | 臺灣大學 |
| 刑法概要 | 周冶平 | 著 | 前臺灣大學 |
| 刑法概要 | 蔡墩銘 | 著 | 臺灣大學 |
| 刑法概要 | 黃東熊 | 著 | 前中興大學 |
| 刑法之理論與實際 | 陶龍生 | 著 | 律師 |
| 刑事政策（增訂版） | 張甘妹 | 著 | 臺灣大學 |
| 刑事訴訟法論 | 黃東熊 | 著 | 中興大學 |
| 刑事訴訟法論 | 胡開誠 | 著 | 監察委員 |
| 刑事訴訟法概要（增訂新版） | 蔡墩銘 | 著 | 臺灣大學 |
| 德國刑事訴訟法 | Claus Roxin<br>吳麗琪 | 著<br>譯 | |
| 行政法 | 林紀東 | 著 | 前臺灣大學 |
| 行政法 | 張家洋 | 著 | 政治大學 |
| 行政法之一般法律原則(一)(二) | 城仲模 | 主編 | 司法院大法官 |
| 行政法總論（增訂新版） | 黃異 | 著 | 海洋大學 |
| 行政法概要（增訂版） | 管歐 | 著 | 前東吳大學 |
| 行政法概要 | 左潞生 | 著 | 前中興大學 |
| 行政法之基礎理論 | 城仲模 | 著 | 司法院大法官 |
| 行政法導論 | 李震山 | 著 | 文化大學 |
| 少年事件處理法（修訂新版） | 劉作揖 | 著 | 中華醫專 |
| 犯罪學 | 林山田<br>林東茂 | 著 | 臺灣大學<br>中央警察大學 |

| 書名 | 作者 | | 單位 |
|---|---|---|---|
| 監獄學 | 林紀東 | 著 | 前臺灣大學 |
| 交通法規概要 | 管歐 | 著 | 國策顧問 |
| 郵政法原理 | 劉承漢 | 著 | 前成功大學 |
| 勞動基準法論 | 林豐賓 | 著 | 臺北市政府參事 |
| 勞工安全衛生法——概論與實務 | 林豐賓 | 著 | 臺北市政府參事 |
| 土地法釋論 | 焦祖涵 | 著 | 前東吳大學 |
| 土地登記之理論與實務 | 焦祖涵 | 著 | 前東吳大學 |
| 引渡之理論與實踐 | 陳榮傑 | 著 | 外交部 |
| 國際私法 | 劉甲一 | 著 | 前臺灣大學 |
| 國際私法論 | 劉鐵錚<br>陳榮傳 | 著 | 司法院大法官<br>東吳大學 |
| 國際私法新論 | 梅仲協 | 著 | 前臺灣大學 |
| 國際私法論叢 | 劉鐵錚 | 著 | 司法院大法官 |
| 現代國際法 | 丘宏達 | 著 | 馬利蘭大學 |
| 現代國際法參考文件 | 丘宏達 編輯<br>陳純一 助編 | | 馬利蘭大學<br>文化大學 |
| 國際法概要 | 彭明敏 | 著 | 前臺灣大學 |
| 平時國際法 | 蘇義雄 | 著 | 中興大學 |
| 中國法制史概要 | 陳顧遠 | 著 | |
| 中國法制史 | 戴炎輝 | 著 | 前臺灣大學 |
| 法學概論（修訂新版） | 陳惠馨 | 著 | 政治大學 |
| 法學概論 | 劉作揖 | 著 | 中華醫專 |
| 法學緒論 | 鄭玉波 | 著 | 前臺灣大學 |
| 法學緒論 | 孫致中 | 編著 | 各大專院校 |
| 法律實務問題彙編 | 周叔厚<br>段紹禋 | 編 | 司法院 |
| 誠實信用原則與衡平法 | 何孝元 | 著 | |
| 工業所有權之研究 | 何孝元 | 著 | |
| 強制執行法 | 陳榮宗 | 著 | 臺灣大學 |
| 法院組織法論 | 管歐 | 著 | 國策顧問 |
| 國際海洋法——衡平劃界論 | 傅崐成 | 著 | 臺灣大學 |
| 醫事護理法規概論 | 蘇嘉宏 | 編著 | 輔英技術學院 |
| 最新綜合六法 要旨增編 判解指引 法令援引 事項引得 全書 | 陶百川<br>王澤鑑<br>劉宗榮<br>葛克昌 | 編 | 國策顧問<br>司法院大法官<br>臺灣大學<br>臺灣大學 |
| 最新六法全書 | 陶百川 | 編 | 國策顧問 |

# 三民大專用書書目——政治・外交

| 書名 | 作者 | | 任職 |
|---|---|---|---|
| 政治學 | 薩孟武 | 著 | 前臺灣大學 |
| 政治學 | 鄒文海 | 著 | 前政治大學 |
| 政治學 | 曹伯森 | 著 | 陸軍官校 |
| 政治學 | 呂亞力 | 著 | 臺灣大學 |
| 政治學 | 凌渝郎 | 著 | 美國法蘭克林學院 |
| 政治學概論 | 張金鑑 | 著 | 前政治大學 |
| 政治學概要 | 張金鑑 | 著 | 前政治大學 |
| 政治學概要 | 呂亞力 | 著 | 臺灣大學 |
| 政治學方法論 | 呂亞力 | 著 | 臺灣大學 |
| 政治理論與研究方法 | 易君博 | 著 | 政治大學 |
| 公共政策 | 朱志宏 | 著 | 臺灣大學 |
| 公共政策 | 曹俊漢 | 著 | 臺灣大學 |
| 公共關係 | 王德馨<br>俞成業 | 著 | 交通大學 |
| 中國社會政治史㈠～㈣ | 薩孟武 | 著 | 前臺灣大學 |
| 中國政治思想史 | 薩孟武 | 著 | 前臺灣大學 |
| 中國政治思想史（上）（中）（下） | 張金鑑 | 著 | 前政治大學 |
| 西洋政治思想史 | 張金鑑 | 著 | 前政治大學 |
| 西洋政治思想史 | 薩孟武 | 著 | 前臺灣大學 |
| 佛洛姆（Erich Fromm）的政治思想 | 陳秀容 | 著 | 政治大學 |
| 中國政治制度史 | 張金鑑 | 著 | 前政治大學 |
| 比較主義 | 張亞澐 | 著 | 政治大學 |
| 比較監察制度 | 陶百川 | 著 | 國策顧問 |
| 歐洲各國政府 | 張金鑑 | 著 | 前政治大學 |
| 美國政府 | 張金鑑 | 著 | 前政治大學 |
| 地方自治 | 管歐 | 著 | 國策顧問 |
| 中國吏治制度史概要 | 張金鑑 | 著 | 前政治大學 |
| 國際關係——理論與實踐 | 朱張碧珠 | 著 | 臺灣大學 |
| 中國外交史 | 劉彥 | 著 | |
| 中美早期外交史 | 李定一 | 著 | 政治大學 |
| 現代西洋外交史 | 楊逢泰 | 著 | 政治大學 |
| 中國大陸研究 | 段家鋒<br>張煥卿<br>周玉山 | 主編 | 政治大學 |

# 三民大專用書書目——行政・管理

|  |  |  |
|---|---|---|
| 行政學 | 張潤書 著 | 政治大學 |
| 行政學 | 左潞生 著 | 前中興大學 |
| 行政學 | 吳瓊恩 著 | 政治大學 |
| 行政學新論 | 張金鑑 著 | 前政治大學 |
| 行政學概要 | 左潞生 著 | 前中興大學 |
| 行政管理學 | 傅肅良 著 | 前中興大學 |
| 行政生態學 | 彭文賢 著 | 中央研究院 |
| 人事行政學 | 張金鑑 著 | 前政治大學 |
| 人事行政學 | 傅肅良 著 | 前中興大學 |
| 各國人事制度 | 傅肅良 著 | 前中興大學 |
| 人事行政的守與變 | 傅肅良 著 | 前中興大學 |
| 各國人事制度概要 | 張金鑑 著 | 前政治大學 |
| 現行考銓制度 | 陳鑑波 著 | |
| 考銓制度 | 傅肅良 著 | 前中興大學 |
| 員工考選學 | 傅肅良 著 | 前中興大學 |
| 員工訓練學 | 傅肅良 著 | 前中興大學 |
| 員工激勵學 | 傅肅良 著 | 前中興大學 |
| 交通行政 | 劉承漢 著 | 前成功大學 |
| 陸空運輸法概要 | 劉承漢 著 | 前成功大學 |
| 運輸學概要 | 程振粵 著 | 前臺灣大學 |
| 兵役理論與實務 | 顧傳型 著 | |
| 行為管理論 | 林安弘 著 | 德明商專 |
| 組織行為學 | 高尚仁、伍錫康 著 | 香港大學 |
| 組織行為學 | 藍采風<br>廖榮利 著 | 美國印第安那大學<br>臺灣大學 |
| 組織原理 | 彭文賢 著 | 中央研究院 |
| 組織結構 | 彭文賢 著 | 中央研究院 |
| 組織行為管理 | 龔平邦 著 | 前逢甲大學 |
| 行為科學概論 | 龔平邦 著 | 前逢甲大學 |
| 行為科學概論 | 徐道鄰 著 | |
| 行為科學與管理 | 徐木蘭 著 | 臺灣大學 |
| 實用企業管理學 | 解宏賓 著 | 中興大學 |
| 企業管理 | 蔣靜一 著 | 逢甲大學 |
| 企業管理 | 陳定國 著 | 前臺灣大學 |

| 書名 | 作者 | | 單位 |
|---|---|---|---|
| 國際企業論 | 李蘭甫 | 著 | 東吳大學 |
| 企業政策 | 陳光華 | 著 | 交通大學 |
| 企業概論 | 陳定國 | 著 | 臺灣大學 |
| 管理新論 | 謝長宏 | 著 | 交通大學 |
| 管理概論 | 郭崑謨 | 著 | 中興大學 |
| 企業組織與管理 | 郭崑謨 | 著 | 中興大學 |
| 企業組織與管理（工商管理） | 盧宗漢 | 著 | 中興大學 |
| 企業管理概要 | 張振宇 | 著 | 中興大學 |
| 現代企業管理 | 龔平邦 | 著 | 前逢甲大學 |
| 現代管理學 | 龔平邦 | 著 | 前逢甲大學 |
| 管理學 | 龔平邦 | 著 | 前逢甲大學 |
| 管理數學 | 謝志雄 | 著 | 東吳大學 |
| 管理數學 | 戴久永 | 著 | 交通大學 |
| 管理數學題解 | 戴久永 | 著 | 交通大學 |
| 文檔管理 | 張翊 | 著 | 郵政研究所 |
| 事務管理手冊 | 行政院新聞局 | 編 | |
| 現代生產管理學 | 劉一忠 | 著 | 舊金山州立大學 |
| 生產管理 | 劉漢容 | 著 | 成功大學 |
| 生產與作業管理 | 潘俊明 | 著 | 臺灣工業技術學院 |
| 管理心理學 | 湯淑貞 | 著 | 成功大學 |
| 品質管制（合） | 柯阿銀 | 譯 | 中興大學 |
| 品質管理 | 戴久永 | 著 | 交通大學 |
| 品質管理 | 徐世輝 | 著 | 臺灣工業技術學院 |
| 品質管理 | 鄭春生 | 著 | 元智工學院 |
| 可靠度導論 | 戴久永 | 著 | 交通大學 |
| 人事管理 | 傅肅良 | 著 | 前中興大學 |
| 人力資源策略管理 | 何永福、楊國安 | 著 | 政治大學 |
| 作業研究 | 林照雄 | 著 | 輔仁大學 |
| 作業研究 | 楊超然 | 著 | 臺灣大學 |
| 作業研究 | 劉一忠 | 著 | 舊金山州立大學 |
| 作業研究 | 廖慶榮 | 著 | 臺灣工業技術學院 |
| 作業研究題解 | 廖慶榮、廖麗滿 | 著 | 臺灣工業技術學院 |
| 數量方法 | 葉桂珍 | 著 | 成功大學 |
| 系統分析 | 陳進 | 著 | 聖瑪利大學 |
| 系統分析與設計 | 吳宗成 | 著 | 臺灣工業技術學院 |
| 決策支援系統 | 范懿文、季延平、王存國 | 著 | 中央大學 |
| 秘書實務 | 黃正興 | 編著 | 實踐管理學院 |
| 市場調查 | 方世榮 | 著 | 雲林技術學院 |